南北朝隋唐期佛教史研究

大内文雄　著

法藏館

南北朝隋唐期 佛教史研究＊目次

第一篇　『歴代三寶紀』の研究
―中國中世佛教史における史學史的展開過程―

序章　經録と史書―魏晉南北朝隋唐期における佛教史編纂の試み―……3
一　はじめに　3
二　經典目錄の發生と史書的性格　5
三　佛教編年史―佛教史總合の試み―の出現と變質　7
四　經録における佛教編年史の繼承と紀年法　10
五　『佛祖統紀』の編纂―紀傳・編年兩體の自覺とその特質―　13
六　結び　16
第一章　中國撰述佛典と讖緯
―典籍聚散の歴史を契機として―……21
一　はじめに　21
二　讖緯焚毀の經過と僞經目錄の制定　22
三　戒律關係の中國撰述佛典と『淨度三昧經』　27
四　結び　31

第二章　梁代佛教類書と『經律異相』……35
一　はじめに　35
二　梁代佛教類書の概要　36
三　『經律異相』の成立　48
四　結び　62
附　63
第三章　『歴代三寶紀』の成立と費長房の歴史観……71
一　はじめに　71
二　費長房の履歴　72
㈠　隋以前　72
㈡　隋時代　74
三　『三寶紀』編纂の過程について　79
四　『三寶紀』の構成と費長房の歴史意識　86
五　結び―『三寶紀』編纂の時代的背景について―　96

第四章　『歴代三寶紀』帝年攷……110
一　はじめに　110
二　帝年作成の意圖　113
三　帝年引用の史籍　122
四　結び　127
第五章　中國佛教における通史の意識
—『歴代三寶紀』と『帝王年代録』—……133
一　はじめに　133
二　魏晉代以降における帝紀・年曆類の概觀と『佛祖統紀』　135
三　『歴代三寶紀』と『帝王年代録』　140
㈠『歴代三寶紀』、及びそれに先行する史書・年曆類　141
㈡　唐代における年曆類と『帝王年代録』　153
四　結び　162
第六章　『歴代三寶紀』と唐・道宣の著述
—『續高僧傳』譯經篇第一と『大唐内典録』—……173
一　『續高僧傳』—譯經者の傳記—と『歴代三寶紀』　173

㈠ はじめに 173
㈡ 譯經篇の類型 174
㈢ 傳文構成の意味するもの 177
二 『大唐内典錄』と『歷代三寶紀』 179
㈠ はじめに 179
㈡ 逸話及び長文の引用 181
㈢ 全文轉載及び增廣の例 183
㈣ 避諱の例 186
㈤ 結び 189
第七章 『大周刊定衆經目錄』の成立と譯經組織
—譯經從事者の所屬寺院を中心として—……195
一 はじめに 195
二 『武周錄』の刊定者列名と所屬寺院 196
三 『武周錄』と所依經典目錄 207
四 結び 210

第二篇　中國中世佛教の地方的展開

序……219
第一章　梁代貴族佛教の一面……222
一　武帝をとりまく高僧たち　222
二　武帝をとりまく高僧の類型　225
三　結び　236
第二章　六～七世紀における荆州佛教の動向……243
一　はじめに　243
二　後梁時代の荆州佛教　244
㈠　宣帝時代　244
㈡　明帝時代　248
三　隋末唐初の荆州佛教　252
㈠　朱粲・蕭銑の亂と荆州佛教　252
㈡　驪山津梁寺と四望山開聖寺　257

四　結び　260
第三章　北朝末隋初における襄陽と佛教……266
一　はじめに　266
二　北朝・隋による襄陽支配と總管　267
㈠　五五〇年～五六四年　268
㈡　五六五年～五七四年　272
㈢　五七五年～五八九年　274
㈣　五九〇年～六〇五年　280
三　啓法寺碑に見える襄陽と佛教　281
四　結び　288
第四章　六～七世紀における三論學傳播の一面
―安州慧暠を中心として―……296
一　はじめに　296
二　安州・茅山時代―南北朝末～隋―　298
三　四川への遊化―隋末唐初―　306
四　四川からの退出と安州歸還―唐・武德～貞觀時代―　311

五　結び―慧嵩以後―　315

第五章　六～七世紀における四川佛教の動向
―益州と綿州、及び震響寺―……324

一　はじめに―六朝末隋唐代四川佛教の研究史的概觀―　324

二　北朝・隋初の益州佛教の政治史的概觀と、
益州寺院の持つ特色について　327

三　綿州と震響寺　335

四　結び―唐代四川における護法僧―　344

第六章　中國における石刻經典の發生と展開……353

一　はじめに　353

二　石刻經典の發生―東魏・北齊時代―　355

三　石經の展開（一）―北齊・北周末の山東―　359

四　石經の展開（二）―隋唐時代の河南・河北―　361

五　石經の展開（三）―唐時代の四川―　365

六　石經盛衰の背景と變容　370

第七章　北齊佛教衰亡の一面
　―摩崖石刻經典の盛行と衰退を通して―……385
一　はじめに　385
二　北朝隋初の「山東」の動向　386
三　南朝陳討滅と「山東」　390
四　「山東」地域と佛僧の動向　392
五　北周末・隋代の佛教界統制策　393
第八章　隋唐時代の寶山靈泉寺
　―寶山靈泉寺石窟塔銘の研究―……397
一　はじめに　397
二　寶山靈泉寺石窟の地理的概況　398
三　東魏北齊・隋・唐時代の相州と靈泉寺―歴史地理的概況―　401
四　寶山塔銘に見られる唐代相州の寺院
　―靈泉寺及び大慈寺、慈潤寺、雲門寺―　403
㈠　寶山塔銘の概況　403
㈡　靈泉寺　405
㈢　大慈寺　407

㈣ 慈潤寺 407
㈤ 雲門寺―光嚴寺 409

五 寶山靈泉寺と林慮山峡谷寺、及び翻經事業 410

六 寶山塔銘における尼寺、尼僧、優婆夷 414

附 寶山靈泉寺石窟塔銘―釋文・訓讀・拓影― 425

初出一覧 488

あとがき 490

索　引 *1*

南北朝隋唐期佛教史研究

第一篇

『歴代三寶紀』の研究

――中國中世佛教史における史學史的展開過程――

序章　經錄と史書―魏晉南北朝隋唐期における佛教史編纂の試み―

一　はじめに

中國の魏晉南北朝隋唐期、すなわち佛教傳播以來の中國中世において、佛教の歴史を通史として把握する姿勢を明確に示した最初の著述は、隋の費長房による『歴代三寶紀』（文帝・開皇十七年―五九七―撰）であり、書名からも明らかなように、編年體による通史を企圖している。(1) それは後漢末・二世紀半ば以降に經典翻譯がなされて、佛教が本格的に中國に傳えられてより、四百年を隔てて實現した。ところでこのように六世紀も末のころになって『歴代三寶紀』は出現したのであるが、それ以後の時代にあって、明確な意圖をもって通史を編述し得たのは、南宋・良渚宗鑑の『釋門正統』（理宗・紹定六年―一二三三―撰）、及び志磐の『佛祖統紀』（度宗・咸淳五年―一二六九―序）であり、その間、およそ六四〇年から六七〇年もの時間が經過している。勿論、その間だけでなく、南北朝時代においても、佛教史に關する著述がなかったのではない。例えば南朝梁の僧祐の『釋迦譜』は、中國傳播以前の佛教の傳統の姿を經典類より抄出したものであり、唐の道宣の『釋迦氏譜』は、それを繼承する。また『魏書』釋老志のように正史に組み込まれた宗教史が現れ、さらに魏晉以來の新しい史書編纂の潮流の中で生まれてきた類書類や、簡便な年曆の類、いわゆる「史抄風の通史」(2) が繼續して作成された。そのような動向の中において翻譯佛典はその數量を次第に增してゆき、それにつれて一連の經典目錄類が編纂され堆積され、目錄學史の分野においても無視できない位置を占めるに至った。唐代になると、年曆の類の盛行の他、經典目錄の編纂だけでなく、寺院單獨の經藏錄の作成も行なわれ、それらがまた經典目錄編纂の際の資料となった。そうした經典目錄の中に、『歴代三寶紀』の影響の下、一大要素として佛典翻譯史を含み、傳播以後の佛教の樣相を記すものが現れた。道宣の『大唐內典錄』十卷（高宗・麟德元年―六六四―撰）[3]のうち、歴代衆經傳譯所從錄五卷、智昇の『開元釋教錄』二十卷（玄宗・開元十八年―七三〇―撰）の內、總括群經錄十卷（但し、卷一〇は、敍列古今諸家目錄）は、『歴代三寶紀』が始めた後漢代以降の佛典翻譯の歴史を王朝ごとに分卷し、編年の下に記錄するいわゆる「代錄」の形式を踏襲したものである。いずれも總卷數の半ばを占めているところにその重要性が示されている。しかしながら、安史の亂後に盛んに行なわれた密教經典等の翻譯が終息に向かうと共に、佛典翻譯の盛期は過ぎ、經典目錄の內實にも變化を來たし、『開元釋教錄』を下敷きにその續補として圓照の『貞元新定釋教目錄』（德宗・貞元十六年―八〇〇―撰）が編纂され、さらに五代十國・北宋代の刊本の時代に入ると、經典目錄は欽定入藏錄としての性格を強く帶び、史書的要素はますます希薄となっていったのである。

小論は本書第一篇の序章として、魏晉南北朝隋唐期において、『歴代三寶紀』を除けば、明確な意思をもって佛教通史が編纂されることがなく、近世において實現することとなったその背景と實體とを素描することを目的とする。

二　經典目錄の發生と史書的性格

經典目錄（以下、經錄と略稱）に、史書的性格があったことは、梁・僧祐の『出三藏記集』卷二の序に、その先蹤となった道安の目錄、すなわち隋・費長房の『歷代三寶紀』に言う『綜理衆經目錄』を評して、

ここに安公始めて名錄を述べ、譯才を銓品し、歲月を標列してより、妙典の徵すべきは、實にこの人に賴《よ》る。(4)

と言い、また僧祐自身も卷一「出三藏記集序」に、その編纂上の四部の體例、すなわち、

一に緣記を撰す（「一撰緣記」）　二に名錄を詮《あきら》かにす（「二詮名錄」）

三に經序を總ぶ（「三總經序」）　四に列傳を述ぶ（「四述列傳」）

を述べる中、第二の名錄について、

名錄銓《あきら》かなれば、すなわち年代の目墜ちず。(5)

と記しているように、「歲月」「年代」、更に「列傳」に意を用いていることからも明らかである。しかしながら、僧祐の撰述意圖が、史書的關心のみに向けられていたのでは勿論ない。道安の著述を評して、

昔、安法師、鴻才淵鑒をもって、爰に經錄を撰し、聞見を訂正し、區分を炳然たらしむ。(6)

と言い、またここにいみじくも「經錄」と呼んでいるように、この『出三藏記集』全體を先程の四部によって構成させ、三藏、すなわち佛典の翻譯を通して、中國における佛教理解の諸相を記錄するところにその撰述意圖はある。必ずしも『史記』『漢書』や『春秋』『漢紀』など、既に中國の傳統となっていた、いわゆる紀傳・編年等の史書的體例を目指してはいない。

かえってそこには、例えば「出三藏記集序」において、

道は人に由りて弘まり、法は緣を待ちて顯らかなり。

と言い、また同じく「出三藏記集序」の、安世高の翻譯、康僧會の注述を評する中に、重ねて、

道は人に由りて弘まるとは、茲において驗あり。(7)

と言っているように、『論語』衞靈公篇の「人能く道を弘む、道の人を弘むるに非ず（人能弘道、非道弘人）」の一文を援用して、佛法の翻譯傳播と流布の跡を如何に表現し記錄するかに、重點が置かれている。卷二の序に、

譯あれば乃ち傳わり、譯なければ則ち隱る。(8)

と記すように、佛教の流布は翻譯佛典によるものの、佛典翻譯の歴史的記錄を表現する手段として「經錄」があり、それはいわゆる簿錄の類ではなく、しかしまた紀傳・編年等の史書でもなかった。僧祐の用いた體例は、道安の仕事を繼承し展開させるところにその特色があり、またそれが限界となっていたのである。

『出三藏記集』に言う名錄、いわゆる簿錄としての經錄は、同じく梁代において、寶唱の『衆經目錄』や敕撰になる『華林佛殿衆經目錄』となって編纂され、列傳は『名僧傳』『高僧傳』として單行され、一方の緣記・經序或いは論文等の記錄集としては、『出三藏記集』卷一二に序目が記錄されてあるように、既に南朝宋の明帝が陸澄に命じて編纂させた『法論』、南齊・竟陵文宣王蕭子良の『法集錄』があり、それらの延長上に外ならぬ僧祐の『出三藏記集』や、『釋迦譜』『弘明集』を含む「法集」類の編纂がなされた。こうしてみると『出三藏記集』はその當初、佛教の總合を圖る文集群の一部として位置付けられていたと言ってよく、『出三藏記集』もまた四部構成を持つ集としての性格が強い。

道安の事跡を繼いだ僧祐もまた「人世」や「年代人名」（以上、卷一序）、或いは「運歷」（卷二序）の表現を用い

ているように、時と人に強い關心を拂っていた。しかしその關心も、必要性の範圍で『出三藏記集』に時間的經緯の記錄が含まれているに過ぎず、從って翻譯佛典の「名錄」、すなわち經錄として備えてあるべき一要素にとどまり、朝代史的整理の跡は希薄である。

中國の史學史上に現われた魏晉以來の新しい史書編纂の流れと事例の蓄積の上に、南北朝時代後半の梁代に至り、武帝の『通史』や武帝及び諸王による『華林遍略』等の一連の類書編纂、あるいは年歷類の編修が盛んに行われ、符節を合わせるように佛教側からも中國佛教史上最初の類書『衆經要抄』『經律異相』が編纂され、梁の武帝の時代は、內典・外典ともに大規模な書籍編纂の盛期であった。しかし、他ならぬ僧祐や寶唱、慧皎によって史傳に關わる著述がなされながら、なお佛教の側からする佛教史鳥瞰の試みは現れることはなかった。わずかに經錄の中に時間的・空間的事實の記錄が、朝代史的整理もなされないままに痕跡を殘すにとどまっていたのである。

三　佛教編年史―佛教史總合の試み―の出現と變質

現存する佛教史總合の試みは、北齊・魏收の『魏書』釋老志によって、「當今の重」（魏收「上十志啓」）と表現される宗教の重要性が認知されて始めてなされ、それを一つの契機として、隋代に至り、『歷代三寶紀』の形態を取って、ここに始めて編年史による佛教通史の試みがなされた。しかしこれまた出家の側からの著述ではなかったところに、『魏書』釋老志に共通する一面がある。この後、出家佛教者による總合史としての佛教通史の出現は、結果として趙宋代、中でも南宋・宗鑑の『釋門正統』、同じく志磐の『佛祖統紀』まで待たねばならなかった。

一方、唐代を通じて言えば、出家佛教者による編年史編纂は、道宣の『大唐內典錄』を始めとして、『歷代三寶紀』によって創始された「代錄」の形式を經錄の中に編入させる形態を取った。換言すれば、いわゆる簿錄としての經錄の中に、翻譯史を主體とする佛教編年史が存續される結果を生んだのである。『歴代三寶紀』卷一五・「開皇三寶錄總目序」に言う、

> 今、宣譯の功は、理として須らく各々時代を宗とすべし。故に此の錄は、體は率《おおむ》ね號を擧げ、稱して漢魏呉及び大隋錄となすなり。(9)

との趣旨は、翻譯者確定作業等の內容の杜撰に對する批判を受けながらも、そのようにして繼承された。

ところで唐代までの佛教通史的記錄において、その中心に位置付けられて來たのは、先に述べたように道安・僧祐以來、佛典傳譯の記錄であった。そして經錄や高僧傳の類では、西方のインド・西域より東方中國に向かって人によってもたらされ、外國僧或いは求法僧を宣譯者として、その佛說としての正當性を證明し、更に漢文佛典の形態に姿を變えて提供されたものを正經とする。その際に常に問題とされるのが正邪の判別であり、經錄の中ではとりもなおさず別生・抄經、そして疑僞との區分であった。本節では、以下、「大唐天后敕佛授記寺沙門明佺撰」（大正藏本による）とされる『大周刊定衆經目錄』（以下、『武周錄』と略）の序の、次の文に注目してみたい。

> 迺ち明制を下し、普く詳かに擇びて、其の正經を存し、其の僞本を去らしむ。
> 其の僞經は旣に是れ正經ならず。僞目　豈に正目に同じくせんや。(10)

ここに言う僞目に記載すべき僞經判定の基準となったものに、『武周錄』卷一五・僞經目錄に殘された、圖讖符籙を判斷基準とする證聖元年（六九五）の詔敕がある。(11)それは「右三階雜法二十二部二十九卷」として記錄された信行の三階教典籍に對する禁斷の處置を含むものでもあった。このように『武周錄』において、その詔敕に準じて僞經の判定が下されていたことは、その目錄の意圖が武周朝の翼贊にあったことを明瞭に物語っている。またその

效力が、その後の玄宗朝においても引き續き維持・發揮されたであろうことは、『開元釋教錄』巻一八・僞妄亂眞錄の信行の項に、

我が唐の天后證聖の元《はじめ》に、制有り。[12]

として、續いて同文が掲載され、また同じく則天武后の聖曆二年（六九九）、及び玄宗の開元十三年（七二五）に發布された三階教禁斷の敕文が記錄されてあることからも推察される。

次に別生・抄經に對する評價の變遷を通して、經錄から經錄への記事の踏襲について見てみたい。『開元釋教錄』巻一〇・總括群經錄の「敍列古今諸家目錄」によれば、『歷代三寶紀』に對しては、

內典錄に云く、(費長)房の撰する所は、入藏の中に瓦玉相謬まる。

と『大唐內典錄』の評價を踏襲した上で、自注に次のように記す。

撰錄者曰く、余、長房の入藏錄の中を檢《しら》べるに、事實雜謬す。其の缺本疑僞、皆入藏に編むは、竊かに不可となす。[13]

また隋『衆經目錄』いわゆる『仁壽錄』については、その序に

別生・疑僞は須らく抄寫すべからず。已外の三分（單本・重翻・賢聖集傳）は入藏して錄せらる。法寶集の流、淨住子の類の如きに至りては、還た略抄に同《ひと》しく、例として別生に入れしむ。[14]

とあるものが、『大唐內典錄』巻一〇の歷代所出衆經錄目の『仁壽錄』の項にそのまま引用され、それを『開元釋教錄』が更に『大唐內典錄』の文と共に轉載する。すなわち別生・抄經・疑僞の書寫禁止の措置が歷代の經錄に逐次に記錄され、更に記錄に終わらず、實施に際しての準據すべき典籍として繼承されて行く姿をここでも確認することができる。[15]このようにして南北朝以來の經錄編纂の過程の中で、欽定入藏錄、及び欽定禁書目錄を備えた經錄

として、治世翼賛への變質がもたらされていったのである。

四　經錄における佛教編年史の繼承と紀年法

一方で、隋・法經等の『衆經目錄』（文帝・開皇十四年―五九四―撰　以下、『法經錄』と略）巻七・總序の次の文章もまた次々と踏襲されて行く。以下、便宜的に必要部分のみ三段落に分けてみる。

（一）比《ちかご》ろ東晉・二秦の時に逮《およ》び、經律粗々《ほぼ》備わる。但、法は人に假《よ》りて弘まり、賢明日々に廣し。ここに於いて、道安法師、諸經の目錄を創條し、譯材を銓品し、時代を的明し、遺《す》てられたるを求め缺けたるを索《もと》め、備《ことごと》く錄體を成せり。それより今に達《いた》るまで、二百年間、經錄を製《つく》る者十有數家、或いは數を以て求め、或いは名を用て取り、或いは時代に憑《よ》り、或いは譯人に寄り、各々一隅を紀し、所見を存するに務む。(16)

（二）獨り揚州の律師僧祐あり、三藏の記錄を撰して、頗る觀るべきに近し。然れども猶お小大雷同し、三藏雜糅し、抄集は正に參《まじ》り、傳記は經を亂し、始めを考《しら》べ終わりを括《まと》むるに、能く該《ことごと》くは備うるなし。自外の諸錄、胡《なん》ぞいうに勝《た》うべけんや。(17)

（三）又法經等、更に復た竊《ひそ》かに思うに、諸家の經錄は、多くは是れ前代賢哲の修撰なり。敬《つつし》んで前賢を度《はか》るに、皆一時の稽古のものと號せざるはなし。而るに修撰する所、詳審に至らざるは、彼の諸賢の才足らずして學周《あま》ねからざるには非ず。直《ただ》に是れ所遇の日、天下分崩し、九牧に主なく、名州大郡、各々帝畿を號し、疆場艱關、みな戰國となり、經の出づると所在と、悉く相知らず、學者遙かに聞き、身を終えるまで觀《み》るなきのみ。故に彼の前哲、材能ありと雖も、若し時に逢わざれば、亦申述する所なし。(18)

この第一段落の「譯材を銓品し、時代を的明す」「或いは數を以て求め、或いは名を用て取り、或いは時代に憑り、或いは譯人に寄る」とは、前述の『出三藏記集』を先蹤として後に續く『歷代三寶紀』に影響し、それは『仁壽錄』等の隋代の經錄だけでなく、唐代經錄の先頭を切る『大唐内典錄』を經由して、以降の『開元釋教錄』にまで及んでいる。[19] また第二段落は、『法經錄』による『出三藏記集』批判の部分であるが、これもまた同樣の繼承の蹤を見て取ることができる。[20] 第三段落は『歷代三寶紀』の成立過程にとりわけ影響を與えている部分である。[21]

このように『法經錄』を介在させて『出三藏記集』から『開元釋教錄』まで、歷史事實の蹤を跡づける人と時代への記錄の意識が繼續維持され蓄積されて來る中で、『歷代三寶紀』以降は代錄形式の編年部分が組み込まれ、單なる簿錄に墮することのない史書的性格を持つ形態へと變貌したのである。しかし道宣の『大唐内典錄』において、早くも經錄への傾斜に伴う史書的性格の希薄化が始まっていることは注意すべきである。

ところで歷史事象の總合は一定の時間の蓄積を待って始めてなされ、時として百年の單位でそれは行われるが、佛教史においてこれ程までに通史の出現が遲れた背景として、一假說として、ここでは紀年法を擧げてみたい。歷史上の事實、すなわち司馬遷が『史記』太史公自序に言うところの「行事」に對する強い關心は、中國史學史を理解する基本語彙の一つであり、それは佛教史においても當てはまる。既に『出三藏記集』序には「信史」「實錄」を念頭に置く旨の表明がなされており、それは『歷代三寶紀』總目序において、「時代を宗とし」「年を以て先となし」「猶お世分に約す」旨の強い歷史事實への關心の表明となり、そこで採用された紀年法は、前漢武帝以前では干支を卽位元年以下の年數と併記し、武帝以後は干支はそのままに專ら元號によるものとなった。

『歷代三寶紀』總目序は佛教史年表である「帝年」を說明して、

帝年は、張《の》べて佛在世の遐邇（遠近）を知らしむ。[22]

と言うように、釋尊降誕（周・莊王十年―前六八七―）の年を記し、入涅槃（周・匡王四年―前六〇九―）より『歷代三寶紀』上呈の年である文帝・開皇十七年（五九七）までの「一千二百五年」間を三卷に分卷する長大な內容を持つ。しかしそこには自ずと變化が現れていることにも注意される。周・秦を範圍とする「帝年」卷上の序では、『法顯傳』を始めとする佛滅年代を說く各說に應じて開皇十七年までの年數を記しており、また「帝年」卷上・卷中の本文ではその時が佛入涅槃以來何年であるかを頻りに記すのに對し、前漢・新・後漢を內容とする卷中の序にはそれを全く言わない。魏晉・南北朝・隋代を對象とする卷下になると、その序では卷中と同樣に全く觸れるところがなく、また最も記事豐富な「帝年」卷下の本文も、冒頭の三國魏の文帝・黃初元年（二二〇）の項に、

佛入涅槃よりこのかた此に至るまで、已に八百二十九年なり(23)。

を記す以外は全くなく、あたかも佛入涅槃以來の時間の經過に關心を失なったかのようである。これは『大唐內典錄』や『開元釋教錄』において、より顯著に現れる傾向であって、それらは經錄の自覺のもと、當然のように中國における後漢代以來の飜譯史に終始する。それはまた朝代ごとの數多ある元號の下に記述される佛教史に外ならず、とりもなおさず皇帝と共にある佛教史を編纂することと同義である。また『歷代三寶紀』の主要部分である代錄が唐代の經錄に繼承・包接されたにもかかわらず、後世の佛教史書に直接的な影響を與え得なかった理由は、經錄の一部門としての代錄というその史書的性格の曖昧さに求められるであろう。

朝代と元號による佛教史編纂の理念は、方外の賓たる佛教者の理想とは對極にある。皇帝の臣を標榜することが普通のこととなった近世以降において、漸く出家佛教者による史書編纂が盛んとなって行くのも、こうした歷史上に經過した中國的世界觀を超える佛教獨自の時間感覺に對する關心の希薄化と軌を一にするものである。そこでは、今が釋尊入滅後、何年であるかを自覺的に問うことはもはやない。『佛祖統紀』に代表される總合史には知識とし

ての入涅槃のみがあり、釋尊以來一貫して流れる佛教史著述への關心は、中國世界に收斂された姿を取って記述される外には向きようがなかったのであろう。事實、近世・宋代佛教史書の集大成を企圖した南宋の志磐は、その『佛祖統紀』通例の中、「修書傍引」の項に、僅かに釋迦佛誕生の年次に關して、『歷代三寶紀』の書名を記しているのみである。『歷代三寶紀』において、既に中國上古史と結び付いた編年史編纂の明確な姿を取りながら、「中國と呼應する佛教」への希求と傾斜が、ついに正經流布を命題とする經典目錄への埋沒をもたらし、史書的性格の希釋を來したのである。

五　『佛祖統紀』の編纂―紀傳・編年兩體の自覺とその特質―

『佛祖統紀』に代表される佛教通史が、續く近世において始めて編纂されたについては、北宋・司馬光の『資治通鑑』（神宗・元豐七年―一〇八四―撰）とそれに觸發されて著された良渚宗鑑の『釋門正統』（理宗・紹定六年―一二三三―撰）の與えた影響が大きい。既に指摘されてもおり[24]、また既發表の拙論にも言及している史料であるが[25]、先ず『佛祖統紀』の序、及び本書の凡例に當たる通例を題材として、彼の修史の姿勢をみておきたい。

『佛祖統紀』通例の「釋題義」の項を見ると、そこには、書名の「佛祖」及び「統記」を解說して、

佛祖とは何ぞ。教主を本として諸祖に繫けるなり。統紀とは何ぞ。佛祖授受の事を通理するなり。

と言い、更に注を施し、『史記』卷一八・高祖功臣侯者年表の序によって「統紀」の語の先例を示し、『漢書』卷一・高帝紀冒頭の顏師古注を次のように引用する。

漢高祖紀の顏師古注に曰く、紀は理なり。衆事を統理し、之を年月に繫けるなり。[26]

志磐はまた正統・道統（序）・體統（通例「敍古製」）の語や繫・通の字をしばしば用い、例えば「繫道統」（序及び通例「敍古製」）、「繫正統」（通例「釋本紀」）、「繫諸祖」（通例「釋題義」）、あるいは「通古今」（通例「釋題義」）、「通練古今」（通例「釋志」）と言うように、通史意識を前面に押し出している。そして『佛祖統紀』の序に、

史法に依放して、用て一家の書を成す。

と言い、

紀傳世家は太史公に法り、通塞志は司馬公に法る(27)。

と記すように、紀傳・編年の二つの體例を明確に意識して『佛祖統紀』を作成したのである。また彼は通例の「釋志」の項において、山家敎典志以下九志の概要を述べる中、法運通塞志、歷代會要志を説明して

古より今に及ぶまでを考《しら》べ、具さに行事を列ね、用て法運通塞の相を見《あら》わす。

と、歴史的事實に基づく編年史を言い、また編年史の缺點を補うとして、次のように記す。

法の運《はたら》きの通ずると塞がるとは、事の變ずること紜紜《おお》けれぱ、編年に繫くれども、始末を明らかにするなし。古今を通練し、類を求めて知らんと欲する者のために、歷代會要志四巻を作る(28)。

更にこれら九志については、通例「釋題義」に、

皆、志において考あり(29)。

と言うように、彼の自負するところであった。さらに『佛祖統紀』序には佛敎史の總合と會通を強調して、

儒・釋・道の法を立つ、禪・敎・律の宗を開くは、統《す》べて之を會し、畢《ことごと》く錄《しる》さざるはなく、之を目《なづ》けて佛祖統紀という(30)。

と記す。このような九志に對する自負と總合への自覺は、恰も鄭樵が『通志』（南宋高宗・紹興三十一年―一一六一

―撰）總序に歴史の會通を主張し、中でもその二十略に對し、

> 臣　今、天下の大いなる學術を總べて其の綱目を條し、これを名づけて略と曰う、凡そ二十略なり。百代の憲章、學者の能事は、此に盡きたり。其の五略は漢唐諸儒の得て聞く所なるも、其の十五略は漢唐諸儒の得て聞かざる所なり。[31]

という言葉を思わせるものがある。

一方、『佛祖統紀』に先立つこと約三十年に著わされた宗鑑の『釋門正統』は、その體例は紀傳體史書としてのそれであるが、その實、編年史を志向するものであった。

『釋門正統』は、志磐も『佛祖統紀』の通例「修書諸賢」の項に述べているように、本紀・世家・列傳・諸志・載記を内容とする通史紀傳體にならったものであるが、宗鑑の序を見ると、そこには志磐と異り、『資治通鑑』、即ち編年體に對する重視の姿勢を讀み取ることができる。宗鑑は『釋門正統』の序において、「正統の作」を編年の體例に求め、次のように述べている。

> 編年とは先聖の舊章なり。……微顯志晦、懲悪勸善の體　猶お在り。此より降りて而下、司馬君實（司馬光）時英を掌握し、局を以て自ら半生に隨《よ》り、僅かに一書を成せり。豈に　遷・固（司馬遷・班固）の能く企て及ぶ所ならんや。……其の遷・固の法を用いるは、誠に已むを獲ざるものあり。法は遷・固と雖も、而れども微顯志晦、懲悪勸善は、未だ嘗て竊《ひそ》かに舊章に取らずんばあらざるは、此れ正統の作なればなり。[32]

右の一文は、『春秋左氏傳』及び西晉・杜預の『春秋經傳集解』序に言う、五種の義例を念頭においていることが明らかである[33]とともに、舊章、すなわち編年の體を念頭に置きつつ、正史紀傳體を採用した次第を述べている。

『佛祖統紀』通例の「修書諸賢」「修書旁引」に記す北宋末から南宋代にかけて編纂された佛教史書[34]は、いずれも

『資治通鑑』の出現に象徴される、北宋代における通史意識に基づく修史の氣運に促されて出現したものである。そこには、『隋書』經籍志・史部十三類の第二、すなわち孔子以來の『春秋』の體例にならういわゆる古史への志向を讀み取ることができる。『佛祖統紀』はこのような『釋門正統』を直近の先例として、『史記』の通史紀傳體にならい、四本紀・一世家・三列傳・二表・九志の全五十四巻の體裁を整え、天台の正統を眼目として、佛教史の總合化を圖ろうとした。反面、そこには中國傳統の修史法に乗せた佛教史への傾斜を生じ、さらに天台佛教を正統とする佛教觀を混在させ、そのような時代性と佛教觀に捉えられた結果、かえって通佛教史的總合から遠い著作とならざるを得なかったのである。

六　結び

小論の末尾に當たって、これまでに述べてきた所をまとめておきたい。第二節は經錄中の史書的要素について述べ、第三節は『歴代三寶紀』に始まる佛典翻譯史を主體とするいわゆる代錄の繼承と、僞經目錄の政治翼贊的側面を指摘し、第四節では經錄が本來持つ先行經錄からの記事の繼承と適用、そこに釋迦入涅槃より現在に至るまでの通佛教史的把握の內實に變容がもたらされたことを述べ、第五節においては、南宋代に入ってようやく生まれた『釋門正統』『佛祖統紀』が、中國の歴史記錄の正道である紀傳・編年の兩史法を採用しながら、史法を意識し史法に拘るあまり紀傳體でもって編纂をなしたところに、時代性とその通史としての限界が既に現われていることを指摘した。

北宋草創期に僧團の指導者として活躍した贊寧（九一九〜一〇〇二）は、その著『大宋僧史略』巻下の總論において、儒・佛・道の三教を、天子を家長とする家の構成員に喩え、家長たる天子の下にあって三教は平等であり、三教の使命は天子の治世の翼贊にこそあると強調する。この『大宋僧史略』は、また『釋門正統』『佛祖統紀』の有力な史料源であり、「僧史」編纂の先例でもあった。贊寧の言う「僧史」は、皇帝政治の翼贊を本義とし、外來宗教たる佛教の重要度を強調する特性を持つ。從って『歴代三寶紀』と『佛祖統紀』の間に『大宋僧史略』を介在させれば、そこに臣と自稱し天子の治世を助ける三教の一としての佛教の姿が現れてくる。それはまた經録の中に組み込まれてあった編年史の、變容と消滅に付隨する歴史現象として把握されるであろう。

釋尊の降誕を起源とする佛教通史は、『歴代三寶紀』の編纂時において既に中國傳統の紀年法に引き寄せられ記述されている。また、唐の初期までの道宣の時代、すなわち方外の賓たる佛教の理念を強く主張し得た時代が過ぎる頃になると、釋尊入滅以來の時間を強く意識した、佛教を主體とする歴史記述の姿勢は後方に退き、次第に佛教史は中國世界の一端としての位置に落着していった。「佛、涅槃に入りてよりこのかた」と記して現在の時間的位置を數える佛教を主體とする歴史記述に、周王の卽位年數による紀年、皇帝の元號による紀年、あるいは干支による紀年すらを超える紀年法たり得る可能性があったとしても、そこではもはや消滅してしまっていたのである。

註

（1）『歴代三寶紀』についての拙論は以下のとおり。
A「歴代三寶紀の一研究」（『佛教史學研究』二五―二　本書第一篇第三章　改題『歴代三寶紀』の成立と費長房の歴史觀）
B「歴代三寶紀帝年攷」（『大谷學報』六三―四　同右第四章）
C「中國佛教における通史の意識―歴代三寶紀と帝王年代錄」（『佛教史學研究』三三―二　同右第五章）

D　「『歴代三寶紀』と『續高僧傳』―譯經者の傳記について―」（『印度學佛教學研究』二八―二　同右第六章　改題『歴代三寶紀』と唐・道宣の著述―『續高僧傳』譯經篇第一と『大唐内典録』―一　『續高僧傳』―譯經者の傳記―と『歴代三寶紀』）

（2）尾崎康「通史の成立まで」（『斯道文庫論集』七　一九六八年）參照

（3）『出三藏記集』と『大唐内典録』との相承關係については、藤善眞澄『道宣傳の研究』（京都大學學術出版會　二〇〇二年）參照。なお近年の經録研究の成果の一つに川口義照『中國佛教における經録研究』（法藏館　二〇〇〇年）がある。そこでは『歴代三寶紀』の代録について「『僧祐録』の體裁を變更させたもの」（一〇三頁）、「『僧祐録』の後を繼いだ「代録」」（一〇九頁）とするように、本論と論點を異にする。

（4）「爰自安公始述名録、銓品譯才、標列歳月、妙典可徵、實頼伊人。」（大正五五・五c）

（5）「名録銓、則年代之目不墜。」（同右一b）

（6）「昔安法師以鴻才淵鑒、爰撰經録、訂正聞見、炳然區分。」（同右一a～b）

（7）「道由人弘、法待縁顯。」「道由人弘、於茲驗矣。」（以上、同右一a）

（8）「有譯乃傳、無譯則隱。」（同右五b）

（9）「今宣譯之功、理須各宗時代。故此録、體率擧號、稱爲漢魏呉及大隋録也。」（大正四九・一二〇c）

（10）「迺下明制、普令詳擇、存其正經、去其僞本。」（大正五五・三七二c）

「其僞經既不是正經。僞目豈同正目。」（同上三七三a）

（11）「奉證聖元年恩敕、令定僞經及雜符籙等、遣送祠部進内。前件教門、既違背佛意、別搆異端、卽是僞雜符籙之限。」（大正五五・四七五a）

（12）「我唐天后證聖元、有制。」（同右六七九a）

（13）「内典録云、房所撰者、入藏之中、瓦玉相謬。」（同右五七六b）

「撰録者曰、余檢長房入藏録中、事實雜謬。其缺本疑僞、皆編入藏、竊爲不可。」（同右五七六c）

（14）「別生疑僞不須抄寫。已外三分入藏見録。至如法寶集之流、淨住子之類、還同略抄、例入別生。」（同右一五〇b）

（15）經録のこのような一面については、拙論「中國撰述佛典と讖緯―典籍聚散の歴史を契機として―」（『日本佛教學會年報』六二　本書第一篇第一章）にも述べている。

(16)「比逮東晉二秦之時、經律粗備。但法假人弘、賢明日廣。於是道安法師創條諸經目錄、銓品譯材、的明時代、求遺索缺、備成錄體。自爾達今、二百年間、製經錄者、十有數家、或以數求、或用名取、或憑時代、或寄譯人、各紀一隅、務存所見。」（大正五五・一四八c）

(17)「獨有揚州律師僧祐、撰三藏記錄、頗近可觀。然猶小大雷同、三藏雜糅、抄集參正、傳記亂經、考始括終、莫能該備。自外諸錄、胡可勝言。」（同右一四八c〜一四九a）

(18)「又法經等更復竊思、諸家經錄、多是前代賢哲修撰。敬度前賢、靡不皆號一時稽古。而所修撰、不至詳審者、非彼諸賢才不足而學不周。直是所遇之日、天下分崩、九牧無主、名州大郡、各號帝畿、疆場艱關、並爲戰國、經出所在、悉不相知、學者遙聞、終身莫覩。故彼前哲、雖有材能、若不逢時、亦無所申述也。」（同右一四九a）

(19)『大唐內典錄』卷一〇・歷代所出衆經錄目序に次のように繼承して言う。

余少沐法流、五十餘載、……或以數列、或用名求、或憑時代、或寄參譯、各紀一隅、務存所見。斯並當時稽古、識量修明。而綴撰筆削、不至詳密者、非爲才不足而智不周也。直以宅身所遇、天下分崩、疆場關艱、莫閱經部。雖聞彼有終身不闚、今則九圍靜謐、八表通同。（同右三三八a）

(20)『開元釋教錄』卷一〇・總括群經錄「敍列古今諸家目錄」の『大唐內典錄』の條に、次のように同文を含めて記す。

便參祐房等錄、祐錄徵據文義可觀。然大小雷同、三藏糅雜、抄集參正、傳記亂經、考括始終、莫能通決。房錄後出、該贍前聞。然三寶共部、僞眞淆亂。自餘諸錄、胡可勝言。今余所撰、望革前弊。

（自注）撰錄者曰、宣公所撰、類例明審、實有可觀。作者之風、見於茲矣。然少有差、雜未能盡。善述作之事、誠謂難哉。（同右五七八ab）

(21) 前揭註（1）拙論A　第三節「『三寶紀』編纂の過程について」に指摘するところがある。

(22)「帝年、張知佛在世之遐邇。」（大正四九・一二〇c〜一二一a）

(23)「佛入涅槃來至此、已八百二十九年。」（同右三五）

(24) 高雄義堅『宋代佛敎史の研究』（百華苑　一九七五年）第八章　佛敎史書の出現　參照。

(25) 前掲註(1)拙論C

(26)「佛祖者何。本教主而繋諸祖也。統紀者何。通理佛祖授受之事也。」「漢高祖紀顔師古注曰、紀、理也。統理衆事、繫之年月。」(以上、大正四九・一三一a)

(27)「依放史法、用成一家之書。」「紀傳世家、法太史公、通塞志、法司馬公。」(同右一二九c)

(28)「考古及今、具列行事、用見法運通塞之相。」「法運通塞、事變紜紜、繫于編年、莫明始末。爲通練古今、欲求類知者、作歴代會要志四卷。」(以上、大正四九・一三〇c)

(29)「皆於志有考。」(大正四九・一三一b)

(30)「儒釋道之立法、禪敎律之開宗、統而會之、莫不畢錄、目之曰佛祖統紀。」(同右一二九c)

(31)「臣今總天下之大學術而條其綱目、名之曰略、凡二十略。百代之憲章、學者之能事、盡於此矣。其五略、漢唐諸儒所得而聞、其十五略、漢唐諸儒所不得而聞也。」

(32)「編年者先聖舊章也。……微顯志晦、懲惡勸善之體猶在。降此而下、司馬君實掌握時英、以局自隨半生、僅成一書。豈遷固所能企及。……其用遷固法、誠有不獲已。法雖遷固、而微顯志晦、懲惡勸善、未嘗不竊取舊章、此正統之作也。」(續藏經第二編乙第三套第五册、新纂卍續藏經七五・二五四b)

(33)『春秋経傳集解』序
……而爲例之情有五。一曰、微而顯。……二曰、志而晦。……三曰、婉而成章。……四曰、盡而不汙。……五曰、懲惡而勸善。……推此五體、以尋經傳、觸類而長之、附于二百四十二年行事、王道之正、人倫之紀備矣。

(34) 北宋・元穎の『天台宗元錄』(徽宗・政和二年―一一一二―撰)、及び南宋・祖琇『隆興佛教編年通論』(すなわち『佛運統紀』、孝宗・隆興元年―一一六三―撰)を始めとする宗鑑の『釋門正統』に至る六種の著述。

第一章　中國撰述佛典と讖緯—典籍聚散の歴史を契機として—

一　はじめに

中國撰述佛典、いわゆる疑僞經典の研究は、望月信亨の先驅的業績から牧田諦亮氏の『疑經研究』にいたる一連の成果によって、次第に佛教・佛教史研究の樞要な課題として注意されてきている。ところでこれら一群の經典が疑僞と判斷されたその基準は、歴代の經典目錄の編者が言う翻譯佛典であるか否かにあり、その點ではこれまでの研究もおよそ同樣であったと言ってよい。しかし疑僞の判定基準が基本的に翻譯の事實の有無にあることは認められるとしても、それだけで多くの中國撰述佛典が傳寫を禁ぜられて佚亡し、あるいはそれにも拘わらず諸書に引用され、さらには書寫されて敦煌文獻や日本の古寫經、例えば名古屋七寺に傳來する平安末の一切經[1]の中に傳存していることに對しては、十分な説明を提供しているとは言い難い。

本章では、多數の經典群が歴代の經典目錄によって疑僞と判定され忌避された背景について、いささかの私見を述べようとするものである。

以下、中國撰述佛典の禁斷の經緯とその背景が、中國史における讖緯禁遏のそれに一致するものと考え、疑僞の判定と廢棄の處置は、國策としての對讖緯策の一環としてより廣く位置付け得ることを述べ、次いで戒律の受持と實踐の場における中國撰述佛典の利用の一端を見ることによって、それらが眞經卽ち翻譯佛典に對して補完的側面を持っていた點を指摘してみたい。

二　讖緯焚毀の經過と僞經目錄の制定

讖緯焚毀を記す記錄[2]はそれほど多くなく、記錄上に明確なものは、西晉武帝の泰始三年（二六七）十二月に「星氣讖緯の學を禁」（『晉書』卷三・武帝紀）じたのが最初である。次いで後趙石虎の建武二年（三三六）に「郡國に禁じ、私に星讖を學ぶを得ざらしめ、敢て犯すある者は誅す」という措置が講じられている（『晉書』卷一〇六・石季龍載記上）。また前秦苻堅の建元十一年（三七五）には「老莊圖讖の學を禁」（『晉書』卷一一三・苻堅載記上）じている。北朝では北魏太武帝の太平眞君五年（四四四）正月の詔に「讖記陰陽圖緯方伎の書」の民間での私藏を禁じ（『魏書』卷四下）、孝文帝の太和九年（四八五）正月の詔には「經國の典に非」ざる「圖讖祕緯」等の焚毀を命じている（『魏書』卷七）。一方『隋書』經籍志の經部・讖緯では南朝から隋にかけての經緯を次のように傳えている。

宋の大明中に至り、始めて圖讖を禁ず。梁の天監已後、又其の制を重んず。高祖受禪するに及び、之を禁ずること踰々切なり。煬帝卽位し、乃ち使を發して四もに出さしめ、天下の書籍の讖緯と相涉る者を搜して、皆之を焚き、吏の糾すところとなる者は死に至る。是れより其の學を復すなく、祕府の內、亦多く散亡す。

以上の中、北魏太武帝の詔敕に「讖記陰陽圖緯方伎の書」に佛教經典が竝置されていること、また孝文帝の詔敕に圖讖祕緯の類を「經國の典」に非ざるものとしていることに注意される。一方、南朝においては『隋書』經籍志の右の短い記錄だけであるが、今、これを目錄編纂の狀況に併せて述べてみたい。

中國における目錄が前漢末・新の劉向・劉歆父子の『別錄』『七略』を嚆矢とし、それが班固の『漢書』藝文志に依用されていることは周知のことであるが、これが六藝を中心とする學術の總合整理を企圖したものであるとともに、その六藝は鄭玄の『六藝論』に言う「六藝とは、圖の生ずるところなり」（六藝者、圖所生也）に表明されるように、後漢代以來、六藝卽ち經典類は緯書的色彩を持つものであった。[3] そして魏晉時代に入り新たな目錄形式である四部目錄の編纂が始まり、梁・阮孝緒の「七錄序」によれば、すでに西晉・荀勗の『中經新簿』には「十六卷の佛經」があったと記されている。また東晉・李充の『晉元帝書目』は『晉書』卷九二・文苑傳の李充傳によると「類を以て相從わしめ、分けて四部と作す。甚だ條貫あり、祕閣以て永制と爲す」とあるように、これ以後南朝を通じて宮中の圖書は四部目錄によって編纂され、それが隋を經て唐の『隋書』經籍志に至る。[4]

ところでこれらの中に緯書がどのように收載されていたのかについては記錄がない。但し梁の普通四年（五二三）に成った阮孝緒の『七錄』には、內篇五錄（經典・記傳・子兵・文集・術技）の內、最後の術技錄には緯讖部が立てられ、三二種四七帙二五四卷があったと註されている（『廣弘明集』卷三・古今書最）。また「七錄序」（同前）によれば、これより以前、梁初の天監四年（五〇五）に編纂された五部目錄は『文德殿正御書目錄』に術數書目錄を加えたものであったらしく、この術數書目錄中に緯書目錄が收錄されていた可能性がある。そうであるとすれば、正式の四部目錄に添える形で緯書が記錄されていたこととなる。

以上に述べた目錄編纂の經緯には、先述した『隋書』經籍志經部・讖緯に、宋・孝武帝の大明年閒（四五七～四六四）に始めて圖讖を禁斷し、梁・武帝の天監（五〇二～五一九）以後も嚴しく取り締まったという記錄に符合する部分がある。すなわち梁の武帝による圖讖禁絕政策の遂行は、同時に進行した國家規模の典籍整理の事業と表裏をなすものであり、先程述べた緯書目錄の存在の可能性も、それは緯書の保存よりも選別整理の手段として作成されたと考えてよく、これはまた宋以降の南朝諸國に共通するものであったろう。この動向は隋代に至ってより明確になるが、ここで佛教經典目錄（以下、經錄と略）の編纂の經緯を概觀し隋の狀況に關連させてみたい。

漢魏西晉時代の經錄については斷片的な記錄があるのみでその詳細は知り得ないが、全體としてそれらが個人あるいは一時代一地域の譯經錄の域を脫していなかったことは確かであろう。中國經錄の出發點と評價される前秦道安の『綜理衆經目錄』（以下『道安錄』と略）にしても、譯經に關わる全體を總合して捉えようとの意識はその書名から窺われるものの、內容的にはまだ前代からの影響を色濃く殘している。これに對して明確に大小乘の別を設けたのは宋の『衆經別錄』（『歷代三寶紀』卷一五）である。そこには既に分類と通觀の意識が働いている。また道安の目錄に續いて疑經錄が設けられ一七部二〇卷の疑經が著錄されていた。以後南齊には劉勰の『定林寺經藏錄』が編成され、梁初（天監四年以降）には僧祐の『出三藏記集』が現れ、天監十四年（五一五）に僧紹の『華林佛殿衆經目錄』、續いて天監十七年（五一八）に寶唱によって『衆經目錄』が編纂され、ここにも疑經七二部六七卷が收載されていた。特に『華林佛殿衆經目錄』は先述した天監四年（五〇五）の『文德殿目錄』に關連するもので、「七錄序」や『隋書』經籍志總序によれば、文德殿に四部の典籍を收藏し、華林園に佛典を別藏したことに應じたもので、これは宋・王儉の『七志』が方外の經として佛經道經を位置づけて以來の方式を踏襲したものであろう。そのことは、私家目錄ではあるが、梁の普通四年（五二三）に阮孝緒によって作られた『七錄』が內篇五錄の外に外篇二錄として佛法錄・仙道錄を設けていることによっても知ることができる。またその佛法錄には疑似部として四六種四六帙六〇卷が著錄されていた。寶唱の『衆經目錄』に疑經目錄があり阮孝緒の『七錄』に疑似部があったことは、華林園における佛典收集の際に選別排除の働きを果たした僞經目錄の存在を推測させる。このことは北朝においても同樣であって、北魏・永熙年間（五三二～五三四）の李廓の『衆經錄目』に「非眞經目錄六十二部・非眞論目錄四部・全非經愚人妄稱目錄十一部」（『歷代三寶紀』巻一五）が收錄され、北齊・武平年間（五七〇〜五七六）の法上の『衆經目錄』にも僞經目が設けられていた。王朝が創設されると新たな圖書收集事業が企てられるのは中國諸王朝の創業の歴史に常に見られる文教政策の一環であるが、前秦時代の『道安錄』の疑經錄も圖讖禁絕・僞經排除政策の中に位置づけて考えられようし、宋・梁の經錄にもそのような傾向を讀み取ってよい。(5) こうした僞經目錄のあり方は、次の隋代においてより一層明確となる。

隋代において編纂された目錄は『隋書』經籍志等によれば、先ず文帝の開皇四年（五八四）の牛弘による『四部目錄』四巻、同八年（五八八）の編者不明の『四部書目錄』四巻、そして十七年（五九七）の許善心による『七林』の編纂を經て二十年（六〇〇）には王劭によって『書目』四巻が著され、煬帝の大業年間（六〇五〜六一六）にも『正御書目錄』九巻が編纂されている。文帝開皇期に集中しているが、これは隋が北朝國家から全中國の統一國家へと擴大を遂げる時期に一致しており、その圖書收集事業の中心にいたのが牛弘であった。周隋革命を成し遂げたばかりの開皇初期に、牛弘によって文帝に上呈された「獻書の路を開かんことを請う表」（『隋書』巻四九・牛弘傳）は、秦・始皇帝の焚書を始めとする南北朝末までの書物が被った災厄、いわゆる書の五厄を言うことで知られているが、それはまた新興國家に必須の文教政策が、歴史を顧みての必然に由來するものであることを主張する。そのような圖書整備事業の裏面では、佛教的符命の準備のもとに北周を奪った文帝による、(6) それだけに「之を禁ずること踰々切」（『隋書』經籍志）と言われる讖緯禁遏策が着々と實施され、それが煬帝の代にまで繼承されたのである。

一方隋代佛教界における最初の經錄は開皇十四年（五九四）の法經等による『衆經目錄』であるが、この編纂に際し、先の牛弘が介在していた。(7)『衆經目錄』巻七・總錄序に次のように言う。

大興善寺翻經衆沙門法經等、敬んで皇帝大檀越に白す。去る五月十日、太常卿牛弘敕を奉じていえらく、須く衆經目錄を撰すべしと。經等、謹んで卽ち修撰す。……ほぼ經律の三藏、大小の殊を示し、ほぼ傳譯の是非、眞僞の別を顯らかにす。（大正五五・一四八c～一四九a）

この『衆經目錄』が、大乘衆經疑惑二一部三〇卷、衆經僞妄八〇部一九六卷、小乘衆經疑惑二九部三一卷、衆經僞妄五三部九三卷を記錄し、皇帝による大藏經の整備、書寫頒布の基準を示すものであったことは明らかである。續く開皇十七年（五九七）の費長房の『歷代三寶紀』に法經等の衆經目錄を承けて入藏錄が新設され、仁壽年間（六〇一～六〇四）に彥琮によって編纂された『衆經目錄』に疑僞二〇九部四九〇卷が著錄され、さらに煬帝の大業年間（六〇五～六一六）にも智果による『衆經目錄』が作られているなどの、一連の隋代における經錄編纂を、隋朝による典籍の正邪辨別政策の遂行過程の中に置いてみるとき、文帝煬帝による嚴格な讖緯禁遏政策と同時に僞經の排除も進行していたことを知ることができる。そのことの傍證として、道宣の『大唐內典錄』卷一〇・歷代所出疑僞經論錄序の、

昔、隋祖開皇のとき、創めて經錄を定め、僞濫を挍（校）閱し、卷將に五百ならんとし、已に總べて焚除せらる。（大正五五・三三三c）

という記事をあげることができる。また同內容の記事は、後述するように道宣の『四分律刪繁補闕行事鈔』（以下『行事鈔』と略）にも見られる。この數値は彥琮の『衆經目錄』に言う疑僞經典二〇九部四九〇卷に對應するものであろう。讖緯の書と共に疑僞の經典も焚毀の對象であったのである。これは翻譯の事實の有無という經錄における選別の基準が、西晉代以來繼承されてきた讖緯焚毀政策に包攝され、その上でそれらが排除の對象とみなされていたことを示している。少なくとも現實の政治世界においては、端的な例で言えば、佛說の名のもとに革命を翼贊し、正統化する僞經は讖緯と同類であり、非翻譯の佛典としてよりも讖緯と同斷の所産として判斷されたと考える方が、

その後の疑僞經典の辿った經過からみてもより妥當性があるであろう。

三　戒律關係の中國撰述佛典と『淨度三昧經』

戒律關係の中國撰述佛典については、早く望月信亨の『淨土教の起源及發達』や『佛教經典成立史論』において『仁王般若經』や『梵網經』『菩薩瓔珞本業經』が研究の俎上に載せられ、庶民に戒律の護持を説く僞經『提謂經』やそれと同じく僞經である『淨度三昧經』との關係についても既に塚本善隆、牧田諦亮の諸氏によって研究がなされている。また疑經『梵網經』の成立については、近年、研究史の整理を含めた考證が發表されてもいる(8)。ここでは道宣の『行事鈔』の記事と『淨度三昧經』を通して、道宣の當時において『淨度三昧經』が教團維持に果たしていた役割について一瞥してみたい。

『淨度三昧經』を引用した最古の例は梁・僧祐『出三藏記集』の法苑雜緣原始集目錄であるが、そこでは八王日の齋日を説く經典として記され、續いて『經律異相』に三十地獄・五官・六齋日等を言う五種の引用がなされ(9)、唐の『諸經要集』や『法苑珠林』、あるいは唐初の法琳が『辯正論』に引用するところも、その傾向はほぼ同様である。これらの引用例によって南北朝後半から隋唐初にかけての『淨度三昧經』に對する一般的評價がどの様なものであったのかを知ることができる。しかしそれらは本經の最も特徴的な經説を拾い上げているものではあっても、多様な内容を持つ本經の全てを紹介しているわけではなく、現存三卷本『淨度三昧經』に當てはめて言えばおよそ卷一から卷二にかけての部分にあたっている。

續く卷二から卷三においての特異な經説の一つに咎罰と自度の思想がある。例えば後者は、卷三に、持戒如法であれば自度と福德を得ると說き「佛は實に人を度さず、人自ら度すのみ」と言う。これについては既に專論がある[10]が、また「人民は沙門に依り、沙門は佛に依り、佛は人民に依り、人民は依仰して沙門に依る」とも說く。これに對して笞罰の思想が、道宣の律學の主著である『行事鈔』に批判的に紹介されている。

『行事鈔』の卷上三を見ると、當時、『淨度三昧經』に關わって次のような事態があったことを傳えている。

三世の佛教より、每に諸々の治罰には、但、折伏と訶責あるのみにして、本より杖もて人を打つの法なし。ちかごろ大德衆生を見るに、內に道分の承く可きものなきに、德なきを思わず、他を攝めて專ら考楚を行い、或いは大衆に對い、或いは復た房中に、縛束して首に懸け、非分に治打す。……今時、弟子を杖治する者、咸、瞋毒を起こし、勇憤奮發し、自らを重んじて他を輕んじ、ことさらに彼の苦を加う。……又、愚師あり、淨度經の三百の福罰を引く。此れ乃ち僞經にして人の造りしもの、智者共に非とす。もし彼の經の如くして三毒を起こさざれば、依りて福罰あるを得ん。今、己の煩惱に順う。何ぞ妄りに依るを得んや。律の中に、瞋心もて訶責するは、尙お自ずから罪を犯すと。乃至畜生すら杖もて擬るを得ず。何ぞ況んや人を杖うつをや。[11]（大正四〇・三三b〜c）

さらにこれと同樣のことが、卷中三に、

諸經律を檢べるに、訓治を爲すなし。故に比丘に笞杖を行うをゆるすは、釋迦の一化に並に無し。末代往往にして有るを見ること、前卷に已に明らかにす。（同・八八b）

と述べられている。道宣が非難するこの僧團における罰則の經證としての「淨度經の三百の福罰」とは、まさしく『淨度三昧經』卷二の次の文に對應するものである。

佛言く、我が法中には大惡人を受けず。末世の時、我が弟子、至法を承けざるなり。名譽を用ての故に。弟子を取求し、悪人あらしむるに至るのみ。悪人とは、戒を犯し、放逸傲慢にして、禁戒を畏れざる者なり。法律を持す者は、法を案じて之を治めよ。小過は之を笞うつこと一百、中過は之を笞うつこと二百して、之を福罰す。大過は之を笞うつこと三百して、之を福罰す。改めず首過せざる者は、長えに之を擯棄せよ。

ところで『行事鈔』の冒頭巻上一の第一〇に「世中の僞說を明らかにす」として次のような文がある。

次に世中の僞經を明らかにす。諸佛下生經六帙、淨行優婆塞經十卷、獨覺論、金棺經、救疾經、罪福決疑經、毘尼決正論、優波離論、普決論、阿難請戒律論、迦葉問論、大威儀請問論、五辛經、寶鬘論、唯識普決論、初教經、罪報經、日輪供養經、乳光經、應供行經、福田報應經、寶印經、沙彌論、文殊請問要行論、提謂經。是くの如き等の人造の經論に總て五百四十餘卷あり。代代に漸出す。文義淺局にして、多くは世情に附く。隋朝久しく已に焚除するも、愚叢猶お自ずから濫用す。（大正四〇・〇三c）

ここに列擧された經論二五部の中、『淨行優婆塞經』『救疾經』『應供行經』『提謂經』以外は、皆道宣獨自の收集になるもので、それらは『大唐內典錄』巻一〇・歴代所出疑僞經論錄に著錄されている。またその冒頭に置く『諸佛下生大法王經』には、

余、汾部において、親ら此の文を見る。（大正五五・三三五c）

という自注が施されている。すなわち道宣は山西・汾水流域における『行事鈔』の述作と諸方への遊行の際にこの大部の僞經を實見していたのである。從って前記『內典錄』の歴代所出疑僞經論錄の末尾に、

右、諸々の僞經論は、人閒の經藏に往往にして之あり。其の本尙お多し。更に錄せられんことを待つ。（同・三三六a）

とあるのは、戒律關係の僞經論がいかに多かったかを含めて、彼の率直な感懷を吐露したものと言ってよいであろ

う。

ところで先述した『淨度三昧經』巻三の「人民は沙門に依り、沙門は佛に依り、佛は人民に依り、人民は依仰して沙門に依る」というこの人民と佛とに介在するものは沙門であるが、それはまた『淨度三昧經』では「明師」「明經道士」と表現され、特に前者は巻二・巻三にしばしば現れている。例えば巻二ではその初めに八王日・五官を記した後、五戒の受持、九齋・八王日における十事の守治は明師に従った上で行うことを說き、巻三冒頭では後世の緣を作すには至法を求め明師を敬うべきことを、半ばでは明師の教えに従い、受戒し歲三齋・月六齋を行うべきことを、巻末では度世の道を求めるには、まず明師を求むべきことを說く。このような明師の指導の強調は、例えば同じく『淨度三昧經』巻二に、律行を受持するとはどういうことかを說明して、

縣官に畏順し上を奉り下を敬うこと、奴、大夫に事え、朝廷肅清なるが如し。

あるいは、

若し法律を知る者ありて、人に過ちあるを見るも、糾擧して之を治めざれば、同罪に與るとなす。

と說き、續いて具體的な小過・中過・大過に對する笞罰が說かれることとなる。これが實際に唐初の僧團の中に具體化され、教團の秩序維持の一手段となっていたことは、道宣が殘した批判的記錄に明らかである。他方、それぞれの僧團內において教化指導の任に當たる僧の場合、翻譯された、たとえば道宣が『行事鈔』に言う「世中の僞經」に對して「正經」と稱する『僧祇律』や『四分律』に說かれずとも、現狀に見合う有用な經說であれば、それらは積極的に補助的經說として用いられていた。道宣が『行事鈔』や『內典錄』に當時流布していた僞經論を記錄し得たのも、それらが佛教界の內外に廣く依用されていたからであろう。

四　結び

以上、中國撰述の佛典が疑僞と判定され、その殆どが湮滅し去ったのは、そこに讖緯と同根のものとの政策的判斷が加わり、佛教側からも僞經目錄を作成して積極的に應じて來た結果であることを述べた。讖緯が持つ圖讖的側面と緯書的側面とを嚴密に區別することは困難であるとしても、焚毀の對象となったものは前者を主とするであろう。それは人心を扇動し、ひいては革命に誘引し、またそれがために佛教教團を破滅へ導く可能性を祕めていた。塚本善隆「北魏の佛教匪」は、北魏に頻發した佛教的宗教反亂が、「佛教のよく普及せる地に起り、また朝野共に佛事に熱心であった佛教盛時に起こった」ことを指摘するが、[13]それはまた僞經目錄編纂の必要性と共に目錄が持つ實用性をも當時の爲政者や指導的任務に當たる僧尼に認識させたであろう。一方、僧祐の『出三藏記集』巻五には、南朝梁の初頭天監九年（五一〇）に行われた、郢州の乞食僧妙光とその誦出した『薩婆若陀眷屬莊嚴經』をめぐっての宗教裁判[14]を記錄する。既に俗法による處斷が決まった事件であったものを內律による裁斷に附されることとなり、都建康の僧正慧超以下、僧祐をふくめた二〇人の名僧による論決をみたのであるが、そこには武帝の意志が見え隱れしていると言ってよい。僧祐はこの僞經が燒却處分を受けてもなお民間に擴がる生命力を危惧し、記錄に殘したと言っており、當時の社會上層部に連なる建康佛教界の指導層に、これら圖讖的僞經がどのように見えていたかをよく傳えてくれている。

では後者の緯書的側面、その中でも經典に對する補完的性格が存續し得たについて、どのように理解できるであろうか。中國中世における思想・文化面の性質の一つに緯書の流行と禁絕があったが、禁絕されてもなお緯書ないし緯書的思考は諸書に引用され後代に傳えられた。それと同等のことが佛教にも起こったと考えられる。この事態は『梵網經』や『仁王經』等の後世の佛教思想に大きな影響を與えた僞經が存在し得たそのことにこそ示されているが、では何故存在し得たかを理解するてがかりの一つとして、經錄における翻譯者名の決定と失譯佛典群の收錄がもたらした影響力がある。そしてその作業を最も精力的に行ったのが隋の諸經錄、中でも史書的性格を持つ『歴代三寶紀』であり、その結果が『大唐内典錄』を始め唐の經錄に多大の影響を及ぼした。そのため現在の古譯佛典や經錄の研究において、『歴代三寶紀』に對して與えられる評價は否定的であるのが常である。しかし歴代の經錄に譯者名が付され、あるいは失譯として記錄されていれば、大體においてそれらの記錄は繼承される。卽ちそれらを少なくとも疑僞のものとして指定しないことによって無闇な焚毀は避けられたのである。『歴代三寶紀』の成立背景を考慮すればこうした推測は可能であるし、經錄編纂の過程における佛典の選別において、一方でこのような佛典保護の側面があったことが指摘できよう。[15]

他方、疑僞經錄に記載される典籍の中でそうした經律論の範疇に入りにくいものに抄經がある。抄經は、翻譯後の再編集という觀點からすれば、同樣な過程を經て複雜な樣相を呈する譬喩經類とも關わっており、別個に扱うべき問題である。その扱いは「疑」あるいは「僞」の判定の間を搖れ動き、最終的に「僞」としての評價が定まった。その代表例は南齊の文宣王蕭子良の抄經群である。ところで先述した道宣の『行事鈔』卷上一に記された僞經中の『淨行優婆塞經』一〇卷がその一つであると考えられていたことは、既に隋・法經の『衆經目錄』の卷五に「衆律僞妄」として收載されている注記によって知られる（大正五五・一四〇a）。その經典名から考えても、『提謂經』と同樣、在俗の信者に對し五戒の受持等を說くものであったろう。これに對し、『淨度三昧經』は、道宣の觀察したところによれば、出家集團の秩序維持に適用されていた。僧團維持の所依の律典として、在家・出家のそれぞれに僞經が用いられていたことは、それらが翻譯律典に對する補完的側面を持って機能していたことを示すものであり、中國撰述佛典に對する利用のあり方が窺われる例である。

中國撰述佛典の利用は、特に南北朝から隋、唐前半にかけて多かった。それはまた佛教の中國化の過程の生動性に富んだ時代に見られる現象であった。しかしこれらが武周期から玄宗期を經て次第にその姿を消して行ったについては、さらに別の觀點からも考えてみるべきであろう。

註

（1）『七寺古逸經典研究叢書第二卷　中國撰述經典（其の二）』（大東出版社　一九九六年）資料篇所收　淨度三昧經影印・翻刻・訓讀・一字語彙索引・解題（落合俊典・榎本正明・齋藤隆信の各氏と共同擔當。解題は筆者が擔當した）。

（2）清・蔣清翊『緯學源流興廢考』卷上燔禁、陳登原『古今典籍聚散考』卷一　政治卷第一章　隋之焚緯、安居香山「漢魏六朝時代における圖讖と佛教」二　圖讖禁絕の歷史（安居香山・中村璋八『緯書の基礎的研究』國書刊行會　一九七六年　所收）參照。

（3）池田秀三「緯書鄭氏學研究序說」（『哲學研究』四七―六　一九八三年）の他、安居香山『緯書と中國の神祕思想』（平河出版社　一九八八年）、前揭註（2）『緯書の基礎的研究』參照。

（4）姚名達『中國目錄學史』（商務印書館　一九三八年）分類篇七七頁　參照。

（5）塚本善隆「陳の革命と佛牙」（『塚本善隆著作集』第三卷　中國中世佛教史論攷　大東出版社　一九七五年　所收）には南朝の宋武帝・陳武帝による佛教を利用した符命受禪が詳說されている。皇帝に利用された佛教の繁榮とは、革命をもたらす要素が除去された姿を示すであろうし、その手立ての一つとして疑僞經錄の整備がある。

（6）塚本善隆「隋佛教史序說―隋文帝誕生說話の佛教化と宣布―」（前揭註（5）『塚本善隆著作集』第三卷　所收）、また藤善眞澄「北齊系官僚の一動向―隋文帝の誕生說話をてがかりに―」（『鷹陵史學』第三・四　森鹿三博士頌壽記念特集號、『道宣傳の研究』京都大學學術出版會　二〇〇二年　所收）參照。

（7）このことについては、本篇第三章『歴代三寶紀』の成立と費長房の歴史觀（原掲『佛教史學研究』二五―二）において述べている。

（8）塚本善隆「中國の在家佛教特に庶民佛教の一經典―提謂波利經の歴史―」（『塚本善隆著作集』第二巻　北朝佛教史研究　一九七四年　所收）、牧田諦亮『疑經研究』（臨川書店復刊　一九八九年）第四章・第六章、船山徹「疑經『梵網經』成立の諸問題」（『佛教史學研究』三九―一　一九九六年）參照。

（9）本篇第二章參照。

（10）牧田諦亮『疑經研究』第三章一四二頁に指摘がある他、專論として中嶋隆藏「『淨度三昧經』に見える轉迷開悟の思想：佛は實に人を度さず、人自から度るのみ」（秋月觀暎編『道教と宗教文化』平河出版社　一九八七年　所收）がある。

（11）元照の『四分律行事鈔資持記』巻上三には次のように記す。

淨度僞經、如序所列、舊記云、彼明重罪打三百、中罪打二百、下罪打一百、皆得福也、此下斥非、初指僞、隋朝焚毀、古徳不用、故云智者共非。（大正四〇・二三〇b～c　傍點筆者）

なお、『行事鈔』における『淨度三昧經』引用の確認は、齋藤隆信氏の示教によるものである。

（12）藤善眞澄「道宣の遊方と二・三の著作について」（『三藏』一八九號：『國譯一切經』和漢撰述部史傳部第六巻月報、『道宣傳の研究』京都大學學術出版會　二〇〇二年　所收）參照。

（13）『塚本善隆著作集』第二巻　北朝佛教史研究　一八一頁。

（14）砂山稔「江左妖僧攷―南朝における佛教徒の反亂について―」（『東方宗教』四六　一九七五年）、本書第二篇第一章　梁代貴族佛教の一面　參照。

（15）前掲註（7）本篇第三章、および第四章『歴代三寶紀』帝年攷　において、その成立背景について述べている。

第二章　梁代佛教類書と『經律異相』

一　はじめに

現在、『大正大藏經』事彙部卷五三・五四には『經律異相』『法苑珠林』『諸經要集』の三書が收錄されている。他に、未收錄のものとして五代の義楚の『釋氏六帖』等がある。佛教關係の類書として唐の『法苑珠林』は殊に著名であり、またそれと『諸經要集』との關係も種々論ぜられ、その問題を正面より取り上げて論じているものもある(1)。しかしいずれにしても、この唐代の二書に先行する位置にある南朝梁の『經律異相』に關してはさほど論ぜられていない。常盤大定『後漢より宋齊に至る譯經總錄』・林屋友次郎『異譯經類の研究』、また望月信亨の各論書等に、『經律異相』から所引の逸存經や疑僞經類を抽出し、整理を加えているが、いずれも『經律異相』を利用する姿勢に終っている。

本章では、この『經律異相』を中心に、南朝梁の一代において編纂された佛教關係類書の概要を述べることを目的とするが、併せてその成立の要因となっていることなどについても考えるところを述べてみたいと思う。

參考すべき史料として擧げられるものに、隋・費長房の『歷代三寶紀』(以下『三寶紀』と略)がある。現存する梁の類書としては『經律異相』一書のみであるが、『三寶紀』卷一一によれば、他に、『衆經要抄』『法寶集』(＝

『法寶聯壁』）『義林』『内典博要』等の書名が記録されている。『内典博要』を除けば、いずれも巻數の上で『經律異相』を凌ぐものである。しかし、『經律異相』のみを殘して、他は次第に散佚していったもののようで、唐代が恐らくはその流布の下限であろう。現在では、その姿は全く見ることができない。

最初に、先行する宋齊代の状況を概觀し、以下、本論に入って行きたいと思う。

二　梁代佛教類書の概要

宋齊代のことを知るには、『三寶紀』が全面的に依用している僧祐の『出三藏記集』を利用せねばならないが、先に『三寶紀』の記錄を紹介したい。まず注意されることは、抄經の發生とその盛行である。經文を抄略する風は宋齊代より以前に既に見られるが、特に宋代以降に盛んとなり、梁代に入ってその極に達したと言われる。

『三寶紀』巻一〇・一一の宋齊代譯經錄を見て氣づくことは、特に律に關する著作の多いことである。目ぼしいものを拾ってみると、まず宋代には、（一）彌沙塞戒本一巻・彌沙塞羯磨一巻、（二）十誦僧尼要事羯磨二巻、（三）十誦律比丘戒本一巻・十誦律比丘尼戒本一巻・十誦律羯磨雜事幷要用一巻、（四）決正四部比丘論二巻等がある。『三寶紀』に依れば、（一）の二種は佛陀什の譯した彌沙塞律三四巻に相當するもので、「戒心幷びに羯磨等の文を抄出」（大正四九・八九b）したものである。（二）について費長房は、「廢帝の世の大明七年《ママ》、律師釋僧璩、楊（揚）都中興寺に於いて、律に依りて撰出す、亦略要羯磨法と云う」（大正四九・九三c）と記し、（三）の三種について「明皇帝の世、律師釋法穎、楊（揚）都長干寺に於いて、律に依りて撰出す」（大正四九・九三c）と書き、（四）については「昇明元年、沙門釋道儼、諸律に依りて撰出す」（大正四九・九四a）と述べている。このように宋代では、翻譯經典の他に、律の典籍をもととして、それをより簡明ならしめるために、小部のものが作製されている。しかし、いまだ類聚的なものまでに近づいてはいない。

次の齊代になると、より進んだ形態を取るようになる。費長房の言を借りれば、「衆經より抄集し、義に依りて撰出す」或いは「事に依りて類撰す」る風が起って來る。それを次に紹介してみたい。いずれも『三寶紀』に依る。

①　佛法有六義第一應知經　一卷

六通無礙六根淨業義門經　一卷

右二部合二卷。武帝の世、沙門法願、衆經より抄集し、義に依りて撰出す。經旨を弘めるものにして、僞造に異なると雖も、旣にして名號を標わし、則ち別に卷部を成す。世々皆共に列ね、用て疑經と爲す。故に復た載傳す。後葉　源を識り、幸わくは同に鑒昜あらんことを。（大正四九・九六ａ）

②　佛所制名數經　五卷

右二部合七卷。(2) 武帝の世、釋王宗、旣にして衆經より抄集し、事に依りて類撰す。數林に似るあり。首《はじめ》に經名を題し、編みて錄に預かるも、名實を亂すを懼れ、故に復た委論す。旣にして正經に非ず、世の疑惑する所なり。（同右）

③　戒果莊嚴經　一卷

右一部一卷。武帝の世、永明五年（四八七）、常侍庾頡　經意を採りて撰す。（大正四九・九六ｃ）

④　律例　七卷

右一部七卷。武帝の世、永明七年、沙門釋超度　律に依りて撰出す。（同右）

これによると、律例のように前代と同じく律をもととして撰わされたものもあるにはあるが、とりわけ注目されることは、疑僞經の認定を受けているものがあることであろう。[3]①佛法有六義第一應知經及び六通無礙六根淨業義門經の二種は、『出三藏記集』卷五・新集疑經僞撰雜錄の記すところによれば、そこには「經」の字がない。そして「經典の言わんとするところを世に弘めるという點で、一概に僞造とは言い難いけれども」云々と述べていることから、僧祐としてもその意義は認めていたに相違なく、要するに形式が問題にされているわけである。②の佛所制名數經は數の順に事項を配列した一種の辭書ではなかったかと思われる。法願・王宗・庾頡等は、佛典との明確な區別の意識を持たずにこれらのものを作製するに至ったものと思われ、「佛制」と稱し、「經」と稱したのも經典より抄集したことを單純に表現したためであろう。その點彼等からすれば、疑僞の經と判定されることは或いは心外であったかも知れない。

今一つ、『三寶紀』では、これらのものの間に文宣王蕭子良の抄經一五種を擧げている。『出三藏記集』卷五・新集抄經錄を見ると、そこには『三寶紀』に倍する三六部の抄經が配列され、「凡そ抄の字の經題の上に在る者は、皆、文宣の抄する所なり」（大正五五・三八a）と注が施されている。[4]他に、蕭子良が僧柔・慧次等と共同で作製したものに抄成實論九卷がある。これらの抄經について、僧祐は、「既に聖言をして本を離れしめ、復た學者をして末を逐わしむ」と言い、また「歲代彌々繁くして法寶を蕪黷す」（大正五五・三七c）と言っていることから、彼は翻譯された佛典を勝手に抄約することに極めて批判的であったことがわかる。そして、その批判されるべき流れの中に、この蕭子良の抄經を位置づけたいかのようである。この僧祐の姿勢は、隋代の經錄、即ち『法經錄』において、より積極的に受け繼がれ、これらの抄經は僞妄のものとして記錄されるに至っている。

以上のように、律典より要事を選擇し、また經典論疏を抄約して自己の理解に備えることが宋齊代に盛んに行われていたと思われる。[5]また齊代ではこれら經典抄約の風と同時に、類書編纂に連なる動きが見え始めていることが注目される。これらが、僧祐を始めとする經錄編纂者から見て、正經とは見做し難い、そして後學の者を惑亂させる懼れあるものと判定され、ついには疑僞のものとして排斥されるに至っていることは、甚だ興味深いことである。

次に、梁代での類書編纂の動きについて見て行きたい。それにはまず、『法苑經』一八九卷が擧げられよう。これは宋齊代の抄經の類と梁代の類書の類との中間に位置すると考えられるものである。『三寶紀』には見えていないが、旣に『出三藏記集』卷五・新集抄經錄に次のような註を施され記錄されている。

此の一經は近世の抄集にして、群經より撮撰し、類を以て相從わしむ。立てて法苑と號すと雖も、終《つい》に抄數に入る。今　此の經を闕く。（大正五五・三八b）

そしてこの『法苑經』は、また次の新集安公注經及雜經志錄にも『抄爲法捨身經』六卷と共に著錄され、同樣に、「右二部は、蓋し近世の所集なり。いまだ年代人名を詳かにせず。悉く群經を總集し類を以て相從わしむ」（大正五五・四〇c）云々と注記されている。この二經が、共に編者不明ながら、類別の意識を持って編纂されたものであることがわかる。この點、前代よりもより類書の體裁に近くなっていることは推察されるが、なお、抄經を蒐集することに主眼が置かれていたように思われる。「經」を名のっているのもその表われであろう。その點に關しては、『佛法有六義第一應知經』や『佛所制名數經』等と變るところがない。唐の道宣は、この『法苑經』を『大唐內典錄』卷一〇・歷代道俗述作注解錄に收め、疑僞經には入れていない。そこに、「齊代に人有り。衆經を抄撮して類を以て相從わしむ」（大正五五・三三一a）と記されている。湯用彤氏も指摘するように、(7) 齊梁の間に纂集されたものであろう。

この齊梁の間に編纂されたものとして看過できないものに僧祐の著書がある。これについては後に『經律異相』の成立に關連して述べてみたいと思うが、これらにも類別して經論が引用されている。

梁代において類書としての體裁を持つ最初のものは『衆經要抄』である。以下、『經律異相』『義林』『法寶聯璧』『內典博要』等が次々に編纂されている。『經律異相』については、後に若干述べるところがあるので、他の四書について以下順次説明を加えて行きたい。

『衆經要抄』は、『三寶紀』巻一一によると次のように記されている。

右一部八十八卷。天監七年十一月、帝　法海は浩博、淺識もて窺尋すれども、卒に該究し難きを以て、因て莊嚴寺の沙門釋僧旻等に敕し、定林上寺において此の部を緝撰せしむ。八年夏四月に到りて方に了る。寶唱錄に見ゆ。（大正四九・九九ａ）

これについて『續高僧傳』卷五・僧旻傳を見ると、

仍て才學の道俗　釋僧智・僧晃・臨川王記室東莞の劉勰等三十人を選び、同に上定林寺に集め、一切の經論より抄し、類を以て相従わしむ。凡そ八十卷なり。皆　恵を旻に取らしむ。（大正五〇・四六二ｃ）

とあり、また同巻一・寶唱傳にも、

帝　法海は浩汗、淺識もては尋ね難きを以て、莊嚴の僧旻に敕し、定林上寺において、衆經要抄八十八巻を纘《あつ》めしむ。（大正五〇・四二六ｃ）

とある。

これらに依れば、『衆經要抄』は、天監七年（五〇八）十一月より翌年四月にかけての凡そ半年の間に、武帝の命を受けた僧智・僧晃・劉勰等學問に勝れた人物三〇人の共同編纂に成るものである。そして僧旻が最終的な選擇を行ったもののようで、經錄によっては僧旻撰とあるのもこのことによるであろう。劉勰は『文心雕龍』の著者として夙に著名な人物であるが、また佛教にも博通し、傳によれば、後に出家して名を恵地と改めている。『梁書』

卷五〇・文學下の彼の傳を見ると、『出三藏記集』の著者僧祐と極めて密接な間柄であったことが知られる。即ち、

沙門僧祐に依り、之と居處し、積むこと十餘年にして、遂に博く經論に通ず。因て部類を區別し、錄して之を序ず。今の定林寺經藏は、勰の定める所なり。(8)

とあり、また傳の末尾近くには、

敕あり、慧震沙門と定林寺において經を撰せしむ。

ともある。『衆經要抄』編纂の資料と場所とを提供した定林寺にもまた極めて緊密な關係を持っていたことがわかる。劉勰は、經藏目錄を作る程に佛典に通じ、從って『衆經要抄』編纂の一方の有力な推進者であったことが推察されよう。

この『衆經要抄』に續いて『經律異相』が現われるが、後に述べるので省く。今一つ、同じく武帝の命によって編纂されたものに、『義林』八〇卷がある。『三寶紀』卷一一には、

右一部八十卷。普通年に、開善寺の沙門釋智藏等二十大德に敕して撰せしむ。但《もっぱ》ら諸經論に義例ある處は、悉く錄して相從い、類を以て之を聚めしむ。譬えば世林に同じく、事として植《た》てざるはなし。大法會ごとに、帝 必ず親覽し、以て講論を觀る。賓主の往還と、理致の途趣とは掌を指すが如し。(大正四九・一〇〇a)

とある。『續高僧傳』卷一・寶唱傳にも、

又、開善の智藏に敕して、衆經の理義を纘《あつ》めしめ、號して義林と曰う、八十卷なり。(大正五〇・四二六c)

とあり、佛教々義上の重要事項を分類し、その上で各經論よりの拔萃文を類別編纂して成ったものと思われる。智藏は、『續高僧傳』卷五の彼の傳によれば、普通三年(五二二)九月、六十五歲で歿している。よって、『三寶紀』に「普通年」とあるのは、普通元年より三年までの間のことと考えられる。また『三寶紀』では、『義林』を評し

て「譬えば世林に同じ」と言っているが、この世林がどのような書であったのか定かでない。當時、「林」字を附した書名のものは甚だ多いが、世林の名は見えない。また八〇巻の規模に匹敵するものもない。ともかくも、先の『三寶紀』の記録によれば、武帝が講論の席に臨むに際しての、いわば虎の巻的な性格のものであったようである。

この『義林』以後は、武帝の治世下ではあるが、その皇子達が中心となって編纂が續けられている。一つは蕭綱簡文帝による『法寶聯璧』二〇〇巻、二つは蕭繹元帝による『内典博要』三〇巻である。

『法寶聯璧』は、『三寶紀』巻一一によれば、

> 右一部二百巻。簡文帝蕭綱　儲宮に在るの日、躬ら内經を覽て科域を指撝し、諸學士をして編寫結連せしめて、此の部巻を成し、類を以て相從わしむ。華林遍略と同じきものあり。惰學の者　省《かえりみ》れば、過半の功あらん。
>
> （大正四九・一〇〇a）

とあり、蕭綱が皇太子であった頃に、みずから佛典を覽て分類を指圖し、多くの學者を動員して編纂されたものと記されている。しかし、事實は、『南史』巻四八・陸杲傳附陸罩傳に、

> 初め、簡文　雍州に在りしとき、法寶連璧を撰す。罩　群賢と竝びに抄撮區分すること數歲、中大通六年にして書成る。

とあるように、蕭綱が晉安王として雍州（湖北・襄陽）に居た頃から、既に編纂事業が行われていたもので、その完成を見たのは中大通六年（五三四）であった。つまり、蕭綱が兄の昭明太子蕭統の後を繼いで皇太子となった中大通三年から算えても、少なくとも三年以上の歲月をかけて編纂された一大類書である。同じ陸罩傳には、湘東王蕭繹に序を爲らせたこと、その編纂者に蕭子顯等三〇人がいたことも記されている。この蕭繹—後の元帝—の「法寶聯璧序」は『廣弘明集』巻二〇に收録されており、それを見ると、蕭綱の協力者として蕭繹・蕭子顯等三八名が

列記されている。

『法寶聯璧』の卷數については、例えば、佛教側の記録として『三寶紀』卷一一には二〇〇卷、『大唐內典録』卷一〇には二二〇卷とあり、法琳の『辯正論』卷三を見るとその內容として四〇〇篇餘りがあったと記されている。一方、正史では、『梁書』卷四・簡文帝紀に三〇〇卷とあり、これは『南史』も同様である。但し、『隋書』經籍志には蕭繹撰と記す『內典博要』を載せるにもかかわらず、この『法寶聯璧』は記録されていない。

次に『法寶聯璧』の流布の下限についてであるが、『隋書』經籍志（唐顯慶元年―六五六成立）にはその名が見えない。また『法苑珠林』（唐總章元年―六六八成立）の卷一〇〇・雜集部には記録されているが、その記事は『三寶紀』をそのままに承けているものであり、編者の道世が果して『法寶聯璧』を見ていたかどうか確證がない。一方、『續高僧傳』卷二〇の寶巖傳を見ると、彼は『經律異相』や『法寶聯璧』を利用していたことが記されている。寶巖の歿年ははっきりしないが、唐太宗の貞觀年間（六二七～六四九）初頭に七十餘歳で歿しており、從って『續高僧傳』の記事による限り、『法寶聯璧』はおおよそ唐初までは存在していたと言い得よう。また道宣自身も、『集神州三寶感通録』卷下に述べるように、『內典博要』と竝べて『法寶聯璧』の名を記している。道宣の書き振りからすると、彼はその內容を見知っていたかのように思われる。

次に、蕭繹の「法寶聯璧序」に列記する編纂協力者について、若干述べてみたい（人物名の頭に附した番號は蕭繹の序に言う順序を示す）。この中には傳未詳の人物も何名か含まれ、その全體は明らかにしがたいが、例えば、『梁書』卷四九・文學上・庾於陵傳付庾肩吾傳に、

初め、太宗（蕭繹）藩に在りしとき、雅に文章の士を好む。時に肩吾、東海の⑯徐摛、呉郡の陸杲（㉒陸罩の父）、彭城の⑨劉遵・㉖劉孝儀、（孝）儀の弟㊲孝威と同に賞接せらる。

とあるように、蕭綱が晉安王であった頃よりの僚屬が名を列ねており、この中には⑤王規も含まれる。[9] そして彼等を含めての大體は、「少きときより清雅にして學行あり、工に文を屬る」（『梁書』巻四一・⑨劉遵傳）、また「風神清雅にして頗る善く文を屬る」（『陳書』巻二一・㉟謝嘏傳）と言うように、文章の才によって盛名を得た人物である。また彼等の中にはそれのみに止まらず、積極的に書物を編纂する者もいた。②蕭子顯や㉜庾仲容等がその例である。[10] この他、『梁書』巻四〇・劉之遴傳を見ると、③到漑や⑭陸襄が劉之遴や張纘等と蕭範の齎した『漢書』の眞本なるものの異同を校定したことが記されている。また一方では、佛教的事蹟がその傳に記されている者がいる。例えば、『梁書』巻四〇・③到漑傳には、

漑の家門は雍睦にして、兄弟は特に相友愛す。初め、弟の洽と常に共に一齋に居す。洽、卒す。後、便ち捨して寺となし、因りて腥羶を斷ち、終身疏食す。

とあり、また⑤王規は、中大通二年（五三〇）より都城の外にある鍾山の宗煕寺に住んでいたことが記されている。また、文學の面において蕭綱に對する影響の最も大きかったとされる⑯徐摛も、佛教的素養を十分に持っていた人物であった。

これらの人々は、正史にその佛教的事蹟が記録されている言わば積極的な例である。しかし梁代の士大夫にとって、佛教的知識がその素養として不可缺なものであったことは言を俟たないところで、[11] それがまた、『經律異相』などとは異なり、專ら在俗の知識人によって、『法寶聯璧』という大部の類書を成立せしめ得た大きな要因であったと考えられる。

この『法寶聯璧』がどのような體裁を持っていたものかという點に關しては、その殘簡すら殘されていない以上、道宣の『集神州三寶感通錄』の記事によって、その中に高僧の傳記が含まれていたらしいことと、それに關連して

蕭綱自らが撰した碑文なども含まれていたのではないかということが類推されるに過ぎない。

次に、『内典博要』については、『三寶紀』巻一一に次のように記す。

右一部三十卷。湘東王の記室・虞孝敬撰す。經論を該羅し、所有《あらゆる》要事は備《ことごと》く皆收錄し、頗る皇覽・類苑の流に同《ひと》し。敬　後に出家し、召命せられて闕に入り、亦　更に著述ありとしか云う。然るに此の博要も、亦是れ内學群部の要逕なり。（大正四九・一〇〇a）

この『三寶紀』の他、佛教側の記録では、共に撰述者を虞孝敬としているが、一方、『梁書』『南史』の元帝本紀には元帝卽ち蕭繹の著述のように記し、また蕭繹の『金樓子』著書篇にも自著として記録されている。(12) 恐らく、蕭繹の下にあって虞孝敬が編纂の任に當ったものと思われる。

巻數についても諸書に異同がある。佛教側のものでは『法苑珠林』巻一〇〇・傳記篇に四〇巻とあり、『梁書』『南史』には一〇〇巻とあるが、他は皆『三寶紀』と同じく三〇巻であり、『金樓子』にも言う三帙三〇巻が『内典博要』の規模ではなかったかと思われる。

編纂者虞孝敬に關する記録は少ない。『三寶紀』によれば、彼は『内典博要』を編纂の後出家したが、それからも元帝の下にあって著述していたようである。これについては『續高僧傳』巻一・僧伽婆羅傳を見ると今少し明瞭となる。すなわち、

太清中に逮び、湘東王の記室・虞孝敬、學は内外に周く、内典博要三十卷を撰す。經論を該羅し、釋門を條貫し、諸有《あらゆる》要事は備《ことごと》く皆收錄し、頗る皇覽・類苑の流に同し。渚宮陷沒し、便ち染衣を襲い、名を道命と更め、闕輔に流離し、亦著述ありと云々。（大正五〇・四二六b）

とあり、一見して『三寶紀』の記載によっていることが明らかだが、なお、武帝治世の末期、太清年間（五四七～

五四九）に『內典博要』を編纂したこと、侯景によって引き起こされた戰亂の中で出家し、名を道命とあらためたこと、そしてその後もなお著述を續けていたことなどが讀み取れる。彼の出家後の改名に關して、『法苑珠林』巻一〇〇・傳記篇では慧命とし、また宋・晁公武の『郡齋讀書志』巻三・釋書類には虞孝敬の別の著書『高僧傳』六巻に關して「蕭梁僧惠敏撰、分譯經義兩門」と記している。道命・慧命・惠敏の三が虞孝敬の出家名として見られるわけであるが、僧傳類ではいずれもそれと決めうる記錄はない。

『內典博要』は『三寶紀』によれば、『皇覽』『類苑』という類書の體裁によく似ているとある。

『皇覽』はよく知られているように、魏の文帝の時に編纂された類書であり、類書の嚆矢と評價されているものである。『三國志』魏書巻二・文帝紀に「諸儒をして經傳を撰集し、類に隨って相從わしむ。凡そ千餘篇なり。號して皇覽と曰う」とあり、また同巻二三・楊俊傳裴松之注に『魏略』を引いて、

（王象）詔を受けて皇覽を撰す。象をして祕書監を領せしむ。象　延康元年（二二〇）より始めて撰し、集めて數歳にして成り、祕府に藏せらる。合《すべ》て四十餘部。部ごとに數十篇、通合八百餘萬字あり。

といっている。『隋書』經籍志には「一百二十巻、繆卜等撰す」と記し、また梁代には六八〇巻の『皇覽』が存していたこと、及び何承天による一二二巻本、徐爰による五〇巻本、蕭琛による二〇巻本があったことを記している。清・姚振宗の『隋書經籍志考證』巻三〇では、『三國志』魏書文帝紀に云う「千餘篇」を「千餘巻」のこととし、かつ原本は早く魏の時に亡佚してしまったと考えている。

一方、『類苑』は、梁の劉峻、字は孝標によって編纂された一二〇巻の類書である。『隋書』經籍志によると「梁の征虜刑獄參軍劉孝標撰す」とある他に、「梁七錄八十二巻」とあり、阮孝緒が著した『七錄』（普通四年―五二三成立）には八二巻と記錄されていたことがわかる。『梁書』巻五〇文學・下の彼の傳を見ると、

安成王秀　峻の學を好み、荆州に遷るに及び、引きて戶曹參軍と爲す。其の書籍を給し、事類を抄錄せしめ、名づけて類苑と曰う。未だ成るに及ばずして、復た疾を以て去る。

とあり、安成王蕭秀の下で編纂したが未完成のまま王の下を去っている。これに關連して、『梁書』卷二二の蕭秀の傳を見ると、そこに、

（秀）意を術學に精らにし、經記を搜集す。學士平原の劉孝標を招いて、類苑を撰せしむ。書未だ畢るに及ばざるに、已に世に行なわる。

と記されており、未完のまま利用されていたことがわかる。姚振宗も指摘するように、阮孝緒の『七錄』にいう「八十二卷」とはこの未完成の『類苑』を指していると思われる。その後、續いて殘りの三八卷を編纂し一二〇卷として完成させた時は、彼のこの書に對する自負には非常なものがあったようである。この書と武帝の『華林遍略』とはその閒に因緣淺からざるものがあり、劉峻と武帝との閒のただならぬ雰圍氣は先の劉峻傳にもやや窺えるところがある。(13)『梁書』と大略は同じであるが、なお『南史』卷四九の劉峻傳を見ると、彼が武帝の問いに答えて、衆人環視の內に十幾つもの故事をすらすらと書き列ね、竝み居る文士達を驚かせたこと、しかしそのためにかえって武帝の不興を買う破目に陷り、遂には武帝をして『華林遍略』の編纂に走らせるに至ったことなどが記されている。(14)劉峻が「十餘事を疏し」得たのも、崔慰祖をして「書淫」と言わしめた（『梁書』劉峻傳）彼の博識もさることながら、恐らく未完成品ながらも常に彼の坐右にあったであろう『類苑』の効果ではなかったろうか。武帝はその効果の絶大なことを知らされ、極めて個人的動機から『華林遍略』編纂を思い立っている。

『三寶紀』にいう「皇覽類苑の流」が何を意味しているかはよくわからない。記錄では兩書に對して「經傳を撰集す」「經記を搜集す」と言っている。『內典博要』が、單に佛教經典類を類聚したものであったかどうかはもとよ

り不明である。あるいは構成上の類似を言っているものかも知れない。

『三寶紀』巻一一では『經律異相』の他、『名僧傳』『衆經飯供聖僧法』『衆經目錄』『衆經護國鬼神名錄』『衆經擁護國土諸龍王名錄』『衆經懺悔滅罪方法』を列記した後、「天監中、頻りに年ごとに敕を降し、莊嚴寺の沙門釋寶唱等をして、集錄を總撰し、以て要須に備えしむ」（大正四九・九九b）と言っている。「要須」とは狹くは武帝個人の用を指すであろう。また「天監中」とは、『三寶紀』の細注によって天監十五年（五一六）のことであることがわかる。

三　『經律異相』の成立

ところで『經律異相』の完成に到る經緯は、その序を見ることによってやや明らかとなってくる。『經律異相』が完成したのは『三寶紀』にいうように天監十五年であるが、『經律異相』の序によれば、既にその前、天監七年（五〇八）に僧旻を中心として「備さに衆典を鈔し、顯らかに深文を證せしめ」（大正五三・一a）て作成された一本がある。しかしこの書の名が何であったかは、序には何も記されていない。序によれば、この書は、佛典の樞要を收集し得、その內容も簡にして要であり、利用者にとって裨益するところが大きかったと述べられているが、半面、佛典に說く異相・我說が各篇に散在し、且つ全體の統制が十分に取れておらず、檢索に不便な憾みがあったようである。このため天監十五年になって、再び寶唱に「經律の要事」を鈔出させ、類別に編纂せしめている。檢讀に便ならしめるためである。これが『經律異相』五〇巻であるが、編纂の仕事はこれだけで終ってはおらず、更に新安寺の僧豪・興皇寺の法生等に寶唱が作製したものを共同で檢べさせている。「檢讀せしむ」とあるが、恐らく現行本にも施されている出典を明記した注を作製したものであろう。この結果、檢索のための條件が滿たされ、武帝の意に叶うものとなり、序に「將來の學者、勞せずして博なるべし」（大正五三・同右）と自負するものが完成したのである。

ところで、右に述べたように、『經律異相』の原本ともいうべきものが、既に天監七年に僧旻を中心として編纂されていた。このことについて以下若干述べておきたい。

先に、梁代に成った佛教關係の類書を概觀した中に、『衆經要抄』八八卷（內、目錄八卷）があった。天監七年十一月より翌八年四月にかけて、莊嚴寺の僧旻を中心とする道俗三〇人によって編纂が行われたものである。この同じ天監七年に、僧旻によって作成されたものがあったことは、既に『經律異相』の序によって判明している。卽ち、序にいうその原本なるものが、この『衆經要抄』に他ならないと思われる。『續高僧傳』卷一・寶唱傳には、天監七年の僧旻による『衆經要抄』纘集のこと、また開善寺智藏による『義林』纘集のことなどが記されている。このいずれにも寶唱に別敕が下され、その完成に向けては、その都度彼の手を經ていることが知られる。寶唱は、『經律異相』の編纂に關して、天監十五年に初めてそれに携ったものではなく、天監七年の『衆經要抄』編纂の時點より關っていたのである。從って、假りに寶唱を中心においてみれば、『衆經要抄』と『經律異相』との繫りは想定し得ることと思われる。

『經律異相』には、その完成に向けて參照し或いは利用したと考えられる纂蒐書の類がある。便宜上、『經律異相』中に引用されているものと、引用はされていないが、明らかに準據したと思われるものとに分けて以下述べてみたい。

まず引用されているものについてであるが、これに『諸經中要事』と『集經抄』とがある。いずれもその名からもわかるように經典からの抄文を集めたものと思われる。また共に經典目錄類にはその名が記されておらず、その編者・編纂年次に關しても不明である。

『諸經中要事』（或いは諸經要事）は、『經律異相』に一〇例が引用されている。それぞれの題名と引用箇所とを左に列記してみる。

①爲熊身濟迷路人……………………『經律異相』巻一一第八喩
②目連化諸鬼神、自說先惡……………〃　巻一四第一六喩
③貧人婦掃佛地、得現世報、終至得道……〃　巻一九第二喩
④持戒誦經續明供養、鬼不能害…………〃　巻三七第九喩
⑤有人路行遇見三變、身行精進…………〃　巻三七第一三喩
⑥梵志諂施、比丘立說一偈能消…………〃　巻四〇第六喩
⑦婆羅門持一齋不全、生爲樹神、能出飮食施諸餓者………〃　巻四一第一二喩
⑧破齋、猶得生天………………………〃　巻四四第九喩
⑨貧人買斧、不識是寶…………………〃　巻四四第三〇喩
⑩換貸自取、取多還少、命終爲犢………〃　巻四五第一五喩

以上であるが、この中、①⑤⑧の三例に關して若干のことが判明している。

①は、唐代に編纂された『法苑珠林』と『諸經要集』とに引用されているものに合致している。前者ではその巻五〇背恩篇に、後者ではその巻八報恩部背恩緣に引用されており、この二文は全く同文である。(15)『經律異相』所引の『諸經中要事』に言うものとはやや相違するところがある。

⑤は、同じ『經律異相』の巻四六に引用されている『譬喩經』に言うものと、また巻四四に引用されている『雜譬喩經』に言うものとに、その一部分が一致している。他には『法苑珠林』巻五七所引の『譬喩經』に言うもの、及び現行本の康僧會譯とされている『舊雜譬喩經』巻下に言うものとも一部分が一致している。これらを比較してみると、全體に『諸經中要事』に言うものの方が簡略のようである。

⑧は、『法苑珠林』巻九一所引の『舊雜譬喩經』に言うものと、また現行本『舊雜譬喩經』巻上に言うものとに殆ど一致している。

以上によって判明することとは、『諸經中要事』に『譬喩經』または『舊雜譬喩經』から引用してきている部分があることである。また『經律異相』には出典名の注が施され、引用經論の巻數が二巻以上のものにはその巻數を明示しているが、『諸經中要事』にはそれがない。從って單巻のものではなかったかと考えられる。更に例⑤によって、經典引用に際しての簡略化の跡もみられるようである。『諸經中要事』について、その撰述者・撰述年次等は一切不明である。しかし『經律異相』に引用されているという點から考えて、遲くとも梁代の初め頃までには成立していた纂蒐書の一つではなかったかと思われる。

次に『集經抄』について述べてみたい。これも先の『諸經中要事』に同樣、撰述者・撰述年次等について全く手懸りらしきものが見られない。但し『諸經中要事』とは異って、『經律異相』に初めて見られるものではなく、既に僧祐が編纂した『釋迦譜』巻三に引用されているものである。『經律異相』はこの『釋迦譜』所引のものを利用している節がある。『釋迦譜』と『經律異相』との關係はそのあらましを後に述べるつもりであるが、ここでは兩書に引用されている『集經抄』について判明している點を記しておきたい。

『經律異相』所引のものには次の二例がある。いずれも短文なのでその全文を掲載してみる。

○忉利天城東照明園中有佛髮塔、城南麁澁園中有佛爪塔、城西歡喜園中有佛鉢塔、城北駕御園中有佛牙塔（巻六「天上四塔第十二」大正五三・二八b）

○迦維羅衞國謂天地之中立生處塔、摩竭提國善勝道場、元吉樹下起成道塔、波羅柰國仙人住處鹿野苑中立轉法輪塔、拘尸那國力士生地秀林雙樹間起般涅槃塔（巻六「人中四塔第十三」大正五三・二八b）

右二例の內、「天上四塔第十二」が、『釋迦譜』巻三に、同じく「出集經抄」として引かれる「釋迦天上四塔記第二十二」とほぼ一致する。[16]「人中四塔第十三」はどうかというと、これは「釋迦天上四塔記第二十二」末に、「祐、經律を案《しら》ぶるに」として述べられているものに合致する。卽ち、

祐案經律、人中有四大塔。生處塔在迦維羅衞國處三千日月萬二千天地之中、成道塔在摩竭提國善勝道場元吉樹下、轉法輪塔在波羅柰國古仙人住處鹿野苑中、涅槃塔在拘夷那竭國力士生地秀林雙樹間。（大正五〇・六六c）

というものである。これを先の『經律異相』の「人中四塔第十三」と較べると、語句の倒置がある點を除けば、同内容のものであることは一見して明らかである。なお、『經律異相』の「天上四塔第十二」には『大智度論』からの細注があるが、これまた『釋迦譜』同所に言う『大智度論』からの引用文を抄略しているものである。結局、『經律異相』の「天上四塔第十二」「人中四塔第十三」によって『釋迦譜』「釋迦天上四塔記第二十二」は全て再錄編入されたことになる。推測ではあるが、『經律異相』の撰者は、『釋迦譜』巻三「釋迦天上四塔記第二十二」が「出集經抄」とあるのを承けて、僧祐の檢索の結果である右の附文をも『集經抄』よりの一文と見做したものと思われる。[17]

右によって、『經律異相』に引用された『集經抄』は、『釋迦譜』が利用しているものをそっくりそのまま再利用されたものであることが判明した。ところで、『諸經中要事』と言い『集經抄』といい、書名としては甚だ性格稀

薄な印象を受けるが、既に梁代にも『衆經要抄』や『眞言要集』[18]、また北周に『周衆經要』があり、遅れて唐代には例の『諸經要集』があることを思えば、これらもまた同類の書名と見てさしつかえないものと思う。そしてこの兩書に價値を見出すとすれば、それは梁代以前、或いは梁代の極く初期の佛教經典の纂蒐書の一種であり、しかも書名として明らかにそれを標榜している點にある。

次に、明らかに準據していると思われるものについて述べてみたい。先に『集經抄』に關して述べたように、『釋迦譜』を初めとする僧祐の諸著書が對象である。

僧祐の著書は數多いが、今に傳えられているものに先の『釋迦譜』と『出三藏記集』とがある。この『出三藏記集』の巻一二に僧祐自身の『法集總目錄』が收錄されており、その中に、『釋迦譜』『出三藏記集』を含め八部の內容目錄が著錄されている。『經律異相』との關連において注目されるものとしては、『釋迦譜』を別にすれば、『世界記』と『法苑雜緣原始集』とである。

まず『世界記』は、その序に、

祐以庸固なるも、志は拾遺に在り。故に兩經を抄集し、以て根本を立て、兼ねて雜典を附し、互いに同異を出だす。撰して五巻と爲し、名づけて世界集記と曰う。（大正五五・八八b）

と言うように、佛教に說く世界の諸相を、兩經卽ち『長阿含經』と『樓炭經』を主として、箇條的に編列したものである。惜しいことに『世界記』そのものは現在に傳えられておらず、その目錄によって內容を窺うのみであるが、それを見ると、『經律異相』の巻一・天部より巻三の地部、巻二四・國王部、巻四六・鬼神部、巻四七・四八の畜生部、及び巻四九・五〇の地獄部に對應し得るものがある。それを左に表示してみると次のようになる。

世界記	經律異相
（第一巻）	
三千大千世界名數記	?
諸世界海形體記	?
大小劫名譬喩記	?
劫初世界始成記	?
大海須彌日月記	?
四天下地形人物記	?
劫初四姓種緣記	?
（第二巻）	
轉輪聖王記	轉輪聖王（巻二四・諸國王部の內）
欲界六天記	欲界六天（巻一・天部三界諸天の內）
色界二十二天記	色界二十三天（同右）
無色界四天記	無色四天（同右）
乾闥婆甄那羅記	乾闥婆・緊那羅（巻四六・鬼神部の內）
（第三巻）	
阿須輪鬪戰記	阿修羅（巻六四・鬼神部の內）
世界諸神及餓鬼記	雜鬼神（同右）

龍金翅象師子十二獸記	金翅（巻四八・禽畜生部の內） 龍（巻四八・蟲畜生部の內） 師子・象（巻四七・雜獸畜生部の內） 十二獸――馬・牛・驢・狗・鹿・銘陀・野狐・狼・獼猴・兔・猫・狸・鼠（同右）
（第四巻）	
大小地獄閻羅官屬記	地獄部上・下（巻四九・五〇）
（第五巻）	
世界雲雨雷電記	雷・電・雲・雨（巻一・天部の內）
世界樹王華藥記	樹（巻三・地部閻浮提の內(19)）
小劫飢兵疫三災記	三小災（巻一・天部三界成壞の內）
大劫火水風三災記	三大災（同右）

『世界記』巻一に言う七記ははっきりと該当し得るものを見出し難いが、他の巻二より巻五に至る一三記は、ほぼ右のように比定し得るであろう。

次に、『法苑雜緣原始集』（法苑集、また單に法苑とも言う）一〇巻は、その目錄序によれば、

然り而して講匠英德、精《こころ》を玄義に鋭《はげ》まし、新進晩習、志《こころ》を轉讀に專らにするも、遂に法門の常務をして月に修めるも其の源を識るなく、僧衆の恆儀をして日に用いるも其の始めを知らざらしむるは、亦甚だしからずや。……是において事緣を檢閱して、其の根本を討《たず》ぬ。……是の故に　舊事を記錄して以て勝緣を彰かにし、叢雜を條例し、故に之を法苑と謂う。區《わか》つに類別を以てし、凡て十巻と爲す。……（大正五五・九〇b）

とあり、世の佛僧が玄義轉讀にのみ意を用い、日々の法務行儀の縁由を知らないことを嘆いて作成されたものである。「區つに類別を以てす」とあるから、これも一種の類書と言えよう。これも『世界記』と同じく目録を殘すのみで、書物自體は亡佚してしまっている。その內容は、佛・法・僧の三寶集及び經唄導師・龍華像會・雜圖像・經藏正齋・受菩薩戒・止惡興善・大梁功德の七集、計一〇集一〇巻によって構成されているが、當面の比較の對象となるものは、佛・法・僧の三寶集である。それぞれの縁記の下に出典が注記されており、これによって『經律異相』所引のものと比較し得る。その結果は、『世界記』と異り、對應するものが甚だ少く、また『法苑雜縁原始集』に注記されている經典には『經律異相』に引用されていないものが多い。今、對應し得ていると思われるものを左に表示してみよう。

法苑雜縁原始集	**經律異相**
（佛寶集）	
①憂塡王栴檀像波斯匿王紫金像記（出增一阿含經）	憂塡王牛頭栴檀像（巻六・出增一阿含經巻一九）
②須達長者初造髮爪塔記（出十誦經）	須達起髮爪塔（巻六・出十誦律善誦巻一）
③佛初留影在石室記（出觀佛三昧）	佛影（巻六・出觀佛三昧經巻六）
④忉利天上初造髮衣鉢牙四塔記（出集經抄）	天上四塔（巻六・出集經抄）
⑤天上龍宮初造舍利寶塔記（出菩薩處胎經）	天人龍分舍利塔（巻六・出雙巻泥洹・十誦律序・菩薩處胎經及阿育王經）
⑥龍宮初造佛髭塔記（出阿育王經）	
⑦閻浮提初分舍利起十塔記（出十誦律）	

⑧刹上懸幡散花記（出迦葉詰阿難經）	阿育王造八萬四千塔（巻六・出迦葉經、又出雜譬喩經）
⑨燈王供養緣記（出悲花經）	無諍念金輪王請佛僧（巻二四・出悲華經巻二、又出寂意菩薩問五濁經）
⑩燒身臂指緣記（出法華經）	藥王今身捨臂先世燒形（巻八・出法花經巻六）
（法寶集上）	
⑪初集小乘三藏緣記（出大智論）	迦葉結集三藏黜斥阿難使盡餘漏（巻一三・出大智論巻二）
⑫八王日齋緣記（出淨度三昧經）	八王使者於六齋日簡閱善惡（巻四九・出淨度三昧經）
⑬救生命緣記（出金光明經）	流水救十千魚（巻三六・出金光明經巻四）
⑭鬼子母緣記（出鬼子母經）	鬼子母先食人民、佛藏其子、然後受化（巻四六・出鬼子母經）
（法寶集下）	
⑮生子設福呪願文（出僧祇律）	難提比丘爲欲所染、説其宿行幷鹿斑童子（巻一九・出僧祇律巻一）
⑯作新舍呪願文（出僧祇律）	鏡面王欲起新殿（巻二九・出僧祇律巻七）
⑰遠行設福呪願文（出僧祇律）	闡陀昔經爲奴、叛遠從學、教授五百童子（巻一九・出僧祇律巻八）

右は、題名とその出典名の注記とから推測したものであるから、或いは誤りもあり、また一方では他にも推定し得るものがあるだろう。しかし、佛法僧の三寶集全て一一六緣記の一割に過ぎないとは言え、右のように『法苑雜緣原始集』の各題名と『經律異相』の引用文とをつき合わせた結果として、『經律異相』には『法苑雜緣原始集』

に準據している部分があることが指摘されるのではなかろうか。少なくとも、これを『經律異相』の先驅的例として見る意識が、僧旻・寶唱等の編者の中にはあったと考えてよいであろう。

最後に、『釋迦譜』は、『出三藏記集』と共に今に傳えられ、幸いにその內容を検討することができる。まずその編纂の動機・體裁といったものを僧祐の自序から見て行きたい。彼は序の半ば以降において、釋迦降胎より舍利を奉じて塔を建立するまでの事跡は經典記傳に極めて多様に述べられている、それがため、首尾を一貫し各說の異同を勘案整理する必要がある、從って、あまたの經典記傳類を調べ盡すことは困難なことであるけれども、これらを集めて整理すれば、容易に釋尊の事跡を尋ね覽ることができるようになると言い、次のように述べている。

祐……時に疾の隙《いとま》に因り、頗る尋翫に存し、遂に乃ち經を披《ひら》き記を案《しら》べ、始めを原《たず》ね終りを要《もと》め、敬《つつし》んで釋迦譜を述べ、記し列ねて五巻と爲す。夫の胤裔託生の源、道を得、人を度するの要、泥洹塔像の徵《しるし》[20]、遺法將に滅せんとするの相の若きは、衆經を總べて以本を正し、世記を綴りて以て末に附す。聖言をして俗說と條を分かち、古聞をして今跡と共に相證《あかし》せしむ。萬里邈《はる》かなりと雖も躬ら踐むが若きものあり、千載誠に隱るるも面對するを隔つことなし。今衆經を抄集し、述べて作らず。脫《も》し尋ね訪えば、力半ばにして功倍するに庶《ちか》からん。……（大正五〇・〇一a）

『釋迦譜』は五巻に分けられているが、その內容から見れば四部に分けられる。四部とは右の序に僧祐自ら述べている胤裔託生之源（『釋迦譜』巻一）、得道度人之要（同巻二）、泥洹塔像之徵（同巻三～巻五）、遺法將滅之相（巻五）の四である。この四部を大枠として釋迦始祖劫初刹利相承姓譜第一より釋迦法滅盡相記第三四までの三四項目を設け、それぞれに主體となる經典を配し、且つその內容を補足する經論を「――云」として插入し、更に僧祐の所見を各項の末尾に附しているのが、『釋迦譜』の體裁である。その引用の一一について検討してみると、抄略せずに用いている部分もあるが、大體は自序にも言うように抄略されたものと言い得る。

この『釋迦譜』三四項を『經律異相』に照合してみると、次のようになる。

	釋迦譜	經律異相
	（第一卷）	
①	釋迦始祖劫初刹利相承姓譜（出長阿含經）	劫初人王始原（卷二四）
②	釋迦賢劫初姓瞿曇緣譜（出十二遊經）	得道師宗（卷四）
③	釋迦近世祖始姓釋緣譜（出長阿含經）	釋氏緣記（卷七）
④	釋迦降生釋種成佛緣譜（出普耀經）	現生王宮（卷四[21]）
		現迹成道（卷四）
⑤	釋迦在七佛末種姓衆數同異譜（出長阿含經）	（引用なし）
⑥	釋迦同三千佛緣譜（出藥王藥上觀經）	（引用なし）
⑦	釋迦內外族姓名譜（出長阿含經）	（引用なし）
⑧	釋迦弟子姓釋緣譜（出增一阿含經）	（引用なし[22]）
⑨	釋迦四部名聞弟子譜（出增一阿含經）	（引用なし[23]）
	（第二卷）	
⑩	釋迦從弟調達出家緣記（出中本起經）	調達出家（卷七）
⑪	釋迦從弟阿那律跋提出家緣記（出曇無德律）	阿那律出家（卷七[24]）

⑫	釋迦従弟孫陀羅難陀出家緣記（出普耀經）	（難陀出家・巻七[25]）
⑬	釋迦子羅云出家緣記（出未曾有經）	（羅云受佛戒得道・巻七[26]）
⑭	釋迦姨母大愛道出家記（出中本起經）	（引用なし）
⑮	釋迦父淨飯王泥洹記（出淨飯王泥洹經）	淨飯王捨壽（巻六）
⑯	釋迦母摩訶摩耶夫人記（出佛昇忉利天爲母說法經）	摩耶昇忉利天（巻七）
⑰	釋迦姨母大愛道泥洹記（出佛母泥洹經）	大愛道出家（巻七）
⑱	釋種滅宿業緣記（出長阿含經）	琉璃王滅釋種（巻七[27]）
	（第三巻）	
⑲	釋迦竹園精舍緣記（出曇無德律）	迦蘭陀長者施佛精舍事（巻三[28]）
⑳	釋迦祇洹精舍緣記（出賢愚經）	須達多買園以立精舍（巻三）
㉑	釋迦髮爪塔緣記（出十誦律）	須達多起髮爪塔（巻六）
㉒	釋迦天上四塔記（出集經抄）	天上四塔（巻六）
		（人中四塔・巻六）
㉓	優塡王造釋迦栴檀像記（增一阿含經）	優塡王造牛頭栴檀像（巻六[29]）
㉔	波斯匿王造釋迦金像記（出增一阿含經）	波斯匿王造金像（巻六）
㉕	阿育王弟出家造釋迦石像記（出求離牢獄經）	善容王造石像
㉖	釋迦留影在石室記（出觀佛三昧經）	佛影（巻六）

	（第四巻）	
㉗	釋迦雙樹般涅槃記（出大般涅槃經）	現般涅槃（巻四（30））
㉘	釋迦八國分舍利記（出雙卷泥洹經）	天人龍分舍利起塔（巻六）
㉙	釋迦天上龍宮舍利寶塔記（出菩薩處胎經）	
㉚	釋迦龍宮佛髭塔記（出阿育王經）	
	（第五巻）	
㉛	阿育王造八萬四千塔記（出雜阿含經）	阿育王造八萬四千塔（巻六）
㉜	釋迦獲八萬四千塔宿緣記（出賢愚經）	阿難問八萬四千塔因（巻六）
㉝	釋迦法滅盡緣記（出雜阿含經）	法滅盡（巻六）
㉞	釋迦法滅盡相記（出法滅盡經）	

以上は、主に『釋迦譜』の各項目の下に注記されてある出典名（右表中の括弧中の諸經）によってその文の內容を照合した結果である。既に註（21）に記したように、『經律異相』巻四・佛部第一「現生王宮第二」は、「出普耀經第二巻」とある他に、「又出釋迦譜第一巻」と出典名が注記されており、『經律異相』が『釋迦譜』を利用していることはこの一事によっても明らかである。そして更に右の作業によって、『經律異相』は、『釋迦諸』所引のものの約四分の三を利用していることが判明した。但し、文はそのままではなく、かなり抄略或いは改められた形となっている。『釋迦譜』所引のものが既に抄略されたものであるから、言わば二重の抄略を行ったことになる。また『釋迦譜』の各項に應じて補足引用された數多くの經論も、『經律異相』の中に本文として或いは注記として利

用されている。中には、『經律異相』が『釋迦譜』所引のものをうのみに利用したためであろう、出典を言う注記とは異った經典をそれとして引用している場合すら見られる。[31] これらの一一を詳しく論ずることによって、『釋迦譜』と『經律異相』との關係がより一層明白になると思われるが、今は右によって、『釋迦譜』が、『經律異相』のほぼ同所に全面的に利用包攝されていることを指摘するに止めたい。[32]

四　結び

以上、おおまかながら『經律異相』を中心として、梁代に編纂された佛教類書の大體を眺めてきた。これらと僧祐の著書とを編纂年の順に竝べてみると次のようになる。

齊	齊梁間	法苑經一八九卷
		世界記五卷
		法苑雜緣原始集一〇卷
梁	〜天監十五年	釋迦譜五卷
	天監七年	衆經要抄八〇卷
	天監十五年	經律異相五〇卷
	普通元年〜三年	義林八〇卷
	中大通六年	法寶聯璧二〇〇卷
	太清年	內典博要三〇卷

ところでこのように數十數百巻という類書が、梁一代に何故成立し得たのであろうか。その遠因は、先にも述べたように、前代からの抄經の盛行に求められるであろう。特に齊の文宣王蕭子良の抄經の影響が大きかったと思われる。蕭子良は抄約した經典をそのまま佛典として用いたために、僧祐から非難され、遂には後世疑僞の認定を受けるに至るのであるが、一方、僧祐自身も數多の經論を渉獵し抄約して類別編纂する仕事を行っている。このように經典抄約の風が世に強ければ、また抄約された經典も多く存在していたと思われる。それらの最初の集大成が『法苑經』であり、最初の類別編纂物が『衆經要抄』であったと考えてよいであろう。

但し、その後の『義林』、及び『法寶聯璧』と『内典博要』の類は自らその性格を異にしてきているようである。特に『法寶聯璧』と『内典博要』の兩書は、『衆經要抄』『經律異相』の類とは違った立場から編纂されたものと思われる。『三寶紀』が、この兩書の性格を言うのに、『華林遍略』及び『皇覽』『類苑』を持ってきたのにもそれなりの理由があってのことであろう。殊に『法寶聯璧』は梁代までの僧尼等の傳記類をも合わせて收録していたものと推測される。この點、そういったもののない『經律異相』よりも、後世の『法苑珠林』に近い性格のものであったであろう。そして、これらに先んずる位置にある『經律異相』は、梁代までの佛典類聚の一つの總決算とも言うべきものであると思われる。

附

最後に、『經律異相』と『法苑珠林』との關係について一言述べておきたい。試みに『經律異相』巻四九・五〇の地獄部と『法苑珠林』巻七・六道篇地獄部の所引經論とを比較對照してみよう。經論の種類から言うと、『經律異相』は四經二論、『法苑珠林』は八經五論であり、また引用數においても『法苑珠林』の方が優っている。この兩者の、引用文が一致すると思われるものを表にしてみると、次のようになる。

經律異相	法苑珠林卷七	
（第四九卷）		
①問地獄經	○問地獄經及淨度三昧經	
②長阿含經	○長阿含經	
③長阿含經	○（引用なし）	
④問地獄經	○問地獄經	典主部第五
⑤淨度三昧經	○淨度三昧經	
⑥淨度三昧經		
⑦問地獄經	○問地獄經	
⑧淨度三昧經	○（引用なし↓卷九七・送終篇に引用す）	
⑨淨度三昧經	○（引用なし↓卷六二・祭祠篇に引用す）	
⑩依品	○三法度論經	
⑪長阿含經	○長阿含經	
⑫長阿含經	○（引用なし）	受報部第三
（第五〇卷）		

⑬觀佛三昧海經	○觀佛三昧海經	
⑭觀佛三昧海經		
⑮問地獄經	○（引用なし）	
⑯大智論	○（引用なし）	

これについて若干の説明を加えてみたい。『問地獄經』（又は『問地獄事經』）は既に『三寶紀』に缺本とされているもので、『法苑珠林』所引の『問地獄經』は、この卷七所引のものに限ってみても、全て『經律異相』所引のものによっている。②の『長阿含經』の文には注として『問地獄經』が引かれているが、本文共々『法苑珠林』に再錄され、また④の『問地獄經』などは、引用文中の「梁云——」という細注さえそのまま引用されている。しかし、⑩の『三法度論』卷下依品第三や⑪の『長阿含經』などは、原文と照合してみると、引用個所は同じであっても『經律異相』のものをそのままに引用することをせず、編者道世の獨自の引用を行っている。

最後に、⑬の『觀佛三昧海經』は『經律異相』では經名が付されていない。しかしこれが⑭に先行する部分であることは、原文と照合して明らかである。但し注意すべきは、『經律異相』での⑭の冒頭部分が、原文と照合してみると、實は⑬に先行する部分であることである。即ち、原文では◎—⑬—⑭という順で續いているのを、『經律異相』では⑬—◎—⑭の順になっており、これが『法苑珠林』でも踏襲されている。[33]

以上のように、『法苑珠林』の中には、『經律異相』に則って構成されている部分があることが判明する。しかし先にも述べたように、『法苑珠林』では、『經律異相』所引文を利用するにしてもなしくずしに利用することは餘りしておらず、適當な説明語を加えながら抄略を行っていた。且つまた引用文の意味するところを判然と理解させるために、地獄部を受報部・典主部・業因部というように各節に區分けし、その上で分類收錄している。このように見てくると、『經律異相』と『法苑珠林』とでは、同様に類別の意識が底流にあるとは言え、その程度には相當の隔りがあると言わざるを得ない。

註

（1）例えば、山內洋一郎「法苑珠林と諸經要集」（『金澤文庫研究』二〇―九　一九七四年　所收）、川口義照「法苑珠林と諸經要集との關係」（『駒澤大學大學院佛教學研究會年報』九　一九七五年、『中國佛教における經錄研究』法藏館　二〇〇〇年　所收）などがある。

（2）これには『衆經目錄』一部二卷が含まれている。

（3）費長房の注記は、『戒果莊嚴經』を除いていずれも『出三藏記集』によっており、彼自身はこれらに對して疑僞經と見る積極的姿勢を見せていない。なお『戒果莊嚴經』は『仁壽錄』卷四に疑僞經として記錄されている。

（4）『經律異相』に「抄阿毘曇毘婆沙」なるものが五例（卷三九に三、卷四六に一、卷四七に一）引用されている。これは『開元釋敎錄』卷一八・僞妄亂眞錄に蕭子良の抄經として記錄されている同名の五九卷のものと思われる。但し、『出三藏記集』の蕭子良の抄經中には含まれていない。

（5）この風は梁代にも盛んで、その現われの一つとして、法超によって編纂された『出要律儀』一四卷がある。『續高僧傳』卷二一・法超傳には普通六年（五二五）以前のこととして、次のように記す。

　武帝又以律部繁廣臨事難究、聽覽餘隙遍尋戒檢、附世結文、撰爲一十四卷、號曰出要律儀、以少許之詞網羅衆部。（大正五〇・六〇七a）

（6）これは、僧祐が『出三藏記集』卷五・新集抄經錄において、抄の字を題上に冠していることから蕭子良の抄經ではないかと疑っているものである。『開元錄』卷一八・僞妄亂眞錄には『大唐內典錄』をうけて蕭子良の抄經としている。捨身に關する經說を諸經典より抄出して作成されたものであろう。經の名を標榜していることもあって、『法苑經』と共に疑經錄に編入されたものと思われる。

（7）湯用彤『漢魏兩晉南北朝佛教史』第一五章「南北朝釋教撰述」の項參照。

（8）僧祐は梁『高僧傳』卷一一の彼の傳によれば、この經藏が完成してより後、「人をして要事を抄撰せしめ」て、『三藏記』『法苑記』（法苑雜緣原始集）『世界記』『釋迦譜』『弘明集』等を編纂している。また姚名達はその著『中國目錄學史』（商務印書館　一九三八年）宗教目錄篇で、この『出三藏記集』が劉勰の『定林寺經藏目錄』に據ると言ってその關係を論じている。

（9）これら晉安王蕭綱の僚屬を、彼をとりまく文學集團として把えているものに、森野繁夫『六朝詩の研究―「集團の文學」と「個人の文學」―』（第一學習社　一九七六年）がある。『法寶聯璧』編纂のことも關連して論ぜられている。

（10）蕭子顯には『後漢書』一〇〇卷・『齊書』六〇卷・『普通北伐記』五卷・『貴儉傳』三〇卷など、庾仲容には『抄諸子書』三〇卷・『衆家地理書』三〇卷・『列女傳』三卷などの著書がある。この他、⑳張綰の兄である張緬・張纘には、前者に『後漢紀』四〇卷・『晉抄』三〇卷・『抄江左集』が、後者に『鴻寶』一〇〇卷の著作があり、㉒陸罩の父陸杲には『沙門傳』三〇卷の著書があるなど、『法寶聯璧』編纂の仕事につながる活動をしている者が散見される。

（11）一例として、⑤王規の子の王褒は『幼訓』を著して三教を兼ね學ぶことを說いている。そこには次のように言う。
　……既崇周孔之教、兼循老釋之談。江左以來、斯業不墜。汝能脩之、吾之志也。（『梁書』卷四一・王規傳附）

（12）『隋書』經籍志には撰述者の名がなく、『日本國見在書目』にも書名は記されているが、撰者に關しては同樣である。しかし『舊唐書』經籍志釋家、『新唐書』藝文志釋氏類になると、判然と虞孝敬撰と記されている。なお、『三寶紀』卷一一の文中、『大正藏』に「敬法出家、召命入闕」とある箇所は、校勘記に依據して「敬後出家、召命入闕」と改め、同頁の『續高僧傳』卷一・僧伽婆羅傳の文中、『大正藏』「內典傳要」を、同じく校勘に依り「內典博要」に改めた。

（13）また張滌華『類書流別』には唐・杜寶の『大業雜記』に云くとして次のような文を引いている。
　祕書監柳顧言曰、梁主以隱士劉孝標撰類苑一百二十卷、自言、天下之事畢盡此書、無一物遺漏。梁武心不伏、卽敕華林園學士七百餘人、人撰一卷、其事類數倍多于類苑。

(14)　武帝毎集文士策經史事……會策錦被事、咸言已罄。帝試呼問峻。峻時貧悴冗散、忽請紙筆疏十餘事、坐客皆驚、帝不覺失色。自是惡之、不復引見。及峻類苑成凡一百二十卷、帝卽命諸學士撰華林遍略、以高之、竟不見用。

(15)　この二つの譬喩は共に「諸經要集に曰く」として引用されている。道世の『諸經要集』以前に編纂された同名のものとして、三階教の信行が著した二卷のものがある（『開元釋教錄』卷一八・僞妄亂眞錄）。道世編纂の『諸經要集』に同名の書が引用され、假りにそれが『諸經中要事』と繫るとすれば、頗る興味あることになる。

(16)　「釋迦天上四塔記」では、

切利天城東照明園中有佛髮塔、切利城南麁澁園中有佛衣塔（異相「佛爪塔」）、切利城西歡喜園中有佛鉢塔、切利城北駕御園中有佛牙塔。（大正五〇・六六b～c）

とあり、佛爪塔と佛衣塔の違いがあるだけで他は同文である。

なお、後に述べる『法苑雜緣原始集』の佛寶集に、「切利天上初造髮衣鉢牙四塔記」という題記がある。これにも「出集經抄」の注が施されており、その題記からも明らかなように、『經律異相』のこの「天上四塔第十二」の内容と一致するものと考えられる。

(17)　僧祐は天上の四塔に關連するものとして人中の四塔があることを、經律を調査した結果として附け加えているが、この人中の四塔は、既に『釋迦譜』に引用例がある『阿育王傳』にも記されている（『阿育王傳』卷三・卷七）。但し、これらは僧祐が言うようには詳しくない。

(18)　これは『彥琮錄』卷三・別集抄に、

眞言要集十卷　梁世沙門賢明撰

とあるものである。『法經錄』卷六・此方諸德抄集にも書名のみが見える。『三寶紀』には記錄されていないものである。

(19)　世界樹王華藥記は「出長阿鋡」とあるが、『經律異相』の「樹」の項には『長阿含經』よりの引用文がない。或いは除くべきかもしれない。

(20)　『大正藏』は「泥洹塔像之微」とするが、校勘記の宮本「徵」に依り改めた。

(21)　この出典名の注に「又出釋迦譜第一卷」とあり、『經律異相』が『釋迦譜』を利用していることの第一の決め手となる。

(22) 同内容のものを「出毘婆沙第二卷」として引用している。

(23)『經律異相』にはこの種の名譜は引用されない。

(24)『經律異相』では「出四分律云々」と言い、これに對して『釋迦譜』では上のように「曇無德律」の名を用いている。

(25)『經律異相』には「出童子問佛乞食經、又出普耀經第十六卷」と言っている。

(26)『經律異相』には「出譬喩經第十卷」と言う。

(27)『經律異相』には「出釋迦畢罪經、又出長阿含・法句譬《ママ》經」と言う。

(28) これは『釋迦譜』に補足引用されている『中本起經』よりの引用文である。

(29)『經律異相』卷六には、この他、「優塡王造金像」の項がある。これは上記『釋迦譜』の「優塡王造釋迦栴檀像記」に補足されている『觀佛三昧經』からのものである。

(30)『經律異相』卷六には、この他、「摩耶五衰相」の項があるが、これも右註(29)と同樣、上記『釋迦譜』の補足文である『摩訶摩耶經』と相應している。

(31) 例えば『經律異相』卷二四「劫初人王始原」(『釋迦譜』①に相應)、同卷四「現生王宮」(『釋迦譜』④に相應)などがある。前者は「出長阿含經第二十二卷」とあるにも拘わらず、『釋迦譜』①の補足引用文である『樓炭經』からのものを『長阿含經』よりの引用文のように書いている。また後者も同樣に補足引用文である『大花嚴經』からのものを『普耀經』の中に含めてしまっている。

(32)『釋迦譜』所引のものの中、⑥より⑨に至るものは、註(23)にも述べたように、いずれも名譜類である。それらが引用されなかったのは、『經律異相』の編者にとって、『經律異相』編纂の趣旨の上から必要でないものと考えられたためと思われる。『經律異相』は、誤解を恐れずに言えば、本生譚・譬喩譚等の集成的性格を持っている。名譜のような煩瑣なものは不必要であったと思われる。

なお、對照表に明らかなように、『釋迦譜』は『經律異相』の卷四・應始終佛部、卷六・現涅槃後事佛部、卷七・諸釋部(以上、いずれも佛部)に集中的に利用されている。このように、『釋迦譜』は『經律異相』のほぼ同所に利用されており、換言すれば、『釋迦譜』は『經律異相』の構成にも影響を與えているわけである。

（33）　この『觀佛三昧海經』巻五からの引用文は、これと同内容のものが、『法苑珠林』の同じ地獄部の業因部第七に引用されている。しかもこの業因部第七所引のものは、明らかに『經律異相』所引のものによっている受報部第三のものとは引用のあり方が異っている。同經典の同所を、『法苑珠林』では、同じ地獄部の中において二種類の引用を行っていることとなる。

第三章　『歴代三寶紀』の成立と費長房の歴史觀

一　はじめに

隋・費長房の『歴代三寶紀』（以下『三寶紀』と略）は、全體が帝年三巻・代錄九巻・入藏錄二巻・總目一巻の四部から構成されている。本書は從來、主に經典目錄（以下、經錄と略）として利用されることが多く、從ってその評價も經錄としてのものが目立つ。批判として最も多いものは、後漢以來の失譯經典に對する時代・譯者の確定作業が杜撰であるということであって、これは代錄に對するものである。また入藏目に對しても、費長房の時代から左程隔たっていない唐の智昇の『開元釋教錄』（以下『開元錄』と略）に既に批判が見られ(1)、また現代においても、この入藏目の不出來が『三寶紀』全體の價値を低くする大きな原因となり、また誤解を生むもととなっていることが指摘されている(2)。肯定的評價としては費長房の代錄形式の創案が擧げられる。後漢から隋に至る內外佛教者による著述翻譯活動の跡を、時代別に割り振り、經錄と傳記とが組み合わされた編年史的形式―代錄に表現し得たことは、彼の大きな功績といわれている。唐の道宣の『大唐內典錄』（以下『內典錄』と略）や智昇の『開元錄』もこの代錄の形式を踏襲しており、後に續く經錄に大きな影響を與えたことが知られる。現在の各種辭典類における『三寶紀』の解說も、その收錄佛典の豐富さと共におおむねこの點を強調する。本書に認められた今一つの價値は、南北朝末から隋にかけての佛教史研究上の重要な資料の提供者としてである。特に隋・開皇年間の記録は同時代史料として貴重である。しかしこれまた『三寶紀』の中の代錄を利用してのことであることは言うまでもない。

このように『三寶紀』は、それを構成する四部の內でも、主に代錄が研究資料として用いられ、また入藏錄や總目もよく利用されている。しかし本書冒頭の帝年に關しては何故か顧みられることが少い。帝年とは佛教史年表である。年表を作成していること自體が類書に見られない、從って『三寶紀』の際立った特徴と言ってもよいものであるが、この帝年も含めた『三寶紀』の紀年法に注目したのは、陳垣の『中國佛教史籍概論』(3)である。そこでは本書の紀年法について、齊・梁を尊んで北魏を黜け、隋は北周を承け、北周は梁を承けて中國の正統を得たものと考えたと述べ、『資治通鑑』の紀年法に較べても重大な意義を有するものとの評價が與えられている。

本論では、著者費長房の足跡と『三寶紀』の成立事情について檢討し、併せて陳垣によって指摘された彼の紀年法についてもなお一考を加えてみたいと思う。

二　費長房の履歴

(一)　隋以前

費長房の傳記としては、唐・道宣の『續高僧傳』と、同じく『內典錄』に收められているものとの二つに限られる。(4)いずれも短いものでその歿年は記録されていない。隋以前の彼については次のように傳えるのみである。

時に翻經學士成都の費長房なるものあり、もと細衣《ママ》に預るも、周朝の廢(佛)に從う。俗に因りて傳通し、玄理に妙精す。(『續高僧傳』巻二・達摩笈多傳附、大正五〇・四三六b)

蜀地一帶は久しく南朝の領域であったが、旣に西魏廢帝の二年（五五三）に時の實權者宇文泰によって占有されてからは、そのまま北周時代に入ってからも宇文氏政權によって統治されていた。費長房はこの北周支配下の成都において生まれ、そして出家したものであろう。彼の歿年が不明であるので、出家の時期はもとより知る術もないが、ただし僅かながらも『三寶紀』卷一一・北周錄所載の亡名撰僧崖菩薩傳一卷に付された彼の注記によっておよそは推測し得るようである。次のようにいう。

保定二年、城都《ママ》に於いて燒身す。燒身の日に當り、數百里内の人、悉く集りて看る。肉骨倶に盡きるも、唯だ留めて心のみ在り。天花の瑞相、具しくは傳載に在り。房、親しく驗見す。（大正四九・一〇一 a）

僧崖は遺身の高僧として『續高僧傳』卷二七に長文の傳が立てられている。(5) 城都とは益州城、すなわち成都のことである。僧崖焚身後の奇瑞を驗見した當時の費長房が出家以前であったか否かは、右の文からはわからないが、北周武帝の保定二年（五六二）の頃、彼は成都にいて旣に事實を事實として驗見し得る年齢に達していたことは知り得られよう。

ところで論旨が前後するが、彼は後に隋・開皇年間の代表的譯經僧である闍那崛多の下で筆受の任を務めるようになる。そしてこの闍那崛多が廢佛以前に成都において譯經活動を行っているので、彼の出家時期の問題に絡めて闍那崛多の成都時代の動向について少し見て行きたいと思う。

『續高僧傳』卷二・闍那崛多傳によれば、彼は師の闍那耶舍・兄弟弟子の耶舍崛多と共に北周孝明帝の武成年間（五五九〜五六〇）に來朝しての後、彼だけは益州總管として赴任している宇文儉に請われて、武帝の建德元年（五七二）成都に赴き、建德三年（五七四）までの三年間、益州僧主として龍淵寺に住む傍ら、(6) そこでも三部三卷の經典を宇文儉のために翻譯している。建德三年以後になると、益州一帶にも廢佛策が斷行され、闍那崛多傳に、建徳のとき運《めぐ》みを隳《やぶ》り、像教弘まらず。五衆一期に斯の俗服を同じくす。武帝敕を下し、追って京輦に入れしめ、重んじて爵祿を加え、逼りて儒禮に從わしめんとす。（大正五〇・四三三c）

とあるように還俗することを強要されたが、彼は頑として還俗を拒みとおし、結局甘州から突厥領内に放還され、隋・開皇四年(7)（五八四）に再訪を果すまでの約十年間を突厥のもとで過ごすこととなる。ところで闍那崛多の三年間の成都滯在中に、費長房との間に何等かの接觸があったという記錄はない。しかし保定二年當時に彼が成都におり、そして『續高僧傳』に傳えるように廢佛策のあおりを受けて還俗を餘儀なくされたのであるから、建德三年までの十三年の間に出家生活に入っていたものと考えてよいであろう。また益州僧主としての任務の他に總管宇文儉のために佛典を翻譯した闍那崛多の活動は、還俗後も倦むことなく研鑽を續け、後述するように隋建國の初めには佛典翻譯の分野において適わしい人材と認められ都に敕召されるようになる費長房にとって、決して無關心ではあり得なかったと思われる。從って後の彼の方向を決定づけた要因として、彼の出身が北周治下の蜀地であったことと共に、この成都時代の闍那崛多の譯經活動を擧げてよいと思われる。

㈡　隋時代

『續高僧傳』には、隋時代に入ってからの費長房について次のように記す。

開皇の譯のとき、卽ち搜揚に預り、敕召せられて京に入り、例に從いて修緝す。列代の經錄は散落して收め難く、佛法肇めて興りてよりの年載も蕪沒せるを以て、乃ち三寶錄一十五卷を撰す。……錄成りて陳奏す。敕を下して之を行《もち》い、所在に流傳せしむ。最も該富と爲す。（大正五〇・四三六b）

先にも述べたように、ここには彼の歿年もその場所も記されていない。專ら『三寶紀』編纂について言うばかりであり、この點は『內典錄』『開元錄』ともに同樣である。『三寶紀』上呈の年も右の文には何等記されていないが、これについては『三寶紀』卷一五所載の「上開皇三寶錄表」によって開皇十七年（五九七）十二月二十三日であることがわかっている。また『開元錄』も明確に言う年次としてはこの上呈の年があるばかりであり、從って費長房の活動の下限は、これ等に依る限り十七年以後には下り得ない。しかし結論を先に言うならば、彼はその後開皇二十年（六〇〇）の頃まではなお自著の編纂を續けていたのではないかと思われる。

ここでまず、隋・開皇年間の譯經の大體について見ておきたい。

隋・文帝は五八一年二月、北周靜帝より禪りを受けて帝位に卽くや開皇と改元し、それまで徐々に實施してきた佛教の復興を強力に推進し始めた。文帝が開皇元年より如何に矢次早に詔敕を發布し、佛教を復興させて行ったかは、例えば『三寶紀』卷一二・大隋錄の衆經法式の條を見ても明らかである。そうした復興政策の據點とも言うべきものが長安の大興善寺であり、一坊全域を占めたと傳えられるこの巨大な寺院が國寺的性格のものであったことは既に指摘されているところである(8)。今問題にしようとする新たな佛典の翻譯や既存佛典の整理の事業もここで行われ、費長房もまた招致されてからはこの大興善寺において翻譯・編纂等の各種の任務に從事した。

抑も隋代における譯經の端緒は、舊北齊系の求經僧寶暹等の歸國によってもたらされた。そのいきさつは『三寶紀』卷一二に依ると以下のようである。寶暹等一行一一名は首尾よく梵經二六〇部を得て突厥領內にまで辿り着いたが、その地で歸るべき祖國の滅亡と依るべき佛教の廢毀という情報に接し、進むも退くもならぬ絕望的狀況に追いこまれてしまった。ところが偶然にも同じく廢佛のあおりを受けて突厥の可汗のもとに身を寄せていた闍那崛多に出遇い、將來した梵本の題名を崛多に翻譯してもらった上で經錄を調べたところ、いまだ中國にもたらされていないものであることが判明し、佛典弘通の誓いを新たにしたと傳えられる。このようにして歸國したのが、隋朝の建國成って間もない開皇元年（五八一）十二月の時であった。文帝は翌二年佛典翻譯の詔を降し、それによって七月には、周武廢佛後この時まで野にあった那連提耶舍が都に迎えられ、求經僧一一名の一人であった道邃等が筆受の任を務めている。耶舍は五年十月までの間、大興善寺において大方等日藏經や德護長者經等八部の經典を翻譯した後、廣濟寺に移り、九年にそこで歿した。彼は廣濟寺滯在の時期には外國僧主の任にも就いており、言わば他の外國僧の代表者であった。と共に耶舍の歿後、詔によって闍那崛多が後を繼ぎ「專ら翻譯を主った」（『三寶紀』巻一二）と傳えられているところから、耶舍はまた開皇期前半での譯經の主務者でもあったことを知り得る。この他、耶舍と同時期に敕召され大興善寺で譯經を行った者に北齊時代からの達摩般若がある。また新來の外國僧に毘尼多流支がおり、いずれも開皇二年中に一部または二部の翻譯を行っている。しかし以上の三名は二年から五年までの短期間の譯經に止まっており、耶舍の譯した經典には當時の佛教界に大きな影響を及ぼしたものもあるが、部數・巻數共に左程の數ではない。これ等に比べ、隋の陳國平定・天下統一を中にはさんで、開皇年間に最も活躍した者は闍那崛多であろう。開皇六年より十七年までの十二年間に三一部、それから歿年の二十年までに六部、都合三七部の經典を譯している。そこで主に『三寶紀』巻一二に依りながら崛多の譯經の跡を見ておきたい。

闍那崛多の來朝は開皇四年である。『續高僧傳』巻二には、大興善寺沙門曇延等の奏請によって文帝の別敕が降り、使者と共に再來訪、洛陽において文帝に謁したとある。彼は四年中は譯經に從事せず、翌五年になっても他の六名と共に以前より宮中に保管してあった梵語典籍の翻譯を行っていたが、那連提耶舍の歿後三年を經た開皇十二年になると耶舍に代る譯經の主宰者として佛典翻譯の任務を果すようになった。その場所は大興善寺である。(9)そして大興善寺に移ってからの崛多の周りには、新經をもたらした舊北齊僧の僧曇・道邃や十年十月以降に崛多の協力者となった新來の外國僧達摩笈多等がいた他、(10)那連提耶舍の時と同様に法經や明穆・また洪遵・慧遠・曇遷等の十大徳が増置されて「始末を監掌し、旨歸を詮定せしめ」（大正四九・一〇四b）るなどの組織の整備も行われ、翻譯は愈々本格化して行ったと思われる。

さてここで費長房が翻譯に携った跡を見て行こうと思う。先ず那連提耶舍の下で開皇四年（五八四）五月から翌五年十月にかけて大方等日藏經及び力莊嚴三昧經の兩經翻譯に際し、彼は翻經學士として筆受の任を務めている。文帝の佛典翻譯の詔が降ったのが開皇二年仲春（『三寶紀』巻一二序）であるから、『續高僧傳』に傳えられるように譯經にふさわしい人材として長安に召し出されたのは四年までの二年餘りの間のことであったろう。『三寶紀』巻一五の開皇三寶錄總目序にも、

臣、幸いに此の休時に遇屬《あ》う有りて、忝けなくも譯經に預り佛語を稟受す。（大正四九・一二〇c）

という一文が見え、この頃のことを述べていると思われる。次いで成都時代から見知っていたであろう闍那崛多の譯場に同じく翻經學士として參加した。闍那崛多の譯經が開皇十二年を境にして前後二期に分けられることは先に述べた（註〈9〉）。『三寶紀』に自ら記錄しているところによれば、彼が筆受を務めたのは崛多譯經の前期においては佛本行集經のみと言ってよく、他は殆ど後期に當る期間に行っている。その記錄上に明らかな最後のものは開皇十七年の金光明經翻譯においてである。[11] そしてその年の内に『三寶紀』は上呈され、以後費長房の足跡は途絶えてしまう。

ところで闍那崛多の譯經は開皇十七年十二月の『三寶紀』上進の後も續けられ、二十年（六〇〇）に歿するまで更に都合六部の經典が翻譯された。[12] このことは『内典錄』によって知り得る。そこで次に、その後における費長房の活動の有無について一言しておきたい。

『三寶紀』巻一二・大隋錄の闍那崛多の項を見ると、そこに、

其の外になお九十餘部有り。見在も翻を續く。訖れば隨いて錄に附す。（大正四九・一〇四b）

と記されている。すなわち舊北齊僧の寶暹等の將來した佛典がまだ九十餘部も未譯のままに殘されており、闍那崛多による翻譯が現在も續行されていると述べている。そして費長房自身が翻譯の完了したものについてはその都度『三寶紀』に記錄して行くことを語っているのであるから、彼は十七年以後も、引き續き翻經學士として大興善寺の闍那崛多の譯場に加わっていたであろうことを窺うことができる。(13)　一方、『內典錄』や『開元錄』の經錄類や『續高僧傳』等の傳記類は、十七年以後の費長房について何等傳えるところがない。殊に道宣は本篇第六章に述べるように『續高僧傳』の譯經篇、また『內典錄』では代錄に當る歷代衆經傳譯所從錄において粗々全面的に『三寶紀』に依る記述を行っているにも拘らず、彼が傳える費長房傳は『三寶紀』に見える事實以上に詳しい記錄を殘していない。從って右の『三寶紀』中に僅かに殘された費長房の言葉以上にその後の彼の活動を知る手懸りはない。

闍那崛多を中心として進められて行った隋朝の譯經は、開皇二十年頃を境に次第に達摩笈多を中心とするものに變わって行ったようである。そしてその仁壽年間及び煬帝の大業年間における費長房については全く記錄が殘されていない。北周時代益州において僧崖の焚身を見聞した彼が、その時假に二十歲の頃であったと考えれば、保定二年（五六二）から開皇十七年（五九七）までには三十六年の歲月が流れており、『續高僧傳』が闍那崛多の歿年と傳える開皇二十年には六十歲に近い年齢であったことになる。費長房の活動した時期も、闍那崛多の譯經活動が終わりに向うと共に、つまりは開皇時代の終焉と共に終りを告げたということであろうか。

三　『三寶紀』編纂の過程について

『三寶紀』巻一五の開皇三寶錄總目序を見るとそこに撰者自身によって完成に至るまでの年數が次のように述べられている。

臣、幸いに此の休時に遇屬《あ》う有りて、忝けなくも譯經に預り、佛語を稟受す。執筆の暇隙に寢食は敢て忘れ、十餘年よりこのかた舊老を詢訪し捜討して方めて獲たり。粗々緝綴すと雖も、猶お未だ周からざるを慮う。
（大正四九・一二〇c）

彼がここに述べている「佛語を稟受す」という筆受の任に當った最初は、『三寶紀』巻一二によれば、開皇四年（五八四）五月から五年二月にかけての那連提耶舍譯大方等日藏經においてであった。前節で述べたように彼は開皇二年仲春から四年五月までの二年餘りの間に召されて長安に入ったと思われるから、『三寶紀』が上呈された開皇十七年（五九七）十二月までには十四年前後の年數が經過しており、序に言う「十餘年」の表現に一致する。從って彼は長安滯在の全期間を通じて『三寶紀』完成へ向け、時に先輩先師を訪ねては事の眞僞を判斷しつつ、畢生の努力を傾けていったものと思われる。このように長い年月を經て完成された『三寶紀』ではあったが、しかしそこには自ずと節目とも言い得る時期がいくつか數えられる。まず『三寶紀』中に見える僅かな痕跡から判斷できると思われるのは開皇九年（五八九）の時である。巻三・帝年下の序の末尾、及び巻九・陳錄序に次のように見える。

晉の惠帝永寧元年辛酉（三〇一）に到り、州土幅坼し、競いて國都を建つ。今、開皇九年己酉（五八九）に至

るまで、其の閒二百八十八年なり。（大正四九・三五ｃ）

開皇九年己酉、六合兩儀、還た一統す。乞伏の王、晉孝武太元十二年星娶訾に次る（丁亥＝三八七）に起りてより、今、開皇歳作鄂に在る（己酉＝五八九）に至るまで二百三載なり。（同右八三ａ）

ここに言うような「今」の表現は『三寶紀』中に屢々現われ、例えば巻三・帝年上の序、巻七・東晉録、巻一一・南齊録に見えるようにそれ等のおおむねが完成の年である開皇十七年を指していることは明らかである。[14] 從って右に擧げた開皇九年の時點を「今」と表現する箇所は『三寶紀』中において特異なものと言うことができる。しかしながら開皇九年（五八九）は費長房にとって決して平穏に打ち過ぎて行った年ではなかった筈である。それは隋帝國が江南建康に據る陳國を滅し、名實共に中國全土の主權者として統治するようになった年であり、首都長安の國寺大興善寺において、國策として位置づけられた譯經事業に從事する費長房にとっても、大きな時代の進展を意識せざるを得ない年であった。それはまた右に示した文に計らずも彼が言うように、西晉末以來久しく續いた分裂割據の時代に終止符を打った年でもある。隋帝國の官僚としての翻經學士の任務の傍ら、中國撰述の論著を含めた全佛典の編年史的整理を目指していた彼が、その成果を示す佛教史年表に開皇九年を「今」と表現したのは極めて自然のことと思われる。右の序文末尾には、曹魏文帝黄初元年（二二〇）から開皇十七年（五九七）までの年數を記す「魏より大隋に至るまで、四十四主、三百七十八年を紀歴す」（大正四九・三五ｃ）という一文があるが、これは開皇十七年になって付け加えられたものであろう。從って『三寶紀』述作上の最初の節目として開皇九年を考えてよいと思われる。

次の節目となる時期は、法經等による『衆經目録』、所謂『法經録』が完成した開皇十四年（五九四）である。『三寶紀』の入藏目が『法經録』の影響下に急遽作成され、それがために代録との閒に矛盾を生じ、杜撰なものとなってしまったとはこれまでにも屢々指摘されてきている。(15) それは經録所收の佛典を相互に精細に照合研究した結果として指摘されているものであり、當然に尊重されねばならぬ。しかしここでは『三寶紀』入藏目が『法經錄』を依用するに至る契機となった費長房の『法經錄』編纂への關わりの面に注目してみたいと思う。まずはじめに『法經錄』の成立事情についておおよそを述べておきたい。

隋初開皇年間には前節で述べたような譯經の推進と共に、南北朝末の混亂の中で散逸の危機にあった既存佛典の收集整理や經典目錄編纂等の大藏經の整理事業も竝行して行われたが、これ等はまた開皇三年（五八三）に祕書監牛弘によって敷かれることになった逸書の搜集整備という隋朝の文化政策の一環として行われたものである。牛弘の「獻書の路を開かんことを請う」上表は『隋書』巻四九・『北史』巻七二の同人の傳や『隋書』巻三二の經籍志總序等によってその內容を知ることができるが、この獻策が採用された結果、開皇九年の陳國平定後になると、經籍志に「經籍、漸く備わる」とあるように宮中所藏の圖書も次第に增え、それ等の動きに伴い、書目の編纂も數次に亘って行われた。開皇四年と八年には四部書目錄各々四巻が作られ、十七年頃には許善心が『七林』を著し、また二十年には王劭が『書目』四巻を製作している。殊に四年の『書目』は、前年の牛弘による上表が用いられての後「一・二年の間、篇籍稍々備わる」（『隋書』牛弘傳）という成果にもとづいて作成されたものと思われる。一方、佛典の搜集については牛弘の上表では取りたてて何も述べない。しかしそれが牛弘と關係深かったことは『法經錄』巻七に收められている上表文によって明らかである。その冒頭に、

大興善寺翻經衆沙門法經等、敬んで皇帝大檀越に白す。去る五月十日、太常卿牛弘、敕を奉じていえらく、須く衆經目錄を撰すべしと。經等、謹んで即《ただ》ちに修撰す。（大正五五・一四八c）

とあるように、文帝と、法經等大興善寺に住して譯經を主務としている沙門との間に牛弘が介在している。この上

表は開皇十四年七月十四日の日付となっており、従って『法經錄』は僅か二ヶ月の短期間で作成された經錄である。そのために生じた不備が多々あることは編者自身も認めているものの、着々と進められつつある大藏經の整備事業の基準を示す經錄として、しかも詔を奉ずる形で世に出た本書が、開皇三年以降に始められ陳國平定後になって漸く成果を見せ始めた圖書整備事業の大きな柱の一つとして計畫されたことは明らかである。

さて費長房がこの『法經錄』の編纂にどのように關わっていたかについては、『三寶紀』を始めとして何等具體的記録が殘されていない。『三寶紀』巻一二・大隋錄の「衆經目錄七卷」の項を見ると『法經錄』の編者として、

　右一部七卷は、開皇十四年、大興善寺沙門釋法經等二十大德、敕を奉じて撰す。揚化寺沙門明穆、條分を區域し紘絡を指蹤し、日嚴寺沙門彥琮、緝維を覼縷し同異を考校す。(大正四九・一〇五 c)

とあるように、二十大德と呼ばれる高僧二〇名があり、中でも法經・明穆・彥琮の三名が中心的人物であったことがわかる。この三名は開皇年間最大の譯經僧である闍那崛多の譯場に參晝し、法經・明穆は崛多譯經の「始末を監掌し、旨歸を詮定する」(『三寶紀』巻一二)十大德として、また彥琮は開皇十一年以前の崛多の譯經の盡くに序を作り、十二年以後は明穆と共に最も樞要な參助者として活躍した人物である。このように『法經錄』編纂の二十大德の中に闍那崛多の譯經に關わった十大德中の者が含まれていることは容易に推察し得るところである。(16)このことは既に林屋友次郎氏が『佛書解説大辭典』の「衆經目錄」七卷の項等に述べられている。(17)しかし同時に氏が、費長房も二十大德の一員であったように書かれているのは明らかな誤解である。大德の名の下に集められた二〇名は當時の佛教界を代表する人物であったろうし、間違いなく出家者であったと思われる。費長房は『三寶紀』總目序に自ら言うように大興善寺翻經學士であり、臣と稱する非出家者であった。しかし彼が二十大德の一員ではなかったということが、そのまま『法經錄』編纂に全く無關係であったことを意味するものではない。それは自ら大興善寺

翻經學士と稱していることと共に、『法經録』巻七・總目に收められている上表文末尾に、

……敬んで白す。開皇十四年七月十四日、大興善寺翻經衆沙門法經等（大正五五・一四九a）

とあることによっても窺い得る。ここに言う翻經衆とは出家者と非出家者とを含むものであったと思われる。すなわち法經・彥琮等の沙門と費長房等の學士である。費長房のように翻經學士と呼ばれて筆受の任に當った者は、『外內傍通比校數法』一巻の著書がある劉憑[18]の他には見當らないが、この劉憑もまた『三寶紀』によれば、開皇七年以來闍那崛多の譯場に參入し筆受の任を務めている。彼の著述は印度と中國との算數法を比較檢討したものであったらしく、佛典翻譯に從事する上での副産物であろう。ところで費長房や劉憑のような翻經學士が翻經衆と呼ばれる一組織の中に統攝されていたと考える上に參考となるものに、仁壽二年[19]（六〇二）に『法經録』の缺點を補うべく彥琮等によって編纂された『衆經目錄』五巻がある。その序に次のように言う。

勅を所司に降し、興善寺の大德に請うて、翻經沙門及び學士等とともに法藏を披檢し經錄を詳定せしむ。（大正五五・一五〇a～b）

彥琮を首班として撰定されたために『彥琮錄』とも通稱されるこの目録には、翻經衆の語が見えぬ代りに、序及び每巻首に「隋翻經沙門及學士等撰」の一文が記されている。『法經錄』と『彥琮錄』とは共に入藏目錄を欽定するという同じ目的の下に編纂されたものであるから、『法經錄』の上表文に言う翻經衆が翻經沙門と翻經學士とによって構成されていたと考えることはさして的を外れているとは言えないであろう。從って費長房は劉憑等と共に、大興善寺の二十大德監掌の下に翻經衆として『法經錄』の編纂に携ったと考えてよいと思われる[20]。當時、私撰の形ながら護法の意識に燃えつつ佛典翻譯史を主體とした中國佛教の歴史を作成していた彼にとって、欽定入藏錄である『法經錄』の編纂に加擔し得たことは自著の完成を果す上で非常に大きな刺激になったであろうことは疑えない。

それが『三寶紀』巻一三・一四の入藏目二巻の形に現れたのである。

『三寶紀』成立の第三の節目は完成上進の年である開皇十七年である。既に述べたように費長房自身はそれ以後も自著の増補を續けていくつもりであった。從って十七年が『三寶紀』の作成を最終的に打ち切ってしまった年とは言えないことになる。ではなぜこの年に文帝に上呈することとなったのか。この點について以下少し考えてみたい。

開皇年間における佛典の翻譯は、『三寶紀』代錄によれば、開皇二年二月の毘尼多流支による『象頭精舍經』や同じく三月の達摩般若による『業報差別經』を嚆矢とする。これは二年二月に詔し譯經僧を捜訪して佛典の翻譯を行わしめたと傳える『三寶紀』大隋錄序の記事と一致している。以後、那連提耶舍によって『大方等日藏經』や『蓮華面經』等の隋唐初の佛教界に大きな影響を與えた佛典が翻譯され、耶舍の後は闍那崛多によって續々と新譯經が隋代の活氣ある佛教界に提供されて行った。ところでこれ等開皇年間の翻譯佛典には、いずれも、開皇元年に舊北齊僧の智周・寶暹等によってもたらされた梵經二六〇部に含まれていたものという共通點がある。このことは『三寶紀』巻十二の達摩般若の項に、

大隋禪りを受けて梵牒即《ただ》ちに來るは、佛日の重ねて興るを顯わし、國化の冥應なるを彰わせり。敕を降して（法）智（＝達摩般若）を召し、還た經を譯せしむ。（大正四九・一〇二a）

と言い、那連提耶舍の項にも、

開皇元年、新經至《いた》る。敕して便ち追召せしむ。二年七月、傳送せられて京に到る。（大正四九・一二〇c～一〇三a）

と記されていることによって明らかであろう。(21) この寶暹等將來の梵經と最も關係深かった者は闍那崛多である。そ

の間の經緯は既に紹介したので、ここでは重ねて述べない。この闍那崛多の譯經は前述したように開皇二十年に彼が歿するまで續けられたと思われ、開皇十七年の後も更に六部の經典が譯出されていた。從って費長房はこれ等の經典を『三寶紀』中に收錄しておいてもよかった筈である。それにも拘らず開皇十七年になって『三寶紀』を上呈することにしたのは、『三寶紀』巻三・帝年下の開皇十七年の條に、寶貴による『合部金光明經』八卷を記すのに續いて、

開皇已來、新たに譯せし所の經は、並びに此の年正月二十四日奏聞す。（大正四九・四八a）

とあるように、この年の正月になって開皇二年以來翻譯されてきた佛典を一括奏聞したためであったと思われる。このことはまた、彥琮の筆になる「合部金光明經序」を見ると、

大隋寓に馭し、新經即《ただ》ちに來る。帝、所司に敕し、相續《つ》いで飜譯せしむ。開皇十七年に至り、法席やや閒あり。（大正一六・三五九c）

と記されており、これによれば、開皇二年以來續けられてきた譯經事業がこの十七年になって一段落したことを知ることができる。寶暹等將來の梵經全てが翻譯されていた譯ではないこの時點で、新譯經典を何故奏聞することになったかの事情については不明であるものの、費長房はこうした事態を受けて、それまで營々と續けてきた『三寶紀』の述作を纏めあげ、上進する決心を固めたものであろう。それは換言すれば、開皇時代新譯佛典の奏聞、すなわち譯經事業のこれまでの成果の公表という事態が、自ら翻經學士としてその事業に深く關與してきた彼にとっての區切りであり、同時に學士としての任務の延長上にある『三寶紀』撰述の區切りでもあったことを意味していると思われる。

四　『三寶紀』の構成と費長房の歴史意識

初めに述べたように陳垣撰『中國佛教史籍概論』巻一を見ると、そこには『三寶紀』に對する紹介が簡潔な筆致でなされている。本書の特色を、〝紀年に在り〟と一言で述べている點などはまことに的確な指摘と言ってよい。『三寶紀』は帝年、代錄、入藏錄、總目の順の四部分から成立っているが、その中核をなす部分は言うまでもなく帝年と代錄である。そしてその各々の中に見える費長房の歴史意識も、陳氏によって隋代當時の一般人士の共通の心理として要領を得た解說がなされている。『中國佛教史籍概論』の再說になる恐れがあるものの、ここでは費長房の歴史意識を帝年及び代錄の構成の中に今少し詳しく探ってみたいと思う。

『三寶紀』の際立った特色は、帝年と代錄を編成する上で費長房が取った、南北朝時代における各王朝の配列の中に見られる。それは彼の仕えている隋が南朝の宋・齊・梁と次第して北朝の周の正朔を受けるとし、北魏・北齊及び陳を斥ける點である。これは後、南宋の志磐が『佛祖統紀』巻三八・法運通塞志第一七之五に、

周秦より六朝に至るまで、世々以て正統を得と爲す。北魏齊周の若きは相承くるに非ずと雖も、而れども世々中原に居り盛んに典禮を行う。之を北朝と謂うは、鄙夷の、晉のときの五胡の如くならざればなり。隋氏は周の禪を受くると雖も、而れども實に能く區宇を統一し、陳の正朔を繼ぐ。此れ史を敍べる者の微旨なり。（大正四九・三五三c）

と書き記しているものと較べて甚だしく相違している。志磐が『資治通鑑』以來の正統論に影響されていることは、これまでにも言われてきているように明白であろう。ところでまた陳垣氏は、司馬光以前の例として『太平御覽』

や『册府元龜』等を擧げ、紀年法が決して一樣ではなかったことを注意しているが、『三寶紀』以後の佛教者の手になる著作については何等の言及もされていない。そこで『三寶紀』代錄に例をとり、東晉以下の配列を試みに『內典錄』『古今譯經圖紀』『開元錄』と比較してみると次のようになる。王朝の名稱はそれぞれの呼稱にほぼ從う。

左の對照表からわかるように、『三寶紀』と『古今譯經圖紀』（以下『譯經圖紀』と略す）、『內典錄』と『開元錄』とはそれぞれ同一傾向にある。『譯經圖紀』が『內典錄』『開元錄』と同じ唐代の著述でありながら『三寶紀』に近い配列を行っているのは、『開元錄』に智昇が述べているように、それが『三寶紀』の記述にもとづいて作成され同一傾向になったためと思われる[22]。しかし細かく檢討してみると、それらの閒にはまた自のずから相違點が見出される。まず唐代の三著作についてみておきたい。

歷代三寶紀	大唐內典錄	古今譯經圖紀	開元釋教錄
東晉（卷七）	東晉	東晉	東晉
苻秦	前秦	苻秦	苻秦（以上卷三）
姚秦（以上卷八）	後秦	姚秦	姚秦
西秦	西秦	西秦	西秦
北涼	北涼（以上卷三）	北魏	前涼
元魏北臺	宋	北涼	北涼（以上卷四）
元魏南京	前齊	宋（以上卷三）	宋（卷五）
元魏鄴都	梁	齊	齊
高齊	後魏北臺	南魏	梁
陳（以上卷九）	南京	梁	

宋（卷一〇）		東魏	元魏
齊	鄴都	高齊	高齊（以上卷六）
梁	後齊（以上卷四）	陳	周
周（以上卷一一）	後周	周	陳（以上卷七）
大隋（卷一二）	陳	隋	隋
	隋	大唐（以上卷四）	皇朝（卷八・九）
	皇朝（以上卷五）		

『内典錄』と『開元錄』は、共に隋が繼いだ王朝を陳と見る點において一致している。但し北周以前の配列を見ると、そこでは宋・齊・梁の後に北魏・北齊・北周と列記して南北兩朝を竝列的に扱っているように受け取ることもできる。しかし例えば『内典錄』卷四・宋朝傳譯佛經錄に、

事を以て據量すれば、則ち文明の朝は信智言《かた》られずして自のずから顯われ、武猛の國は仁慧可《ゆる》されずして以て疆《くに》を開くこと、然らざるべけんや、然らざるべけんや。然れば則ち晉宋兩朝は斯文卓越し、釋道を揚扇して宗猷觀るべきあり。（大正五五・二五六c）

と言い、卷五・後周宇文氏傳譯佛經錄にも、

周は魏の運を承け、魏は晉の基を接ぐ。餘は則ち偏王にして依據するところなし。而して宋齊梁陳の日、自のずから有司存するも、國亡び帝落ち、遂に卽ちこれを筆削に從わしむるは然らざるべけんや。（大正五五・二七一a）

と述べていることによって、道宣の南朝重視の傾向を窺うことができよう。[23]『開元錄』は經錄的性格に徹しているためか『内典錄』に見られるような著者の言葉は見られない。その配列は『内典錄』に影響されるところが大き

かったものと思われる。

これ等に對して『譯經圖紀』は、『三寶紀』の筆法に依りながらも、なお修整を行って『內典錄』の形に近づいていることが注目される。隋を以て北周を繼ぐものとし、魏を北魏・南魏・東魏の三期に分けるなどは『三寶紀』に依った結果であるが(24)、反面北涼を北魏と宋の間に懸け、南魏を南齊と梁の間に、東魏・北齊を梁と陳の間に置いているのは、明らかに建國乃至遷都の年次の順にするためであり、それは換言すれば歴史的時間の經過に忠實であろうとする姿勢の現われである。しかしなお『內典錄』とほぼ同時期に成ったものでありながら(25)、隋は北周を承ける國家であったことを示しているのは注意されてよい。『譯經圖紀』は周知のとおり、長安大慈恩寺翻經堂の譯經僧の壁畫に添えられた靖邁の解說文を一書に收錄したものである。唐代盛期の長安佛教の中心的建造物であった大慈恩寺の壁畫がこのような朝代配列の下に描かれ解說されていたことは、まさしく陳垣氏の表現のように當時の一般的な意識を反映していたことを示すと考えてよく、從ってまた『三寶紀』の後世に與えた影響力の大きさを窺わせる一證ともなるものである。

ところでこれ等唐代の三書に比較すれば、『三寶紀』に見える各朝配列の方法の殊に異質であることが明瞭である。北魏・北齊・陳が佛典の翻譯、佛教的著述の豐富に認められる時代であるにも拘らず南朝宋の前に五胡諸國の流れと同じであるかのように一纏めにして置かれ、南朝である梁が直ちに北朝の周に續くと示していることは、恐らく唐代の道宣や靖邁も同意を與えにくい配列であったろう。それは費長房の、中國の正統を繼承しつつ佛教の全盛を誇ったと考える梁王朝への強い思いと自國隋の母體となった北周への歸順意識とが自然に結びついた結果に他ならない。そしてそのような意識を持つに至った遠因として、彼が北周の支配下にあった蜀地出身であったことを指摘することができよう。以下、南北朝末三國鼎立時代に對する彼の歴史意識について、『三寶紀』の帝年及び代録の中から考えてみたいと思う。

代録の構成は先に示したとおりであるが、そこに窺うことのできる費長房の歴史意識は『三寶紀』巻頭の三巻を占める帝年、すなわち佛教史年表によって一層顯著に知ることができる。魏晉南北朝時代を表わす巻三・帝年下は時に上下六段にも亘る複雑な構成を見せているが、最上段に示された魏・西晉・東晉・宋・齊・梁・周・隋の諸王朝が正統と見做されていることは言うまでもない。五胡十六國では最も佛教的事跡の顯著な前後西の三秦と北涼・北魏の五國が記され、東晉朝の下段にそれ等五國による競合の中から次第に北魏が抜け出し、南北朝時代を形成して行く樣子を示している。年表形式によって佛教史の大枠を一目瞭然たらしめようとした費長房の歴史敍述の斬新さが窺われる部分である。この北魏が東西に分裂しそれぞれが北齊・北周となって、所謂南北朝末の三國を形成する時代になると、年表の方も再び複雑となってくる。上段に梁、中段に西魏、下段に東魏が配され、この形で推移して行く內に下段に北齊が現われ（五五〇年）、そして上段に元帝蕭繹による江陵政權が現われ（五五二年）、同年に武陵王蕭紀の蜀における卽位が記される。次いで西魏による蜀地の併合（五五三年）が中段に記され、續いて同じく中段に元帝が亡び（五五四年）、陳が立つ（五五六年）[26]。上段に目を轉ずると西魏の附庸國後梁が現われ（五五四年）、次いで北周の建國（五五七年）が示される。こうして南北朝末期の三國時代は北周・陳・北齊の順に優劣が判定され、最後は北齊と陳の滅亡が記入されて隋による天下の統一が示され、開皇十七年（五九七）に、前にも述べた開皇以來の新譯經典の奏聞が行われたことを記して終っている。

このような帝年の構成を見て行くと、費長房にとって、自らの近代史である南北朝末三國鼎立時代の結節點が、西魏による元帝政權の據點江陵の攻略にあると理解されていたことがわかってくる。それは帝年の中で中段に記入されてあった西魏朝が、江陵政權を覆滅した五五四年の時點において、上段に主體として記入されるようになるからである。そこで帝年下のこの頃の記事を抜き出してみると次のようである。

梁元帝承聖元年―五五二

湘東（王）江陵に在りて帝位に卽き、改元す。天正元（年）、武陵（王）蜀に在りて卽位し、又改元す。（以上帝年上段）

西魏廢帝二年―五五三

四月、大將軍魏安公尉遲向《ママ》に命じて蜀を伐たしむ。八月、秦王肅撝《ママ》を擒えて長安に送る。

西魏恭帝元年―五五四

十月、柱國燕國公（于謹）に命じて江陵を討たしむ。湘東王を殺す。（以上帝年中段）

梁元帝承聖三年―五五四

十一月、江陵を平らぐ。地は岳陽（王）に入る。是れ後梁たり。附庸國なり。

梁元帝承聖四年―五五五

三月、梁國の圖籍墳典を送る。長安に來る。西魏に滅ぼさる。（以上帝年上段）

このように彼は蕭繹の江陵政權と蕭紀の成都政權の出現、蕭紀麾下の秦郡王益州刺史蕭撝の尉遲逈軍への降伏と西魏による益州占領、またその翌年の于謹による江陵陥落、元帝政權の滅亡という五五二～五五四年の目まぐるしく頻發する重大事件を簡潔に記錄している。しかしこの中で最も注意されるのは、五五四年の、江陵陥落に引き續いて記す岳陽王蕭詧を國王とした附庸國後梁の誕生と、[27]翌五五五年の梁が西魏によって滅ぼされたとする記事であろう。また費長房の言う梁國滅亡の年、その所藏していた圖書が長安に送致されたと記している點にも注意される。江陵が西魏軍によって占領された後、王公士庶十餘萬が奴婢となって長安に送られると共に、府庫にあった珍寶も掠奪されることなく護送されたことは、『周書』巻一五・于謹傳に記されている。しかしそこには書籍に關して何等記すところがなく、元帝所藏の圖書については、既に述べた隋・牛弘の「獻書の路を開かんことを請う」上表等によって知ることができる。牛弘の上表には、有名な元帝蕭繹の藏書焚毀について、

周の師、郢に入るに及び、繹、悉くこれを外城に焚く。收むるところ十に纔か一・二のみ。此れ則ち書の五厄なり。

と記すが、その藏書數を一四萬卷と考えると、西魏軍によって收集された圖書は一萬卷を前後する數であったろうか。しかしながら火に罹った書籍に首尾完具したものが少なかったであろうことは容易に察し得、于謹傳に傳える南朝宋以來の渾天儀等の寶物に較べ、燒け殘りの書籍はひどく見劣りしたものであったろうと思われる。ところが費長房は、帝年に殊更のように梁國の圖書の長安送致を記し、次いで西魏による梁國平呑を述べていた。梁は江陵陷落の後においても、その實體を喪失していたとは言え、陳霸先等によって建康の地に存續し得ていたことは當時もよく知られていたことであろう。江陵政權の滅亡は決してそのまま北朝による南朝の併合を意味するものではなかった。それは費長房も記しているように隋による開皇九年の陳朝討滅まで待たねばならなかった。南朝の命運は時代の趨勢として盡きかけていたとは言え、そのためにはなお暫くの時間が必要であったのである。それにも拘らず江陵政權の滅んだ五五五年を梁朝滅亡の年と記したことは、とりもなおさず梁によって受け繼がれてきた中國の正統が、この時點で西魏に傳えられ、やがて北周そして隋へと繼承されて行ったことを示そうとしたものと考えてよいであろう。その意圖は帝年上段において、元帝の年號である承聖を五年（五五六）までとし、彼が北周建國の年と記す翌五五七年—丁丑—に懸けていることによってより一層明らかとなる。江陵に元帝が滅びると、建康には蕭淵明を傀儡とした北齊の勢力が伸びるが、間もなく陳霸先によって擁立された元帝の子蕭方智が再び卽位して梁

朝最後の天子敬帝となる。すなわち貞陽侯蕭淵明の年號である天成はもとより、敬帝の紹泰・太平の年號も費長房は何等記すことをしていない。それは敬帝を梁朝の皇帝と認めれば、現實を紛飾するものとは言え敬帝から禪讓されて成立した陳朝を認めざるを得なくなり、中國の正統が梁から北周へ繼承されたとする彼の意圖に齟齬を來すからに他ならない。從ってこのような強引とも思える歴史構成を推し進めて行く彼には、簡明な佛教史年表である帝年にとって左程に必要と思われない蕭紀の蜀地政權の滅亡と蕭詧の後梁國成立の記録も、西魏北周が梁の版圖を領有し、その正朔を繼いだと稱するために缺かすことのできぬものであったのである。また殘された數が僅かに十に一、二と傳えられる元帝遺愛の典籍も、費長房にとっては梁朝文明の、ひいては中國文明の象徵であり、それ等が長安に送致され、やがて周、隋帝國の所藏に歸して行ったことは決して見過ごすことのできぬ事件であったと思われる(30)。

今一つ帝年下において特徵的なことは、北齊と陳の扱いについてである。北魏が東西魏に分裂してより西魏北周の敵對國家東魏北齊は常に最下段に位置づけられている。そして最初中段に記されていた西魏が、やがて江陵政權の滅亡を境にして上段に主體的に記されるようになることは先に述べた。次いでそこから北周が現われ、ここに至って北周・陳・北齊の三國の優劣が文字通り一目瞭然に示される。從って費長房が六朝末の三國それぞれの位置づけをどのように行っていたかについては贅言を要しないと言ってよい。ただ更に帝年での皇帝に對する表現を見てみると、陳においては諱のみを記し、北齊においても僅かに初代の文宣帝を言うのみで他は全て陳と同じく諱のみを記している(31)。また陳と北齊とはそれぞれ中・下段に配されて陳が北齊の上位にあるように見られるが、費長房にとって陳が北齊と同樣に中國の正統國家と見做されていないことは今述べた所によっても明らかである。このことは帝年下の中段、陳永定元年の項に、

（陳）覇先立ち、梁の末を承く。仍て建康に都す。

と記していることによっても確め得る。ここに「梁の末を承く」と言うように、彼は陳をもって正しく梁を承くるものとは考えていない。

これ等のことはまた代録の表現の中にも窺うことができる。既に『中國佛教史籍概論』に注意されているように、『三寶紀』巻八・苻秦姚秦録及び巻九・西秦北涼元魏高齊陳録では、譯經者がどの時代に屬するかを言うのに、晉・宋・齊・梁・周のどの皇帝の時であるかを先ず記すのを通例としている。例えば鳩摩羅什について見ると、姚秦録に、

晉・安帝の世、天竺國三藏法師鳩摩羅什婆、秦には童壽と言う、（姚秦）弘始三年冬、常安に到る。（大正四九・七九a）

というように記す。北齊録でも那連提耶舍に例を取ると、

周・明帝の世、高齊の沙門統・天竺烏場國の三藏法師那連提耶舍、齊には尊稱と言う。（大正四九・八七c）

と表現し、陳録でも例えば眞諦の項は、

周・武帝の世、西天竺優禪尼國の三藏法師拘那羅陀、陳には親依と言い、又別に眞諦と云う。（大正四九・八八a）

と記している。このような表現は既に梁・僧祐の『出三藏記集』に見られ、決して費長房の獨創になるものではない。ところで北齊録・陳録で注意すべきは、それ等が第九巻に配されていることである。從って右に例として擧げた那連提耶舍・眞諦のように一時代だけでなくそれに前後する時代に跨って事跡が確認される者の場合、全く別の箇所に記されることにならざるを得ない。『三寶紀』において那連提耶舍は巻九・高齊録と巻一二・大隋録、眞諦

は巻九・陳錄と巻一一・梁錄とにそれぞれ分記されている。このような兩代にわたる分記は、代錄の性質上止むを得ない一面と言い得、唐代の『內典錄』や『開元錄』も同様に北齊・隋、梁・陳兩代とにそれぞれ分けて彼等の譯經を記錄している。しかし費長房は、殊に眞諦の事跡を記す上で、敢て代錄の今一つの性質である編年史的性質を無視して、先に陳の眞諦を記し、後に梁の眞諦を記している。これもまた彼の、周は梁を繼ぐという歴史意識がもたらした結果である。

このように費長房においては、六朝末の三國鼎立の狀勢の中で北周こそが中國の正統を繼承した國家と考えられていた。それは隋が北周の禪りを受けて成立し、陳を討滅して最終的に全中國を統一したという歴史的事實に裏づけられた同時代人としての強固な正統觀念があったからに他ならない。

ところで陳垣氏は『中國佛教史籍概論』に、中國の正統が梁―周―隋と引き繼がれたという『三寶紀』の考えは、當時の北朝士大夫の南朝こそが中國の正朔のある所とする一般的心理の然らしめるものであり、且つ北周については、中國の正統を梁より承けそれを中國の正統國家である隋に還した存在であることを示したものと言い、このような思想は佛僧の知る所ではなかった旨を述べている。つまり、費長房は北周を中國の正統が梁から隋へと繼承されるための橋渡しの役をしたに過ぎないと考えたと言うようである。しかし費長房はこれまでに述べたように、北周廢佛以前には出家者であったし、隋代に入ってからも專ら佛典翻譯の筆受を務める翻經學士として深く佛教に關りつつ生活を送った人物である。その姿は在俗のものでありながらも內實は決して出家者と變るところがなかった。また彼は北周こそが梁を承けた正統國家と考えており、そこでは梁・隋間に介在する方便的存在とは何等意識されていない。では廢佛策によって還俗を餘儀なくさせられた彼が、何故に佛教史的著述である『三寶紀』に、北周を隋へと連る正統國家と見做したのか。その答えとしては、彼が北周支配下の蜀地出身であり、隋にあっては翻經學士という隋朝の官僚としての環境にあったことのこの二點が用意されねばならないと思われる。

五　結び――『三寶紀』編纂の時代的背景について――

『三寶紀』巻一五・總目には、費長房の參照した六種の經錄の內容目次が傳えられている。總目に記録される順序に從えば、作者不詳の宋時『衆經別錄』、梁・僧祐撰『出三藏記集』、北魏・李廓撰『衆經錄目』、北齊・法上撰『衆經目錄』、梁・寶唱撰『衆經目錄』、そして隋の法經等による『衆經目錄』の以上六種である。ところで、總目序にはまた次のように言う。

今の撰集する所は、略《ほぼ》三書に准《したが》い、以て指南と爲し、茲の三寶を顯らかにす。（大正四九・一二〇c）

ここに言う三書が何を指すか序文では明確にならないものの、常盤大定氏の研究(32)を參照して考えれば、隋以前の五錄の內、梁の『出三藏記集』『寶唱錄』と北齊の『法上錄』の三部であろうと思われる。このように費長房は彼が參照したとする六錄の中でも專ら右の三書に基づいて『三寶紀』を作成して行ったと思われるが、また彼は彼自身が生きねばならなかった南北朝末期三國鼎立時代の佛教史研究の狀況についても、先の總目序に次のように述べている。

又、齊・周・陳は並びに皆翻譯あるも、錄目を刊することなく、遵承する所なし。兼ねて毀焚に値い、絕えて依據なし。（大正四九・一二〇c）

北齊法上の衆經目錄を利用しながら北齊に經錄なしと言うのは矛盾する言葉とも受け取れるが、右によって彼が言わんとするところは隋の前代である南北朝末三國鼎立時代には見るべき記錄がなく、たとえあっても北周武帝による佛教廢毀に値い、後世の研究者にとっての據り所を失くしてしまったという點であろう。このような言わば零から出發せねばならなかった研究状況が、彼の『三寶紀』撰述の直接的な動機となっていることは述べるまでもない。そしてその時代的背景として北齊・北周・陳による三國鼎立の時代があったこともまた明らかである。[33] ところでこの北齊・北周・陳を隋代に三國と呼んでいたことは、『法經錄』や『三寶紀』によって知ることができる。『法經錄』卷七・總錄に收める上表文を見ると、道安が目錄を整備してより今に至るまで、二百年間に十數家の經錄が現われた、その中でも獨り僧祐の『出三藏記集』のみは觀るに足るものであるが、なお不備多く、その他の諸錄に至っては言うをまたないと述べ、次いで左のように記している。

僧衆既にして未だ盡くは三國の經本を見て異同を校驗するを獲ず。今は唯、且らく諸家の目錄に據りて、可否を刪簡し綱紀を總標するのみ。（大正五五・一四九a）

また末尾にも三國の語が見える。

盡くは三國の經本及び遺文逸法を獲る能わず。造次に修撰し、罔昧有ること多からん。進思退省し、慙慨良に深し。敬んで白す。開皇十四年七月十四日、大興善寺翻經衆沙門法經等。

このような『法經錄』上表文に見える三國が、隋の前代を形成した六朝末の北齊・北周・陳を指すことは、姚名達氏が『中國目錄學史』の中で指摘するとおりであろう。[34] 費長房は『三寶紀』卷一二・大隋錄の中で、『法經錄』の説明に右の上表文を用い、三國の語もそのまま記しているが、同じく大隋錄に記錄されている『十種大乘論』一卷の著者大興善寺僧粲の履歴を記す中で、また次のようにも言っている。

粲は俗姓孫氏。陳留の人なり。少くして出家し、遊學を尚ぶ。江河の南北は經ざる所なく、關隴の西東も處に觸れて皆履む。三國を涉歴し、齊陳周を備《つく》し、あらゆる法筵は必ず踐まざるはなし。（大正四九・一〇六a）

僧粲は隋に入って二十五衆第一摩訶衍匠となっており、既に山崎宏氏の研究によって注目されている人物である。それはともかく、費長房は右のようにこの僧粲の遊學が北齊・陳・北周に渉ったと紹介し、それ等を三國と表現していた。隋開皇年間の當初、その前代が三國の時代と意識されていたことはこれによって明らかであろう。大隋帝國の祿を食む彼が、隋の母體となった北周を三國時代の主役として位置づけることは自然の勢いとして考えてよく、その基底には齊・周・陳の三國が鼎立したという時代認識があり、その認識の上に佛教史把握の努力がなされたのであると言ってよい。勿論彼の『三寶紀』述作の目的は、南北朝末三國時代の整理のみにあったのではなく、全佛教の編年史を經錄主體の形を取りながら表わすことにあったが、そうした彼の目的意識を釀成した時代背景として、彼の言う見るべき成果の少い混亂した三國鼎立時代があったことは注意してよいことと思われる。と同時に『三寶紀』述作に邁進した個人的背景として、彼の翻經學士としての身分があったことを忘れてはならないであろう。

『三寶紀』卷一五・總目には『法經錄』について、

大隋衆經目錄　開皇十四年、翻經所の沙門法經等二十大德に敕して撰《あらわ》さしむ。（大正四九・一二六c）

と書かれている。翻經所の語はここだけに見えるものであるが、煬帝時代、洛陽上林園に置かれた翻經館の先驅と考えてよいであろう。その大興善寺翻經所において、彼は翻經學士として他の翻經沙門等と共に筆受を行い、隋初の譯經事業に從事したのである。ところで翻經學士の性格がどのようなものであったのかこれまでのところ明確ではない。道宣などは『續高僧傳』の中に學士の語を頻繁に用いているが、その意味するところは出家・非出家を問わない廣いものである。例えば『續高僧傳』卷三・波頗傳に、

昔、符《ママ》姚の兩代には、翻經學士は乃ち三千有り。今、大唐の譯人は二十に過ぎず。（大正五〇・四四〇b）

と言うように、學士の語は決して非出家者のみを指すものではない。しかし隋文帝時代の翻經學士に限って言えば、

それはあくまでも公的な名稱であって、出家者をも含むような曖昧な言葉ではなかったと思われる。そのことは第三節で述べたように、『彥琮錄』の例からも明らかであろう。臆測の譏りを恐れずに言えば、費長房や劉憑等が任ぜられた翻經學士とは、北周末期、武帝の宗教政策の一環として設立された通道觀學士に類する性格のものではなかったかと思われる。勿論通道觀の內實が道教に大きく傾いたものであったことは既に言われていることであるが、『續高僧傳』巻二三・道安傳に、佛道二教の世界で評判の高い者を簡び、衣冠を着用させて學士となしたと傳える通道觀學士の風貌は、そのまま隋開皇時の翻經學士にも當てはまるものである。通道觀學士となった彥琮等は隋時代になると再出家を果したが、廢佛策の嚴格な行使の中で還俗を餘儀なくされた者達の中には、優秀な人材でありながら再出家の道を斷たれてしまった者も多かったことと思われる。大興善寺翻經所における翻經學士の設置は、そうした者達に對する、北周時代の施策を參考にした佛教教團懷柔のための一政策ではなかったかと考えられる。隋朝の創業期である開皇時代の費長房の履歴はそのことを窺わしめるものであろう。彼等翻經學士は、北周廢佛後の佛教復興期にあって、基礎的且つ具體的な佛典翻譯事業に携るべく選拔された隋朝の官僚であり、言わば官界と佛教界との接點に位置する性格を持っていたものと思われる。

『三寶紀』はこれまでも言われて來ているように經錄的性格の強い書物である。しかしそこに盛り込まれた費長房の歴史敍述の方法には、前節までに述べてきたように、彼の強い歴史意識を窺い取ることができ、單なる經錄とは言えない性格を持っている。彼の意圖は經錄を主題とした編年史的全佛教史の把握にあったと思われるが、その根底にあるものは興隆期にある隋朝佛教の歴史的位置づけであり、それと竝行する北周・隋帝國の中國史上における正統性の強調であった。『三寶紀』を利用する上には、著者である費長房が還俗のまま翻經學士となった人物であり、何よりも隋・文帝の臣であった點を見落してはならないであろう。費長房が生きた北周から隋に至る間の佛教界には、佛教の純正を固守しようとする反骨の佛教者が輩出した反面、時の權力の意向に沿いながら佛教の發展を期そうとした佛教者も數多かったと思われる。隋代の傑僧曇遷が文帝に答えて、

佛は世尊たり。道は天尊たり。帝は至尊たり。尊には恆政有りて並治すべからず。（大正五〇・五七三c）

と言ったのも、釋迦・老子と皇帝とを竝列的に扱い、時の權力者の意向に沿う姿を取りつつ佛教の存續を計る極めて現實主義的立場からの發言であって、それは頑な護法主義からは決して出るものではない。かえって當時には、曇遷に類した立場の佛僧の方が多かったのではないかと思われる。北朝佛教が南朝佛教に比較して國家による統制の色合いの濃いものであったとは普通に言われるところである(35)。國家による佛教統制が推し進められれば、佛僧の國家に對する歸屬意識もまた強まって行く。費長房は隋の翻經學士であり、還俗の經驗を持つ隋朝の官僚であった。そしてその立場から導き出される彼の歴史意識が自國隋に對する歸屬意識と正統觀念とに裏打ちされたものであったことは言うまでもない。

彼は北周支配下の蜀地出身である。その蜀地とはまた西魏に領有される以前は久しく南朝の支配下にあった地域でもあった。そこに生を享け長じて出家して僧界に入った經驗を持つ彼が、途中で還俗の憂目に遭ったとは言え隋の佛教復興期にあって公人としての活動を行うようになった時、隋の母體となった北周の正統を強調し、また梁から周へと正統が承け繼がれたと考えたのは極く自然のなりゆきであったと思われる。また彼が北周支配下の蜀地出身であることを重視すれば、當然に彥琮との關係を考慮して然るべきであろう。北周末に通道觀學士となり、隋に入ってからは再出家して費長房と同樣に闍那崛多の譯經活動に深く關わった彥琮は、北齊系の名族である趙郡の李氏出身であった。また隋代北齊系の官僚で佛教的著述もある著名の人物に王劭がおり、彼を主題とした北齊系官僚の動向については既に藤善眞澄氏に詳論がある(36)。そこで述べられた當時の政治的狀況を考える時、北周系の費長房

の著した『三寶紀』が開皇十七年に上呈されるや、文帝の敕が下って流布せしめられたという『續高僧傳』の記錄は甚だ示唆に富むものと思われる。藤善氏の所論に依れば、王劭は周隋革命を歴史的事實に反し、北齊―隋を相生說に、北周―隋を相克說に配當して北齊系官僚の擁護を意圖し、また彼の撰した齊書述佛志は、北齊佛教が北魏佛教を繼承し隋に引き繼ぐものであった旨を述べたものとされる。これは『三寶紀』に費長房が述べているところと眞向から對立する考えである。王劭は費長房と同時期の開皇から仁壽年閒にかけて様々な著述をなし、彥琮とも親交のあった人物である。また先に述べたように隋・開皇年閒の翻譯佛典は舊北齊僧の僧曇・道邃等がもたらした梵本に基づき、初期の翻譯に當った那連提耶舍は北齊の沙門統の任にあった者、更に僧曇等は闍那崛多の譯經の多くに筆受者として深く關わり、彥琮は崛多前期の譯出佛典の悉くに序を作り、後期においても重要な役割を演じている。このように見て來ると、隋代譯經の當事者の中における北齊出身僧の割合いが意外に大きかったことに氣付かされる。このことについてはなお詳しい檢討を必要とするが、そうした開皇期譯經界の環境の中での費長房の『三寶紀』撰述の動機には、そこに自らの出身地を意識せざるを得ない何がしかの閥的要素をも看て取れるようである。そしてそれが彼をして正統の繼承を周―隋の圖式に取らせ、齊・陳を放伐の對象とし、引いては出身地蜀の前主權者であり、中國の正朔の存在した所と考える南朝の光輝ある佛教王國梁へと連續させる要因となったのではなかろうか。

ともかくも『三寶紀』の價値は、經錄としてのそれを暫く措けば、まさに佛教史を國家の正統性の下に編成して行った點、すなわちその政治性にこそあると思われる。このような觀點に立てば、『三寶紀』は趙宋以降における佛教史的著述の遙かな先驅とも言い得るであろう。

註

（1）『開元釋教錄』卷一〇・總括群經錄上之一〇に、

撰錄者曰、余檢長房入藏錄中、事實雜謬、其闕本疑僞皆編入藏、竊爲不可。（大正五五・五七六c）

と言って、一〇の誤りを擧げている。

（2）林屋友次郎「隋代經錄に關する研究」（『常盤博士還曆記念　佛教論叢』弘文堂書房　一九三三年所收）二七八～二八三頁を參照。

（3）同書卷一歴代三寶紀の項（五～一二頁）。なお、本論を作成する上に參考としたものとして、註（2）（3）の著書論文の他、常盤大定著『後漢より宋齊に至る譯經總錄』（東方文化学院東京研究所　一九三八年）、林屋友次郎著『經錄研究―前篇』（岩波書店　一九四一年）の他、平川彰「經錄の問題點」（『佛教學』五　一九七八年）等がある。

（4）『續高僧傳』ではその卷二譯經篇・達摩笈多に附傳として收められ、『內典錄』ではその卷五・隋朝傳譯佛經錄にある（大正五五・二七九c）。『開元錄』卷七（大正五五・五五一a～b）にも『三寶紀』についての記述があるものの、三寶紀序の引用によって大半が占められ、何等新たな事實の記載はない。

（5）『續高僧傳』では僧崖の燒身を武成元年（五五九）とし、『三寶紀』の記錄と合致しないが、『內典錄』卷五・後周宇文氏傳譯佛經錄の僧崖菩薩傳の項には、『三寶紀』の注記がほぼそのまま引用されている。

（6）龍淵寺は梁の末期に獨立政權を形成した武陵王蕭紀によって手厚く保護され、當時から中心的寺院であったようである。『續高僧傳』卷六・慧韶傳參照。

（7）『三寶紀』卷一二による。『續高僧傳』卷二・闍那崛多傳では開皇五年以後のこととしている（大正五〇・四三四a）。

（8）山崎宏著『隋唐佛教史の研究』（法藏館　一九六七年）第三章・隋の大興善寺、參照。

（9）『三寶紀』卷一二・大隋錄闍那崛多の項に、

至七年、別敕崛多使兼翻經、兩頭來往。到十二年、翻書訖了、合得二百餘卷、進畢。爾時耶舍先已歿亡。仍敕崛多專主翻譯、移法席、就大興善寺、……其十四部本行集經（等）七十六卷、竝是餘處、十一年前崛多自翻、沙門彥琮制序皆是。其十七部法炬經等八十九卷、十二年來在大興善寺禪堂內出。（大正四九・一〇四b）

とあり、これによって闍那崛多の譯經活動の經過をほぼ察知し得る。すなわち彼の活動時期は開皇十二年を境にして前後二期に分けられる。同じく闍那崛多の項の經錄部分に彼の最初の翻譯が六年正月である旨を記しており、右文と併せておよそ次のように言えるかと思う。すなわち大興善寺以外の場所において六年正月より翻經を開始しつつあった闍那崛多に對し、七年になって、既に高齢（七年當時九十歳前後）のために譯經の任務を解かれていた那連提耶舍に代り（耶舍の翻譯は五年十月で終っている）、改めて外典翻譯の任の他に舊北齊僧將來の佛典の翻譯が命ぜられた。そして耶舍が九年に歿し、その三年後の十二年になって崛多の當初からの外典翻譯の任務が終ると、そこで始めて大興善寺に譯場を移し、譯經の主宰者として本格的な活動を行うようになった。後に闕說するように大興善寺には翻經所が開設されまた翻經衆が設立されており、崛多譯經の後期においてこれ等の譯經組織は益々整備されて行ったようである。

(10)　那連提耶舍の時も曇延・靈藏等二十餘名が「始末を監掌」している（『三寶紀』巻一二、大正四九・一〇三a）。

(11)　金光明經筆受のことは『三寶紀』には見えない。彥琮の手になる「合部金光明經序」（大正一六・三五九b～c）によって判明する。

(12)　但し闍那崛多の沒年に關しては『續高僧傳』と『内典錄』との閒に矛盾が生じている。これについては『開元錄』巻七（大正五五・五五〇b）等を參照。今は『續高僧傳』に傳える開皇二十年示寂說を採っておく。

(13)　なおこの他、『三寶紀』には巻一二・信行の項にも次のような夾注が見出される。

開皇二十年、敕斷不聽流行、想同箴勗。（大正四九・一〇五c）

この記錄は既に早く矢吹慶輝著『三階敎之研究』（岩波書店　一九二七年）第一部の二・三階敎三百年史に用いられ（同書五四頁）、三階敎籍禁斷を傳える最も早い例と考えられている。つまり矢吹氏はこれを費長房の自注と考えるのであろうが、果してそのように斷定してよいものかどうか。この記事が費長房の自注ならば、これによって彼が開皇十七年の後も二十年までは自著の增補に務めていたと言い得るのであるが、『三寶紀』中の注記には疑わしいものが屢々見られ、一概に彼の自注と速斷できない要素が多い。以下、『三寶紀』中の注記の問題點について若干述べてみたい。

先ず第一に、大正大藏經本が底本としている高麗版には明らかに唐或いはそれ以後の竄入と思われる夾注が三ヶ所に亘って見られることが擧げられる。その三ヶ所とは、『三寶紀』巻九・元魏錄の大世論《ママ》三十論一巻の注「見唐内典錄」（八七c）、同・陳錄の眞諦譯大空論三巻の注「唐内典錄云十八空」（八八a）、巻一〇・宋錄の寶雲譯佛所行讃經五巻の注「唐七十巻」（八九c）である。第二は、先の信行の項の注記が彼の自注であるならば、開皇十七年以後の闍那崛多の譯出經典も記錄されて然るべきと思われるのに代錄にそれがないことである。但し、『三寶紀』巻三・帝年下には、開皇十八年の條に起世經一〇巻が、十九年の條に三聚經二巻が「崛多出」、または「崛多等出」として記されている。起世經とは『内典錄』巻五に東都起世經とあるもので、達摩笈多（『内典錄』では達摩崛多とする）譯とされる。三聚經とは大乘三聚懺悔經で、『内典錄』には崛多・笈多の共譯したものと記されている。望月信亨編『佛教大辭典』巻六・年表ではこの『三寶紀』帝年下の記錄に基づいて、開皇十八年に起世經一〇巻が闍那崛多によって翻譯されたとする。しかし陳垣氏も指摘しているように、帝年での開皇十八年以下の記事は後世の竄入と考えてよいものである。『内典錄』成立後に附加されたものであろう。從って以上のことから、十七年後のことを言う注記には疑いが存すると言わざるを得ない。

　ところで『内典錄』巻五・隋朝傳譯佛經錄の信行の項を見てみると、そこでは次のように先の『三寶紀』の夾注がほぼそのままに本文として記されている。

　　開皇二十年、敕斷不聽行、想同箴毖。然其屬流廣、海陸高之。（大正五五・二七八a）

この文の前までは『三寶紀』と同文であるので、この部分も『三寶紀』に依って記されたものと考えられなくもない。一體に道宣は『内典錄』を作成する上で、殊にその代錄に當る歷代衆經傳譯所從錄五巻に關しては全面的に『三寶紀』に依存しており、『三寶紀』の文章は時に抄略はあるものの殆ど漏らすことなく引用していると言ってよい。しかしこれを以て直ちに費長房の自注を道宣が引用したものと考えるには、なお『三寶紀』と『内典錄』の代錄を相互に精しく對照してみる必要がある。今その結果を逐一紹介することはできないが、注に關してはおおよそ次のように分けることができよう。先ず第一は『三寶紀』の夾注をそのまま夾注として『内典錄』に記す類であり、これが最も多い。第二は『三寶紀』に夾注はありながら『内典錄』に見えぬ類。これ等の注には、第一もそうであるが、『三寶紀』の版本相互間に違いが生じており、その方面の調査が必要となる。第三は今問題としている『三寶紀』の夾注を『内典錄』に本文とする類。第四は『三寶紀』に夾注がなく『内典錄』にある類。以上のように分類できると思われる。さて第三の類の今一つの例を取り上げると、『三寶紀』巻一一・梁錄（大正四九・九九a）、『內典錄』巻四・梁朝傳譯佛經錄（大正五五・二六六b）眞諦の項に次のようなものがある。

長房曰、僧祐云、道由人弘、法待緣顯、信哉。昔有人有法、無緣不値時、今遇良時好緣、而闕人無法。蒼生可愍、良足悲夫。

『內典錄』は「房曰」が「長房曰」となっているだけで他は全く『三寶紀』と同文であり、その前の部分も同様である。またこの部分には版本の異同もない。「房曰」または「長房曰」の語がある以上、この夾注に限っては費長房の自注を疑う理由はなさそうである。しかし同じように版本の異同がないにも拘らず、開皇二十年の時點を記す信行の項の注記にはなお一抹の疑いが存する。それは最初に疑問點として擧げたように、『三寶紀』の版本の中には『內典錄』からの轉載と考えられる箇所があり、今問題としている夾注も『內典錄』からの後世の竄入ではないかという可能性が殘るからである。ともかくもこの夾注については、今は自注であるか否かの判斷を避け、開皇十七年以後の費長房の行動を探る一つの參考とするに止めておきたい。

なお因みに大正大藏經本の『三寶紀』・帝年三巻をその底本である高麗版に照合してみると、意外に誤植・脱字や附加が多いことに氣づく。殊に原本にない字句を校訂者の裁量によって附け加えたと思われる部分もあり（帝年下・呉赤烏十三年の條等）、注意を要する。

(14)　巻三（大正四九・二三a）、巻七（七一b）、巻一一（九五c）に、「今開皇十七年丁巳歲」などとある。ただし今一つ特異な表現として、巻一一・周錄の道安『二教論』の項に、如來滅度の年を襄王十五年とし、續けて「至今天和四年一千二百五年矣」（一〇一c）と記すものがある。北周武帝の天和四年（五六九）は、武帝による道・佛二教廢毀の五年前、武帝の御前にて三教の論議が行われ、甄鸞の『笑道論』、そして道安の『二教論』が上呈された年である。しかしこの部分は『廣弘明集』巻八に收錄する『二教論』の「敎旨通局第十一」に記す（大正五二・一四二a）ものと「今云々」を含めて、同文であるので、單なる轉記と考えられる。

(15)　例えば前掲註（2）林屋氏論文。なお、前掲註（3）平川氏論文では、「代錄にくらべれば、その「入藏目」は比較的信頼しうる」（同論文三九頁）とあり、林屋氏の說と對立している。今は林屋氏の說による。

(16)　但し、淨影寺慧遠は『法經錄』完成の二年前、開皇十二年に沒しているので省かねばならない。この他にも僧休・法粲・法纂・僧暉等の傳未詳の者がいる。残るは慧藏（大業元年卒）・曇遷（大業三年卒）・洪遵（大業四年卒）の三名となり、法經・明穆と合わせてこの五名が、闍那崛多譯經の當初からの關係者と考えられる。
（17）『佛書解説大辭典』巻五、九五頁。なお、前掲註（2）林屋氏論文二五三頁及び二七六頁參照。
（18）『三寶紀』巻一二に「翻經學士涇陽劉憑」とある。また闍那崛多譯經錄の佛法行集經・諸法本無經・出生菩提經の各注記參照。
（19）『彦琮錄』序では編纂の年を言わないが、『續高僧傳』巻二・彦琮傳に、

仁壽二年、下敕、更令撰衆經目錄。乃分爲五例、謂單譯重翻、別生疑僞、隨巻有位。帝世盛行。（大正五〇・四三七ｂｃ）

とあり、『開元錄』巻七でも『彦琮錄』序に依りながらその編纂の年を仁壽二年としている（大正五五・五七六ｃ）。
（20）『法經錄』に言う翻經衆が、山崎宏氏の研究（『支那中世佛教の展開』〈清水書店　一九四二年〉第一部第六章三二十五衆の敕任、四　五衆の設定）によって明らかにされた開皇年間の二十五衆や五衆の衆とどのような關係にあるかは、今のところ定かでない。『續高僧傳』二・彦琮傳によれば、彦琮は開皇十二年に敕によって召され再び長安に入って翻譯を掌り、大興善寺に居住することとなったと言う。その時の待遇を、道宣は「厚供頻仍なり」と述べている。これは、山崎氏が指摘されるように、二十五衆・五衆の名が開皇十二年になって始めて現われることと軌を一にしている。その待遇の面においても類似している。從ってこれ等の點から、經錄の編纂に從事した翻經衆とは、一つの組織體であった可能性が考えられよう。『法經錄』や『彦琮錄』の例だけから見ると、翻經衆の代表者は開皇十四年時點では法經、仁壽二年の時點では彦琮と考えられるようであるが、しかしこの翻經衆の衆主が、開皇・仁壽時代の譯經の專主者であった那連提耶舍・闍那崛多・達摩笈多、特に後二者とどのような關係にあったのか明らかでない。ところで翻經衆の性格を考える上で注意すべきものに、開皇十二年、闍那崛多がそれまでの那連提耶舍に代って譯經を專掌した時、譯經の「始末を監掌し、旨歸を詮定する」役目を帶びて選任された十大德がある。この十大德とは『三寶紀』によれば、僧休・法粲・法經・慧藏・洪遵・慧遠・法纂・僧暉・明穆・曇遷である。この中、僧休・慧藏・洪遵・慧遠・曇遷は、『續高僧傳』巻九・慧藏傳、巻一八・曇遷傳によれば、開皇七年、文帝によって長安大興善寺に安置供給せしめられた六大德の中のそれぞれであった。そして曇遷・洪遵を除く僧

休・慧藏・慧遠は、山崎氏の研究によると五衆主となった高僧の師匠筋にあたり、洪遵は自身が講律衆主となっている。山崎氏の說に從えば、五衆の設置は開皇十二年に始まり、十七年に至って完成された。註（16）で述べたように『法經錄』の成立時に存命していたことが明らかな慧藏・洪遵は、十大德の中の他の三名、即ち曇遷及び明穆・法經と共に『法經錄』編纂の二十大德として名を列ねていたと考えられる。慧藏・洪遵・曇遷の三名は大業の初め頃に歿しているので『彥琮錄』の編纂にも關與するところがあったであろう。從って特に洪遵においては、開皇十六年に講律衆主に敕任されていることより考えて、大業四年に歿するまでの間に、翻經衆と講律衆という相異なる衆に屬していたこととなる。恐らく他の僧においても事情は左程變わらなかったと思われる。以上のことから、翻經衆というものも、二十五衆や五衆と同樣に開皇十二年頃に大興善寺において設置され、その專從者として法經や明穆・彥琮等がおり、譯經者を中心にして他の衆にも屬する實力ある僧を含め、且つ出家者だけではなく、翻經學士と呼ばれた在俗の佛教學者をも包攝した超學派的な集團であったと考えられるようである。佛典の翻譯が國家的事業として手厚い保護の下に行われていた當時の事情から考えれば、これは當然に推測される性格であろう。

（21）また彥琮の「合部金光明經序」にも、

大隋馭寓、新經即來。帝敕所司、相續翻譯。（大正一六・三五九ｃ）

と言い、『三寶紀』ではこの序文を抜粋しての後、

今新來經二百六十部內、其間復有銀主陀羅尼品及囑累品、更請崛多三藏出。（大正四九・一〇六ａ）

と記している。

（22）『開元錄』巻八に次のように言う。

後大慈恩寺翻經堂中、壁畫古來傳譯緇素、靖邁於是緝維其事、撰成圖紀、題之于壁、但略費長房錄、續逮皇朝、直述譯經、餘無所紀。（大正五五・五六二ｂ）

（23）饒宗頤氏はその著『中國史學上之正統論―中国史學観念探討之一』（龍門書店　一九七七年）第十二章　釋氏史書之正統論爭　の中で、『內典錄』巻五・後周宇文氏傳譯佛經錄の、

周承魏運、魏接晉基、餘則偏王、無所依據。（大正五五・二七一ａ）

という部分だけを引用して、道宣は北朝元魏を正統と見做したとし、隋の文中子王通が北魏を正統として梁を黜け

たのと同じであるとされるが、誤解であろう。なお王通については平岡武夫著『經書の傳統』（岩波書店　一九五一年）第一章　孔子復興と歴史敍述の形式、また金井之忠「文中子中說の正統論に就いて」（『文化』三―八）、吉川忠夫「文中子考―とくに東皐子を手がかりとして」（『史林』五三―二　一九七〇年）を參照。

(24)　『三寶紀』卷九序に、

至永熙主遷入關中、因成西東南北四魏。（大正四九・八二c～八三a）

と言う。但し、代錄では西魏錄というものが立てられておらず、『譯經圖紀』はこれに基づく。『內典錄』もこの點については全く同じである。

(25)　『內典錄』は麟德元年（六六四）撰。『譯經圖紀』は麟德元年以降の撰と考えられている。

(26)　歴史上の事實としては五五七年でなければならないが、帝年下では梁承聖五年丙子（五五六）の項に陳永定元年を記す。

(27)　後梁國の顚末については、吉川忠夫著『侯景の亂始末記』（中公新書　中央公論社　一九七四年）參照。

(28)　『資治通鑑』卷一六五・元帝承聖三年十一月の項に、『三國典略』の記錄に從って古今の圖書一四萬卷と記すのによる。なお、これ等については興膳宏・川合康三『隋書經籍志詳攷』（汲古書院　一九九五年、原「隋書經籍志序譯注」『中國文學報』第二五冊　一九七五年）參照。

(29)　これまた事實としての北周建國の年は五五六年（丙子）でなければならない。また費長房は、次の明帝が愍帝を廢して立った年（五五七年丁丑）も五五八年（戊寅）の項に記しており、史實と一致するのは武帝の卽位（五六〇年）以降である。

(30)　これと對照的に彼は陳國の典籍の長安送致について何等も記錄していない。しかしそれ等が建康陷落の當時に掠奪散逸の厄に遭うことなく長安に保護送致され、またその保護されたものの中に多數の佛典が含まれていたことは、『隋書』卷六七・裴矩傳の、

伐陳之役、領元帥記室。旣破丹陽、晉王廣令矩與高熲收陳圖籍。

また『資治通鑑』卷一七七・隋紀開皇九年四月の項の、

辛亥、帝幸驪山、親勞旋師。乙巳、諸軍凱入、獻俘于太廟。陳叔寶及諸王侯將相幷乘輿服御、天文圖籍等以次

行列、仍以鐵騎圍之。

という記錄、更に煬帝、すなわち當時の遠征軍最高司令官であった晉王楊廣の寶臺經藏願文（『廣弘明集』巻二二所收）の、

平陳之日、……靈像尊經、多同煨燼、結鬘繩墨、湮滅溝渠。是以遠命衆軍、隨方收聚、未及朞月、輕舟總至。乃命學司、依名次錄、并延道場。……（大正五二・二五七ｂ）

という一文によっても明らかである。ここにも費長房の意圖を明白に窺い知ることができる。
(31) 但し東魏の高歡については、西魏の宇文泰と同様に、太祖と廟號で呼んでいる。
(32) 同氏著『後漢より宋齊に至る譯經總錄』第一章第五節　隋費長房の「歴代三寶紀」に見らるる諸經錄　參照。
(33) この時代のことについては勝村哲也「六朝末の三國」（『藤原弘道先生古稀記念史學佛教學論集』藤原弘道先生古稀記念會　一九七三年　所收）參照。
(34) 『中國目錄學史』宗教目錄篇（商務印書館　一九三八年）（二七三頁）。
(35) 南朝佛教は比較的自立を保ち得たとされるが、その內實は貴族的特權を保持する方外の賓としてであり、皇帝權力に結びついて榮進を計ろうとする佛僧が多かったことも事實である。拙稿「梁代貴族佛教の一面」（『大谷學報』第六〇巻第四號　一九八一年　本論第二篇第一章）參照。
(36) 「北齊系官僚の一動向―隋文帝の誕生說話をてがかりに―」（同氏著『道宣傳の研究』東洋史研究叢刊之六〇　京都大學學術出版會　二〇〇二年、原掲『鷹陵史學』三・四、森鹿三博士頌壽記念特集號）。また同氏「王劭の著述小考」（同右『道宣傳の研究』所收、原掲『藤原弘道先生古稀記念史學佛教學論集』所收）參照。

第四章　『歴代三寶紀』帝年攷

一　はじめに

『歴代三寶紀』（以下『三寶紀』と略）の撰者費長房は、北周治下成都（四川）出身の還俗者であった。北周武帝の廢佛時に還俗した彼は、隋になって佛教が大々的に復興されるようになっても再出家をせず、遲くとも開皇四年（五八四）までには長安の大興善寺に居住して佛典の翻譯に携り、十二年以降には、新たに組織された譯經組織である翻經衆に所屬してその學士となったと思われる。そして十七年になって、それまで續けてきた『三寶紀』の編纂を打ち切り、時の皇帝文帝に上呈したのである。しかも彼は、「上開皇三寶録表」（『三寶紀』巻一五所收）に「翻經學士臣成都費長房」と署名し、自らを臣と稱しているように、隋朝の官としての意識を強く持っていた。從って彼の著書『歴代三寶紀』には、彼のそうした環境を反映する内容が濃厚に盛りこまれている。その端的な例は、前章「『歴代三寶紀』の成立と費長房の歴史觀」にも述べたような彼の紀年法である。それは中國の正統が南朝梁より北朝周に承け繼がれ、周より隋に連續するという特異な論法の中に明確に表現されている。正朔は江南に在りとする五胡時代からの傳統に則りながらも、自らの出身母體であり、また隋の母體でもあった北周を正統國家と見做すことを前提とする彼は、中國の正統が北朝に移る結節點を西魏による蜀地奪取と荆州の元帝政權の討滅の時に求めたのである。そのことを彼は『三寶紀』巻三・帝年下の序の中に、次のように明確に述べている。

梁の武帝中大通六年甲寅、是れ南魏の永熙三年、に至り、武帝元循（脩）西して長安に遷り、周の太祖宇文黒泰に依る。齊の太祖高歡　別に清河王の子の元善見を立てて主と爲し、北して鄴に都し、是れより復た分かれて西東魏と爲る。梁の孝元帝繹の承聖四年乙亥、都は江陵に在り、西魏に滅ぼさる。是れより南朝の暦數北旋す。

（大正四九・三五b）

こうした彼の論法は、『三寶紀』を構成する帝年・代録・入藏目・總目序の四部の內、前二者によく窺われ、就中、帝年は彼の著述意圖を最もよく反映していると言ってよい。

『三寶紀』の帝年については費長房自ら、巻一五・開皇三寶錄總目序に、「帝年とは張《の》べて佛の在世の遐邇を知らしむ」（大正四九・一二〇c～一二一a）と言う。一方、帝年巻上の序を見ると、そこには帝年の構成について次のように記している。

今先に　上　甲子に編みて古今を紘絡し、下　帝年を纘《つ》ぎて時代を綱紀す。（大正四九・二三a）

またその目的とする所も、右に續けて次のように言う。

庶くは禪讓の覇主　鏡を目前にするが若く、遷革の市朝も　鑒を掌の內にするが如く、然る後にこれを君王の澤《めぐみ》被《およ》び、運に撫《やす》んじ時に適い、佛法の化流《ひろ》まり、機に應じて物を濟うに考えんことを。（同右）

ここに著者自ら言うように、帝年は、先ず上に干支を記し、次にそれに應じた帝王及びその年次を記し、最後に諸々の記錄すべき事件を簡潔に記す。こうして帝年は、費長房が釋迦降誕の年と考える周・莊王十年甲午より、隋・文帝開皇十七年丁巳の年までの一千二百八十餘年を範圍とする長大な年表となっている。甲子を記される王朝は、もとより中國の主權者であり、正統國家と見做される。帝年はこのように、中國を主體として書かれた佛教史年表である。

その全體は上・中（『三寶紀』では「次」と表記する）・下の三卷より成り、上卷は周・秦、中卷は前漢・新・後漢、下卷は魏晉南北朝及び隋を記錄する。中でも佛教が中國に定着し、擴大發展を遂げた魏晉南北朝を範圍とする下卷は、それまでの上・中卷と比較し、記錄すべき事柄が增え、また政治史的複雜さに比例して構成もその度合いを增し、多い時には上下六段にもわたっている。費長房の紀年法の特色も、前章に述べたように、この下卷によく窺うことができる。

また帝年に續く代錄九卷は、後漢以降の各代にわたる佛典翻譯を主體とした編年史であり、量的にはもとより、その記事內容の豐富さの上からも、『三寶紀』全一五卷の中で中心的位置を占める部分である。當然の事ながら著者は、この帝年と代錄との閒に相互補完的な關係を持たせることを意圖したものと思われる。しかし譯經の歷史が後漢に始まる以上、帝年が代錄に對應し得る所は、記事內容の多寡を無視すれば、全三卷の內の半ばに過ぎない。從って帝年には、代錄に關わる相互補完的價値に止まらず、『三寶紀』の他の部分に見られない、言わば帝年獨自の存在意義があったものと考えてよいであろう。ところで『隋書』經籍志の第三・子部に、

歷代三寶記《ママ》三卷　費長房撰

と見え、『舊唐書』『新唐書』も同樣である。これによれば、『隋書』が編纂された初唐の頃、三卷本の『三寶紀』が知られていたことになり、言わば帝年三卷が『三寶紀』として流布していた可能性を示唆している。(1)

さて帝年は、その內容から考えて大きく二つに分けられる。一つは代錄に對應する譯經關係記事とその他の佛教史に關するもの、今一つは中國史上の著名な事件についての記事である。そこで本章では、主に後者の記述內容に注目して、費長房の帝年作成の目的とするところを探り、併せて、帝年が依據した典籍の一端をも見て行きたいと

思う。

二　帝年作成の意圖

帝年巻上では、孔子の生涯と秦の統一に至るまでの動向が他に較べて多く記されている。孔子については、周の靈王二十一年（前五五二）の條に、

十一月庚子、孔子　魯に生まる、是れ襄公の二十二年なり。（大正四九・二五）

とあるのより始まり、孔子が歿した敬王四十一年（前四七九）までの七十三年間を、主に『史記』の孔子世家及び十二諸侯年表に依って記している。但し先に擧げた孔子の生年に關しては『三寶紀』に獨自のものがある。生年を魯の襄公二十二年とするのは『史記』にもとづいた結果であるが、『史記』には生月を記さない。それを十一月庚子と記すのは『春秋』公羊傳である。しかし公羊傳では生年を襄公二十一年としており、一年の相違がある。

次に秦については、同様に『史記』を用い、秦始皇本紀及び六國年表にもとづいている。しかしここでも『三寶紀』は、『史記』そのままの年表を作ろうとしていない。六國年表は、秦が共に周を戴く他の六國を、どのような經緯をたどって打ち倒し天下を我が物としていったかを、八段或いは七段の表にして示したものである。その主人公は秦であるけれども、表の最上段は初めは周、次いで秦となっている。六國年表で秦が最上段に登場する節目は、始皇帝の元年（秦王卽位元年）、前二四六年である。これに對し『三寶紀』は、『史記』のように數段の表にすることをせず、單に周より秦に連續させている。またその接點は、始皇帝元年でなく、『史記』六國年表に言う「西周を取」った年、即ち周赧王歿時の翌年、前二五五年とし、それを次のように記す。

秦
丙午　昭襄王勒元（年）
周の赧王を廢して庶人と爲す。佛　涅槃に入りてよりこのかた三百五十六年なり。（大正四九・二八）

帝年の上卷では、またこれより先、赧王七年（前三〇八）の條に「秦の昭襄王立つ」との記事があるが、これなどは右の伏線となっていると考えてよい。

右に掲げた『三寶紀』帝年の記事は、言い換えれば次のようになろう。秦の主權は周の赧王が庶人におとされた翌年の前二五五年、卽ち昭襄王の五十二年に確立され、秦はその年に周を繼いだのであって、この年こそ秦帝國の元年とすべきである。その後は對立する六國を併呑するばかりであり、始皇帝は先代の遺業を繼承し、結果として皇帝を稱したに過ぎず、從って始皇帝元年は、そのまま秦帝國の元年とは考えられないと。もとより『史記』六國年表も前二五五年以降の周の段を空欄とする。それは秦が當時の中國の實力者であり、且つ主權者となりつつある姿を示そうとしたものである。『三寶紀』帝年はこの『史記』六國年表の歴史記述に從いながらも、なおそれに慊らず、前二五五年が區切りの年であることをはっきりとさせるために、昭襄王五十二年をその元年としたのである。言わば『史記』の上になお一歩を踏み出す考えを示そうとしたものと言ってよい。

このような帝年卷上と同樣の筆法は帝年卷中及び下にも見ることができる。卷中には前漢と後漢との閒に王莽の新を明記し、卷下には東晉安帝の元興年閒（四〇二～四〇四）に桓玄の楚國の年號を記しているなどがその例である。ここでは桓玄の東晉簒奪を記録する部分について述べてみたい。

東晉の末期、安帝の時代には隆安・元興・義熙の年號が立てられた。隆安二年（三九八）以降の建康の朝廷に專權を振った司馬元顯が、元興元年（四〇二）三月に敗死すると、東晉は桓玄の支配下に置かれ、元興が隆安の年號にもどされたのも東の間、その翌日には大亨と改元された。その翌年、桓玄による大亨の二年、即ち安帝の元興二年十二月に、桓玄は東晉を奪って國を楚と號し、大亨を永始と改めた。こうして桓玄の晉室簒奪の野望は達成されたが、彼の楚國の命脈は僅かに五ヶ月餘りで潰え去り、永始二年の五月、桓玄は劉裕の軍によって滅ぼされる。從って彼の楚國建設は、建國とは名ばかりの一朝の露にも似た儚い運命であったと言ってよい。この桓玄の改元について、胡三省は『資治通鑑』巻一一二・安帝元興元年正月の項の中で次のように言っている。

是の年三月、元顯敗れ、隆安の年號を復し、桓玄　尋いで改めて大亨と曰う。玄　簒い、又改めて永始と曰う。元興の元は、是の年正月に改めらる。通鑑の　是れより義熙初元に迄ぶまで、皆　桓玄の簒に與せざるは、亂世を撥《おさ》めて之を正しきに返すなり。

また初唐に編纂された『晉書』の記述を見ても、桓玄傳の評語に、

桓玄の幺麼の如きは、豈數うるに足らんや。たまたま紀を干《おか》し常を亂し、宗を傾け嗣を絶ち、金行の禍難を肇め、宋氏の驅除を成す所以の者ならんか。

とあるように、桓玄の行爲は當然に認容されるものとされていない。これ等後世の記録に對し、『三寶紀』ではその帝年巻下に次のように記す（大正四九・四〇a）。

辛丑　（隆安）五　改元元興　……四〇一年
壬寅　大亨元　桓玄簒[2]　……四〇二年
癸卯　永始元　……四〇三年
甲辰　太和元[3]　……四〇四年
乙巳　義熙元　……四〇五年

歴史事實としての元興への改元は、先にも述べたように四〇二年であり、また桓玄の晉室簒奪はその翌年四〇三年であるから、『三寶紀』の夾注はそれぞれ一行ずつ左に移すべきである。恐らく誤植にもとづく誤りであろうと思われる。このような訛誤が見出されるにも拘らず、右の記録はなお注目すべき價値を失っていない。帝年下のこの項は、姚秦・北魏・北涼・西秦の年表が加わり、東晉を最上段にして上下五段にわたる複雑なものとなっている。また帝年の最上段に位置する王朝は、費長房が中國の正統と認めたものである。従ってこのように正統王朝と見做された東晉の元號の中に、認められる筈もない桓玄の年號を記載していることは、とりもなおさず費長房の意圖が、東晉安帝時代における桓玄の實質支配を認める方向にあったことを示していると言ってよい(4)。

右に述べて來た秦の昭襄王、新の王莽、東晉の桓玄に共通するものは、歴史上、それぞれの時代において實質的な支配者であり得たという點である。言わば、費長房の歴史記述の特色は、これ等歴史上の實質支配者の尊重という所に見出されると言ってよい。この歴史記述法の特色についての今一つの例に、三國魏の文帝についての記載がある。

魏の文帝曹丕は、父曹操が蓄えた實權を繼ぎ、周到に準備された禪讓革命の路線に沿って漢を奪い、魏の皇帝位に卽いたが、その曹丕の誕生を『三寶紀』は、帝年巻中の後漢靈帝中平四年（一八七）の項に、

魏の文帝生る（大正四九・三四）

と記している。『三寶紀』において創業の君主の誕生を記すことは、隋の文帝に對しても行っておらず、これが唯一のものである。またこれは、帝年巻上の周・赧王七年の條に見える、

秦の昭襄王立つ（大正四九・二八）

との記事と軌を一にするものと見て差し支えない。歴史は、既に周の末期に次代秦を切り拓く人物を生み出したこ

と同様、後漢の命脈が衰えた時に、既に次の新時代、即ち魏を築くべき芽を萌え出さしめたことを示そうとしたものである。

次に、右に述べたような歴史記述の意圖を補強すると考えられるものに、戸口數を示す記事がある。先ず帝年巻中の後漢光武帝中元二年（五七）の條には次のように見える。

是の歳、天下の民戸　凡そ四百二十七萬九千六百四十四、民口二千一百萬七千八百二十を取る。（大正四九・三二）

これは『後漢書』郡國志に引く帝王世紀の記錄[5]にもとづいていると思われる。

次いで帝年巻下には呉・孫皓の天紀四年（二八〇＝西晉武帝太康元年）の條と、隋・文帝開皇九年（五八九）の條に記されている。前者は次のような記事である。

（三月）晉將王濬の滅ぼす所と爲り、雒に入り、皓を封じて歸命侯と爲す。合せて五十八年なり。凡そ四州・四十三郡・三百一十三縣、五十二萬戸・三百四十萬口・兵士二十三萬・吏三萬二千を獲、後宮婇女五千人は盡く以て將士に賜う。（大正四九・三八）

これは『三國志』呉志巻三・孫皓傳の天紀四年三月壬申の條に引く『晉陽秋』の記錄[6]によって書かれている。

ところでこのように數字の羅列に過ぎぬように見える記事の中にも、引用者費長房の意圖を窺い知ることができるものがある。その意圖とは、晉朝による江南平定とそれに伴う天下統一を示すことである。そもそも費長房の歴史意識の中には、共に中國の正統と認める魏及び晉との間に、自ずから尊卑の別が生じていたようであり、そのことは『三寶紀』巻五の魏呉錄の序、及び巻六・七の西晉錄・東晉錄のそれぞれの序の中に明らかである。魏については先に述べたように、帝年に文帝曹丕の誕生を殊更に記し、また代錄の中にも漢の禪りを受けた王朝であることを示していながら、しかもなおその書き振りは如何にも素氣ない。これに反し、晉については兩者とも、受禪乃至南遷に關する豫言を記して稱揚している。(7) 晉を魏に較べて高く評價するその根據は、江南に據る呉の平定と、天下の再統一にあり、それは西晉錄の序に言う、

晉の泰康《ママ》肇元庚子歳首に至り、是において九州還た一統す。(大正四九・六一b)

の文の中によく窺うことができよう。つまり彼は魏が漢の正朔を受け、よく蜀を併せながらも、遂に呉を滅ぼして天下に君臨し得なかった點に、晉との相違を考えたものと思われる。費長房においては、漢以後の分裂狀態を終熄させ、再び統一した晉にこそ最大の稱讚が與えられねばならなかったのである。それはまた帝年巻下の後者の記事、卽ち隋・開皇九年の次の一文にもこめられていると見るべきであろう。

上柱國晉王を命じて元帥と爲し、八十總管を統べ、水陸並びに驅せて江左を平蕩し、時に應じて僞陳の叔寶を生擒し、悉く某州四十・郡一百・縣四百萬《ママ》・戸五十萬・口二百萬窮子を獲たり。(大正四九・四八)

但し右の記事は、『大正大藏經』が底本としている高麗本にはなく、宋・元・明の三本にあることから、聊かの疑念が存するものの、記事自體は『北史』巻一一隋本紀上・開皇九年正月の、

合州四十、郡一百、縣四百、戸五十萬、口二百萬、

という記錄に一致している。(8)『三寶紀』には後世の加筆と思われる個所も間々存するが、(9) 開皇九年の右の一文はあながちそうとばかりは思われない。その理由として、先にも述べたように、光武帝による漢再興、また西晉武帝による中國再統一を、全國の戸口數、或いは統一をもたらした占領地域の戸口數を記すことによって強調している點が擧げられる。開皇九年のこの一條が費長房によって書かれたものと考えれば、それは下段の陳の項、至德六年(10)（五八八）の條に記される、

大隋晉王の滅ぼす所と爲り、是れより九州復た一統す。（大正四九・四八）

の文に對應することとなる。言わば彼が周・莊王以來、佛教と共にあると考える中國王朝の永い變轉は、この二つの文の中に集約されていると言えよう。

このように費長房は天下に君臨した隋を正統化し稱揚するために、秦・新・魏に見られるような實權による支配を重視し、また統一の實勢を戸口數の提示によって具體的に示したのである。ところで帝年には直接に時の皇帝である隋の文帝を云々するものはない。文帝讃歎の記事は、『三寶紀』卷七・大隋錄や卷一五「上開皇三寶錄表」等に讓った恰好となっている。しかしながらなお帝年には、佛教界の大檀越を間接的に稱揚する記事が散在する。その一端を紹介すれば、一つには寶鼎に關するもの、二つには南朝傳來の由緒ある佛像に關するものである。

王權の象徵である夏の禹王鑄造と傳える寶鼎について『三寶紀』帝年は、先ずその上卷の周・威烈王二十二年（前四〇四）の條に、「九鼎震う」と記す。これは『史記』六國年表の威烈王二十三年にある記錄に依りながら、一年を誤ったものと思われる。(11)『史記』卷四・周本紀の威烈王二十三年の項を見ると、同樣に「九鼎震う」と記した後、「韓・魏・趙に命じて諸侯と爲す」とあり、晉がこの三國に分割されたことを言う。これは『資治通鑑』がこの年より書き始められているように、周室の權威の衰えを端的に示す事件として古來著名であり、周の九鼎が自ずから搖れ動いたのは、周室の命脈の行末を示したものとされる。『史記』の周本紀を見ると、後にこの九鼎の寶器は、赧王の五十九年（前二五六）、王の歿後に秦に奪い取られたと記し、秦本紀では翌年に當る昭襄王の五十二年（前二五五）のこととなっているが、いずれにしてもこれ等は決定的な周の衰亡を意味している。帝年にはこの事については何も記さない。但し、先にも述べたように秦の昭襄王五十二年を殊更に昭襄王の元年とし、この年をもって中國の主權は周より秦に代ったとしていた。言わば『三寶紀』帝年は、周鼎の秦への移行を記さぬ代りに、その年をもって秦の元年としたのである。つまり費長房にとって秦の實權は認めざるを得なかったものの、周鼎の秦への移行を認めることはできなかったと思われ、このことは帝年巻上・始皇帝の二十八年（前二一九）に、『史記』巻六・秦始皇本紀に據って次のように記すことより知り得る。

千人をして泗水に沒《しず》めて周鼎を求めしむるも得ず。（大正四九・二九）

また帝年巻中・前漢武帝の元鼎元年（前一一六）の條には、荀悦『前漢紀』巻一三の記事にもとづいて、

六月、汾陰にて寶鼎を水中より得たり。鼎　大きさ八尺一寸、高さ三尺六寸。故に元を改むとしか云う。

と記した後、秦と漢とのこの兩者の記録に對し、費長房は次のような評語を付している。

昔、秦　人を遣わして水に入れ、鼎を求めしむるも得ざるに、漢　乃ち自のずから出づるは、神物に應あれば則ち彰われ、感なければ則ち隱ると謂うべし。豈　人にして求むるものならんや。（大正四九・三一）

王權の象徴である寶鼎は、應感あってこそ自のずから出現するものであり、それは人事の外にあると言う。費長房も當時の歴史の通念にもとづき、始皇帝に對置して武帝を有德の君主とするようである。そして彼の時代である隋に對しては、『三寶紀』巻一五・開皇三寶錄總目序において簡潔に次のように述べる。

昔　姫（周）に潛むの鼎出現したるは、漢室の將に隆んならんとするを彰わし、近ごろ周毀つの法重ねて興るは、大隋の永泰を顯わすなり。（大正四九・一二一a）

ここに至って彼は、周鼎に置き代えて佛法を持ち出す。北周武帝によって毀廢され隱沒することとなった佛法が、隋國建設の前後に再び世に現われたことは、恰も、始皇帝が求めようとして求め得なかった周鼎が、武帝の時に自ずから出現したことと軌を一にするものであり、武帝の時に漢が隆盛を誇ったように、文帝の時に佛法が再興されたことによって、隋もまた中國の主權者たり續けるであろうと言うのである。動亂の世を統一し得た晉に對置する

ことによって隋を稱揚する費長房は、このように古の大帝國漢の英明なる君主武帝を文帝に對比することによって、國家の安寧を約束する佛教を誇示しようとしているると言ってよい。(12)

ところで帝年巻下には、江南の地に現われた佛像に關する奇瑞について、西晉に一件、東晉に三件の記録がある。いずれも梁『高僧傳』にもとづいて書かれていると思われる。この東晉の三件のうち二件は揚州長干寺に安置されてあった阿育王の第四女が作ったと傳える金像一具の來歴を記すもので、(13)帝年の他の文章に較べ、非常な長文となっている。費長房はこの佛像のことを成帝咸和四年(14)（三二九）と簡文帝咸安元年（三七一）の條に記し、前者の記事の末尾に次のように言う。

開皇九年、陳を平らぐ。此の像、今　京の大興善寺に在り。（大正四九・三八）

また東晉の項に記された他の一件についても、安帝義熙二年(15)（四〇六）の條に、

師子國　沙門曇摩を遣わし、來りて白玉像　高四尺二寸を獻ぜしむ。此の像は、今　來りて興善寺に在り。（大正四九・四〇）

と述べている。このように彼は、東晉の時代より南朝を通じて連綿と傳えられてきたこれ等の佛像が、開皇九年の中國統一を境にして、自らが居住する長安大興善寺に安置されることとなった經緯を紹介する。帝年が年表である以上、そこに書かれる條文は簡潔を旨とすべきであり、確かに他の大多數はそのように書かれている。しかし、この東晉の時代に發見された阿育王第四女造と傳えられる佛像に關しては、異例に長文のものとなっている。それは、彼がつねに聞きもし、また現實に禮拜の對象としたであろう佛像が、晉・南朝傳來の寶器であることを傳えようとしているからに他ならない。このように彼の帝年作成の意圖、ひいては『三寶紀』編纂の目的は、全て自國隋の正統性と佛教の大檀越である皇帝文帝を稱揚することによって佛教を護持しようとする所にあると言ってよい。これ

等佛像の由來を言う記録もその枠外に出るものではないが、なおそこには、嘗て正朔が存したと考える晉及び宋・齊・梁の江南諸王朝を高く評價する意識が籠められていると見ることができよう。

三　帝年引用の史籍

費長房が『三寶紀』帝年を作成する上に利用したと思われる書籍の名は、これまでにもいくつか述べてきたが、ここでそれらをまとめ、更に、彼が帝年の中で言及する書名について考えてみたい。

帝年の巻上及び中においては、既に述べたように『史記』『漢書』の他に、荀悦の『前漢紀』や袁宏の『後漢紀』なども使用されていると思われる。『漢書』と『前漢紀』については帝年巻中の後漢・章帝建初四年（七九）と獻帝建安十年（二〇五）の條にそれぞれ次のように記す。

○永平の初め、通議郎班固　漢書を作り、此の年に訖《およ》んで始めて就る。凡そ二十餘載なり。（大正四九・三三）

○詔して苟悦《ママ》をして漢記《ママ》を撰せしむ。（大正四九・三四）

これに反し、『後漢紀』『後漢書』に關しては何等言う所がない。しかし『後漢紀』が後漢一代の編年史として非常に價値の高いものであることは言うを俟たず、また帝年の記録の殆どは『後漢紀』のそれと一致している。帝年には『後漢紀』が利用されていると考えてほぼ間違いないであろう。范曄撰の『後漢書』についてもその記録はおおむね一致するものの、なお聊かの疑念が存する。例えば安帝永寧元年（一二〇）の條に記す、

四月、帝　謁者僕射劉珍に詔して、建武已來名臣傳を作らしむ。（大正四九・三三）

というものなどは、『後漢紀』にはなく、『後漢書』巻一一〇・文苑傳の劉珍傳に見えるものである。しかし『後漢

書』には永寧元年とだけ言い、四月とまでは書かれていない。こういった相違は他にも屢々見られ、帝年の『後漢書』使用に關しても速斷できない要素が多いと言わざるを得ない。

これ等の史籍は『隋書』經籍志の分類にいう正史・古史の類に當るが、なおこの他に帝年では『魏書』が利用されている。引用されているのは言うまでもなく釋老志の部分であり、帝年巻下の都合三ケ所に「見魏史」或いは「魏志云」として引かれ、その他にもなお、『魏書』の名を示さずに引用している所がある。[16]しかしここでも『三寶紀』帝年は釋老志本文とその年次に相違を來している。例えば北魏・孝文帝承明元年（四七六）の條に、

北臺に百餘寺あり。僧尼二千餘人、四方諸寺六千四百七十八、僧尼七萬七千二百五十人。魏史に見ゆ。（大正四九・四三）

とあるものは、釋老志と對照してみると、數値はおおむね正確に引かれてあるものの、年次に一年のずれがあり、釋老志では太和元年（四七七）の項に記錄されている。これが單なる誤寫によるものでないことは、宣武帝延昌二年（五一三）の條の次の記事に明らかであろう。

魏史に云く、此の年　天下の僧尼寺を撮り、積みて一萬三千七百二十七所あり。承明を去りてよりこのかた始めて三十餘年なり。（大正四九・四五）

しかも釋老志を見れば、そこにはただ「延昌中」と言うのみで、はっきりした年次を示さない。費長房が何に依って承明元年とし延昌二年としたのか不明である。

帝年にはこの他、『隋書』經籍志の雜傳類に屬する梁・慧皎の『高僧傳』やまた『漢武帝內傳』[17]、地理類に屬する『外國傳』[18]などが利用されている。しかし最も注目されるものは、經籍志の分類に言う雜史類に屬するものであろう。帝年巻中の後漢明帝永平十一年（六八）の條に次のように言う。

陶隱居の年歴に云く、帝　金人を夢みて使いを遣わすは、是れ此の年なりと。諸家と小異するも、據りどころとして終に亦爽《たが》わざるなり。（大正四九・三三）

ここに言う「陶隱居年歴」は、『三寶紀』巻一五・開皇三寶錄總目序にも次のように見えている。

今の撰集する所は、略《ほぼ》三書に准じて以て指南と爲し、茲の三寶を顯らかにす。……其の外　傍ら隱居の歴年、國志・典墳、僧祐の集記、諸史傳等を採りて、數十家に僅《ちか》し。（大正四九・一二〇c）

このように「年歴」或いは「歴年」と呼ばれている陶弘景撰述の書物は、くわしくは『帝王年曆』と言う。これは『隋書』に著録されず、『舊唐書』經籍志の史部・雜史類に、

帝王年曆五巻　陶弘景撰

と記録され、『新唐書』も同様である。また『南史』巻七六・隱逸傳にも「帝代年曆」の名で見えるが、最も基本的な史料は、陶弘景生前の記録とされる梁・陶翊が撰した『華陽隱居先生本起錄』（『雲笈七籤』巻一〇七所收）に記す次の文であろう。

帝王年曆五巻、三皇より起《はじ》め汲冢竹書に至るまでを正と爲し、五十家の書曆の異同を檢《しら》べ、共に之を撰す。

しかしここでは『帝王年曆』がどのようにして撰述されたかを述べるに止まり、その內容にまでは言及せず、ただ「三皇より汲冢竹書に至るまでを正と爲す」と言うに過ぎない。そこで『帝王年曆』の內容を知る上で參考になるものに、唐・法琳の『破邪論』及び『辯正論』がある。『破邪論』巻下に次のように言う。

○史記・竹書及び陶公の年紀等に皆云く、秦には曆數なし、周の世の陪臣なりと。故に隱居は之を列ねて諸侯の下に在らしむ。（大正五二・四八三b）

○隱居の年紀に云く、夏の禹は治五年、羿は篡《うば》いて十五年、浞は篡いて十二年。睪は十一年、夏の癸は五十二年

と。（同右）

年紀とは『年曆』のことであろう。これらによれば『帝王年曆』は、例えば戰國の諸侯を年表形式に列擧し、またそれぞれの王の在位年數を書き加えていたもののようである。更に『破邪論』巻下には次のような記事も見ることができる。

○世紀・陶公に並びに云く、秦は是れ簒君にして、德政に依らずと。（大正五二・四八三c～四八四a）

○隱居云く、魏の黄初元年より蕭齊の末に至るまで、凡そ二百八十二歳なり。（大正五二・四八四a）[19]

右によれば、『帝王年曆』は秦の天下統一をも記録しており、單に『竹書紀年』の時代までに止るものでないことが明らかである。更に、先に述べた『三寶紀』帝年の記事と右の『破邪論』の記事から考えて、『帝王年曆』は後漢より魏を經て蕭齊代に至るまでを記録していたことを知ることができる。[20]右の『破邪論』に見える「世紀」とは、『隋書』經籍志史部雑史類に記す晉・皇甫謐撰『帝王世紀』一〇巻のことである。その內容は經籍志に「三皇起《よ》り漢・魏に盡《おわ》る」と記され、また構成についても、例えば唐・智昇の『續集古今佛道論衡』に、

案《しら》べるに帝王世記に云く、周の昭王は卽位五十一年にして崩じ、周の穆王は卽位五十五年にして崩じ、周の恭王は卽位十二年にして崩じ、懿王は二十五年にして崩ずと。（大正五二・三九八b）

と言うように、『帝王年曆』のそれに類似していたものと思われる。また『帝王世紀』は、法琳や智昇の例に見るように、隋唐代の護法家によく利用されている。『三寶紀』には『帝王世紀』について何等記す所がないが、『帝王年曆』を引用していることから考えても、『帝王世紀』を利用した可能性は捨て切れない。從って先に紹介した後漢光武帝中元二年（五七）の條の全國の戸口數を示す記事は、『後漢書』からではなく、却って『帝王世紀』そのものから引用してきたとも言い得よう。しかしこれはあくまでも推測の域を出ない。

ところでこれ等『隋書』經籍志の雜史類に屬する史書の中に、『三寶紀』帝年の作成上、最も影響を與え得たと思われるものがある。姚恭の撰になる『年曆帝紀』四〇卷である。(21) 法琳撰『辯正論』卷五・佛道先後篇に次のように言う。

隋の世に姚長謙なる者あり。

(注) 名は恭。齊に渡遼將軍となり、隋に在りて修曆博士《ママ》となる。

學は內外を該《つく》し、善く算術を窮む。

(注) 今の太史承(丞)傳(傅)仁均の受業の師なり。

春秋の紀す所は七十餘國に過ぎず、丘明、傳を爲るも、但、二百餘年を敍ぶるのみ、世系・世本の如きに至りては、尤《とりわ》け根緒を失い、帝王世紀も又甚だ荒蕪、後生學者、彌々以て惑うこと多きを以て、開皇五年乙巳の歲、國子祭酒開國公何妥等と、召されて曆を修む。其の推勘する所の三十餘人は、並びに是れ當世の杞梓、備《ことごと》く經籍を諳じる者なり。三統曆に據りて其の年號を編み、上は運の開けしに拒《あた》りてより、下は魏の靜(帝)に終わるまで、首めは甲子に統べ、傍ら諸國を陳ね、爰に……數十部の書を引き、次を以て之を編む。合せて四十卷、名づけて年曆帝紀と爲す。頗る備悉するあり、文義依る可きものなり。太極上元庚戌の歲より、開皇五年乙巳に至るまで、積みて一十四萬三千七百八十年あるなり。(大正五二・五三一c)

『史記』や魏・魚豢の『典略』、また『帝王世紀』や陶弘景の『帝王年曆』等、古今の典籍數十部を參照しながら編纂された『年曆帝紀』四〇卷は、「首《はじ》めに甲子を統べ、傍らに諸國を陳《の》べる」體裁を持っていたと傳える。これは『三寶紀』帝年上の序に言う、

今先に　上　甲子に編みて古今を紘絡し、下　帝年を纘《つ》ぎて時代を綱紀す。(大正四九・二三a)

と同様である。従って『年暦帝紀』は、『三寶紀』帝年と同様に、年表形式のものであったことが推測される。費長房は遅くとも開皇四年（五八四）には長安に召し出され、以後十七年（五九七）までの十餘年間に亘って『三寶紀』の編纂を續けている。その間、長安に入ってまだ間もない開皇五年になるや、『年暦帝紀』という四〇巻にも上る大部な書が出現した。しかもこれは當時の著名な暦學者の總力を擧げ、恐らくは隋朝創業期の國威發揚の意圖をもこめて編纂されたものであろう。費長房にとって大きな刺激となったであろうし、まして同じく『辯正論』に、

> 長謙の紀に云く、佛は是れ昭王二十六年甲寅の歳に生まれ、穆王五十三年壬申の歳に佛始めて滅度す。
> 〔夾注〕開皇五年に至り、一千五百七十六載を得たり。（大正五二・五二一c）

とあるように、『年暦帝紀』の中に佛敎に關する記録が含まれてあったとすれば、費長房の『三寶紀』編纂への意欲はいやが上にも高まったものと思われる。

四　結び

先にも述べたように、帝年に見える引用文には、それぞれの原典と思われるものに較べてみる時、記事内容に合致しないものが多い。また帝年の作成意圖とどの様な關わりがあるのか明確に把握し難い個所も見ることができる。そしてこれ等の典據不明、或いは引用意圖の詳かでない記事の存在は、却ってそこに帝年に先行する史籍、就中、陶弘景の『帝王年暦』に類する一連の史書の存在を豫測させるものがある。その中で帝年の典據として可能性のあるものが、即ち皇甫謐の『帝王世紀』と姚恭の『年暦帝紀』である。特に『年暦帝紀』は、費長房と同時代に編纂された大部の年表形式の史書であったと思われるだけに、より可能性が高くなる。しかし姚恭その人については、

右に引いた『辯正論』以上には知ることができない。『年曆帝紀』そのものについても同様である。ただ、姚恭が北齊系の人物であること、また『年曆帝紀』には、『辯正論』に言うように、佛誕生時について費長房とは見解を異にする部分があったこと、等を勘案すれば、北周系の人物である費長房が、『年曆帝紀』に對抗して獨自の見解を表現すべく『三寶紀』帝年を作ったということも充分に考えられよう。

隋朝創業期の國家事業たる佛典翻譯の任務を遂行しつつある彼にとって、佛誕生以來の中國の正しい佛教史を、在野の人々に知らしめることは、自分にこそ課せられた任務と考えられた。そしてその根本となる理念は「上開皇三寶錄表」（『歴代三寶紀』巻一五）に記す次の文に明らかである。

佛は正法を以て國王に付囑す。是《ここ》に知る、教の興るは寄せて帝主に在るを。（大正四九・一二〇a）

この根本理念を歴代帝王の事蹟を紹介する中に盛りこみ、それ等が全て隋朝とその皇帝たる文帝に收斂されるべく帝年は作成されたと言ってよい。その事は開皇三寶錄總目序に、

佛日の再び照らすは、大興の初めより起こり、經論の冥々に歸するは、開皇の始めに發《おこ》り、事もて扶け理もて契るは、此の會昌のときに合《かな》えり。（大正四九・一二一a）

と記す中に、よく表現されている。王統の象徵たる周鼎を佛教に置き換える彼の論法も、そのまま王法と佛法とが相互補完の關係にあることを示すものであり、それがとりもなおさず、帝年の撰述意圖ともなっていると思われる。

註

（1）これに關連して、唐・智昇が『開元釋教錄』巻一二・有譯有本錄の『無上依經』二巻の項に、帝年を指して「（費）長房の年曆」（大正五五・五九六c）と言っている。譯出年次の確定作業に用いる四種の年曆類の一本とし

てこのように表現しており、開元十八年（七三〇）の當時における帝年の活用例として注目される（本篇第三章第四節、第五章第三節(二)參照)。

(2) 宋・元・明の三本では、「大亨元」が「(元興)二(年)」となっており、また夾注の「桓玄簒」も「十二月、桓玄簒帝位、改建始元(年)」となっている。建始は永始の誤りであるが、記事としてはこの方が正確であり、詳しいものとなっている。

(3) 甲辰の年、即ち四〇四年に太和と改元したことについては不詳。

(4) 但し、桓玄の實勢を認めたものではあっても、それはあくまでも東晉を主流に置いた上での記述であることは言うまでもない。この事は、帝年巻下の序、及び『三寶紀』巻七・東晉錄の序の中に一度として桓玄について記していないことからも明らかであろう。

(5) 帝王世紀曰、……至光武中興、百姓虛耗、十有二存。中元二年、民戸四百二十七萬千六百三十四、口三千一百萬七千八百二十人。

『通典』巻七・食貨七には「戸四百二十七萬六百三十四、口二千一百萬七千八百二十」とあり、『三寶紀』帝年の數値とは『帝王世紀』『通典』共に相違がある。但し、帝年に言う戸數の「九千」は誤りであろう（傍點筆者)。

(6) 晉陽秋曰、(王)濬收其圖籍、領州四・郡四十三・縣三百一十三、戸五十二萬三千、吏三萬二千、兵二十三萬、男女口二百三十萬、米穀二百八十萬斛、舟船五千餘艘、後宮五千餘人。

また『晉書』巻三・武帝紀にも右と同様の文脈で記されている。更に『晉書』巻一四・地理志上には、

其戸五十二萬三千、男女口二百四十萬。

とあり、『通典』巻七・食貨七には、

晉武帝太康元年、平呉、收其圖籍。戸五十三萬、吏三萬二千、兵二十三萬、男女口二百三十萬、後宮五千餘人、九州攸同、大抵編戸二百四十五萬九千八百四十、口千六百一十六萬三千八百六十三、此晉之極盛也。

とある。なお、帝年の記事冒頭の「三月」は宋・元・明の三本にあるものである。また「合五十八年」は「合五十九年」が正しい。『三寶紀』巻五・魏呉錄の序では呉の年數について正しく「四主五十九年」（大正四九・五六a）と言っている（傍點筆者)。

(7)『三寶紀』巻六・西晉録の序に次のように言う。

自後漢永安《ママ》二十四年、至晉泰康肇《ママ》元庚子歳首、於是九州還一統矣、又呉黄武初、陸績有言、曰、從今已後更六十年、天下車同軌書同文、至是果如績言。（大正四九・六一b）

また『三寶紀』巻七・東晉録の序には、東晉建設に關する幾つかの豫言を記すが、その一つは次のようなものである。

建武年、因都建業、避愍帝諱、改爲建康、先太康二年、呉舊將管恭作亂、于時建業伍振筮之曰、恭已滅矣、然更三十八年、楊《ママ》州當有天子、至是果如其言。（同右・六八b）

費長房はこれ等を紹介した後、更に次のように述べている。

將知受命、上感天靈、欲跨輿圖、下資地勢、地負其勢、始皇鑿之弗亡、天降其靈、劉曜殲而莫盡。（同右・六八b～c）

このように、西晉・東晉に對しては言葉を盡して稱讃していると言ってよい。これに反し、魏に對してはただ曹丕文帝の誕生説話を紹介するに過ぎず、『三寶紀』巻五・魏呉録の序の全體から考えても、魏そのものについての説明は量的にも少い。これらのことについては、本篇第六章第二節においても述べている。

(8) また『隋書』巻二九・地理志上に、

逮于陳氏、土宇彌蹙、西亡蜀・漢、北喪淮・肥、威力所加、不出荊揚之域。州有四十二・郡唯一百九・縣四百三十八、戸六十萬。

とあり、同じく『隋書』巻二・文帝紀にも、

陳國平、合州三十・郡一百・縣四百。

とあるが、右の二つはいずれも口數、或いは戸口數を言わない。

(9) 前章註（13）參照。

(10) 至德に六年はなく、四年までである。至德六年は禎明二年に當る。

(11) 參考までに述べると、南宋・江少虞撰『皇朝類苑』巻二〇・九鼎の項にも「周威烈王二十二年、九鼎震」と記している。

(12) 前漢の武帝についての記事は、帝年に記される他の皇帝のものに比較して相當に多いと言うことができる。また後漢の光武帝に對しても、前漢武帝と同様に醴泉の湧出等の奇瑞を述べる。これ等に對し後漢の明帝については、永平七年（六四）の條に有名な感夢求法説を紹介し、十年の迦葉摩騰の來華を述べる程度に終り、『後漢書』の明帝紀・永平六年の條に寶鼎出現の記録があるにも拘らず、何等記す所がない。費長房にとっては、前漢武帝と後漢光武帝に關して必要な事跡を述べればそれでよく、その他の同類の記事にはさほどに必要性を考えなかったのであろう。

(13) 梁『高僧傳』巻一三・慧達傳に見える。但し、梁『高僧傳』とは文の內容に相違する所がある。例えば阿育王の第四女が造ったことを言う梵書の所在について、梁『高僧傳』では金像そのものにあったとするのに對し、帝年では後に發見された銅蓮華趺にあったとする。更にこの傳説は『法苑珠林』巻一三にも引用されているが、そこにも『三寶紀』帝年・梁『高僧傳』とは異る文面を見ることができる。

(14) 梁『高僧傳』慧達傳では、ただ「咸和中」と言うのみであり、四年とは明記していない。これもまた註（13）に述べた梁『高僧傳』との相違の一つである。費長房が利用した典籍が梁『高僧傳』でない可能性も生ずるが、今は不明とせざるを得ない。

(15) 梁『高僧傳』巻一三・慧力傳。但し、ここでも梁『高僧傳』では、單に「義熙中」とあるのみである。

(16) 帝年巻中の前漢・武帝元狩二年（前一二一）の條に記す匈奴休屠王の祭天の金人を霍去病が捕獲したことを語る一文。

(17) 帝年巻中の武帝元封元年・三年・四年・太初元年・太始四年・征和四年の各項に、『漢武帝內傳』にもとづいて、年次を順序立てて記している。

(18) 『隋書』經籍志史部地理類に「大隋翻經婆羅門法師外國傳五巻」がある。帝年巻中・前漢武帝元光六年の條に引かれた文の內容は、『高僧法顯傳』（大正五一所收）に言う兜率天の彌勒を模して作った菩薩像の傳説と類似する。

(19) 以上は、校勘記の宋元明三本による。

(20) 但し、『華陽隱居先生本起錄』の「起三皇至汲冢竹書爲正」という記録から考えれば、『帝王年曆』が戰國時代までにその主眼を置いて書かれたものであることは明らかなように思われる。『辯正論』や『破邪論』に引用されている文章がそれを裏づけている。

(21)　『隋書』經籍志史部雜史類には「年曆帝紀三十卷　姚恭撰」とある。また『舊唐書』經籍志・『新唐書』藝文志は共に二六卷としている。

第五章　中國佛教における通史の意識―『歴代三寶紀』と『帝王年代錄』―

一　はじめに

中國において、佛教の歴史を一貫したものとして把えようとする動きは、現存文獻中、その初期のものとして南朝梁の僧祐の『釋迦譜』、それを繼ぐ唐の道宣の『釋迦氏譜』のように、中國傳播以前の佛教の姿を經典類より抄出し、具體的に知らしめることを目的としたものに見られる。その一方で、一連の經典目錄（以下經錄と略）類のように、傳播以後の佛教の様相を佛典翻譯の跡に辿るものの中にも窺うことができる。しかし前者はさておき、後者においては、南北朝時代まではまだ史書としての明確な形をなしていない。それらが全佛典を大小乘・經律論及び賢聖集傳に分類し、佛典の眞僞の判定を主眼とする以上、止むを得ぬこととも言い得よう。これら經錄類の編纂は、唐時代になっても、佛典翻譯の盛行と相俟ってなお盛んであったが、ここに至り、前代までとは異る構成內容を持つ經錄が現われた。唐・道宣の『大唐內典錄』（以下『內典錄』と略）一〇卷、智昇の『開元釋敎錄』（以下『開元錄』と略）二〇卷である。卽ち、これらの經錄には、編年による佛典翻譯史の部分が大きい比重を占めるに至っている。『內典錄』の歴代衆經傳譯所從錄五卷、『開元錄』の總括群經錄一〇卷（但し、卷一〇は、敍列古今諸家目錄）がそれであるが、いずれも後漢代より唐代に至るまでの佛典翻譯の歴史を朝代每に分卷し、編年の下に記錄したものである。南北朝から隋にかけて數多の經錄が堆積され、それらの成果の上にこれらの經錄は編纂されたが、先にも述べたように、元來經錄にはその構成上編年史的要素は希薄であった。そうした中で、佛典の翻譯と正經の流布、卽ち佛教史の根幹を編年史的に跡づける手法は、隋の費長房によって、その著、『歴代三寶紀』（以下『三寶紀』と略）の中に明確に示された。代錄と呼ばれる部分がそれである。費長房の創案になる代錄の形式は、特に道宣に大きな影響を與え、それは智昇にも及んでいる。しかし、代錄形式の『內典錄』『開元錄』への繼承は、却ってその經錄への埋沒を結果し、『三寶紀』のように、通史編年體的體例による佛教史が單行されることは、その後なくなった。『三寶紀』は、その中に入藏錄を持つように、また總目の中に歴代經錄の內容を紹介しているように、一面經錄的色彩を濃厚に持つ。それは文帝への上表に自ら「開皇三寶錄」と稱し、道宣・智昇が「開皇錄」「三寶錄」、或いは「長房錄」等と表現していることによっても窺える。書名に『歴代三寶紀』と『開皇三寶錄』の兩者があることは(1)、そこに史書的性格と經錄的性格の兩面が併存し、未分離であることを示している。從って、『三寶紀』の主要部分である代錄が唐代の經錄に繼承・包接され、後世の佛教史書に直接的な影響を與え得なかった理由は、その史書的性格の曖昧さに求められるであろう。事實、宋代佛教史書の集大成を企圖した南宋の志磐は、その『佛祖統紀』通例の中、修書傍引の項に、僅かに釋迦佛誕生の年次に關して、利用し述べているのみである(2)。

しかし、『三寶紀』の代錄が後漢以降の佛典の翻譯を主軸とし、且つまたその分卷配列が獨特の紀年法にもとづいて行われており、編年史的手法による通史の試みとしては、內容・時代共に限定された性格を持つのに比べ、今一つの本書の重要な構成要素である帝年は、釋迦誕生以來、『三寶紀』上呈の年である開皇十七年（五九七）までの非常に長大な佛教史年表であって、代錄とはまた違った性格と價值とを持つ（本篇第四章參照）。

次に、佛教史における通史意識の典型を、南宋・志磐の『佛祖統紀』序、及び通例に見、そこから遡って南北朝、隋・唐代における帝紀年曆類に焦點を絞り、宋代へと連る中國佛教史における通史意識の展開過程を追ってみたい。

二　魏晉代以降における帝紀・年曆類の概觀と『佛祖統紀』

『佛祖統紀』序（南宋度宗咸淳五年―一二六九）・同通例を一覽すると、そこに道統・體統、或いは正統の語が使用され、更には繫・通字が頻出することに先ず氣づく。それは繫道統、繫正統、繫諸祖、或いは通古今、通練古今などと用いられるが、また通例の「釋題義」には、書名の「統紀」を解說して、

　統紀とは何ぞ。佛祖授受の事を通理するなり。（大正四九・一三一a）

と言い、更に注して『史記』の高祖功臣侯者年表の序と『漢書』高帝紀冒頭の顏師古注を引用し、それを補強している。[3] 志磐が『史記』の通史紀傳體に倣い、四本紀・一世家・三列傳・二表・九志の全五四卷の體裁を整え、天台の正統を主張したことは周知のことである。しかも彼は自ら、序において、

　史法に依放して、用て一家の書を成す。（大正四九・一二九c）

と言い、

　紀傳世家は太史公に法り、通塞志は司馬公に法る。（同右）

と記すように、紀傳・編年の二體を明確に意識し、それら兩體に基づいて『佛祖統紀』を作成したのである。そして通例の「釋志」に、

　古より今に及ぶまでを考え、具さに行事を列ね、用て法運通塞の相を見《あら》わす。（大正四九・一三〇c）

と言いつつ、また同所に、

法運の通塞は事變紜紜なれば、編年に繫くれども始末を明らかにするなし。古今に通練し、類を求めて知らんと欲する者のために、歴代會要志四巻を作る。（同右）

とも記し、その用意には周到なものがある。更にこれら九志については、

皆、志において考あり。（大正四九・一三一b）

と自負をもらしてもいる。これは『佛祖統紀』序の、

儒釋道の法を立つ、禪教律の宗を開くは、統《す》べて之を會し、畢く錄《しる》さざるはなく、之を目《なづ》けて佛祖統紀という。（大正四九・一二九c）

との表現とともに、恰も鄭樵が『通志』總序に歴史の會通を主張し、中でもその二十略に對し、

百代の憲章、學者の能事は、此に盡きたり、其の五略は漢唐諸儒の得て聞く所なるも、其の十五略は漢唐諸儒の得て聞かざる所なり。

という文言を髣髴とさせるものがある。

しかし、志磐のこの著述も、彼がいみじくも通例の「敍古製」、或いは「修書諸賢」「修書旁引」において述べているように、彼一人の獨創になるものではなく、先例に彼一流の批判を加えつつ成ったものである。右記の諸項に彼が記す所から、それら先例を次に記してみる。

○元穎　『天台宗元錄』　徽宗政和二年（一一一二）
○祖琇　『隆興佛敎編年通論』（＝佛運統紀）　孝宗隆興元年（一一六三）
○德修　『釋氏通紀』　孝宗淳熙間（一一七四～一一八九）
○鎧庵呉克己　『釋門正統』　寧宗慶元間（一一九五～一二〇〇）

○志昭　　『釋迦譜歷代宗承圖』
○鏡庵景遷　　『宗源錄』　寧宗嘉定閒（一二〇八～一二二四）
○良渚宗鑑　　『釋門正統』　理宗紹定六年（一二三三）

これらの中、『佛祖統紀』成立に最も大きな影響を與えたものは宗鑑の『釋門正統』である。『釋門正統』は、志磐も「修書諸賢」の項に述べているように、本紀・世家・列傳・諸志・載記を內容とする通史紀傳體に倣ったものであるが、宗鑑の序を見ると、そこには志磐とは微妙に異り、『資治通鑑』、卽ち編年に對する傾斜が讀み取れる。宗鑑は「正統之作」を編年の體例に求めているのである。(4)

北宋末から南宋代にかけてのこれらの佛教史書は、いずれも『資治通鑑』の出現に代表される、北宋代における通史意識に基づく修史の氣運に觸發されて編纂されたものである。しかし、これら佛教界における修史事業が、北宋以降、これ程に盛行するには、前代における通史意識に基づく史書の堆積、或いはその傳統が背景としてなければならないであろう。

次に、時代を遡り、魏晉南北朝期における通史意識の展開過程と佛教との關わりの面について、若干述べておきたい。

班固による『漢書』の編述以降、隋唐代に至るまで、史書の主流は所謂斷代史紀傳體であったが、一方、魏晉以降、通史意識に基づく著作が現われ、編年體史書の續成と共に、それが途切れることなく底流となって流れていたことも事實であって、これらの問題については、例えば尾崎康氏、戸川芳郎氏等の諸論考がある。(5)中でも尾崎氏の「通史の成立まで」は、主として漢魏以降唐代までの、卽ち『資治通鑑』に象徴される新たな史書展開の過程を示す北宋代以降を準備した全期閒に就いて丁寧微密な考證がなされている。今、魏晉時代における本稿に關連ある書名をこれらより擧げれば、それは先ず晉・皇甫謐の『帝王世紀』ということになろう。『帝王世紀』が、南北朝以來、様々の注疏・類書の類に頻繁に利用され、尾崎氏の所謂「史鈔風の通史」として如何に大きな影響を與えたかに就いては、先の兩氏の論文に述べられている。『帝王世紀』出現の背景として、尾崎氏は後漢初以來の史書の要約の風を擧げ、具體例として『史記』の要略である後漢・衛颯の『史要』を先蹤とし、他に呉・張温の『三史略』を擧げ、また『帝王世紀』に類する編年史的なものとして後漢・周長生の『洞歴』、呉・韋昭の『洞紀』を擧げる。一方、戸川氏は尾崎氏の所論を參照しながら、更に『帝王世紀』の體例からする思想史的意味に踏みこみ、その出現に至る先蹤を、後漢末、荀悦の『漢紀』に求め、また直接の前例として同時代の譙周の『古史考』を擧げ、次いで、西晉代における所謂『竹書紀年』の發見がもたらした經學・史學上の變化をも視野に入れ、論じている。戸川氏の所謂「通代の帝紀」たる『帝王世紀』は、氏によれば、「紀傳體の『漢書』を、年曆をたて軸にとって帝王の事蹟を年月ごとに繫げる編年史にくみかえた」（三五九頁、傍點は原著者）『漢紀』と、「太古の事蹟を加上して通代の歴史にしたてた」（三五八頁）前例としての『古史考』(6)が基いとなり、出現したとされる。また兩氏共に注目するものに、南北朝末の帝紀纂修の原姿を傳えるとされる『太平御覽』皇王部があるが、戸川氏はその『太平御覽』卷首の經史圖書綱目に列擧される中、呉・徐整の『三五曆紀』以下八種の書名を記し、南北朝時代に利用された上古史料として注意している。『三五曆紀』は、『隋書』經籍志に著錄されず、『舊唐書』經籍志・『新唐書』藝文志の史部雜史に見えている。これは氏が論文冒頭に述べられるように、唐・司馬貞が『史記』に增補して作った三皇本紀に、『帝王世紀』と竝び、その有力な典據として用いられているものである。また皇甫謐が『帝王世紀』と共に「年曆」を作成していたことと併せ(7)、これらの編著が、およそ魏晉の交から後の制作にはじまり、「帝王ごとの世紀、年立てにすれば年紀となっているもので、「紀」の名稱を取りうる編年の體をもった編纂著述」、即ち「上古の通史の編述」（以上三五五頁、傍點原著者）に資していたことが述べられている。魏晉代以降、歴史事實の正確な把握が求められ始めたのであって、それは年曆・曆表の類の、曆術の知識が求められる著作としても現われたのである。

一方、佛教においては、この時期、これらに類する著述はまだ現われない。魏晉代は、言わば佛教の中國による消化吸收の初めに當り、中國上古史と結びついた編年史編纂の要請は、漸く南北朝も後半に入ってからの事に屬すると思われる。それは恰も、佛教書の增大が目錄編纂上に與えた影響と軌を一にするものである。劉向・歆父子の『別錄』『七略』以來の傳統に則る宋・王儉の『七志』と梁・阮孝緒の『七錄』とがいずれも佛・道二錄を立て、中でも梁の『七錄』が、內外二篇に分ける中、外篇を佛法・仙道の兩錄として獨立させ、七の數の中に含めたことは、內篇第二としての紀傳錄の出現と共に、歴史と佛教とへの關心の增大を端的に示すものである。(8)

梁代が中國佛教史上、特筆すべき時代であることを象徵する事案は數多い。本章に關連ある分野で言えば、經典目錄・高僧傳・類書の類の編纂であろうが、これらはいずれも佛教に限定されており、更に佛教の歴史を包みこむより廣い範圍、卽ち中國そのもの、人間世界全體を包含する編纂物としては、『通史』『華林遍略』の出現が擧げられよう。この兩書が直ちに北朝に影響を與え、就中、『華林遍略』が北齊の『修文殿御覽』、ひいては北宋の『太平御覽』の祖型となったことに關しては詳細な研究もあり、そこに佛教的要素が構成內容の一としてあったことも指摘されている。(9)これに對し、『通史』の中に佛教關係の記事が存在していたかどうか、何等確證はない。しかし、武帝の佛教への傾斜と、通史編纂の意味するところ―、卽ち、歴史的積層の上に成立する現代、(10)換言すれば、中國の正統としての梁朝を歴史的に位置づけること、とには全く無關係であったと考えるよりも、佛教を取りこんだ形での通史紀傳體の史書たる通史であったと考える方が自然である。そこには、釋尊の誕生や中國への佛教の傳播等を始めとして、佛教史の畫期をなす事項が記されてあったであろう。そしてその事を傍證する同時代の史書として、當代を代表する知識人である陶弘景の撰になる『帝王年暦』と、北齊魏收の著した『魏書』の釋老志とが擧げられよう。この兩書がその内容を異にしていること、とりわけ前者が三皇より蕭齊代に至るまでの暦表であること、後者が北魏一代の釋老二敎の樣相を記すことを主眼とする朝代史の一部門である點において、その差違は歴然としている。しかしそうであるにも拘らず、これらはいずれも通史的性格を持つ點において、共通していると言ってよい。この兩書共に、次節に述べるように隋の『三寶紀』の主要な參照文獻の一となっているが、特に『帝王年暦』に釋迦誕生を記録する部分があったことは、重要である。それが梁・武帝の通史とどの程度交渉があったかについては、全く推測の域を出ないものの、少くとも、南朝後半期において、道佛兩敎に通じた一大知識人たる陶弘景によって通史意識に根差す著述がなされたことは、佛敎史における通史意識の展開過程を考える上において、頗る大きな示唆を與えるものである。一方、北朝後半期における正史の一部門としての釋老志の出現は、中國における佛敎の歴史を概括する畫期をなしたものであって、『魏書』中の一編とは言え、『隋書』經籍志の佛經序に利用されている[11]ように、それは通史的記述に一つの特色を持つものである。かくして、南北兩朝における佛敎の盛行に伴い、それぞれの地において、中國における佛敎史通觀の動向が現われて來た。しかし、また反面、これらがいずれも佛敎側に必ずしも加擔しない人物によって著わされたことも、特徵的と言ってよいであろう。

三　『歴代三寶紀』と『帝王年代錄』

本節では、隋唐代佛敎史年表の遺存例として貴重な隋・費長房の『三寶紀』帝年と、唐・玄暢の『帝王年代錄』とを主たる對象にして、隋唐代における佛敎に關わる通史的著述の形態について述べてみたい。しかし、前者が隋・文帝の開皇十七年（五九七）の撰、後者が唐・文宗の大和八年（八三四）の撰と、その間に二百年以上の懸隔を生じている。従ってここでは、まず『三寶紀』を、前節で取り扱った魏晉南北朝時代における帝紀・年曆類編纂の歴史上に位置づけることとし、『帝王年代錄』は、項を改めて、唐代における佛教關係史書との關わりの中で論じて行きたいと思う。

㈠『歷代三寶紀』、及びそれに先行する史書・年曆類

隋代初期の翻經學士費長房によって著わされた『三寶紀』一五卷は、初めより順に帝年三卷・代錄九卷・入藏錄二卷・總目一卷の內容によって構成されている。これが、代錄を中心とするものであることは、その卷數が全體に占める割合いからも明らかであり、帝年が代錄と對應すべく作製されている部分―中・下兩卷をも併せれば、更にその割合いは高くなる。『三寶紀』は、後世、唐の道宣・智昇、とりわけ智昇によってその入藏錄の杜撰が指彈されてより、現代に至るまで經典目錄としての評價ばかりに終始してきた嫌いがあるが、早く望月信亨は『佛教大年表』の序において、それを編年史として指摘している。また姚名達がその『中國目錄學史』で述べるように、『三寶紀』の優れた所は入藏錄以外の帝年・代錄にある[12]。しかし姚名達もその著書の性格上、經錄としての價値に重點を置く。また陳垣は『中國佛教史籍概論』の中で、その獨特の紀年法に最大の力點を置いて、『三寶紀』が正統論、或いは歷史を記錄する方法論の上で、史上稀な價値を有すると主張している。これらはいずれも重要な指摘であるが、しかし、帝年・代錄が『三寶紀』の中で中樞の位置を占めることを自明の事としながらも、それらの相關については言及されていない。『三寶紀』の史書としての性格を知る上で、實はこの點こそ肝要と思われる。

帝年と代錄とが互いに連繫するものであることは本書を繙けば明らかである。但、帝年が代錄と對應し得る部分

は先程も述べたように、中巻の後漢代以降、下巻までであって、上巻、及び中巻の前漢代までは帝年獨自の部分であり、從って、帝年には帝年そのものとしての存在理由があると考えてよい。『三寶紀』の紀年法、及びその意味する所については、陳垣の所説を出發點にして既に發表し、また帝年、及びそこに用いられた史書等に關しても本篇第三・四章に述べているが[13]、ここで再び、總目に載せる費長房の自序から、代録・帝年に對する彼の説明を引用し、兩者の關係について一考してみたい。

彼は次のように言う。

　代録は、編みて經の翻譯の少多を鑒《み》わけしめ、帝年は、張《の》べて佛の在世の遐邇を知らしめ、入藏は、別けて教の小大の淺深を識らしむ。（大正四九・一二〇c～一二一a）

これによれば、入藏録は大乘の深、小乘の淺を明別し、帝年は佛教史年表として、佛涅槃後の時間的隔りを知らしめることを目的とする。この後二者に對する解題は簡にして要を得たものである。しかし代録に對するそれは、翻譯佛典の各時代各翻譯者における數量的事實の確認を言うに止まり、帝年との相關を言わない。もとより費長房の代録編述の意圖は翻譯に關わる事實の確定にこそあったのであり、そうであればこそ、『三寶紀』は經録的色彩の濃厚な著述となっているのであるが、しかしそこには、彼が代録という編年史的形式を取ることになった理由までは述べられていない。その理由に當る部分は、序において、次のように言われる。

　今、宣譯の功は、理として須く各々時代を宗とすべし。故に此の録は、體、率ね號を擧げ、稱して漢魏呉、及び大隋録となすなり。失譯疑僞は、舊に依りて之を注し、人は年を以て先となし、經は大に隨《よ》って次ず。重列ある者は、猶、世分に約し、其の華戎を總ぶ。（大正四九・一二〇c）

費長房は、總目の中で、『三寶紀』作成の上に參照した六種の經録[14]の内容構成と収録佛典の部數とを紹介している。これらは、僧祐の『出三藏記集』を除く他は、全て分類目録であり、特に隋の法經等編纂の『衆經目錄』（以下『法經錄』と略）は入藏錄を主體としたものである。『出三藏記集』が、前秦道安の『綜理衆經目錄』を基本とし、この所謂『道安錄』が後世の經典目錄の體例の基礎を築いたこと、その創案とは『法經錄』の上表文に言うように、翻譯の人と時代とを明確にし、經典の存佚を記錄するところにあった(15)。從って費長房が參考とした六種の經錄全ては、譯經の事實を、人と時代と場所との確定作業の中で確認して行くものであり、その意味で費長房の著述意圖と何等相違するものではない。それは先に箇條書き的に述べた代錄の解題に述べる通りである。しかしそれにも拘らず、彼が、譯經の事實は譯經史でなければ表現し得ず、時代をこそ宗として正確な記錄を行わねばならぬと強調した理由には、先行する經錄の體例が次第に分類目錄となり、就中、入藏目錄となって行ったことが擧げられよう。『三寶紀』の直前に完成上進された『法經錄』を見れば、そこに史書的性格が甚だ希薄であることを容易に看取し得る(16)。

一方、彼が經錄的性格を本來持つであろう自己の著述に、史書的性格、それも通史的性格を與えたには、その時代背景として、開皇九年の天下統一後、間もない時期的背景と共に、前節に述べた帝紀・年曆類の編述の歴史を擧げねばならないであろう。次に、『三寶紀』に利用されている陶弘景の『帝王年曆』、魏收の『魏書』釋老志、及び利用が明示されてはいないものの、重要な位置を占めていたと思われる姚恭の『年曆帝紀』とについて、少しく檢討してみたい。先ず『帝王年曆』については、『三寶紀』の中に、二箇所の引用例がある。一つは巻一・帝年巻中、後漢明帝永平十一年の條に、

陶隱居の年歷《ママ》に、帝、金人を夢みて使いを遣わすと云うは、是れ此の年なり。諸家とやや異なるも、據るところは終にまた爽《たが》わざるなり。（大正四九・三三a）

とあるもの、今一つは、巻一五・總目序の、『三寶紀』撰述の際に使用した典籍をいう中、

其の外、傍ら隱居の歷年《ママ》、國志典墳、僧祐の集記、諸々の史傳等、數十家に僅《ちか》きを採る。(17)（大正四九・一二〇c）

というものである。これらは、所謂後漢明帝の感夢求法說が『帝王年曆』に記載されてあったこと、及び『帝王年曆』が、經錄を除けば『三寶紀』作成の際の主要な參照文獻であったことを示している。一方、『魏書』釋老志の具體的な引用例は、巻三・帝年下に「魏史に見ゆ」「魏志に云く」として都合三箇所に見られる。これらの引用例が現行本釋老志と年次の記載にずれを生じていることは、既に本篇第四章において指摘したが、その個々の引用例のあり方もさりながら、ここで注目すべきは、佛教史編述の歷史の中で畫期的な位置を占める釋老志が、『三寶紀』において具體的書名を記す數少い參考書籍の一つであったという點にあろう。

ところでこれら『帝王年曆』『魏書』釋老志を含めた六朝期における通史編述の歷史を承け、特に年曆類の集成を期して、『三寶紀』上呈に先立つ十二年の開皇五年に編纂されたものが、姚恭の『年曆帝紀』である。これについては既に本篇第四章において節略引用しているが、同じく、唐・法琳の『辯正論』巻五・佛道先後篇によって、長文ではあるが節略せずに、三つの段落に分けて引用してみる。

①次に則ち、阮氏の七錄・王家の四部、(18)華林遍略・修文御覽、陶隱居の文・劉先生の記、(19)王隱・魏收の錄、(20)楊玢・費節の書は、(21)並びに年紀を編み、咸《みな》、代曆を爲《つく》りて、共に正史に違わざるはなく、曾て異談なし。

②隋の世に姚長謙なる者あり。

（注）名は恭。齊に渡遼將軍となり、隋に在りて修曆博士《ママ》となる。

學は內外を該《つく》し、善く算術を窮む。

（注）今の太史承(丞)傳(傅)仁均の受業の師なり。

春秋の紀す所は七十餘國に過ぎず、丘明、傳を爲るも、但、二百餘年を敍ぶるのみ、世系・世本の如きに至りては、尤《とりわ》け根緒を失い、帝王世紀もまた甚だ荒蕪、後生學者、彌々以て惑うこと多きを以て、開皇五年乙巳の歳、國子祭酒開國公何妥等と、召されて暦を修む。其の推勘する所の三十餘人は、並びに是れ當世の杞梓、備《ことごと》く經籍を諳じる者なり。

③三統暦に據りて其の年號を編み、上は運の開けしに拒《あた》りてより、下は魏の靜（帝）に終るまで、首めは甲子に統べ、傍ら諸國を陳ね、爰に九紀三元、

（注）九頭・五龍・括(攝)提・合雄(雒)・連通・序命・修飛(循蜚)・因提・善通(禪)等、これを九紀という。

天皇人帝、五經十緯、六藝五行、開山圖、括地象、古史考、元命苞、援神契、帝系譜、鉤命決(22)、始學篇(23)、太史公・律暦志(24)、典略と世紀(25)、志林と長暦(26)、百王の詔誥、六代の官儀、地理の書、權衡の記、三五暦・十二章、方叔機・陶弘景等數十部の書を引き、次を以てこれを編む。合せて四十卷、名づけて年暦帝紀となす。頗る備悉するあり、文義依るべきものなり。太極上元庚戌の歳より、開皇五年乙巳に至るまで、積みて一十四萬三千七百八十年あるなり。（大正五二・五二一c）

以上から明らかなように、『年暦帝紀』は、『春秋左氏傳』や、世系・世本の帝統譜類、或いは帝紀の代表例である『帝王世紀』等に對する批判の上に、より詳密且つ長大な年暦とすることを目的に作成された。そのため姚恭を中心として、何妥等三十餘名の暦術に通じた者が集められ、法琳の論調から推測すれば、恐らく短時日の間に、言わば集團作業で完成されたものであろう。四〇巻という巻數が却ってそのことを物語っているように思われる(27)。ここで、撰者と撰述年次、及び書名と引用文獻、の二點についてまとめておきたい。

姚恭については、『隋書』經籍志史部雜史類等に『年曆帝紀』の撰者として名が記される外は、『辯正論』に優る記錄は見當らない。『辯正論』の注によると、北齊系の修曆博士で、唐初武德年間の太史丞傅仁均の受業の師という。この傅仁均とは、『舊唐書』卷二五・曆志二に、唐・高祖の武德元年（六一八）、戊寅曆を撰した東都の道士として記される人物である。(28) それによれば、高祖が受禪の後に新曆を作ろうとした折、推步の學を善くする東都の道士傅仁均を推薦したのが、時の太史令庾儉と太史丞傅奕であったという。道士と廢佛論者が修曆事業において近い關係であったことは興味深いが、これと同樣の事態は、實は『年曆帝紀』編纂と前後する隋初の時期にも見られるのである。『隋書』卷一七・律曆志中によれば、開皇四年に張賓の所謂開皇曆が完成奏上されている。

張賓は唐初の護法家、特に道宣から北周武帝の廢佛を惹き起した道教側の代表者・大惡人のように非難されるが、例えば北周廢佛前に武帝の命によって作成された道教經典目錄、或いはそれに續く『玄都一切經目』の編纂等に深く關與している。(29) この時、道教經錄の僞妄性を痛烈に批判した者に『笑道論』の著者甄鸞がいるが、彼はまた天和曆を作成した當時の天文曆法の第一人者であると共に、『隋書』經籍志史部雜史類に『帝王世錄』一卷が著錄されているように、年曆の編成をも行っている。北魏末孝明帝の時の、曇無最と道士姜斌の對論が代表例であるように、この頃の道佛論爭の爭點は一つに、老子・釋迦の出世の先後問題があり、ここに曆學者の關與する大きな理由があると思われる。ところで張賓の開皇曆は、當時から強い批難が向けられていたにも拘らず、開皇十七年、張胄玄の新曆が撰わされるまで、凡そ十三年閒施行された。隋代の曆法史は、續く開皇二十年の晉王廣立太子と符節を合せて完成上進された劉焯の皇極曆によって新展開を遂げ、それは、隋の天下統一に呼應し、南北の粹を集めてなったものと評價される。ともかくも、これらの曆に較べ、張賓のそれは、「術法としても創意のあるものでなく、また別に新に觀測を行って生れたものでもない(30)」とされるにも拘らず、十三年閒にわたって用いられたのには、文帝の信任があったからである。『隋書』律曆志によれば、張賓は、楊堅の周隋革命の際における讖緯符命の事實を天下に知らしめんとする心情に乘じ、天文曆法にもとづき、代謝の徵しありと上言し、また楊堅の人臣の相に非るを述べて大なる知遇をうけたのであって、當時に根強い讖緯思想を濃厚にこめた曆法を武器に、隋朝文帝の寵臣として威勢を振っていたのである。(31)

姚恭の『年曆帝紀』は、この張賓の開皇曆上進の翌年に編纂されている。姚恭の名は、開皇曆作成に携った人名中にも現われず、張賓と姚恭との關係の有無は一切不明である。しかし、彼が唐の道士傅仁均の曆算の術の師であること、隋初・唐初における曆編纂の實務に張賓・傅仁均等の道士の經歷を持つ者が深く關與していたことなどから、姚恭の環境に讖緯的道教的要因が大きく作用していたであろうことは、想像を許されるであろう。少くとも、年曆編纂の時代的背景として、もとの道士張賓の手になる開皇曆施行の事實は大きな意味を持つと思われる。文帝が、即位後、南朝陳討滅の計畫を實施に移し始めたのは、この開皇四年から後のことに屬する。(32)中華の君主としての使命であり、且つまた求心力を持った實效支配の具體的姿を示す好材料でもある新曆の編纂事情が右のようであるならば、文帝による佛教政策、或いは佛教の實質的勢力は歴史上の事實として認めねばならぬとしても、隋朝初期における、少くとも朝廷内における道佛兩教の位置關係について、相對化を伴う再檢討が必要であろう。ここで問題としている通史意識にもとづく年曆編纂の歴史からも、特に陶弘景の『帝王年曆』から姚恭の『年曆帝紀』に至る部分においては、佛教よりも道教的世界に比重をおき、或いは宗教世界とは別次元の政治世界に身をおく人物によって成果が擧げられていると言ってよい。そのことはまた、次の書名、及び引用典籍との問題と連る傾向である。

先に引用した『辯正論』の段落③の部分に擧げられている典籍名には、一見して緯書類、及び帝紀・年曆の類が多いことがわかる。ところで段落①の部分で、法琳は阮孝緒の『七錄』以下の書籍が、皆年紀・代曆の類である、少くともそのような要素を持つと述べていた。そこにいう「陶隱居の文」とは具體的には『帝王年曆』を指すであろう。事實、法琳は『辯正論』『破邪論』に屢々この書を利用している。(33) また『華林遍略』『修文殿御覽』に帝紀・年曆に類する部分、卽ち皇王部が存していたであろうことについては、既に前節で述べたように指摘があるが、(34) これもその證となろう。さて、段落③に記す『年曆帝紀』參照典籍であるが、これらはその殆どが、『太平御覽』皇王部に現われている。中でも皇王部三、卽ち『史記』所載以前の天皇より炎帝神農氏に至る部分に利用されている典籍群に含まれる。(35) これは、既に指摘があるように、法琳その人が『華林遍略』『修文殿御覽』を利用していた可能性と共に、(36) 隋初において、姚恭等が『華林遍略』と『修文殿御覽』、恐らくは『修文殿御覽』を、特に中國開闢以來の上古史に關わる基礎的史料の提供者として利用したことを示すものと思われる。それに加えて、『史記』・『漢書』の律曆部分、また呉・徐整の『三五曆紀』、同じく呉・陸景の『典略』、晉・皇甫謐の『帝王世紀』、同じく晉・虞達の『志林』、杜預の『春秋長曆』、そして梁・陶弘景の『帝王年曆』等を參照して作ったものが『年曆帝紀』であった。短期間に、長大な時間を含む四〇卷という大部の年曆が編成され得たのは、これらの書籍の利用がなければ到底不可能であり、言わば寄せ集めである點、梁・武帝の『通史』と似たところを持っていると言ってよいであろう。同時にまた、その作成意圖も『通史』と同樣の、現王朝の歴史的位置づけにあったものと思われる。

さて、姚恭は、この編纂物に『年曆帝紀』の名稱を與えた。年曆も帝紀も言わば普通名詞であって、この兩者を併せた名稱は、書名としていかにも不都合である。これは恐らく、皇甫謐が『帝王世紀』と年曆を作り、杜預が『春秋經傳集解』と同時に『春秋長曆』を作ったように、本來別々の機能を持つべき帝紀と年曆とを合糅したためであって、またそれがために卷數も四〇卷にまで膨らんだものであろう。

『年曆帝紀』は『辯正論』の記録からも看取されるように、一面、魏晉以來の新しい歴史記述の形態である年曆・帝紀類の集成を意圖したものであった。それはまた、文帝開皇期に行われた典籍の蒐集、また目錄の編纂に象徵される一連の文治事業の先鞭をなすものでもあった。この後、隋唐代を通じて、これ程の巻數を持つ年曆・帝紀類は現われていない。その利用例を唐初の法琳に見ることができるように、唐初期までは現存し、利用もされている。しかし新舊兩唐志に記録されてはいるものの、間もなく湮沒してしまったものと思われる。匆々に成った大部の書であることが、缺點として作用したものであろう。

ところで、費長房は、『三寶紀』を編成する際に、この『年曆帝紀』を利用したことを言わない。『年曆帝紀』の中に、釋迦誕生を記す記事があったことは、法琳の『辯正論』における引用[37]で明らかである。また推測される『年曆帝紀』の隋初における畫期的位置からも、『三寶紀』編纂の途上において費長房に與えた影響は決して小さくはなかったと思われるが、費長房は恰もその存在を無視するかのようである。その理由として考えられるものに、一つは、先程から述べてきたように、姚恭を取り卷く道教的環境が擧げられよう。

二つに、釋迦誕生時に關する見解の相違がある。費長房は帝年巻上の序において、時代を古くに設定する順に五種の説を擧げ、自らはそのいずれも取らず、周・莊王の十年（前六八七）説を主張し、この年を以て帝年の冒頭となしている[38]のであるが、『年曆帝紀』が採用した説は、北魏末、曇無最が姜斌との對論の中で唱えた昭王二十四年説[39]と同類の二十六年説であった。昭王二十四年甲寅説（帝年上の序にいう第二説）は後に北齊の法上によって、高句麗國の使者に答える際に採用されたように、當時最も普通に用いられていたと考えられ[40]、また曇無最が所依とした『周書異記』『漢法本內傳』等の典籍及び曇無最の主張そのものは、法琳の當時にも受け繼がれ、更に次節に述べる玄暢の『帝王年代錄』にも用いられているように、唐代を通じて一般的であったようである。翻って、『年曆帝紀』

に昭王二十六年甲寅説が盛りこまれてあったことは、その説の公認をも意味しよう。從って、費長房が釋迦出世の五説の説明の中に、『年曆帝紀』の説について何等も述べていないことは、そこに意圖的なものすらあるように考えられる。この五種の説は、インド傳來の三説と中國傳來の二説に分けられるが、後者の場合、その典據となったものは、『周書異記』『漢法本内傳』、或いは『穆天子別傳』である。これに對し費長房が典據としたものは、『春秋左氏傳』莊公七年の記事と杜預の『集解』、それにこれらと文言が一致すると考える『普曜經』『佛本行經』『太子瑞應本起經』等の佛典である。勿論、費長房の論旨からすれば、帝年上の序に、

今、普曜、本行等の經に依りて、魯史を校讎す。（大正四九・二三a）

というように、先に佛典の敎説があり、それに相應するものとして『春秋左氏傳』がある。しかし、彼が周・莊王十年説を採る上で、まず『春秋左氏傳』の記事に大きく影響されたであろうことは想像に難くない。『周書異記』等の典籍に比べ、『春秋左氏傳』・杜預の注釋が史書としての正統的價値に格段の重みを持ったことは、誰の目にも明らかであったろうし、それだけに説得力を持つ説と考えられたものと思われる。更にこの説は、費長房の創案になるものではなく、『魏書』釋老志に用いられている。(41) 魏收もまたこの説が『春秋左氏傳』に依據することに權威と正統性を認めたものであろう。しかし釋老志の記事は極めて簡略なものである。費長房は、釋老志に影響されつつ、更に佛典を博捜し、また杜預の注解まで用いて、その説の信憑性をより強化したのである。費長房が、インド傳來の説を用いず、また最も一般的であった曇無最・法上の説、更には姚萇の説をも用いず、釋老志の採用する説を選んだのには、『三寶紀』の出發點を記すに當って、何よりもその説に史的正統性を認め、それが佛敎通史たる自著の史書的性格を特色づけるものと考えたからに他ならない。

三つに、『年曆帝紀』と『三寶紀』との史書としての在り方の相違が擧げられよう。先に述べたように、『年曆帝

紀』が帝紀と年暦とを、言わば無雜作に併せて作られたものであろうのに對し、費長房は、その帝紀編纂に關する傳統的作法を守っていたのではないかと思われる。例えば、唐・司馬貞は、『史記』巻一四・十二諸侯年表の序に、梁・劉杳の言を引いて、次のように記している。

　又、古より春秋の學を爲《おさ》める者には、年暦・譜諜の說あり。故に杜元凱、春秋長暦及び公子譜を作る。

こうしたことは、杜預と同世代の皇甫謐も同樣であって、彼もまた上古史の再構築を企圖した『帝王世紀』を編成すると共に、別に年暦を作っていた。この帝紀と年暦を別個のものとして區別し記錄することは、隋志はもとより新舊兩唐志にも見えず、南宋・鄭樵の『通志』に現われている。その巻六五・藝文略第三・史類・編年は、古魏史として『紀年』一四巻、所謂『汲冢書』を筆頭に、『漢紀』以下、『周恭帝日暦』に至る漢より五代までの斷代史編年體の史書を朝代每に記すが、續いて運歴と紀錄の項目を立てている。運歴には最初に唐・王起の『王氏五位圖』以下、『廣五運圖』『五運錄』『正閏位歴』『歴代帝王正閏五運圖』『五運歴』『運歴圖』『五運紀年志』『五運甲子編年歴』等の、五運を冠することを特徵とする唐・宋代の年暦が列擧され、續いて呉・徐整の『三五歴《ママ》記』を始めとして撰者名を記さない『長歴《ママ》』やまた陶弘景の『帝王年歴《ママ》』・皇甫謐の『年歴《ママ》』等が記され、最後は系譜類及び國朝年表で終っている。一方、紀錄には、皇甫謐の『帝王世紀』・韋昭の『洞紀』を始めとして、姚恭の『年歴《ママ》帝紀』、唐の李仁實や馬摠の『通歴』、宋・章衡の『編年通載』等を竝べ、司馬光の『資治通鑑』や劉恕の『資治通鑑外紀』『外紀目錄』を記して終っている。

鄭樵は、このように運歴、卽ち年暦と、紀錄、卽ち帝紀とを明瞭に分け、姚恭の『年暦帝紀』は通史編年の體例を持つものとして『資治通鑑』等と同じく紀錄の中に分類する。但し、鄭樵が『年暦帝紀』そのものを實見し得たかどうか、定かではない(42)。

ところで『辯正論』が傳える『年曆帝紀』引用書目にいう『長曆』が、劉杳のいう杜預の『春秋長曆』であったか否かについては確證がないものの、『三寶紀』に關しては、費長房が杜預の主著『春秋經傳集解』を用いていた以上、その『長曆』をも參照していたことは十分に可能性のあることと思われる。杜預、皇甫謐に始まる編年史的著述と年曆、卽ち年表とは、元來、對のものとしてあったのであり、それが時代を經るに從い、例えば費長房に近いところでは、陶弘景の『帝王年曆』や甄鸞の『帝王世錄』(43)のように個別に單行される年曆が現われ、唐代に至り、その數を增すことになる。

『三寶紀』は、代錄と帝年とをその主柱とし、且つ帝年には代錄にはない獨自の價値が存する。つまりは、代錄が中國の佛教帝紀に、帝年が佛教年曆に相當することを示しており、この意味で『三寶紀』は、魏晉以來現われて來た新しい史書の形態―帝紀と年曆、を兼ね備えたものということができよう。またこの考えが許されるとすれば、『三寶紀』帝年が佛教年曆―佛教史年表として單行されていた可能性も生じて來る。隋志子部雜家類は、「歷代三寶記三《ママ》卷」を記すが、それは、帝年三卷が「歷代三寶紀三卷」として、當時、別個に用いられていた姿を記錄にとどめているものではなかろうか(44)。

以上、述べて來たように、『三寶紀』は、經錄的性格を內包しながら、魏晉以來の史書の展開過程の中で生じて來た新しい形態を採用することによって、その編年史的性格を強く持つことになった。それは、姚恭の『年曆帝紀』が魏晉以來の帝紀・年曆類の集成を意圖したものであったのに、言わば對抗して、佛教界の側から提出された佛教史著述の新しい試みであった。費長房の『三寶紀』撰述の意圖については本篇第三章に述べたので、ここで再說することをしない。國家と佛教との關わりを、編年史的形態、就中、通史的著述の體例によって明らかにしようとした費長房が、還俗の經驗のある翻經學士、卽ち、これまた非出家者であったことは、南北朝後半期から隋代に至る間における出家佛教教團の、史書撰述の分野における未熟を示唆していると共に、帝紀に組みこまれる佛教を史筆に載せない程には、いまだ出家教團としての性格が次代におけるよりも鮮明であったことを意味していよう。

(二)　唐代における年曆類と『帝王年代錄』

ここに取りあげる『帝王年代錄』は、唐の會昌の廢佛前後に活躍した玄暢によって、廢佛前、文宗の大和八年(八三四)に著わされ、それは早く圓珍が日本に將來していたもの[45]の、近年になり、南北朝時代の書寫になる『佛法和漢年代曆』の漢の部の基礎資料として、その姿を留めていることが明らかとなった。その翻刻及び解說は、牧田諦亮氏によっててがけられ[46]、また玄暢の他の年曆については山崎宏・尾崎康の各氏によっても注意されている[47]。山崎・牧田兩氏の所論については、後にまとめることとし、ここではまず唐代における通史的著述の展開に關して述べておきたい。

尾崎氏の前掲論文に述べるところによれば、初唐にはいまだ通史の觀念が乏しく、貞觀以後も同樣の狀態であったが、九世紀に入ると、高峻の『小史』、劉權の『洞史』、姚康復の『統史』のような通史的著述が現われ、それらは、例えば、梁・武帝の『通史』、李延壽の『南史』『北史』と共に、新唐志では集史と呼ばれ、そこでは隋志にいう雜史以上の內容を持つと意識されていたことが指摘されている。これらの中、宣宗の大中五年(八五一)に成った姚康復の『統史』は、本紀と志とを持つと思われる三〇〇卷の通史である。『唐會要』卷三六・修撰によれば、編年の部分は開闢より隋末まで、卽ち唐朝の前代までを含み、その他、經濟・邊防等を敍述するというが、そうした志に相當すると思われる中に、

下、釋道燒煉に至るまで、妄求驗なきものも、皆、之を敍ぶ。

とあるように、佛・道兩教に關する部分が含まれていた[48]。右文からは、『魏書』釋老志や『隋書』經籍志のように通史的、あるいは概論的内容がそこにあったか否かは明らかにならないものの、會昌の廢佛後、間もない時期に、佛・道兩教の異談・靈驗の類をも含む通史が編纂されていたことは注意される。

一方、年曆・年表の類の增大も注意すべき傾向であって、唐以前のそれらは新舊兩唐志共に雜史類に記録しているが、特に『新唐書』藝文志では、編年類の末尾に唐代の年曆・年號録の類一三種が著録され[49]、中でも書名として『廣五運圖』『五運録』等の五運を冠したものが現われていることに注目される。先にも述べたように鄭樵の『通志』卷六五・藝文三の運曆の項によれば、宋代に至ってもなおその傾向が續いていたことを確認できる。また、こうした年曆類の編纂の歴史の中で、佛僧の手になるものが現われて來たことも特記されるところで、『日本國見在書目』に記録される靈實の『帝王年代曆』や、『宋高僧傳』玄暢傳に記す『三寶五運圖』、あるいはそれらに著録されることのなかった『帝王年代録』等が例として擧げられる。これらは皆、當時の年曆編纂の一般的潮流に影響されて作成されたもので、そのことは玄暢の場合にとりわけ該當するであろう。

ところで、こうした年曆類は、史書を編成する著者の左右にあって、道具・備忘の役を果していた。例えば司馬光も自ら『曆年圖』を作っている[50]。それが本來私用の便に供するものであった事情は、玄暢の場合も同様であって、それは『佛法和漢年代曆』の卷首、「密教傳來唐朝年」の末尾に、「帝王年代録に云く」として引く彼の次の自序に明らかである。

帝王年代録なる者は、世に實に具われり。復た此れを録するは、其の、佛法の興りは天竺に本き、聲教の被ぶ所、爰に華夏に及び、翻傳の迹は、史に自のずから書《しる》す所なるも、文、散遺すること多く、覽るも卒《にわ》かには悉し難きに由ればなり。今、運曆を紀し、甲子を排し、或いは三藏の遊化、或いは二教の會同は、年代の有無、必ず具さに箋注す。敢て君子に呈するに非ず。以て自ら備うとしか云う。時に皇唐十四葉大和八年歳次甲寅、京西明寺釋玄暢纂す。[51]

しかし元來私用のものであったものが、その便利さの故に他の用に供せられたことは、これまた司馬光の場合と同然であって、玄暢の『帝王年代錄』は遂に圓珍のような入唐僧によって日本にまで將來されたのである。

さて、右の玄暢の序にもいうように、玄暢の當時、『帝王年代錄』に類する年曆類が幾種類も行われていた。それは『新唐書』藝文志に記錄するところと合致するものである。ところがこうした佛教史に關する年表をも含め、年曆類の利用の狀況については、使用されていたことは容易に想像できるものの、記錄に乏しい。しかし僅かに、佛教史家の著述の中に、その閒の消息を垣閒見せてくれる記錄が存する。例えば、智昇の『開元錄』巻六・總括群經錄上之六・梁錄に記す眞諦の翻譯になる『無上依經』二巻の注に、

梁の紹泰三年丁丑九月八日、平固縣南康內史劉文陀、請いて譯出せしむ。經の後記に見ゆ。（費長）房の陳代の出と云うは非なり。諸家の年曆には並びに紹泰三年なし。別錄中に會するが如し。（大正五五・五三八b）

とあり、また續く『涅槃經本有今無偈論』一巻の注にも、

房は太淸四年の出と云う。諸家の年曆を檢べるに、太淸は四年に至らず。已下、並に同じ。（同右）

という。譯出年次の決定に際し、經典の後記を基本史料としながらも、樣々の年曆を參照したことを注記しているのであるが、『無上依經』につき、譯出年次の齟齬を解決するという別錄とは、同巻一二・有譯有本錄の菩薩三藏錄のことで、その『無上依經』の項に、次のように四種の年曆を用いて注を施している。

①……今、諸家の年曆を尋ぬるに、差互して同じからず。長房の年曆には、但、承聖五年丙子に至り、梁國卽ち絕ゆとす。

②甄鸞及び王道珪の年紀は、紹泰二年丙子に至り、改めて太平元年となし、太平二年丁丑、改めて永定元年となす。陳覇先立ち、號して陳國となす。

③又、年紀あり。何人の撰《あら》わす所なるかを知らず。彼には、承聖三年甲戌、改めて大定元年となすと云い、後梁に逮ぶ。凡そ八載を經て、方に年號を改む。

然れども四家の年暦には、並びに紹泰三年なし。四本既に並びに同じからず。未だ孰れが正說たるかを詳かにせず。或いは梁の紹泰三年丁丑は、卽ち是れ陳初永定元年なるべきなり。暦中、但、後號を紀し、前名を載せざるのみ。今、且らく經記に依り、梁代の譯となす。（大正五五・五九六c）

①は費長房の『三寶紀』帝年を指す。帝年のこの部分は三段に別たれており、上段を梁と北周、中段を西魏と陳、下段を北齊に充てている。梁・元帝の承聖を五年までとし、北周愍帝の元年に連續させるこの箇所は、彼の獨特の歴史理解、卽ち中國の正統が南朝梁から北朝の西魏・北周へ、そして隋に傳えられたとする主張の、最も重要な部分となっている。(52)

②にいう甄鸞とは、前節に擧げた北周の人ではなく、『開元錄』巻一・總括群經錄の序にいう唐の甄鸞である。(53)また王道珪とは、『新唐書』巻二〇〇・儒學下の尹愔傳に、愔の父・思貞の受業の師として現われる國子博士王道珪ではないかと思われる。尹思貞の卒年は明らかでないものの、子の愔が開元末に歿しており、また思貞は春秋に通じ、三教を講辨し、『諸經義樞』『續史記』の撰述を企圖したとあるように、經・史の學に造詣が深かった。恐らく智昇とは比較的に近い時代の人物である。但し甄鸞・王道珪の年紀そのものの記錄は、新舊兩唐志共に見えない。ともかくもこの兩者の年表は、陳覇先によって擁立された梁朝最後の皇帝敬帝の年號を記し、それに續けて陳・武帝の永定元年を記していた。費長房は獨自の考えから敬帝から陳覇先への禪讓を認めないが、唐代においては陳を

南朝に數えるのは一般的である。

③は撰者不詳の年紀が、西魏北周の附庸國後梁について明確に記錄していたことを示している。後梁の初代宣帝蕭詧は、元帝が都とした荆州江陵の地において卽位し、大定と改元したが、それは八年續いて明帝巋の卽位となり、天保と改元された。

智昇は、以上のような諸種の年表を用いて、『開元錄』を著述する際の重要な要素である經典翻譯の時代考證を行っていたのである。中でも唐の甄鸞・王道珪の年曆は、註（53）に示したように、『開元錄』の編年史的部分である總括群經錄を作成する際の主要な參照典籍となっていた。このように、開元年間（七一三～七四二）、智昇の身近に各種の年曆・年表類が備えられてあったことは、年曆類の當時における普及を示す一證であって、それはまた編年史纂修の基礎を提供し續けていたことをも意味している。

一方、開元時代までは、『三寶紀』のような獨立の通史的著述は現われていない。しかし、はじめにも述べたように、費長房の創案になる代錄が道宣・智昇に受け繼がれ、そこには帝紀としての編年史の意識を窺うことができる。道宣はその『內典錄』における代錄である歷代衆經傳譯所從錄を作成する際、『三寶紀』を全面的に依用しているが(54)、その冒頭の序において、

漢晉隋唐の運は、天下大同す。正朔の臨む所は、法門も一統す。（大正五五・二一九c）

と述べ、智昇も『開元錄』冒頭の總括群經錄の序に、

帝王の年代、幷びに譯人の本事を具え、所出の教等は、人代の先後を以て倫となし、三藏の次に依らず。（大正五五・四七七b）

と述べている。およそ智昇の場合、道宣と比べても經錄的性格を徹底させており、従って編年史撰述の關心も薄

かったように思われるが、しかしいずれもそこに費長房の影響を看取することができる。ここに至り、出家僧の中から帝紀的編年史が用意されて來たといってよく、その傾向は次に述べる圓照・神清においても見ることができよう。

圓照は、代宗・德宗朝に活躍した律僧である。その撰著として『貞元續開元釋教錄』『貞元新定釋教目錄』等がある。その前者の卷中には自著を列擧し、その中に『三教法王存歿年代本記』三卷を記し、且つ注記して、

上卷は佛、中卷は道、下卷は儒。或いは五に分つ。（大正五五・七六五ｂ）

と述べている。これは現存しておらず、その內容を知ることはできないが、その書名と自注から推して、『佛祖統紀』卷五四・歷代會要志の三教出興・三教厄運と同類のものではなかったかと思われる。卷數から考えても極く簡便な三教の興衰についての編年史である。

次に神清は、圓照とはほぼ同時代の蜀僧である。その著『北山錄』卷一・天地始第一の慧寶の注によれば、彼は綿州（四川・綿陽）昌明の人、出家後、綿州開元寺に受學し、德宗の建中（七八〇～七八三）の末、梓州（四川・梓）の慧義寺に卒した[55]とあるように、生涯を四川の地に過した人物である。この神清にはまた『釋氏年志』三〇卷の著があった。『北山錄』卷九・異學第一五に載せる自序に、

嘗て釋氏年志を撰し、編年もて事を序《つい》じ、林藪を成すに務む。（大正五二・六三〇ｃ）

とあるものである。それはまた「三教參玄の旨趣を體」するものであったらしい。『北山錄』（具名『北山參玄語錄』）そのものは、贊寧がその傳に「博く三教を該《つく》す」ものとして、「最も南北の鴻儒名僧高士の披翫する所となった」（大正五〇・七四一ａ）ことを記すように、宋代以降よく讀まれているが、『釋氏年志』をはじめ、彼のその他の多數の著書は早くに失われたようである。從ってその內容については何等知る術を持たないが、『北山錄』に見

られる史書等をはじめとする學殖の豊富と、『釋氏年志』の卷數とから推して、これまでの佛教史上、最も浩瀚な編年史であったことは間違いない。但し、神清が『釋氏年志』撰述に年曆を使用したという明證もなく、また彼に年曆の著述があったことも記錄にない。

ところで、唐代において佛教年曆を著わしたことが記錄上にやや詳しい人物が、唐末、文宗・武宗・宣宗・懿宗の各朝に活躍した玄暢である。『宋高僧傳』卷一七の玄暢傳には、會昌の廢佛に際し、上表論諫の目的で著した卷數不明の『歷代帝王錄』と、撰述年次不明の『三寶五運圖』三卷とが記錄され、玄暢にはこれに『帝王年代錄』を加え、三種の同類の著述があった。これら三種の撰述の先後關係、或いは內容面からの相關については、これまでに山崎宏、牧田諦亮兩氏によって、それぞれ說明がなされている。(56) これら三種の中、『三寶五運圖』は、山崎氏が明らかにされたように、贊寧の『大宋僧史略』に都合七回の最も多い引用例があり、『僧史略』作成の際の主要文獻となっているものである。また贊寧は『僧史略』卷中の左右街僧錄の條に、『三寶五運圖』が佛法傳行の年代を明らかにする點で、費長房の『開皇三寶錄』と同類であると言っている。これが『三寶紀』帝年を指していることは明らかである。また玄暢傳の後半にも、こうした傳記の通例として、その著書―『顯正記』一〇卷、『科六帖名義圖』三卷・『三寶五運圖』三卷を一括して擧げ、更に次のように解說している。

舊聞を祖述すと雖も、新目を標題し、義は意表に出で、文は時の須《もと》めに濟《な》る。(大正五〇・八一八b)

これらによって、少くとも『三寶五運圖』が『三寶紀』帝年に倣って作成されたことを知ることはできる。しかし「標題新目」が、山崎氏の言われるように『三寶五運圖』のみを指すとは讀み得ず、また『三寶五運圖』が『三寶紀』帝年に倣ったこと、或いは先述したその名稱の特徵とから考えて、それが年曆であったことは明らかであり、從って、贊寧が『僧史略』の序に自著を說明して自らいう、「門題を樹立し、事類を搜求す(樹立門題、搜求事類)」(大正五四・二三五ａ)という體例と『三寶五運圖』のそれとが、山崎氏の説かれる程に多くの共通項があったかは、疑いなきを得ない。また贊寧は、玄暢傳を含む『宋高僧傳』巻一七の巻末「論曰」に、會昌の廢佛の前、左右街僧錄の要請により、古今を纂輯し、經史を捜揚して、「別錄」を作成し上進したと記す。この別錄とは、『宋高僧傳』のみによれば玄暢傳にいう『歴代帝王錄』のことであろう。ところが贊寧は、先にも擧げた『僧史略』巻中・左右街僧錄の條に、兩街僧錄が詔命に應ずるために玄暢を推擧し序述編次せしめた結果、玄暢によって『三寶五運圖』が撰わされたとも記す。山崎氏は、これらの記錄から、『三寶五運圖』の一部を別錄、卽ち『歴代帝王錄』として奏上したものと解釋し、從って『歴代帝王錄』は『三寶紀』帝年とほぼ同樣のものと推測されている。この解釋及び推測には、贊寧の殘した記錄による限り、異論の入る餘地はないように思われる。しかし贊寧は『歴代帝王錄』卽ち別錄のことについて、『僧史略』の中では何等も述べておらず、その規模・巻數すら記していない。一方、『三寶五運圖』は贊寧自らが『僧史略』に度々引用した年曆であり、その內容及び規模が三巻であることは信じ得るであろうが、撰述年次については述べるところがない。山崎氏の解釋に從えば、年曆である『三寶五運圖』の一部を『歴代帝王錄』として上進したこととなるが、武宗に對し諸僧を代表して三巻の年曆を節略したとは考えにくい。また武宗の前代・文宗朝の大和八年に成った『帝王年代錄』は、『佛法和漢年代曆』の漢の部の主要な柱となっているが、隋末までの記載に終っており、巻數も不明である。しかし後漢明帝以來のその記事數・內容から比較しても、おおよそ『三寶紀』帝年と同樣であり、また『帝王年代錄』が文宗朝以前までの唐代の記事を含んでいた可能性も考えられる。例えば『僧史略』巻下・賜師號の條には、懿宗朝より始まったとする賜師號について、關連事項として注の中に『三寶五運圖』を引いている。『帝王年代錄』と『三寶五運圖』とが、『三寶紀』帝年に類するものと假定されるならば、『帝王年代錄』の巻數が圓珍將來本のように單巻ではなかった可能性も十分に考えられよう。(57)『歴代帝王録』について、山崎氏が『三寶五運圖』から派生したものとし、牧田氏が『帝王年代録』を改訂したものと推測していることについては、確定的な記録がない。従って、他の推測も可能である。例えば、法琳の『辯正論』巻三の十代奉佛篇や道世の『法苑珠林』巻一〇〇の傳記篇興福部に類する、歴代帝王の奉佛の事蹟を列示したものであったかも知れない。一方、『帝王年代録』と『三寶五運圖』とには、佛教年暦として最も重要な釋迦佛誕生の年次に關し、相違する事實がある。『佛法和漢年代暦』巻首の「如來誕生年」の項に引く『帝王年代暦《ママ》』には、曇無最・法上等が用いる周・昭王二十四年説（『三寶紀』帝年上の序にいう第二説）が記されるのに對し、『僧史略』巻上・佛降生年代の條に引く『三寶五運圖』には、東周平王四十八年説が述べられてあったという。(58)これは『三寶紀』帝年上の序に記す五種の説の中、第三説に當る『像正記』に依るとして記すものである。牧田氏は『帝王年代録』と『三寶五運圖』とがほぼその趣旨を同じくしたものと推測されているが、兩者が共に年暦である點において、その推測は正しいであろう。しかし大和八年に自ら備うとして作成した年暦の出發點を、それからほぼ十年を經て、しかも上呈を前提にして作られた年暦に、より時代を近い所に置く平王四十八年説を採用することによって變更した理由については、今のところ十分な答を見出し得ない。

以上のように、中國佛教史における帝紀・年暦の編述の歴史において、玄暢の時代に至り、出家僧からの年暦編纂が明確な姿を示し始めた。これは、中國における佛教の歴史を帝紀の下に敍述する史書の在り方が、史學史における一般的潮流に沿う形で、漸く佛教界にも公然化して來たことを意味している。佛教の國家に對する從屬は、魏晉以降、殊に北朝期において明らかに指摘し得、隋唐代へと時代が進むにつれ、その傾向はますます強化されて行った。そうした政治・制度等社會全般の現象面の變化の速度に比べ、史學史的なそれは遙かに遲い。しかし、玄暢が會昌の廢佛の前後の時期に、年暦の形態でもって中國佛教史の整理を行ったことは、中國佛教における史書編纂の歴史において象徴的なことと言ってよいであろう。それは早く費長房によって示されたように、帝紀と共にある佛教、廢絶される何等の理由のない佛教の歴史を、眼前に明瞭に示し得るものとして採用したものであって、續く宋代への直接の契機をなしたと考えられるからである。

四　結び

『三寶紀』は、通史的敍述の體例を持つものとして、その意味で北宋代以降、にわかに輩出する佛教史書の先驅的位置を保っていると言ってよい。しかしその個々の構成要素の內、代錄は、その趣旨を後世に受け繼がれながらも、それは經典目錄の一部門としてであって、遂には經錄の中に埋沒する結果を來した。入藏錄は先にも述べたように『開元錄』によって批判されているが、『三寶紀』全體としては早くに入藏されたこともあって保存された。しかし『三寶紀』中の記錄は利用がなされたものの、その史書としての體例が受容されることはなかったのである。

また帝年も、特に釋迦生誕の年次に關し、批判を受けている。その最も手嚴しいものは、『法苑珠林』卷一〇〇・傳記篇曆算部に記錄する法琳の批判であろう。そこでは帝年上の序に述べるところを一々細かに擧げて反駁し、最後に、「長房の錄は、定めて依る可からず」と決めつけている（大正五三・一〇二八c～一〇二九a）。この法琳の說は、貞觀十三年（六三九）、敕命によって法琳の下に派遣された劉德威・令狐德棻・韋悰・毛明素等が、本章第三節㈠に擧げた『辯正論』卷五・佛道先後篇に記す姚恭の『年曆帝紀』に言う生卒年の典據を問い、併せて他の費長房等の謬說が併存する事態を糾したのに對してなされたものである。法琳は、『年曆帝紀』の昭王甲寅歲を二十四年とし、北朝以來の傳統に則りながら、他說の中、とりわけ費長房の說を非難する。法琳は劉德威等に對する答

の最後に、

年紀をつくる者少なからず、帝暦を序べる者も家《ひと》多し。しかれども、互いに差違あって増減出沒し、皆、已れが意を師とし、各々指南と謂う。(59)（大正五三・一〇二九ａ）

と言っているが、初唐の頃の護法論盛んな折、様々な年暦類が使用され、また作成されたことを窺わしめると共に、『三寶紀』帝年の價値が甚だしく減ぜられたことを知ることができる。それは『法苑珠林』巻末に轉載されたことによって、一層定着して行ったのではないかと思われる。

しかし『三寶紀』帝年の年暦としての形態は、玄暢が『三寶五運圖』を編纂する際の重要な引用典籍としていたように、事項の創始を傳える典據となったと考えられるだけにとどまらず、(60)佛教史年暦としての影響をもそれに及ぼしていたのであって、それはひいては北宋代に至り、贊寧の『僧史略』にまで影響を與えている。但し、『僧史略』、或いは『僧史略』を先例とした『釋氏要覽』に連る史書の形態は、それまでの年暦とは大いに異り、會要史的方向に向っている。今一つの方向は、即ち北宋末以降の一連の通史的著述であるが、しかしそこでは、それまでの佛教史年暦に對する需要の度合が、餘程減ってきている。例えば『佛祖統紀』巻二・教主釋迦牟尼佛本紀の示降生の條に、周・昭王二十六年甲寅を説明して、

劉道原の通鑑外紀には、昭王元年は己丑、二十六年は甲寅とす。今、諸書、多く二十四年と稱するは相承くるの誤りなり。（大正四九・一四二ａ）

と記している。(61)ここではより近代の、より精確な上古史史料を用いる姿勢が示されており、法琳に見られたような傳統的な二十四年説すらが否定されている。また同所には昭王二十四年説を支持する正説六種、他の異説八種が列擧されているが、そこには法琳のような激しい調子は見られない。北宋末から南宋代にかけての通史を企圖した一

連の佛教史書は、言わば佛教史における史書展開の歸結點を示すものであり、『佛祖統紀』はその典型である。そうした佛教史における史實整理の開始とその歴史編年の基礎は、北宋初の『僧史略』に代表される、新しい形態を持って現われた一連の史書によって提供されたと考えられる。

ところで、南北朝後半から隋・唐初にかけては、道・佛の論爭が政治的背景を伴って激しく盛んに行われ、護法意識にもとづいてそうした記録も多量に殘されて來た。それらに見られる道・佛二教間の論難の主要な爭點の一つは、道・佛兩教の開祖の出世誕生に關わる先後問題であり、そこから導き出される優劣の問題であった。佛教側も道教側も様々の僞經を作成し、自陣に有利な史實を構えて鎬を削ったが、今日、それらの爭點は、およそつまらぬ妄説によって優劣を決めようとする低俗なものと考えられている[62]。確かに同時に存在した教理哲學に比べれば、そのように言えなくもない。しかし前節に述べ、また既に指摘もされているように、道・佛兩開祖の先後問題に曆學者が關與していること[63]は、決して看過すべき事柄ではない。道佛論爭への曆學者の關わりは、古くは呉の闞澤[64]にその始めを求められるであろうが、南北朝後半に入り、俄然曆學者との關わりが密接になったように見られるには、道佛兩教の爭いが、この頃になり歴史的曆學的正確さを伴って行われたからである。それは道佛兩教にとって、開祖の誕生年次の問題は第一等に重要な爭點だったからに他ならない。そのような動きの中で、それまでに形成されて來ていた帝紀・年曆という新しい、通史的機能を持つ史書に佛教史的事項が付け加えられ、やがて『三寶紀』に結實して行ったのである。換言すれば、帝紀・年曆、中でも年曆という史書形態によって、インド・中國における佛教の開始と展開とが、常に正確さをもって求められ、且つ準備されて來たのであって、それがおよそ宋代に至るまでの間、佛教史において通史の意識を持續させる働きをもたらしたと思われる。そのことは、南宋の『佛祖統紀』が、それまでに提供された、より新しい成果――『資治通鑑外紀』及び『資治通鑑』、によって史實の歴史時間上の位置を決定し、宋以前の佛教關係の史書に準據していない事態に、逆によく窺うことができるのではなかろうか。

註

（1）『歷代三寶紀』卷一五・總目に載せる開皇三寶錄總目序に、「外題に稱して開皇三寶錄と曰う」「其の卷の內を云えば、甄《しめ》して歷代紀となす」（大正四九・一二一a）とあるように、『歷代三寶紀』とは內題である。

（2）これと同傾向のものに、同書卷二・教主釋迦牟尼佛本紀第一之二の示降生の條がある。

（3）史記功臣表云、要以成功爲統紀。漢高祖紀・顏師古注曰、紀理也、統理衆事、繫之年月。（大正四九・一三一a）

（4）『釋門正統』の序に次のようにいう。

　編年者先聖舊章也、……微顯志晦、懲惡勸善之體猶在。降此而下、司馬君實掌握時英、以局自隨半生、僅成一書。豈遷固所能企及。……其用遷固法、誠有不獲已。法雖遷固、而微顯志晦、懲惡勸善、未嘗不竊取舊章、此正統之作也。（續藏經第二編乙第三套第五冊、新纂續藏經七五・二五四b）

右は明らかに杜預の春秋左傳序（『文選』卷四五）に言う次の文を念頭においている。

　……而爲例之情有五。一曰、微而顯。……二曰、志而晦。……三曰、婉而成章。……四曰、盡而不汙。……五曰、懲惡而勸善。……推此五體、以尋經傳、觸類而長之、附于二百四十二年行事、王道之正、人倫之紀備矣。

なお高雄義堅『宋代佛教史の研究』（百華苑　一九七五年）第八章　宋代佛教史書の出現、小川貫弌「宗鑑釋門正統の成立」（『龍谷史壇』四三　一九五八年）、牧田諦亮「宋代における佛教史學の發展」（『印度學佛教學研究』三―二　一九五五年）參照。

（5）尾崎康「通史の成立まで」（『斯道文庫論集』七　一九六八年）・同「干寶晉紀考」（同上八　一九七〇年）、戸川芳郎「帝紀と生成論」（『中國哲學史の展望と模索』創文社　一九七六年、後、『漢代の學術と文化』研文出版　二〇〇二年　所收）。

（6）譙周の『古史考』については、吉川忠夫「蜀における讖緯の學の傳統」（『讖緯思想の綜合的研究』國書刊行會　一九八四年　所收）がある。

（7）皇甫謐の年曆については、新舊兩唐志共に史部雜史に『帝王世紀』と竝べて著錄され、『太平御覽』の經史圖書綱目の他、『通志』卷六五・藝文略第三・史類編年の運曆の項にも記錄がある。

（8）姚名達『中國目錄學史』（商務印書館　一九三八年）分類篇　參照。

（9）勝村哲也「修文殿御覽天部の復元」（『中國の科學と科學者』京都大學人文科學研究所　一九七八年　所收）六五三頁　參照。

（10）重澤俊郎「文獻目錄を通して見た六朝の歷史意識」（『東洋史研究』一八―一　一九五九年）一六頁による。

（11）塚本善隆『魏書釋老志の研究』（同著作集第一卷　大東出版社　一九七四年）譯註篇第九節の解說九六頁に、この指摘がある。また興膳宏・川合康三『隋書經籍志詳攷』（汲古書院　一九九五年）「佛經」序注　も參照。

（12）同書宗教目錄篇二七三頁。
なお、同書分類篇六八～六九頁において、姚氏は、隋・法經の『衆經目錄』七卷の最終卷である衆經總錄と共に、『歷代三寶紀』の最終卷・總目をも、『七略』の輯略に倣ったものとしているが、『法經錄』については暫く措くとして、『三寶紀』の總目は、『史記』『漢書』以來の傳統的史書の體裁を踏襲したものと考えるべきであろう。

（13）本篇第三章「『歷代三寶紀』の成立と費長房の歷史觀」（原題「歷代三寶紀の一研究」『佛敎史學研究』二五―二　一九八三年）、本篇第四章「歷代三寶紀帝年攷」（『大谷學報』六三―四　一九八四年）。

（14）『三寶紀』記載の順に從えば、作者不詳の『宋時衆經別錄』、僧祐撰『出三藏記集』、李廓撰『魏世衆經錄目』、法上撰『齊世衆經目錄』、寶唱撰『梁世衆經目錄』、法經等二十大德撰『大隋衆經目錄』の六種經錄。これについては、本篇第三章第五節にも述べた。

（15）『法經錄』卷七・衆經總錄に次のように記す。
於是道安法師、創條諸經目錄、銓品譯材、的明時代、求遺索缺、備成錄體。（大正五五・一四八c）

（16）『三寶紀』總目序によれば、例えば北齊の『法上錄』は、一・雜藏錄、二・修多羅錄、三・毘尼錄、四・阿毘曇錄、五・別錄、六・衆經抄錄、七・集錄、八・人作錄、とあるが、隋の『法經錄』になると、その內容は、第一から第六までが大小乘の修多羅・毘尼・阿毘曇の藏錄、以下第七から第九までが佛滅度後の抄集錄・傳記錄・著述錄となっており、完全な入藏錄である。この『法經錄』編纂の時代背景、『三寶紀』との關係等についても、前掲註（13）本篇第三章參照。

（17）この個所の前段において費長房は、

今之所撰集、略准三書、以爲指南、顯茲三寶。（大正四九・一二〇c）

と述べている。三寶紀撰述の際の主要な典據となった三書とは、『出三藏記集』等の經錄を指す。前掲註（13）本篇第三章參照。

（18）原文「阮氏七錄・王家四部」は同樣の表現が同じく『辯正論』卷七・品藻衆書篇第九にも見え（大正五二・五四一c）、阮孝緒の『七錄』と王儉の『宋元徽元年四部書目錄』（隋志・史・簿錄篇）を言う。

（19）原文「陶隱居之文・劉先生之記」前者は廣くは陶弘景の文集を指すであろうが、狹くは『帝王年曆』を言う。『破邪論』卷上には、

案史記・歷帝（記）・王儉目錄及陶隱居年紀等……（大正五二・四八二b）

とあり、また屢々引用してもいる。前掲註（13）本篇第四章參照。また『帝王年曆』については、黄彰健「陶弘景著帝王年曆以竹書爲正」（『大陸雜誌』五五―六　一九七七年）がある。後者の「劉先生之記」については不詳。この『帝王年曆』、及び次に述べる隋・姚恭の『年曆帝紀』については、本篇第四章にも述べた。

（20）原文「王隱・魏收之錄」の前者は、『隋書』經籍志（以下、隋志と略）二・史・正史に記す『晉書』八六卷、後者は言うまでもなく『魏書』を指す。

（21）原文「楊玠・費節之書」の前者は、『破邪論』卷下に記す「齊祕書楊玠史目」（大正五二・四八三b、同四八三c、同四八六c）を指す。『舊唐書』經籍志（以下、舊唐志と略）上・史・雜四部書目、『新唐書』藝文志（以下、新唐志と略）二・史・目錄類には楊松珍撰の『史目』三卷を記す。後者については、これも目錄の類と思われるが不詳。

（22）（遁甲）開山圖・（河圖）括地象・（春秋）元命苞・（孝經）援神契はいずれも緯書。これらについては安居香山・中村璋八『緯書の基礎的研究』（國書刊行會　一九七六年）參照。

（23）始學篇は、隋志一・經・小學に蔡邕撰『勸學』一卷に注して「始學十二卷、呉郎中項峻撰」とあるもの。

(24) 原文は「太史公律曆志」であるが、『史記』律書・曆書と『漢書』律曆志の竝列と解釋しておく。
(25) 原文「典略之與世紀」の前者は、後に述べる『太平御覽』卷七八・皇王部三に引くところから呉・陸景の『典略』と思われるが、經史圖書綱目には『典語』となっている（隋志三・子・儒參照）。後者は皇甫謐の『帝王世紀』。
(26) 原文「志林之與長曆」の前者には、隋志三・子・儒に記す晉・虞喜の『志林新書』と、清・文廷式の『補晉書藝文志』に言う虞達の『志林』とがあり、いずれとも決し難い。後者は杜預の『春秋長曆』と思われる。『三五曆紀』の次に記す「十二章」、また「方叔機」については不詳。
(27) 但し、隋志二・史・雜史には三〇卷、舊唐志上・史・雜史、新唐志二・史・雜史には共に二六卷とする。
(28) 藪內清『隋唐曆法史の研究』（三省堂　一九四四年）第二章　唐代の曆法　參照。
(29) 『塚本善隆著作集』第二卷　北朝佛教史研究（大東出版社　一九七四年）第八章　北周の廢佛　八　北周の道教と道士張賓參照。
(30) 前揭註（28）同書第一章　隋代の曆法　附錄殷周より隋に至る支那曆法史　二五六頁　參照。
(31) 周隋革命における讖緯符命の利用とその性格については、『塚本善隆著作集』第三卷　中國中世佛教史論攷（大東出版社　一九七五年）第五章　隋佛教史序說—隋文帝誕生說話の佛教化と宣布—、及び藤善眞澄『道宣傳の研究』（京都大學學術出版會　二〇〇二年）附篇第一章　北齊系官僚の一動向、第二章　王劭の著述小考、第三章　末法家としての那連提黎耶舍—周隋革命と德護長者經—　參照。
(32) 後梁の第二代明帝蕭巋が、開皇四年二月、長安入朝を終え荊州江陵に還るに際し、文帝はその手をとり、次のように言ったという。

　梁主久滯荊楚、未復舊都、故鄉之念、良軫懷抱。朕當振旅長江、相送旋反耳。（『周書』卷四八・蕭詧傳附蕭巋傳）

これについては、本書第二篇第三章「北朝末隋初における襄陽と佛教」（原揭『大谷大學眞宗總合研究所紀要』五）參照。
(33) 前揭註（13）本篇第四章參照。
(34) 前揭註（5）尾崎康「通史の成立まで」、註（9）勝村氏論文。

(35)『辯正論』の段落③の中、『開山圖』より『帝王世紀』までが全て見えている。

(36)前掲註（9）勝村氏論文の註（20）に、法琳が『華林遍略』を利用していた可能性を指摘している。

(37)『辯正論』巻五・佛道先後篇の先掲の文に續いて次のように記す。

　長謙紀云、佛是昭王二十六年甲寅歳生、穆王五十三年壬申之歳佛始滅度、

　〔註〕至開皇五年、得一千五百七十六載矣（大正五二・五二一c）

(38)『三寶紀』帝年巻上の序に記す五説、及び費長房の主張する説については、望月信亨『佛教大年表』序論（『佛教大辭典』巻六　年表　所收）の他、小川貫弌「中國佛教徒の歴史意識―代表者歴代三寶紀を中心として―」（共同研究「中國佛教史籍の基礎的研究」の一、『龍谷大學佛教文化研究所紀要』一一　一九七二年）參照。

(39)『續高僧傳』巻二三・護法上・曇無最傳

　佛當周昭王二十四年四月八日生、穆王五十二年二月十五日滅度（大正五〇・六二四c）

(40)常盤大定『支那に於ける佛教と儒教道教』（東洋文庫　一九三〇年）後編下　第二章　北魏の姜斌、曇無最の論難參照。

(41)但し、『魏書』釋老志は莊王九年とする。この説は、隋志・佛經序にも用いられている。

(42)『廣五運圖』は、新唐志二・史・編年類にはこれに注して「巻亡」と言っている。鄭樵が擧げる、以上の書籍のどこまでが彼自ら實見し分類し得たものか疑わしい。書名、或いは佚文からの判斷による部分が多かったのではないかと思われる。

(43)隋志二・史・雜史に一巻とある。但し、これが帝王世紀に類するものか、年曆に類するものかは不詳。ここではその巻數からとりあえず年曆の類と考えておきたい。

(44)『通志』巻六七、藝文略五・釋家には、「開皇三寶錄十四巻」と「歴代三寶紀三巻」とを記し、後者のみに「費長房撰」と注記している。

(45)圓珍は宣宗大中九年（八五五）に長安に入っている。『大正藏』巻五五・目錄部に收錄する三種の將來目錄、即ち『福州温州臺州求得經律論疏記外書等目錄』には「帝王年代錄一巻西明寺玄暢記」（一〇九五b）、大中十一年の紀年を持つ『日本比丘圓珍入唐求法目錄』には、「帝王年代錄兩本二巻」（一一〇一b）、『智昇大師請來目錄』には「帝王

年代錄兩本二卷大小暢」（一一〇七a）の、以上の記錄がある。これらから考えれば、『帝王年代錄』は一卷本であったようにも思われる。しかし『三寶紀』に關しては、『入唐求法目錄』に「歴代三寶錄一十二卷缺三卷」（一一〇〇c）、『請來目錄』に「開皇三寶錄七卷三・四・七・九・十一・十二・十四、缺十三・十五、費氏」（一一〇三a）とあるように、首尾完具していないものをも將來している。

(46) 牧田諦亮『中國佛教史研究　第一』第一二章　佛法和漢年代曆について（大東出版社　一九八一年、原掲『南都佛教』二一）。

(47) 尾崎康前掲註（5）「通史の成立まで」三一四頁に、『佛法和漢年代曆』は慶應義塾大學圖書館の所藏であることが記されている。

(48) 『唐會要』では書名を通史、撰者を姚思廉とする。

通史、自開闢至隋末、編年纂帝王美政善事。詔令可利于時者、必載于時政、鹽鐵筦榷、和羅賑貸、錢陌兵數虛實、貯糧用兵利害、邊事戎狄、無不備載、下至釋道燒煉、妄求無驗、皆敍之矣。

(49) 李仁實『通歴』七卷、馬摠『通曆』一〇卷、王起『王氏五位圖』一〇卷、『廣五運圖』（亡書）、苗臺符『古今通要』四卷、賈欽文『古今年代曆』一卷、曹圭『五運錄』十二卷、張敦素『建元曆』二卷、劉軻『帝王曆數謌』一卷、封演『古今年號錄』一卷、韋美『嘉號錄』一卷、柳璨『正閏位曆』三卷、李匡文『兩漢至唐年紀』一卷。

但し、新唐志の雜史類には皇甫謐の『帝王世紀』『年曆』、或いは姚恭の『年曆帝紀』、陶弘景の『帝王年曆』等、唐代以前の帝紀・年曆類を編入しており、明らかに唐代のこれらと區別している。

(50) 『温國文正司馬公集』卷六六・記一の「記曆年圖後」に次のように言う。

光、頃歲讀史、患其文繁事廣、不能得其綱要、又諸國分列、歲時先後、參差不齊、乃止采共和以來下訖五代、略記國家興衰大迹、集爲五圖。每圖爲五重、每重爲六十行、每行記一年之事、其年取一國爲主、而以朱書它國元年綴於其下、蓋欲指其元年、以推二三四五、則從可知矣。凡一千八百年、命曰曆年圖。其書雜亂無法、聊以私便於討論、不敢廣布於它人也。不意、趙君乃摹刻於版、傳之蜀人。梁山令孟君得其一通以相示。始光率意爲此書。苟天下非一統、則漫以一國主其年、固不能辨其正閏。而趙君乃易其名曰帝統、非光志也。……

なお司馬光の『曆年圖』については、稻葉一郎『中國史學史の研究』（京都大學學術出版會　二〇〇六年）第四

部第三章　『暦年圖』と『通志』（原掲『史林』七四―三）を參照。
(51)　前掲註（46）牧田諦亮著書三七四頁。
(52)　前掲註（13）本篇第三章第四節參照。
(53)　『開元釋教錄』巻一・總括群經錄上之一の序に次のように言う。
年代甲子、依唐司隷甄鸞・成均博士王道珪二家年曆參定。（大正五五・四七七c）
圓照の『貞元新定釋教目錄』巻一にも同文があるが、そこでは「國子博士王道珪」となっている（大正五五・七七四c）。
(54)　前掲註（13）本篇第三章參照。なお、『三寶紀』と道宣撰の『續高僧傳』の譯經篇及び『大唐內典錄』との關係については、本篇第六章に述べている。道宣の史傳關係著書―『大唐內典錄』『續高僧傳』に與えた『三寶紀』の影響は非常に大きなものがあったと思われるにも拘らず、道宣の費長房に對する姿勢には、いかにも素氣ないものが感じられる。
(55)　『宋高僧傳』巻六の神清傳では、憲宗の元和年間（八〇六～八二〇）の歿としており、慧寶の注と大幅に相違している。
(56)　前掲註（46）牧田諦亮著書。山崎宏『隋唐佛教史の研究』（法藏館　一九六七年）第一六章「僧史略」考。
(57)　藤原佐世の『日本國見在書目錄』史部・雜史家には、釋靈實撰の『帝王年代曆』一〇巻と、續けて撰者不詳の『帝王年代曆』八巻が記錄されている。書名の類似から玄暢撰かとも考えられるが、何等の確證もない。
(58)　贊寧はこれに對し、次のように、否定的見解を示している。
又案五運圖云、東周平王四十八年戊午歳佛生。此説則無憑也。（大正五四・二三五c）
このことによっても、贊寧の『三寶五運圖』の多用はそれが全面的な同意の下で行われた譯ではなかったことを知ることができる。
(59)　長房之錄、定不可依、……爲年紀者不少、序帝曆者多家、而互有差違、增減出沒、皆師己意、各謂指南。（大正五三・一〇二九a）
(60)　『僧史略』巻上・尼得戒由、及び注經の條。このような尼僧具戒の始め、注經の始めを記すのに類似する記事は、

『三寶紀』にも、また『帝王年代録』にも見られる。

(61)　劉恕の『資治通鑑外紀』は、『佛祖統紀』巻三四・法運通塞志の「示降生」にも二回の引用例がある。特に後者の例は『周書異記』によって佛誕生時の奇瑞を記しながら、その歴史事實としての證明を『資治通鑑外紀』に求めたものである。唐代までならば、六朝期或いはそれ以前の作と考えられていた諸典籍に證據を求めるのが一般的であろう。

(62)　前掲註(29)塚本善隆著書五七七頁。

(63)　前掲註(29)塚本善隆著書五五七頁。

(64)　『三國志』巻五三・呉志第八・闞澤傳。
　彼の著わした『乾象暦註』については、前掲註(28)藪内清著書附録「殷周より隋に至る支那暦法史」二三一～二三四頁　參照。

第六章　『歷代三寶紀』と唐・道宣の著述
―『續高僧傳』譯經篇第一と『大唐內典錄』―

一　『續高僧傳』―譯經者の傳記―と『歷代三寶紀』

㈠　はじめに

『歷代三寶紀』（以下『三寶紀』と略）一五卷はまた『開皇三寶錄』ともいい、歷代の譯經者や述作者の業績と傳歷とを書き留めたものである。撰者は隋の翻經學士費長房で、その「上開皇三寶錄表」によれば、開皇十七年（五九七）に完成上進している。その構成は、年表三卷・代錄九卷・入藏錄二卷・總目及び諸家目錄一卷となっている。從來この書は經典目錄としての價値を認められ、卷末に附載する前代の經典目錄（以下、經錄と略）の總目及び未見書目は特に經錄研究上注意されているが、反面、經錄としての信憑性に對しては甚だ芳しからざる評價が定着しており、いわば杜撰の譏りを免れない。しかし『三寶紀』は、梁の『出三藏記集』成立以降隋に至る閒の缺を補う一面を有し、それによってもその歷史的價値を保ち續けている。南朝梁より陳にかけての、また北魏分裂以降の譯經者乃至述作者の業績及び傳記というものは『三寶紀』によって後世に傳えられたといってもよく、後の『大唐內典錄』『開元釋敎錄』もおおむねこれによっている。

『續高僧傳』三〇卷は、周知のように、唐の道宣が貞觀十九年（六四五）に一旦完成し、後、晚年近くまで增補を加えて成ったものである。この『續高僧傳』述作の基礎に、道宣が中國の各地を旅行しまた收錄すべき人物の資料を丹念に拾いあげて行ったことがあることは、その傳文の中からも充分に窺い得る。[1] ただし譯經篇四卷の中、前半二卷に收錄されている傳については、結論を先に述べることになるが、その大部分を『三寶紀』によるか、或いはそれに導かれて成り立っており、それは正傳のみでなく附傳においてもまた然りである。[2]

ところで傳を構成する場合、『三寶紀』によっているとはいっても、自ずといくつかの類型に分けられるようである。以下概略を提示した上で要點を述べてみたい。

㈡　譯經篇の類型

譯經篇第一、第二の正傳は、梁に僧伽婆羅・寶唱、北魏に曇曜・菩提流支、陳に拘那羅陀《ママ》・法泰（以上卷一）、隋に那連提黎耶舍・闍那崛多・達摩笈多・彥琮（以上卷二）の各傳となっている。[3] これらを『三寶紀』の記錄と引き合わせながら讀んでみると、道宣は『三寶紀』を全面的なより所としつつ、實に巧みに各々の傳文を作りあげていることがわかる。例えば拘那羅陀《ママ》傳すなわち眞諦傳に附傳されている月婆首那傳などは、『三寶紀』では卷九・東魏錄・同陳錄・卷一一・梁錄の三所に分記されている。これは本篇第三章で述べた『三寶紀』の性格上當然な處置であったものである。道宣はそれを、『三寶紀』卷九・陳錄の記述を中心に置き、他の二錄よりそれぞれの時代での譯經の次第を適宜に引用插入することによって伝記を構成している。その際、道宣は『三寶紀』が譯經名の下に施している夾註をも利用しているが、この夾註利用のことは他の各傳についてもおおむね言い得ることである。

さて、『續高僧傳』の傳文を通觀してみると、その構成は次の三點によって示される。①は『三寶紀』にほぼ全面的によるもの、②は『三寶紀』によりつつも一部獨自の資料によるもの、③は獨自資料に基づくもの（但しこれには『三寶紀』と同じ資料の場合も含まれる）の三點である。勿論傳文自體は全てが整然と區分けされるものではあり得ず、右の三點を複雜に絡ませながら成り立っているものであるが、論述の必要上、この三點をもとに各傳を振り分けてみると次のようになる。

①の類：僧伽婆羅傳及び附傳全部、曇曜傳及び附傳の曇靖傳、菩提流支傳に附された李廓・佛陀扇多・瞿曇般若流支・曇顯・攘那跋陀羅・達摩流支・闍那耶舍の各傳、眞諦傳に附された月婆首那・須菩提の各傳、那連提黎耶舍傳に附された萬天懿・毘尼多流支の各傳、闍那崛多傳に附された占察經に關する記事・及び徐同卿・劉憑の各傳、

②の類：寶唱傳、菩提流支傳に附された勒那摩提傳、闍那崛多傳、達摩笈多傳に附された彥琮等撰衆經法式に關する記事、

③の類：菩提流支傳及び常景・法場・楊衒之の各附傳、眞諦傳、法泰傳及び附傳全部、那連提黎耶舍傳、達摩笈多傳及び附された彥琮撰大隋西國傳に關する記事と侯白傳・費長房傳、

右の中、①の類においても道宣の創意になると思われる部分は存するが、特に說明を要するのが②と③の類である。②の寶唱傳においては、例えば『三寶紀』卷一一・梁錄の「摩訶般若波羅蜜子注經」に對して施された文を二個所に分けて引用するが、その二引用文の間に、大愛敬寺・大智度寺の結構を寺碑の類いから長々と引用紹介し、また武帝の「孝子賦序」（『廣弘明集』卷二九所收）及び元帝の「金樓子」よりの引用文をはさみこむなどの操作を行って寶唱傳の半ばを構成している。後にも述べるが、寶唱傳の半ば以上は梁の武帝の佛教信仰の有樣を說くことに費され、この點は③の菩提流支傳にも共通するところがある。闍那崛多傳には、『三寶紀』卷一二・大隋錄の同傳及び隋錄序から引用している部分があるものの、その多くは『三寶紀』には見えぬものである。(4)

③の眞諦・那連提黎耶舍・達摩笈多の各譯經僧にはそれぞれ單行の專傳があったことが『三寶紀』及び『續高僧傳』によって記錄されている。眞諦にはその菩薩戒弟子たる曹毘によって「別歴」なるものが著わされている。[5]法泰傳は『三寶紀』には全く記されていない。しかしその內容は全て眞諦を軸として書かれており、從ってこれは眞諦傳の附傳と考えてよいものである。那連提黎耶舍と達摩笈多の傳は、いずれも彥琮の手になる「別傳」[6]によって書かれている。ただ『三寶紀』には達摩笈多についての專傳はなく、闍那崛多傳に關說されてあるだけである。[7]しかしながら占察經・侯白・徐同卿・劉憑・衆經法式と續く附傳の順は全く『三寶紀』卷一二の順序に從ったものであり、道宣がその敍述の基礎に『三寶紀』を置いていることは明白である。

最後に菩提流支傳について一言すると、既に指摘されているように[8]、菩提流支の傳には『洛陽伽藍記』からの長文の引用が含まれており、菩提流支の專傳のみの場合、その割合いは傳全體の半ば以上に達し、附傳の楊衒之傳も『洛陽伽藍記』序からの引用文で占められている。この菩提流支の專傳における『洛陽伽藍記』からの引用文は、その卷一・永寧寺の條からのものであるが、この先例は實は『三寶紀』卷九の序に見出される。『三寶紀』卷九は西秦北涼元魏高齊陳の五錄を含み、序はそれぞれの時代を略述したものであるが、その半ば以上が『洛陽伽藍記』卷一・永寧寺の條からの引用文によって占められ、元魏時代の概觀にあてられている。『三寶紀』と『續高僧傳』との引用文を比較してみると、前者の方が格段に正確な引用を行っている半面、後者の方が引用した範圍はずっと廣く、中途を省いてはいるものの永寧寺の條の末尾にまで及んでいる。これが菩提流支傳を③に分類した理由であるが、道宣は『三寶紀』に導かれて『洛陽伽藍記』を菩提流支傳の中に取りこんできたものと考えられる。その一證として、菩提流支傳の附傳の順序の殆どを『三寶紀』の順序に從わせていることがあげられよう。特に勒那摩提より楊衒之に至る附傳は殆どそのままを『三寶紀』卷九・元魏錄（東魏を含む）に依り、曇顯より闍那耶舍に至るものも『三寶紀』巻一一・北周錄（西魏を含む）の順に同じである。また菩提流支の專傳とは離れた位置に楊衒之傳として『洛陽伽藍記』序を引用しているのは、傳全體の體裁から見れば不可解とも思われることであるが、これも右に述べたように道宣が『三寶紀』の記載に從ったためであろう。

㈢　傳文構成の意味するもの

次に各傳の構成の持つ意味を問題としてみたい。特に譯經篇第一の寶唱傳・菩提流支傳・眞諦傳についてそれぞれ簡單に述べる。

寶唱傳はその前に立傳されている僧伽婆羅傳と併せて考えてよいと思われる。寶唱傳の內容は、先にも述べたようにその半ば以上は梁の武帝の佛教信仰の敍述に費されている。また寶唱その人には佛典翻譯の事實がなく、專ら武帝の命をうけて編纂の仕事にたずさわった人物である。『續高僧傳』によれば、梁代に編纂された一連の佛教關係の書物には、寶唱がその殆どに敕命によって關係しているが、且つ本來の編纂者と武帝との間の調停者的役割をも果していたようである。一方僧伽婆羅傳は、その附傳ともども純然たる譯經僧の傳である(9)。そしてこれを寶唱傳と一連のものとして考えれば、そこに梁『高僧傳』以降の梁代の經典翻譯乃至編纂史としての僧伽婆羅傳・寶唱傳が見えて來る。

菩提流支傳も右と同樣に見ることができる。勿論菩提流支やその前に立傳されている曇曜、またそれらに附傳されている人物は、皆譯經乃至編纂の當事者であり、そういう點では僧伽婆羅傳と寶唱傳とのような明瞭な違いが兩者間にあるわけではない。先にも述べたように、菩提流支傳には『洛陽伽藍記』からの長大な引用文が存在する。ここにある道宣の意圖は、『洛陽伽藍記』の永寧寺の條を引用することによって北魏佛教の盛況を讀者に示し、それが同時に菩提流支の譯經の時代的背景でもあることを言うところにあったと思われる。そして彼はその先例を『三寶紀』巻九序の記載に見たに違いない。また曇曜傳と菩提流支傳とを合わせて通觀すると、北魏の大同時代より東西魏、そして北周と續く北朝譯經史を、自著の巻頭譯經篇第一において示したものであることがわかる。道宣は北朝佛教の黄金期の記録を『洛陽伽藍記』に求め、且つ北魏以降北朝期最大の譯經家である菩提流支の傳中にそれからの引用文を取りこむことによって、皇帝を始めとする外護者と佛教隆盛との必然性を一層強調したのである。この點は寶唱傳も同様であろう。

なお菩提流支傳に著録されなかった北齊の譯經家について述べると、『三寶紀』巻九の北齊錄に記録されているのは那連提黎耶舍と萬天懿の二人だけである。那連提黎耶舍は『三寶紀』では巻一二・大隋錄にも記録されている。『續高僧傳』ではこの那連提黎耶舍の傳を、巻二の劈頭に北齊より隋にわたる譯經家として立て、萬天懿は北齊代の那連提黎耶舍に關連して附傳される形となっている。北齊の前代である東魏の譯經家としては菩提流支その人が北魏から東魏にかけて譯經を行った人物であるし、他には附傳が立てられている佛陀扇多・瞿曇般若流支がいる。菩提流支傳には西魏―北周と續く譯經家達を附傳として立傳しているにも拘わらず、東魏―北齊と續く人脈を東魏代で止めざるを得なかったのは、北齊代に譯經家が少なかったためもあろうが、那連提黎耶舍を隋の譯經僧として著録したために萬天懿も同傳に附す結果になったものである。しかしながらそこには、佛教の歴史の流れを梁―北周―隋の形に見ようとする費長房の主張が、道宣に對して、譯經篇編纂に際し、影響を及ぼしている點があることを看過してはならないであろう。北齊や陳はその主張の中では一段低い扱いを受けているのである(10)。

眞諦傳は、先にも述べたように法泰傳と共に併せて考えてよいものである。道宣はこれらによって陳代の譯經史を概述すると共に、一方、後の時代における佛教教義上の一爭點ともなる攝論學派の盛衰をも書きのこそうとしたと思われる。

以上によって、道宣は『三寶紀』を基礎に置きながら、編纂等を含めての梁陳代及び北朝の譯經史を組み立てていることが判明した。『續高僧傳』の譯經篇第一というものは、ただ單に譯經者達の傳記として書かれただけではなく、そこには中國統一以前の譯經史を通觀する意圖がこめられている編述に他ならない。

二　『大唐內典録』と『歴代三寶紀』

㈠　はじめに

唐の高宗の麟德元年（六六四）に完成した道宣の『大唐內典録』（『大唐衆經録』とも言う。以下『內典録』と略）は、西明寺に藏せられた勅造の一切經に基づき作成された。そのことは例えば後續の靜泰による「大唐東京大敬愛寺一切經論目序」に、

顯慶年際、西明寺成り、藏經を御造す。……律師道宣、又録序を爲る。（「顯慶年際、西明寺成、御造藏經……律師道宣、又爲録序。」大正五五・一八一a）

と言い、序に續いて、

顯慶四年、西明寺に勅を奉じて經を寫す。（「顯慶四年、西明寺奉勅寫經。」同右・一八一b）

とある記事によって確かめられる。『內典録』序には「西明寺釋氏撰」と記し奉勅撰とは言わないものの、それに等しい權威ある目録であった。このような『內典録』に對しては、近年、漢譯大藏經研究や『新唐書』藝文志釋氏類の研究において、その價値が再評價されている。[11] しかしこれまでの大抵は經典目録（以下、經録と略）研究上の

評價に終始している嫌いがある。その代表例として『佛書解説大辭典』卷七の「大唐內典錄」の項を見れば、それは自ずと明らかである。林屋友次郎によるその解説は、經錄や異譯經類研究の専家の手になるだけに、先行經錄との比較が手際よくなされ、特に『內典錄』全一〇部門の中、歴代衆經傳譯所從錄第一は「歴代三寶紀の代錄を繼承したもの」とし、歴代衆經翻本單重傳譯有無錄第二は「仁壽錄を繼承し」、歴代衆經見入藏錄第三は「西明寺經藏の整理上より作られた藏經檢出目錄」であり「爾前の諸經錄には未だ曾て見ないもの」とし、歴代所出疑僞經論錄第八は『出三藏記集』の「新集安公疑經錄」「新集疑經僞撰雜錄」及び隋・法經の『衆經目錄』からの「轉載」であり、「最後の二五部九〇卷は道宣親しく經藏經營の時に得たもの」とする。また歴代衆經錄目終始序第九は『歴代三寶紀』卷一五の記載を「唯ここに轉載し、多少その列名の順序を異にし、又增廣を施したものに過ぎない」と言う。こうして見ると入藏錄以外は繼承し轉載したものとされ、高い評價は與えられていない[12]。しかし經錄のような編纂物には、下敷きとなる先行經錄が存在するのが通例である。また以上のような評價は、經錄としての側面に關するものに終始し、それとは別の側面、すなわち各篇の序にまでは及んでいない。

また『佛書解説大辭典』の『內典錄』に對する解説では、『內典錄』全一〇卷の半數を占める歴代衆經傳譯所從錄第一が『三寶紀』の代錄を繼承したとしつつ、更に、後漢代より唐・高宗の麟德元年に至る凡そ六百年間を「他の諸經錄と全く同一の編年史的方法に依て記述して居る」と説明する。この説明が不適切且つ不十分であることは、前章までに『三寶紀』に關して論じてきた中で、特に本篇第三章に述べたところによって明らかである。道宣は全面的に費長房の編年史的方法、すなわち代錄に依りつつも、唐代の史家としての朝代編年を行っており、『三寶紀』の特異な編年には從っていない。

とは言え道宣は、『內典錄』の冒頭に位置する歴代衆經傳譯所從錄の、後漢より隋に至る全一七錄の各小序において、單なる繼承・轉載の範圍には收まり切れぬ文章の全面的な利用を、適宜な增廣、節略及び避諱をもって行なっている。その際、道宣はまず自らの序を冒頭に置き、次いで『三寶紀』各代錄の小序の利用を出處を明示することなく行なっている。本節においては『三寶紀』と『內典錄』の兩者が、そのような密接な關係にあることを、具體的事例に卽して指摘しておきたい。

(二)　逸話及び長文の引用

逸話の引用の例としては、『內典錄』卷三・東晉朝傳譯佛經錄第五の小序がある。道宣は先ず「序に曰く」として、五行の運は土德の魏から金德の晉へ移り、司馬懿より三代にわたる「蜀を平らげて大呉を降す」功業も、西晉滅亡の大亂もまた天運であると述べ、

政を江表に寄せ、法は政に隨いて興り、沙門信士、ここにおいて集まるところなり。(「寄政江表、法隨政興、沙門信士、於是攸集」大正五五・二四三c〜二四四a)

と言う。次いで「東晉錄とは」として以下『三寶紀』から、元帝司馬睿誕生の際の奇瑞や童謠[13]を轉記する。更に秦の始皇帝が會稽巡行の折り、金陵山に王氣あるをにくみ、氣脈を斷とうとして山を鑿ち秣陵と改稱させた故事を引用する。これは『三國志』呉書第八・張紘博の裴松之注に引く『江表傳』に言うところと同內容であるものの、文章は『三寶紀』と一致する。總體にこの東晉朝傳譯佛經錄の小序は、長文であるとともに東晉＝江南王朝の時代を高く評價する文章となっているが、これもまた『三寶紀』を下敷きにして記述した結果である。『三寶紀』は三國魏に比べ西晉・東晉への評價を非常に高くしている。このことは本篇第四章および註(7)において指摘した。費長房は、南北分裂を統一した王朝、且つ奉佛の國家である隋を稱揚することを第一義として、三國の分裂を收束し

た西晉と、建康に據って國を建てることが天命として定められていた東晉とを特筆するのであって、道宣はそのことを承知の上で、「大唐」に至る『內典錄』代錄に轉載したのである。朝代の順次は『三寶紀』に取らずとも、そこに込められた佛教史觀はほぼ受け繼がれていると言ってよい。

長文引用の例としては、また『內典錄』卷四・宋朝傳譯佛經錄第一〇及び後魏元氏翻傳佛經錄第一三がある。前者は、『三寶紀』卷一〇・宋世錄（あるいは宋代建康錄）が、『弘明集』卷一一に收める「何令尙之答宋文皇帝讚揚佛教事」から拔粹して引用を行なっているものに據り、後者は『三寶紀』卷九・西秦北涼魏齊陳五錄中の元魏錄が、小序の中に『洛陽伽藍記』卷一・城內・永寧寺の條からの引用を行っているものをほぼ全文にわたり轉記しているものである。更にこの兩者ともに避諱の例があるが、これについては後述する。各代錄の小序を、單純に字數の多少で比較すれば、この南朝宋と北魏の兩者が際立って多く、後漢がそれに次ぎ、東晉と三國魏が續く。これらは皆、『三寶紀』によった結果である。

何尙之の「讚揚佛教事」については、末尾の何尙之と文帝とのやり取りまで、その拔粹のあり方は全く『三寶紀』のままであるが、その直後に、

帝、中書陸澄をして續法論百有餘卷を撰せしむ。佛理を贊述して、弘裕あり。（「帝使中書陸澄撰續法論百有餘卷。贊述佛理、有弘裕焉。」大正五五・二五七ａｂ）

とあるのは、後述の㈢　增廣の例」に含まれるべき一例である。陸澄の「續法論」は『內典錄』に初出するものであって、『出三藏記集』や『三寶紀』にも記錄されていない。字數が多い宋代錄の小序に、道宣がこうしてわざわざ插入したのには、そこに自らの資料捜集の結果を示す意圖があったことを窺わせる。

一方の『洛陽伽藍記』からの引用も、基本的あり方は『三寶紀』に負っている。そのことは元魏錄小序末尾に

「後魏三代の經錄」と言っているところにも現れている。ここに言う三代とは『三寶紀』に言う「西東南北四魏」の中、北魏の北臺（平城）・南臺（洛陽）及び東魏の三時代を指しており、『三寶紀』の表現に據っている。[14]

㈢　全文轉載及び增廣の例

「㈠　はじめに」に述べたように、『內典錄』の各代錄の小序は『三寶紀』を下敷きにして成り立っている。このことは、巻一・後漢傳譯佛經錄第一、すなわち代錄全五巻の冒頭から始まっている。以下に、その主なものについて見てみたい。

〈巻一・後漢傳譯佛經錄第一〉

後漢錄の始めには道宣獨自の「序に曰く」が置かれ、以下は『三寶紀』と同文である。末尾についてだけ次に比較して示せば、適當な改變を行いつつ、『三寶紀』に據っていることが瞭然となる。

『三寶紀』……後漢錄と爲す。運なるかな斯の軸。庶わくは披覽するありて、古今の時代の散聚と經典の離合とを鑒瞻し、盛化を明揚し、法寶焉に備わらんことを。（「……爲後漢錄、運乎斯軸。庶有披覽、鑒瞻古今、時代散聚、經典離合、明揚盛化、法寶備焉。」大正四九・四九c）

『內典錄』……後漢經錄と爲す。運なるかな斯の軸。庶わくは通鑒の者、古今の經典の散聚を識り、待期して盛化を明揚し、法寶の光被あらんことを。（「……爲後漢經錄、運乎斯軸。庶通鑒者、識古今經典散聚、待期明揚盛化、法寶之光披矣。」大正五五・二二〇c）

しかし後漢錄では「序に曰く」からこの末尾までの間に、佛教初傳に關わって、『漢法本內傳』の書名を明記しての長文引用が行われ、道宣によって、より具體的內容を伴う增廣がなされている。

〈卷二・前魏朝曹氏傳譯佛經錄第二・南呉孫氏傳譯佛經錄第三〉

『三寶紀』では魏呉錄としてまとめているものを、『內典錄』では魏錄と呉錄とに分けたために、様々な工夫がなされている。例えば『三寶紀』魏呉錄の末尾には、

總集して以て魏呉二代九主兩都世錄と爲す。（「總集以爲魏呉二代九主兩都世錄。」大正四九・五六a）

とし、翻譯者の總數は當然に魏呉合算して「道俗十人」とする。これを『內典錄』の前魏錄末尾では、

以て魏朝一代の經錄と爲す。其の失譯の諸經あれば、總じて呉錄の末に結び、之を彼に備う。（「以爲魏朝一代經錄。其有失譯諸經、總結呉錄之末、備之于彼。」大正五五・二二六c）

とし、翻譯の「僧に六人あり」とする。

續いて南呉錄では「序に曰く」として康僧會の故事を引いた後に、『三寶紀』にない呉主孫權と尙書令闞澤との對話を引く。これは『廣弘明集』卷一・歸正篇に『呉書』を出典として記す「呉主孫權論敍佛道三宗」(15)と同文である。また『三寶紀』では『三國志』裴注に引く『江表傳』と同様の孫權誕生時の奇瑞を引いて、次のように呉錄を締めくくる。『三寶紀』と對比してみる。

『三寶紀』魏呉錄

魏　漢を承けての後二年にして、權立つ。四主五十九年なり。皓立ちて二年にして、魏　晉に禪る。晉立ちて十五年にして呉を平ぐ。若し年を以て分てば、則ち皓の十四年に應に晉世に入るべし。今通じて收取し、結びて呉錄と爲す。（「魏承漢後二年、權立。四主五十九年。皓立二年、魏禪晉。晉立十五年平呉。若以年分、則皓十四年、

應入晉世。今通收取、結爲呉錄。」大正四九・五六ａ）

『內典錄』南呉錄

魏　漢を承けての後二年にして、權立ち、元を黃武と稱す。四主五十九年なり。皓立ちて二年にして、晉　魏の禪りを受く。一十五年を經て呉を平ぐ。若し年を以て分てば、則ち皓の一十四年にして、應に晉代に入るべし。今別けて結取し、集めて呉錄と爲す。（「魏承漢後二年、權立、稱元黃武。四主五十九年。皓立二年、晉受魏禪。經一十五年平呉。若以年分、則皓一十四年、應入晉代。今別結取、集爲呉錄。」大正五五・二二七ｂ）

『內典錄』は『三寶紀』の魏呉錄を二つに分離したにも拘わらず、以上のように殆ど同文であること、その一方でここにも「晉世」を「晉代」とするなどの避緯が行われており、工夫を行いながら利用していることを知ることができる。また今一つ注目すべき改變に、三國呉に對し、『三寶紀』ではただ「孫權、字仲謀」、或いは「呉と稱す。治を秣陵に徙し、改めて建業となす（稱呉。徙治秣陵、改爲建業）」（大正四九・五六ａ）とするところを、『內典錄』では「呉大皇帝孫權、字仲謀」、そして「大呉と稱す。初め鄂・武昌に都し、次いで秣陵に遷り、又建業に遷る（稱大呉也。初都鄂・武昌、次遷秣陵、又遷建業）」（大正五五・二二七ｂ）とし、「大」字を付して褒め、更に遷都について詳細な説明を加えている。他にこのような例を見出し得ていないので、確たる證明はできないが、第二項に東晉錄を述べた際、道宣獨自の序にも「大呉」と言っていたように、呉・東晉に對する道宣の思いが現れていよう。

〈巻四・後齊高氏傳譯佛經錄第一四、巻五・後周宇文氏傳譯佛經錄第一五・陳朝傳譯佛經錄第一六〉

後齊錄と次の後周錄では、北齊の僧尼寺院數や北周武帝による廢佛策實施の折の僧尼寺院數等は、いずれも『三寶紀』による數値を記しながら、その他は『三寶紀』に較べ倍以上に大きく加筆されている。また後齊錄では二箇所、後周録でも二箇所に「世」字が使われているが、いずれもここは避けられていない。陳朝録も、大正藏經で比較すれば三行半程の『三寶紀』の陳代録に對し、侯景の亂を述べて大幅な加筆が行われている。

なお『內典録』では各代録の末尾に、「某某經録」と表現する場合がある。ここでは「高齊録」以外は「後周經録」「陳朝經録」と言い、他の例では「後漢經録」と「後魏三臺之經録」がある。歴代衆經傳譯所從録の中の各代録であるから、ここに言う經録とは傳譯佛經録の略と考えてよいものであるが、一方、道宣の心中にいわゆる衆經目録としての經録への傾斜があるように思われる。費長房は『三寶紀』の各代録の中で、魏呉録は兩都世録、西晉録はその序の末尾に世録とし、前後二秦は符姚世録、西秦北涼元魏高齊陳は五代七都世録、南朝宋は宋世録、南朝齊梁・北周は序冒頭に帝代録、末尾に世録とする。このように『三寶紀』代録はあくまでも帝代録、乃至代々の佛典翻譯編年史であった。これに對置して見る時、道宣の姿勢に、いわゆる經録への特化が生じてきていることに氣づかされる。

㈣　避諱の例

前項最後に述べた『三寶紀』各代録に多い「世録」の表現を、『內典録』は必ずしもその都度に嚴密に變えることはしていない。また避諱も『三寶紀』改變の一例であるが、以下に主なもののみを、まとめて記すこととする。大抵は先述したように、殆ど全文を轉寫する中で行われている。

巻二・前魏朝曹氏傳譯佛經録第二では、『三寶紀』の「隨世」を「隨俗」へ、「年世」を「年代」へと太宗の諱を避けて「世」字を改めている。(16)

ところが、同巻・西晉朝傳譯佛經録第四は全文が『三寶紀』と同文であるが、『三寶紀』西晉録小序末尾に「集めて西晉二京四主五十二年世錄と爲すとしか云う（集爲西晉二京四主五十二年世錄云爾）」（大正四九・六一c）とあるところを、『內典錄』の同末尾では『三寶紀』と同文だけでなく、「世」字をも避けていない。末尾において避けないのはこの一例のみである。また卷四・宋朝傳譯佛經錄第一〇の場合、『三寶紀』の「宋世錄」の語を、本文においてもそのままに用いて「世」字を避けず、また今一つの避諱を行わない例として、佛圖澄の箇所に言う「石虎」がある。ここも「虎」字を避けていない。

このように避諱を行わない例があると同時に、卷三・東晉朝傳譯佛經錄第五末尾のように、『三寶紀』そのものが「集めて東晉一十二主建康錄と爲すとしか云う（集爲東晉一十二主建康錄云）」（大正四九・六八c）として「世錄」としていない例もあるが、續く同卷・前後二秦傳譯佛經錄第六、即ち前秦傳譯佛經錄、及び後秦傳譯佛經錄第七は「世錄」を用いず、ただ「前秦之錄」「後秦姚氏錄」としている。これは同卷・北涼沮渠氏傳譯佛經錄第九も同じく、『三寶紀』が五つをまとめて「西秦北涼魏齊陳錄」とする小序末尾に「總結して以て二十七主五代七都世錄と爲すとしか云う（總結以爲二十七主五代七都世錄云爾）」（大正四九・八三a）とするのに對し、『內典錄』は先程と同様にそれぞれを分記して「世」字を記さない。中でも西秦錄では特に愼重に避諱を行った跡が顯著である。

『三寶紀』前後二秦苻姚世錄の前秦傳譯佛經錄では、苻堅を云うのに隋・文帝の諱を避けてその字の永固を用いるが、『內典錄』では勿論「堅」字を用いている。次に『三寶紀』卷九・序文冒頭の西秦についての數行と、『內典錄』卷三・西秦乞伏氏傳譯佛經錄第八・序文の該當部分を比較してみる。

『三寶紀』

西秦北涼魏齊陳五錄は、此れ亦時に乘じて世を拯い、民を利して化を宣ぶるの君なり。乞伏國仁は隴西の鮮卑。世々苑川に居りて南單于と爲る。前秦敗れての後、遂に秦王を稱す。仍りて子城に都し、尊びて沙門に事《つか》う。

（「西秦北涼魏齊陳五錄者、此亦乘時拯世、利民宣化君也。乞伏國仁隴西鮮卑。世居苑川爲南單于。前秦敗後、遂稱秦王、仍都子城、尊事沙門。」大正四九・八二a）

『内典錄』

夫《か》の時に乘じて俗を拯い、道を開き生を化すが若きは、國を有《たも》つものの宗に歸し、華と夷と志を同じくする所なり。乞伏國仁なる者あり。隴右の鮮卑なり。代々苑川に居りて南單于と爲る。前秦敗れての後、統を接ぎ業を創む。子城に都し、號して西秦と爲し、尊びて沙門に事う。（「若夫乘時拯俗、開道化生、有國之歸宗、華夷所同志。有乞伏國仁者。隴右鮮卑也。代居苑川爲南單于。前秦敗後、接統創業。都於子城、號爲西秦、尊事沙門。」大正五五・二五四c）

これによって明らかなように、太宗の諱を避けるのみか、秦王という王號まで巧妙に避けていることが分かる。

また後魏元氏翻傳佛經錄第一三は、先述のように、『三寶紀』のままに『洛陽伽藍記』からの引用文を大量に含むが、なお二カ所において避諱を行い改變している。一つは『三寶紀』小序末尾に言う、

合せて一十六帝、世々一百六十一年を歷て、派《わか》れて周齊に入る。（「合一十六帝、世歷一百六十一年、派入周齊。」大正四九・八三a）

の「世」字を避けて用いていない例、今一つは『三寶紀』の『洛陽伽藍記』卷一・城内・永寧寺條からの引用文にある次の例である。そこでは永寧寺の九層佛塔を讚えて、

造製の巧を窮め、土木の工を極め、庶民子のごとく來り、日ならずしてなる。（「窮造製之巧、極土木之工、庶民子來、匪日而作。」大正四九・八二c）

と言う。『内典錄』ではこの「庶民子來」の「民」字を避けて「庶人子來」としている。

この「庶人子來」については周祖謨『洛陽伽藍記校釋』に、『内典錄』のこの部分を注として引用し、且つ「庶人子來、匪日而作」を『洛陽伽藍記』の本文としていない。そればかりではなくこの句が『詩經』大雅・靈臺を典據とし、直接には『三寶紀』に據った上での避諱であることを言わない[17]。しかし道宣が『三寶紀』代錄小序に全面的に依りつつ、避諱を含みながら『内典錄』代錄小序を形成していった跡は、このように歴然としている。

(五) 結び

『内典錄』卷五・隋朝傳譯佛經錄第一七では『三寶紀』大隋錄に據りつつも、文意を保ったままの改變が頻りに行われている。その具體例をみると、先ず冒頭において、『三寶紀』に、

　我が皇帝　命を四天に受けて、三寶を護持し、符を五運に承けて、此の九州を宅《さだ》む。故に誕育の初めに、神光室に耀く。（「我皇帝受命四天、護持三寶、承符五運、宅此九州。故誕育之初、神光耀室。」大正四九・一〇一c）

とあるところを、『内典錄』では次のように文章を改めている。

　天　有隋に命じ、斯の五運を膺け、帝　榮祐を圖り、此の九州を宅む。所以に誕育の初めに、神光洞發す。
（「天命有隋、膺斯五運、帝圖榮祐、宅此九州。所以誕育之初、神光洞發。」大正五五・二七四b）

費長房にとり「我が皇帝」すなわち隋・文帝を主語としての下四句であったのを、唐の道宣によってより客觀的な表現に改められている。このような改變例の延長上に、『内典錄』において、『三寶紀』にはあった『金光明經』卷六・正論品からの引用文が全く省略されている。それは現實に隋・文帝が帯びる「人王」、「天子」の呼號を、佛典に明記され證明されたものとして位置づける一文である[18]。道宣にとっては、隋代錄の中にこのような天子としての文帝を記すことは、唐初期の當時においては不可能事であったのであろう。

最後の皇朝傳譯佛經錄第一八においても、『三寶紀』の利用はまだ續く。大正藏本では末尾の四行弱程が、次のように記される。

結びて皇朝內典經錄と爲す。之を遠代に流《およ》ぼして、永く揩摸と作し、軌を光揚に同《ひと》しくして、長く不朽に存せしむ。冀わくは將來の明哲、此れに乘じて續ぎ修め、三寶の神功を述べ、忍土に遍くして化を施し、千佛の成教を弘め、賢劫を歴ても窮まる無からんことを。（「結爲皇朝內典經錄。流之遠代、永作揩摸、同軌光揚、長存不朽。冀將來明哲、乘此續修、述三寶之神功、遍忍土而施化、弘千佛之成教、歴賢劫而無窮焉。」大正五五・二八〇c）

これは『三寶紀』大隋錄序末尾の次の文を改變したものである。

結びて皇隋大興錄目と爲す。之を遐代に流《およ》ぼして、永く楷模と作し、軌を光揚に同《ひと》しくして、長く不朽に存せしむ。冀わくは將來の哲、此れに乘じて踵《つ》ぎ修めんことを。庶わくは三寶の神功を述べ、娑婆に遍くして敷演し、千佛の教法を弘め、賢劫を歴ても窮まる無からんことを。（「結爲皇隋大興錄目。流之遐代、永作楷模、同軌光揚、長存不朽。冀將來哲、乘此踵修。庶述三寶之神功、遍娑婆而敷演、弘千佛之教法、歴賢劫而無窮。」大正四九・一〇二a）

以上、述べて來たところによって、『內典錄』における『三寶紀』の存在の大きさが明瞭となった。次に本章の結びとして、他の經錄との關係、及び道宣の著述意識について指摘しておきたい。

先ず他の經錄との表現上の關わりから言えば、その典型例として『內典錄』卷一〇・歴代所出衆經錄目第九が擧げられる。その末尾の文章は「余、少きより法流に沐して五十餘歳」に始まり、「今、余の撰す所は、前弊を革めんと望む。しかれども七十の年を以て云々」（大正五五・三三八a）に終わる。これは『內典錄』全一〇卷の最後を飾る歴代衆經應感興敬錄第一〇末尾の、「余、從心の年を以て、強《つと》めて直筆を加え、舒べて經教を通ぜしむ」（大正五五・三四二a）に始まる文章と對應し、併せて『內典錄』に對する道宣の想いが吐露されている箇所でもある。その衆經錄目第九末の文には、先程の始めと末尾の一文の間に、隋・法經等による『衆經目錄』の卷七・衆經總錄序（大正五五・一四八c～一四九a）に據る文章が、それと書名を明示せずに相當に多く利用されている。一例を擧げると、

或いは數を以て列ね、或いは名を用て求め、或いは時代に憑り、或いは參譯に寄り、各々一隅を紀し、所見を存するに務む。（「或以數列、或用名求、或憑時代、或寄參譯、各紀一隅、務存所見。」大正五五・三三八a）

とあり、これなどは『法經錄』の次の文、

或いは數を以て求め、或いは名を用て取り、或いは時代に憑り、或いは譯人に寄り、各々一隅を紀し、所見を存するに務む。（「或以數求、或用名取、或憑時代、或寄譯人、各紀一隅、務存所見。」大正五五・一四八c）

とあるものと、「或いは譯人に寄る」が異なる程度で、他は全く同文である。『法經錄』のこの序は本篇第三章でも述べたように、隋朝の前代を三國と表現し、また文帝に對し皇帝大檀越と呼びかけ、文帝を三寶を復興した法輪王と稱贊している言わば敕撰經錄の上表文である。自著撰述の由來を記すに際し、このような性質を持つ『法經錄』の序を利用したのには、道宣にとっても相應の理由があったに違いない。

ところで前項に述べたように、『內典錄』は出家者としての道宣の著述であるにも拘わらず、そこには避諱が行われていた。それは敕造の西明寺と經藏に基づいて編纂された『內典錄』が、道宣の他の著述に比べ、皇帝とその政府を強く意識して著された特異な編纂物であったことを示しているものである。從って翻經學士としての費長房の避諱とは、出家者のそれである點において內實に大きな相違がある。右の『法經錄』總錄序の利用も、佛教界の指導者として、更に護法者としての道宣の著述意識のもとになされたものであって、高宗・則天武后期に至る唐初

期の時代において、政権と教團護持の双方に腐心せざるを得なかった道宣の姿を窺うに足る事實と思われる。

註

（1）『續高僧傳』述作の經緯等については、藤善眞澄『道宣傳の研究』（京都大學學術出版會　二〇〇二年）參照。
（2）『三寶紀』に依ることを明示するのは巻一眞諦傳に附された月婆首那傳と巻二の闍那崛多傳・達摩笈多傳のみである。
（3）彦琮傳は、『三寶紀』編纂年時を考慮すれば本論の對象から省いてよいものである。但し『三寶紀』にも彦琮の著述についての論評があり、道宣は彦琮傳においてその一部をそっくり引用している。
（4）闍那崛多は開皇二十年に沒している。『三寶紀』は同十七年に成ったものであるから、闍那崛多の傳歴に關しては道宣の方がより詳しく知り得たであろう。それを類推させる一證として、後にも述べるように那連提黎耶舍や達摩笈多等隋代の代表的翻譯家には共に彦琮の手に成る單行の專傳があったことが擧げられよう。或いは闍那崛多にも同樣のものが別に存在していたのではないかと思われるが、『大唐内典錄』等にはそのような記載はないので、あくまでも推測に過ぎない。
（5）『三寶紀』巻九・陳錄には「三藏歴傳」、同巻一一・梁錄には「三藏傳文」と呼ばれている。また、同じ眞諦の弟子の僧宗が「行狀」を著わしたことを『續高僧傳』に記す。但しこれは費長房・道宣共に取らなかったようである。或いは散佚していたものであろう。
（6）この單行の「那連提黎耶舍傳」を『續高僧傳』は「本傳」と呼び、『三寶紀』は「別傳」と呼んでいる。「達摩笈多傳」は『三寶紀』巻一二・大隋錄、『大唐内典錄』巻五等に四巻のものとして著錄されている。
（7）『三寶紀』によれば、達摩笈多は闍那崛多の譯經活動の補助をなしているが、彼の譯經活動時期の中心は闍那崛多の沒した開皇二十年より唐・武德二年の間、とりわけ煬帝の大業年間にあった。彼の譯經數は闍那崛多に比べ甚だ少いにも拘わらず、傳として比較的長文となっているのは、彦琮の「達摩笈多傳」「大隋西國傳」という一級資料が道宣の身近に存在していたからであろう。
（8）野上俊靜「北魏の菩提流支について」（『大谷史學』三　一九五四年）。

(9) 但し、僧法は譯經者とは言い難い。何とも奇妙な經典の誦出者であるが、費長房や道宣にとっては特筆すべき歷史的事實であった。『出三藏記集』では新集安公注經及雜經志錄に入れ、正經とは認めていない。

(10) 費長房がその著書の中に言う主張の意義と影響とについては、特に本篇第三章に述べている。

(11) 方廣錩『佛教大藏經史（八―十世紀）』（中國社會科學出版社　一九九一年）。會谷佳光『宋代書籍聚散考―新唐書藝文志釋氏類の研究―』（汲古書院　二〇〇四年）。

(12) これらに較べその他の第四、五、六、七、及び一〇は個別具體的な經典研究の史料にはなり難いためか、高い評價はなされていない。しかし卷末の歷代衆經應感興慶錄第一〇などは經錄としては異例の部分であるが、それだけに歷代衆經擧要轉讀錄第四と共に道宣獨特の聖典觀を示している。

(13) 『三寶紀』卷七・東晉錄序に「初生之晨（內典錄：辰）、內有神光、一室盡明。白毛生於日角之左、眼有精曜矚（矚：內典錄なし）、睇眄煒如也」（大正四九・六八b）とある。また「（內典錄：時）又謠云、五馬浮渡江、一馬化爲龍……」（大正四九・六八b）をそのままに引用する。これは『晉書』卷六・元帝紀に言うものとおなじであるが、『晉書』では「謠」を「童謠」とする。

(14) 大正藏の校勘には三本が「三代」を「三臺」とするとあるが、前節で述べた『續高僧傳』譯經篇第一の目次に曇曜・菩提流支の傳を北臺・南臺と稱し、また『內典錄』にも南魏・北魏の語を用いている。

(15) 但し、迦葉摩騰と道士との論爭に關し、『廣弘明集』所引『呉書』では「五岳道士與摩騰角力之時」とあるところを、『內典錄』は「五岳十八山館道士與騰抗力之時」とする。「十八山館」の加筆は明らかに前記する後漢錄にも引いていた『漢法本內傳』に據るものである。また『三國志』卷四七・呉書二・呉主傳の裴注引『江表傳』には、『三寶紀』『內典錄』が記す「其母夢腸引出繞呉昌門、衆咸稱爲孫氏興矣」の文はない。

(16) 『三寶紀』

僧會適呉、舍利耀靈於江左、迦羅遊魏、禁戒宣布於洛中。法律自是大行、建初（寺）所以特立。譯人隨世、仍彼方言、出經逐時、便題名目。……且舊錄雖注蜀普曜・首楞嚴等經、而復闕於譯人年世。設欲紀述、罔知所依、推入失翻、故無別錄。（大正四九・五六a）

『內典錄』

僧會適呉、舍利曜靈於江左、迦羅遊魏、禁律創啓於洛都。歸戒自此大行、圖塔由斯特立。譯人隨俗、仍彼方言、出經逐時、便題名目。……且舊錄雖注蜀普曜・首楞嚴等經、而復闕於經本譯人年代。設欲紀述、罔測所依、推入失翻、故亡別錄。（大正五五・二二六b）

（17）また神田喜一郎「洛陽伽藍記序劄記」（『神田喜一郎全集』第二卷　同朋舍　一九八三年。原『續東洋學說林』所收）は、『洛陽伽藍記』の各種版本を餘すところなく用い、且つ『三寶紀』と『內典錄』を最も古い引用典籍として重視し精密な考證を行っている。しかし『內典錄』卷四・元魏錄では、その小序には『洛陽伽藍記』卷一・永寧寺條からの、元魏錄本文中の『洛陽伽藍記』の項にはその「序」からの引用がなされており、『洛陽伽藍記』「序」からの引用は、『三寶紀』の當該部分を節略して引用されたものであって、その背景に『三寶紀』を全面的に依用した道宣の姿勢があることを言わない。

（18）『三寶紀』に引用されながら『內典錄』によって省かれた『金光明經』卷六・正論品からの引用文を次に記す。
是以金光明經正論品云、因集業故得生人中、王領國土故稱人王。處在胎中、諸天守護、或先守護、然後入胎。三十三天、各以己德、分與是王。以天護故、稱爲天子。（大正四九・一〇一c～一〇二a）

第七章　『大周刋定衆經目錄』の成立と譯經組織
―譯經従事者の所屬寺院を中心として―

一　はじめに

『大周刋定衆經目錄』(以下『武周錄』と略)は則天武后の卽位(天授元年―六九〇)後六年を經た天冊萬歳元年(六九五)に洛陽佛授記寺の明佺を筆頭として完成した。この目錄に對する經典目錄(以下經錄と略)研究史上の評價は、後にも述べるが、それは『武周錄』そのものに對しては內部矛盾を突く非難、またはその指摘であり、更に大藏經の大枠を定めた智昇の『開元釋敎錄』(以下『開元錄』と略)に與えた負の影響に於いてであって、決して肯定的評價はされて來なかった。この小論は、僞經目錄等の個別の對象を捉え經錄間の相互參照の手法によってそれらの特徴を理解しようとするものではない。『武周錄』末尾に記される明佺以下七〇名にのぼる編纂協力者の所屬寺院を對象にして、『武周錄』成立の一端を理解しようとするものである。この經錄卷末の列名の存在そのものが、他の經錄に比して際立った違いと思うからである。[1]その結果は、洛陽を中心として編纂されたという事實を再確認する平凡なものであったが、更に、『武周錄』に引用された諸經錄の中、特に寺院經藏目錄について調べ、『武周錄』成立の背景としての先行經錄との關係について別の一面を指摘してみたいと思う。

二　『武周錄』の刊定者列名と所屬寺院

先ずこの列名者を所屬寺院ごとに整理してそこに見られる特徴を確認しておきたい。僧名の下は肩書である。

洛陽佛授記寺
明佺　都檢校刊定目錄及經眞僞・大德僧
玄嶷　翻經大德・都維那
德感　翻經大德・寺主・昌平縣開國公
文才　翻經大德
神英　翻經大德
校經目僧一名
以上合計六名

洛陽大福先寺(2)
道夐　都檢校刊定目錄及經眞僞・大德僧
玄奉　刊定眞僞經僧
崇業　檢校僧・都維那
慧澄　檢校僧・寺主
惠儼　翻經大德・都維那・豫章縣開國公
波崙　翻經大德
復禮　翻經大德

圓測　翻經大德
義淨　漢三藏・翻經大德
校經目僧一八名
　以上合計二七名

洛陽太平寺(3)

福慶　刊定眞僞經僧・上座
思言　刊定眞僞經・大德僧
承辦　校經目僧・都維那
校經目僧二名
　以上合計五名

洛陽天宮寺(4)

曇懿　刊定眞僞經僧
校經目僧一名
　以上合計二名

洛陽大白馬寺

義合　翻經大德・都維那
校經目僧一六名
　以上合計一七名

洛陽中大雲寺

玄範　翻經大德・都維那・象城縣開國公
校經目僧五名
　以上合計六名

長安崇先寺[5]　文徹　翻經大德・都維那
　　　　　　法寶　翻經大德・上座
　　　　　　　以上合計二名
洛陽長壽寺　智激　翻經大德・寺主
長安大慈恩寺　英芝　翻經大德
荊州玉泉寺[6]　弘景（或いは恆景か）　翻經大德

以上の他、列名最末には漢三藏・翻經大德として大福先寺に所屬する義淨と共に、婆羅門翻經三藏法師として菩提流志（大正藏本では菩提留志）・寶思惟が、所屬寺院名を記されぬままに列記されている。

ところで、長壽二年（六九三）、菩提流志により洛陽の佛授記寺において翻譯された『寶雨經』には所謂「寶雨經後記」があり、そこに記される同年の譯場列位中の列名者については、早くに矢吹慶輝『三階敎之研究』に『開元錄』巻九の寶雨經翻譯關連記事、『舊唐書』巻一八三・薛懷義傳の縣公に封ぜられた薛懷義、法明等九人を言う記事を用いて、これらの僧の中には、七人の封縣公者がいることが指摘されている。武周革命に一助をなした『寶雨經』であるが、その「後記」の敦煌本（S 2278）には證聖元年（六九五）の紀年があり、翻譯は長壽二年であっても「校寫」「勘校」が終わったのが證聖元年であったことを示している。證聖元年は同年九月、天册萬歳元年と改元され、この時、『武周錄』が編纂上呈された。この「寶雨經後記」中の二一名にのぼる僧名と前記『武周錄』刊定者列名と照合してみると、菩提流志をはじめとして、德感・智激・神英・惠儼・圓測が重複する。次に『武周錄』刊定者列名の場合と同様に、所屬寺院ごとにそれぞれの翻譯時における役割肩書を列擧してみよう。所屬寺院のない「宣釋梵本」の達摩流支（菩提流志）、「兼宣梵本」の梵摩や「證譯」の婆羅門僧般若を除くと次のようになる。

大白馬寺	懷義	監譯	大德
佛授記寺	慧智	證譯語	
	道昌	證梵文	
	德感	筆受	都維那・昌平縣開國公
	思玄	綴文	
	知靜	證義	都維那・贊皇縣開國公
	神英	證義	
	行感	證義	寺主・渤海縣開國公
天宮寺	達磨難陀	證梵文	
	知道	證義	上座
大周東寺	處一	筆受	都維那・清源縣開國公
	惠儼	證義	都維那・豫章縣開國公
	法明	證義	上座・江陵縣開國公
長壽寺	智瀲	綴文	寺主
	知機	證義	上座
大奉先寺	惠稜	證義	上座・當陽縣開國公
京濟法寺	戰陀	譯語	
京西明寺	圓測	證義	

以上の結果、共通點として先ず指摘し得ることは、『武周錄』刊定者列名の長安崇先寺・大慈恩寺、荊州玉泉寺、「寶雨經後記」の長安濟法寺・西明寺を除き、これらの寺院が洛陽に集中していることである。これは後に述べる武后期譯經の場合と共通し、言うまでもなく武后の洛陽重視政策と軌を一にするものである。共通する寺院名として大白馬寺・佛授記寺・大福先寺・大周東寺・天宮寺・長壽寺、共通していない寺院は『武周錄』刊定者列名では太平寺・中大雲寺の二寺、「寶雨經後記」では大奉先寺の一寺のみである。次に大白馬寺以下の共通寺院について武后期譯經の譯經場を譯經者と共に比較對照してみたい。

顯慶元年（六五六）の武氏立后の後も、翻譯事業は長安を主舞臺に玄奘を中心に展開し、それは麟德元年（六六四）の彼の示寂まで續く。從ってここでは、玄奘歿後睿宗復位時代（～七一二）までの譯經について、主に智昇の『續古今譯經圖紀』（以下『續圖紀』と略）『開元錄』卷九（總括群經錄上之九・大唐傳譯之餘）によって見てみると、譯經者として地婆訶羅（日照）・佛陀波利・提雲般若（天智）・實叉難陀・婆羅門李無諂・阿儞眞那（寶思惟）・義淨・菩提流志等がおり、これらの譯經場、筆受・綴文・證義者を簡明に表示すると次のようになる。

譯經者	譯經場	筆受・綴文	證義
地婆訶羅	東京東太原寺 西京弘福寺 西太原寺歸寧院	思玄・復禮	道成・薄塵・嘉尙・圓測・靈辯・明恂・懷度
佛陀波利	西京西明寺		
提雲般若	魏國東寺	處一・復禮	德感・慧（惠）儼・法明・弘景

實叉難陀	東都大內遍空寺 東都佛授記寺 東都三陽宮內 西京清禪寺	復禮・法藏・波崙・玄軌	法寶・弘景
李無諂	佛授記寺翻經院	波崙	
寶思惟	佛授記寺 天宮寺 大福先寺	德感・李無礙	
義淨	大福先寺 東都內道場 佛光內寺 西京西明寺 大薦福寺翻經院	波崙・復禮・慧表・玄傘・智積・文綱・慧沼・利貞・勝莊・愛同・思恆	法寶・法藏・德感・勝莊・神英・仁亮・大儀・慈訓・利貞
菩提流志	佛授記寺 大周東寺 西崇福寺 大內佛光殿 北苑白蓮華亭 大內甘露殿	處一・思玄・慧覺・宗一・普敬・履方・承禮・神暕・雲觀・道本	圓測・神英・勝莊・法藏・塵外・無著・深亮・懷迪

これらの寺院は『續圖紀』『開元錄』に見える名稱をそのままに記したものである。これらの中から弘福寺・清禪寺・西明寺・大薦福寺や西太原寺・西崇福寺等の長安寺院、東都大內遍空寺・東都の內道場や三陽宮、長安の佛

光內寺（大內佛光殿）(7)・北苑白蓮華亭・大內甘露殿等の宮中の施設を除く洛陽の寺院は、佛授記寺・天宮寺の他は地婆訶羅の譯場として記されていた東京東太原寺を先蹤とする大福先寺のみである。洛陽における武后期譯經の殆どはこの佛授記寺と大福先寺の兩寺において行われた。それはまた武后歿後における義淨や菩提流志の譯場であった長安の大薦福寺・西崇福寺を除けば、玄奘歿して後（六六四〜）、睿宗時代（〜七一二）に至る期間の洛陽における主要な譯場でもあった。

以上、『武周錄』の刊定者列名、「寶雨經後記」の譯場列位に見える所屬寺院と、玄奘なき後、睿宗時代までの譯經寺院を列擧し、洛陽所在の寺院が武后期譯經の主要な舞臺であったことを見て來た。次に『武周錄』刊定者列名に見える寺院の內、洛陽の寺院を中心に若干の說明を加えておきたい。

〈大白馬寺と佛授記寺〉

「寶雨經後記」譯場列位に、監譯として筆頭に擧げられる大白馬寺大德の懷義とは、言うまでもなくこの頃得意の絕頂にあった薛懷義である。『舊唐書』卷一〇八・外戚の薛懷義傳および『資治通鑑』卷二〇三・唐紀一九・則天皇后垂拱元年（六八五）の條によれば、この年、取り立てたばかりの懷義の願いにより、武后が白馬寺を修復しそこの寺主とし、證聖元年（六九五）に誅殺されるまで、特に長壽二年（六九三）以後は一〇〇〇人もの力自慢の僧を配下に従え白馬寺にいることが多かった。また佛授記寺は、『唐會要』卷四八・議釋敎下・寺（以下『唐會要』と略）によれば、天授二年（六九一）、卽ち武后登位の翌年に敬愛寺を改稱したものと記されているが、『舊唐書』薛懷義傳には敬愛寺の境內に別に殿宇を造り、そこを佛授記寺と改名したと記す。『唐會要』によれば、この敬愛寺は顯慶二年（六五七）に皇太子李弘によって高宗・武后の兩親のために建てたのでこの名をつけたと言い、その規模は長安の西明寺に等しく、前述のように佛授記寺改名の後、また敬愛寺に戻されたとする。

西明寺は顯慶元年に、孝敬太子李弘の病氣平癒を祈って高宗により建設が企圖され、三ヵ年を要して完成した後は敕命によって玄奘が止住し、また一切經の書寫や譯經事業が行われ、更に道宣・道世等を始め幾多の學僧を輩出した大刹である（唐・慧立『大唐大慈恩寺三藏法師傳』卷一〇、北宋・宋敏求『長安志』卷一〇等）。西明寺の一切經が西明寺完成と同年に成ったことは、道宣の『大唐內典錄』卷一〇・歷代所出衆經錄目第九に記されている。[8]

これに對し西明寺建立の詔敕が下された翌年、李弘から兩親への敬慕の思いをこめて敬愛寺が造營され、そこにも一切經が整備された。唐・靜泰の「大唐東京大敬愛寺一切經論目序」によれば、龍朔三年（六六三）に一切の經典の書寫が命ぜられ、麟德三年（六六六）まで僧俗の寫經組織が整えられ、新舊の經論合わせて八一六部四〇六六卷が書寫入藏された。この靜泰の『衆經目錄』は隋の法經の『衆經目錄』を基礎に玄奘等の新譯經論を加えたものである。このような敬愛寺であるから、その一部が佛授記寺となったとする『舊唐書』よりも『唐會要』の記事に蓋然性を見出しておきたい。[9]また佛授記寺に翻經院が付設されていたことは、婆羅門の李無諂によって、聖曆三年（七〇〇）に新羅僧明曉のために『不空羂索陀羅尼經』を譯出したことを記す『續圖紀』『開元錄』の記事によって明らかである。佛授記寺の名稱が『舊唐書』薛懷義傳に言う「則天は是れ彌勒の下生、閻浮提の主と作らん、唐氏まさに微《ほろ》ぶべし」との符命に由來し、しかもそれは長安西明寺の規模に匹敵する大伽藍として譯經組織ともども擴大整備されて行ったことを知ることができる。

ところで『武周錄』の刊定者七〇名中、佛授記寺（六名）、大白馬寺（一七名）に所屬する者はその三分の一を占めているが、その兩寺の役割には自ずと相違がある。白馬寺が校經目僧一六名を出しているのに對し佛授記寺が僅かに一名のみであることである。白馬寺主として權勢を振った薛懷義は『武周錄』完成の年には既にない。しかしこの頃もまだこの程度の人員を派遣し得る規模を維持していたものと思われる。これに對し佛授記寺には校經目僧こそ一名であるが、都檢校として刋定者七〇名の筆頭に名を記される明佺の他に翻經大德の玄嶷・德感・文才・神英を擁し、一切經を藏し翻經院を附設する武后期譯經の中心寺院として機能していた。

〈大福先寺〉

大福先寺は『武周錄』刋定者七〇名の中、實に二七名もの人員を提供しているだけでなく、都檢校刋定目錄及經眞僞・大德僧として佛授記寺の明佺と同格である道㚆を筆頭に、寺主・都維那である慧澄・崇業を檢校僧とし、翻經大德として都維那且つ豫章縣開國公でもある惠儼以下波崙・復禮・圓測、そして漢三藏の義淨など武后期譯經に活躍した者の他、刋定眞僞經僧玄奉（或いは玄泰）を擁し、また校經目僧全四四名の中一八名が同寺所屬である。佛授記寺や大白馬寺を凌ぐ武后期洛陽佛教の中心寺院と言ってよいであろう。ただ、この福先寺は、既に指摘されているように長安の崇福寺と言わば對のものとして建立され、その最初は東西太原寺、次いで東西魏國寺となり、東魏國寺が福先寺、西魏國寺が崇福寺となり、更に崇福寺は大周西寺、恐らく福先寺も大周東寺と改められたが、後に舊名の崇福寺、福先寺に戻された。このように頻繁に寺名が改稱されており、ここで福先寺の寺名改稱前後の經緯を整理しておきたい。

長安の西太原寺については小野勝年氏の『中國隋唐　長安・寺院史料集成』の崇福寺の項に紹介されている。[10]東西太原寺の內、最初に造營されたのは西太原寺で、『長安志』卷一〇によれば咸亨元年（六七〇）、『唐會要』によれば翌二年に、武后の生母榮國夫人楊氏の死（咸亨元年）を契機に、楊氏の父楊達の甥に當たる楊恭仁の故宅に建てたものである。これに對し洛陽の東太原寺は、上元二年（六七五）、教義坊の楊氏の屋敷に建てられ、後、積德坊に移されている（『唐會要』、『唐兩京城坊攷』巻五）。これらの東西魏國寺への改稱は垂拱三年（六八七）の二月に、先ず東太原寺に對して行われ、次いで十二月、西太原寺に對しても行われた。そして魏國西寺から崇福寺への改稱は載初元年（六九〇）、魏國東寺から福先寺へは天授二年（六九一）に行われ（『唐會要』）、更にそれぞれが大周東・西寺とされた。小野氏は崇福寺から大周西寺への改稱を長壽年間（六九二～六九四）とされており、それは福先寺・大周東寺の場合も長壽二年（六九三）の「寶雨經後記」によって確かめられるようであるが、しかし福先寺名への復舊がいつのことかについては必ずしも明らかではない。ただ、『開元錄』巻九によって提雲般若（天智）の譯經の年次をたどって見ると、永昌元年（六八九）に魏國東寺において、天授二年には大周東寺において翻譯を行っており、菩提流志は長壽二年に大周東寺において『實相般若波羅蜜經』を初めとする六部を翻譯している。(11)更に義淨を見ると、證聖元年（六九五）に洛陽に到着、佛授記寺に迎え入れられて後、久視元年（七〇〇）、翌大足元年（七〇一）、そして神龍元年（七〇五）に福先寺において翻譯し、また阿儞眞那（寶思惟）もそこで神龍元年、『浴像功徳經』等三部を翻譯している。これに對し崇福寺の名は『開元錄』による限り菩提流志の譯場として神龍二年、或いは景龍四年（七一〇）の年次に現れている。

以上のように、洛陽においての魏國東寺から福先寺への改稱を天授二年とする『唐會要』の説と、同年に大周東寺において翻譯が行われていたとする『開元錄』の記錄とが對立していることとなる。智昇は提雲般若の項で魏國東寺について注を記し、「後、改めて大周東寺と爲す」（大正五五・五六五b）と言うのみであるが、ここで『開元錄』を主とし、また『資治通鑑』巻二〇四・天授元年七月條に言う「東魏國寺の僧法明等、大雲經四巻を撰す云々」の記事とによって、これまでをまとめて見ると、永昌元年以後天授二年以前、恐らくは武后登極の年次である天授元年九月に魏國東寺は大周東寺と改稱され、『武周錄』編纂の天册萬歳元年（六九五）の頃には福先寺の名に戻り、以後はその名が用い續けられたものと思われる。それは義淨に關する譯經記録が傍證している。但し、中宗復辟後、義淨の譯場は神龍元年を除き長安の大薦福寺に移り、菩提流志の場合も神龍二年以後は崇福寺がその活動の場所であったように、譯經事業の主要舞臺は洛陽から長安に移ったと言ってよい。

〈太平寺・中大雲寺・天宮寺・長壽寺〉

太平寺は刊定眞僞經僧として福慶・思言、校經目僧として承辦以下三名が編纂に參加しており、福慶・承辦はそれぞれ上座・都維那である。また經典の眞僞を刊定する肩書を帶びる者は明佺・道覓の代表者を除けば、福先寺の玄奉と天宮寺の曇懿の他は福慶・思言だけであり、提供した員數は少ないものの太平寺の重要度は高かったものと思われる。それは、『唐兩京城坊攷』卷五によれば、この寺院が垂拱二年（六八六）、太平公主によって建てられたとあり、このことにも關りがあろう。太平公主は周知のように武后の娘として權勢を振るい、後に玄宗の先天二年（七一三）死を賜った。但し武后期の譯場としての名は經録等の史料には見えない。

中大雲寺は史料の上では、『武周錄』の刊定者列名を除けば、僅かに『宋高僧傳』卷五の「唐中大雲寺圓暉傳」及び彼の著『俱舍論頌疏論本』（大正四一）、或いは『東域傳燈目錄』にその名が見える程度である[12]。天授元年に東西兩京及び諸州に大雲寺各々一所を置かしめたことについては、矢吹慶輝、塚本善隆等の諸氏によって既に說かれ、周知の事實となっており、贅言を要しない。この中大雲寺が洛陽の大雲寺を指すであろうことは類推できるが、長安或いは他の諸州に置かれた大雲寺とどのような關係にあったものかは不明である。武后期の譯經寺院としてその名が現れていないことから、中大雲寺都維那・象城縣開國公である玄範が翻經大德として校經目僧五名を率いて『武周錄』編纂に加わったとしても、武后期の譯經事業における位置は後世に喧傳される程の重要性は帶びていなかったのではないかと思われる。

天宮寺は、『唐會要』には「高祖龍潛の舊宅」を貞觀六年（六三二）に寺としたと記されている。武后期の譯場としては阿儞眞那（寶思惟）による長壽二年（六九三）の二部の譯經の他、同年の「寶雨經後記」に達磨難陀の所屬寺院として見えている。『宋高僧傳』には比較的多く現れており、唐代後半にも譯經に關わって記錄されているが、武后期のそれに關しては見るべきものがない。

長壽寺は武后ゆかりの寺である。『唐會要』によれば武后の齒が生え變わり髮の色すら黑々としてきたと稱して長壽と改元したその年に建てられた。『開元錄』には譯場としての名は見えないものの、「寶雨經後記」には寺主の智澂、上座の知機の名が見える。天宮寺と同樣に『宋高僧傳』にやや多く記錄が殘り、唐末五代まで存續していた。

三　『武周錄』と所依經典目錄

『武周錄』の入藏錄とその他の部分には矛盾する所が多く、そのために經典目錄の研究者のみならず經錄を利用する他分野の研究者も概ね『武周錄』の不備を指摘し或いは非難する。非難に値する事實や不備があることは確認されていることであるが、その淵源としては、『開元錄』卷九に述べられる『武周錄』に對する智昇の次のような批判が擧げられよう。

刊定と云うといえども、繁穢尤も多く、流行せしめらるといえども、實に憑准し難し。中に乖舛あり、別に述べるところのごとし。(13)

「別に述べるところ」とは卷一七の刪略繁重錄を指す。しかしこれも指摘があるように、(14)智昇その人が『開元錄』

編纂の際に『武周錄』に大いに影響された。これにはまず第一に欽定目錄としての『武周錄』の重みが擧げられなければならないが、『武周錄』そのものにも利用すべき價値があったからにほかならない。その價値の一端として『武周錄』所依の經典目錄、中でも寺院經藏目錄がある。

『武周錄』所依の經錄としては、その重要度から言えば、先ず『歴代三寶紀』を主とし、『大唐内典錄』がそれに次ぎ、『出三藏記集』『寶唱錄』を從とする。その他には、法經の『衆經目錄』（但し一例のみ）、靖邁の『古今譯經圖紀』がある。『歴代三寶紀』に關しては、例えばその入藏錄を用いる場合（大正五五・三九一b、四二一b、四六八b—入藏錄下）があり、また鳩摩羅什の譯經も『歴代三寶紀』の記錄による。唯、道安については勿論『出三藏記集』によっている。

次に『歴代三寶紀』にもとづくと思われるものに、二秦及寶唱錄（三本は長房錄）、靜太（泰）法師錄、漢朱士行錄（朱士行漢錄）、晉世雜錄、竺道祖錄（三本は長房錄）、聶道眞錄（三本は竺道祖錄）、僧叡二秦錄、呉錄（大正五五・四〇二c〜四〇三aに集中する）、支敏度錄（三本が支敏度錄、麗本は化度寺錄とする例—同三九八a—がある）、竺道祖晉世雜錄、舊錄等がある。しかし「長房錄に云く」として引かれる例—晉世雜錄（同三八九a）、竺道祖錄（同三八五a）、呉錄（同三八五a）—があるように、これらの殆どは『歴代三寶紀』からの引用であろう。從って『武周錄』に對する非難はここに起因するものが多い。

次に寺院經藏錄として化度寺錄、眞寂寺錄、福林寺錄、義善寺錄、玄法寺錄があり、最後にその他の經錄として磨鬱多羅錄、王宗錄、始興錄や、また高僧傳がある。

さて寺院經藏錄の『武周錄』『開元錄』における引用數は、

化度寺錄—『武周錄』九例[15]　『開元錄』なし

眞寂寺錄―『武周錄』一七例　『開元錄』六例
福林寺錄―『武周錄』三例　『開元錄』なし
義善寺錄―『武周錄』三例　『開元錄』一例
玄法寺錄―『武周錄』一例　『開元錄』なし

となり、單純な比較であるが、『開元錄』に比べ、『武周錄』編纂に際し、寺院經藏錄が一定の役割を果たしていたことが分かる。

これら寺院經藏錄の中で、義善寺、玄法寺については確かな事が分からない。義善寺は『續高僧傳』卷二五・法順傳に、長安南郊の彼の終焉の寺院として、玄法寺は『續高僧傳』卷二六の僧順や卷三〇の法琰の傳に隋代長安近郊の寺院としてその名のみが見えるだけで、藏經に關わる記錄はない。『宋高僧傳』にも現れない。因みに僧順は、唐初、津梁寺に住み、篤信家蕭瑀の外護を受けた僧である。

福林寺は長安安定坊の福林寺であろう。(16)『長安志』卷一〇によると、元來は隋の律藏寺で、唐の武德元年（六一八）に、唐の太原擧兵を記念して永興坊に太原寺が建てられ、後、それが律藏寺に移され、高宗の咸亨三年（六七二）に福林寺に改められたとある。しかしこの福林寺も關係する僧名には端甫（大達法師玄祕塔碑、『宋高僧傳』卷六）の涅槃學の師として崟法師の名が擧がる程度に過ぎない。安定坊の寺院では千福寺の方が有名である。もしこの福林寺が『武周錄』に引く經藏錄を持つ福林寺であったならば、千福寺に匹敵する規模を持っていたと思われるが、詳しいことは分からない。

化度寺と眞寂寺とは、これらが三階敎に關わるものであれば、同一寺院である。矢吹、小野兩氏に代表される研究に詳しいが、あらましを述べると、隋の開皇三年（五八三）に、隋朝創業の功臣であった高熲が自邸を寄進して建てたもので、後、唐に入り武德二年（六一九）に化度寺と改められた（『長安志』巻一〇）。『兩京新記』にはその改名は信行による三階敎敎化の擴大に由來すると言っている。更に、武后の時、そこの無盡藏院を洛陽福先寺に移したものの、意圖したとおりの十分な資金が集まらず、結局長安の化度寺に戻したとある。これは「淨域寺法藏禪師塔銘」にもとづく矢吹氏の說によれば、武后が洛陽の福先寺に如意元年（六九二）以前に新設したものと考えられている。(17) しかし武后の命を奉じて法藏が福先寺の無盡藏院、次いで化度寺の無盡藏院を檢校した時期は碑文の上では明確でなく、從って化度寺と福先寺との關係も分からない。福先寺への無盡藏院移設には、あるいは武后時代の佛敎界の指導層、卽ち薛懷義や、縣公に封ぜられた者達の入れ知惠があったかも知れない。少なくとも、『武周錄』所引の寺院經藏錄の中で、最も引用頻度の高い目錄が武后時代の福先寺に關係していたことは注意されるところである。但し、化度寺錄と眞寂寺錄の兩書に何故別記されているのかは、不明として置くよりほかはない。あるいは隋代の目錄、唐代の目錄を意味していたものであろうか。(18)

四　結び

『武周錄』の刊定者七〇名をその作業上の分擔に沿って類別してみると、翻經大德一六名、刊定眞僞經僧六名、檢校僧二名、校經目僧四四名、婆羅門翻經三藏法師二名となる。このうち刊定眞僞經僧を兼ねながら『武周錄』編纂の全體を統括する者が都檢校刊定目錄及經眞僞大德僧の佛授記寺明佺と福先寺道敻である。道敻は同じ福先寺の寺主・都維那である慧澄・崇業を檢校僧として配下に置いた形となっているのに對し、明佺は同じ寺院所屬の檢校僧を持っていない。彼が何故刊定者の筆頭に名を記されているのか、その理由は不明である。『宋高僧傳』巻二の慧智傳に附された彼の傳は、『開元錄』巻九の明佺の項にもとづいて、彼が律學を主とした學僧であり、『武周錄』を編纂したこととそれに對する智昇の『武周錄』批判を記す程度で何等新味はない。但し『開元錄』が東都佛授記寺の僧と記すのみであるのに對し、出自が不明であること、出家してからはずっと佛授記寺に所屬していたことを傳えてはいるが、この記事も甚だ曖昧である。更に明佺・道㚟共に『續圖紀』『開元錄』等に筆受或いは證義者として名を出さない。ところで『舊唐書』薛懷義傳や「寶雨經後記」に記される封縣公者は、『續圖紀』や『開元錄』に筆受、あるいは證義として名を見いだし得る者とそうでない者、即ち前者として處一、德感、惠儼、行感、後者として玄範（玄軌）、知靜、法明、惠稜等に分類できる。從ってこの兩名も後者に分類し得る者であって、少なくとも智昇の時代、即ち武后時代の直後の記錄に翻譯・編纂の事業に關與し得たと記されるだけの學僧ではなかった。その意味で彼らは矢吹氏が強調する僞濫佛教の立役者と言ってよい者たちであった。しかしその一方で、前者に屬し譯經活動に從事している者がいたことも事實であって、決して僞濫として退けられる者たちばかりではなかった。封縣公者に對する研究としては特にフォルテ氏のそれが詳しい。ここでは『武周錄』を中心として見たとき、「寶雨經後記」や『續圖紀』『開元錄』に重複して記される者が、佛授記寺の德感、神英、大福先寺の惠儼、圓測（「寶雨經後記」では長安西明寺）の四名であることを指摘しておきたい。これらは皆翻經大德であり、この他に『武周錄』に翻經大德として明記される者の內、波崙、復禮、法寶、弘景は『續圖紀』『開元錄』に共に見える者たちである。これらの僧が菩提流志や義淨等の翻經三藏を支えて玄奘以降の武后期における譯經活動を推進して行ったのである。

ところで『武周錄』の刊定者列名に記される寺院は荊州玉泉寺をのぞいて、みな洛陽・長安の中央佛教に屬しており、そこの僧侶も中央佛教界に所屬する者たちのように考えられる。しかしここに武后期譯經の推進者の一人として疑い無い德感について、その地緣と師弟關係を窺わせる史料が存在する。德感は封縣公者九人のなかでも比較的に史料に恵まれているが、『宋高僧傳』卷四の傳によると、彼は太原の侯氏を出身とし、天皇大帝の時に徵せられて翻經大德となったとあるので、これが正しいとすれば、上元の年以降（六七四～）に義淨の譯場に參加し、佛授記寺の都維那から晩年には寺主に轉じている。この佛授記寺の翻經大德であった德感の侍者としてつかえた僧に相州安陽の大雲寺に住した靈慧（總章元年―六六八～開元四年―七一六）がいる。彼と德感との關わりについては次篇第八章で述べるように(19)、河南省寶山靈泉寺石窟の摩崖灰身塔の一つとして現存する「大唐相州安陽縣大雲寺故大德靈慧法師影塔之銘」がその史料である。それによれば安陽に出家して後、洛陽に赴いて德感のもとにおいて『解深密』『法華』『仁王』『轉女身』『梵網』等の經典、『成唯識』『俱舍』等の論を學び、かくして敕任をもって德感の侍者となった。その後、相州大雲寺の律師教授に任ぜられたとあり、影塔銘の次の部分は睿宗の景雲年間の記録となるので、ここまでが恐らく武后時代の靈慧を傳えるものである。また『林縣志』卷一四・金石上の「迷二大德道行記」に見える義紘も武后時代の義淨の譯場に參加して證義や筆受等の任務を擔っている。久視元年（七〇〇）の大福先寺における『根本薩婆多部律攝』の翻譯がその例である。太原と安陽あるいは林縣（河南・林州市）とは太行山脈を挾んで、東魏北齊から隋唐にかけて交通上に密接な關係を持ち、その點からも太原出身であった德感との地緣性を認めてよいであろう。僅かな例であるが、武后時代の譯經事業が單に中央佛教界の成果であったのではなく、その地緣や師弟關係によって廣く當時の佛教の先進地帶にまで人材を求めた結果であったことを示すものである。このことは武后期に限らず、前代の太宗高宗時代の玄奘の譯經や後代の玄宗期の譯經においても同樣であった。

『武周錄』の編纂はその當時最高の人材を擁して行われた。その卷末列名に記されてある「檢校刊定目錄」「刊定眞僞經」、或いは「校經目」と表現されている任務は、武周朝の權威のもとに實施される精確な經錄の編纂の表明であり、それはとりもなおさず、武周朝の翼贊を使命とするものであって、欽定入藏目錄を備え、また別に禁書目錄としての僞經目錄[20]をも付設した、武后の絕大な政治力を背景に極めて強い影響力を持つ經錄として出現したのである。その影響力の強さの例は『開元錄』の中に往々にして見られる通りである。それはまた武后沒後の譯經事業が途切れることなく繼續されて行き、また武后その人に對する當代の人々の扱いが當然ながら決して粗雜に流れるものではなかったことに現れていると言ってよい。このような觀點から見る『武周錄』には、これまでの經錄研究史上での評價とはまた別の、正の評價が與えられてよいのではなかろうか。

註

（1）但し、この列名は高麗藏にはなく、大正藏經本の校勘記によれば明本によって補い、對校本に宋・元本を用いたとある。また『武周錄』の最終卷僞經目錄の末尾には『三階集錄』以下二二部二九卷が「三階雜法」として著錄されているが、その小序に天冊萬歲元年を挾む證聖元年（六九五）と聖曆二年（六九九）の紀年がある。それは證聖元年の僞經及び雜符籙選定の敕、聖曆二年の三階敎の行法に對する禁斷の敕に應じて僞經目錄を編纂したことを記すものである。また天冊萬歲元年の紀年は大正大藏經が底本とする高麗版を除く宋・元本『武周錄』の卷二・三・四を除く各卷に記されており、見定流行入藏目上下卷を最終卷として全一四卷をこの年に上進したものであろう。なお、磧砂藏や福州版宋藏では、この僞經目錄は、一四卷までの『武周錄』とは別に單刊のものとして收錄されている。

（2）大正藏では大福先寺は玄奉（或いは玄泰）を除き皆大福光寺となっているが、『續高僧傳』『宋高僧傳』等の僧傳類や『唐兩京城坊攷』にもなく、恐らく大福先寺の誤りであろう。また玄奉は大正藏本卷六末校勘記によれば宋・元本では大福先寺刊定眞僞經僧玄泰としているが、磧砂藏などでは玄奉となっている。

なお、ここに現れる翻經大德復禮については、近年、彼の著書『十門辯惑論』に訓註が施され、刊行されている（一色順心編『唐復禮撰　十門辯惑論注解』平樂寺書店　二〇〇六年）。

（3）　太平寺は、巻末列名の福慶の場合、大平寺となっており、磧砂藏などでも大平寺である。また大正藏本での承辦は太平寺、巻五・六・八それぞれの巻末の校勘記の宋・元本にはいずれも太平寺に作る。大平寺は太平寺の誤りである。

（4）　天宮寺は曇懿・校經目僧明紹共に天官寺に作るが、磧砂藏などでは天宮寺となっており、大正藏本の巻五・六末の校勘記宋・元本にはいずれも天宮寺に作る。天官寺は天宮寺の誤りである。

（5）　崇先寺の文徹について大正藏本では翻經大德崇光寺都維那としているが、法寶が翻經大德崇先寺上座となっており、また崇光寺は各種の記錄に見出せない。崇先寺も『唐會要』巻四八では證聖元年に崇先府を寺としたとあるものの、『長安志』巻一〇では武后時代に崇先府とした後、睿宗の景雲二年に玉眞公主のために玉眞女冠觀を造ったとあり、武后時代の事跡が判然としない。なお小野勝年『中國隋唐　長安・寺院史料集成』三四〇頁に若干の史料が紹介されている。

（6）　玉泉寺は『武周錄』巻末列名では王泉寺とするが、校勘記に言う宋・元本の玉泉寺が正しい。また恆景は弘景に作るが、『宋高僧傳』巻五の荊州玉泉寺恆景（六三四～七一二）であろう。陳垣はこれについて『釋氏疑年錄』巻四の恆景の條に「宋傳避宋諱」と言う。

（7）　佛光內寺（義淨）、或いは大內佛光殿（菩提流志）については、『開元錄』巻八の玄奘譯經の項に、顯慶元年（六五六）、即ち中宗誕生の年、その瑞號である佛光王に因んで名付けられたもので、兩京に各々一佛光寺を建てた。その東都佛光寺は玄奘の故宅とある。ここでは前後の文脈から長安の佛光寺とした。

（8）　「大唐京師西明寺所寫正翻經律論集傳等　顯慶三年」として「入藏正錄合七百九十九部三千三百六十一巻　五萬六千一百七十五紙」とある（大正五五・三三七c）。また唐・靜泰「大唐東京大敬愛寺一切經論目序」によれば翌四年にも貞觀以來の玄奘譯を「奉敕寫經」している（同・一八一b）。

（9）　矢吹慶輝『三階敎之研究』（岩波書店　一九二七年）第三部附篇、二、大雲經と武周革命　七一九頁は『舊唐書』薛懷義傳による。また小野勝年『中國隋唐　長安・寺院史料集成』の西明寺の項參照。

（10）　この他に同氏「休祥坊の三名刹（萬善・昭成・崇福）――長安寺院史の歴史地理的考察――」（『佛教史學研究』二九―二　一九八六年）を參照。

(11) 提雲般若については『武周錄』卷一（大正五五・三八一a）に、菩提流志については『武周錄』卷一（大正五五・三七九c～三八〇a）、卷二（同・三八二b）に同記事がある。

(12) 『入楞伽經義抄』一卷の注に「東京中大雲寺沙門行珍題云」云々とある（大正五五・一一五三a）。アントニノ・フォルテ氏『Political Propaganda and Ideology in China at the End of the Seventh Century』（Napoli 1976）一〇九頁注（170）參照。この中大雲寺玄範が『舊唐書』薛懷義傳に見える軌、即ち玄軌のことであるとの指摘も同氏前掲書の七五～七七頁、一〇八～一一〇頁に見える。また同氏「『大雲經疏』をめぐって」（『講座・敦煌』第七卷『敦煌と中國佛教』大東出版社　一九八四年　所收）參照。

(13) 「雖云刊定、繁穢尤多、雖見流行、實難憑准。中有乖舛、如別所述。」（大正五五・五六五c）。また卷一〇の總括群經錄上之一〇・敍列古今諸家目錄にも次のように言っている。

撰錄者曰、當刊定此錄、法匠如林、德重名高、未能親覽。但指撝末學、令緝撰成之、中間乖失、幾將太半。此乃委不得人、過在於能使也。（同・五七九a）

(14) 林屋友次郎『經錄研究』（岩波書店　一九四一年）前篇　第一部第三章第六節　第五期、唐代諸經錄　參照。

(15) 宋・元・明の三本に支敏度錄とする例があるが、ここは高麗藏本によって九例の中に數えた。

(16) 註（5）小野前掲書、福林寺の項參照。

(17) 矢吹前掲書、註（9）六五頁。

(18) 『開元錄』卷一〇・總括群經錄上之十・敍列古今諸家目錄の唐・靜泰撰『衆經目錄』の自注に、次のような智昇の寺院經藏錄に對する言葉がある。

撰錄者曰、又如長房錄中引一乘寺藏錄、周錄之中引眞寂寺錄・義善寺錄・玄法寺錄・福林寺錄、上之五錄、但引其名、不言卷數。又有陳朝大乘寺藏錄四卷、並不知何人製作。似是當寺藏經、略記由委。既局寺名爲錄、未可通行。故敍錄次、闕而不載。（大正五五・五七四b）

(19) 次篇第八章　隋唐時代の寶山靈泉寺―寶山靈泉寺石窟塔銘の研究―

(20) 禁書目錄としての僞經目錄の意義の一端については、本篇第一章において述べた。

第二篇　中國中世佛敎の地方的展開

序

本篇は、南北朝後半から隋・唐初、卽ち六〜七世紀間における佛教の地方的展開を跡づけるところに主眼を置く。六〜七世紀とは、南朝に梁が成立し、武帝による空前の佛教の盛時が現われる五〇二年から、五八一年の隋の成立、六一八年の唐の建國を閒に置き、高宗・則天武后時代が終わる七〇四年までを言う。

全體はおよそ二部に大別される。すなわち第一章から第五章までの前半は、梁の成立から、唐の高祖・太宗時代までの期閒をおよその範圍として、その閒に見られる地域に特有の現象を取り上げ、詳細に論じるもので、およそ南北朝後半期の、政治史上の結果から言えば、北朝が南朝を壓倒する閒の、實に目まぐるしく且つ激しい動きを見せる社會の動態にあたかも呼應するように、佛教が如何にして如何なる人々によって傳えられ種播かれていったか、それはどのような地域性のもとに行われたものであったのかを述べる。續いて第六章から第八章までを含む後半は、同じく六〜七世紀閒に發生し盛行した石刻經典に專ら焦點を當てる。時代の範圍は玄宗朝（七一二〜七五六）までをおよその範圍とし、時として唐末以降にまで及ぶ。その閒において、それらが多樣性を備えながら、反面、際立った地域的偏在性と時代性とを示していることを論じている。今に遺存する石窟や石經は、そのものが既に地域性を強く帶びることは自明であるが、それらはまた時代の特徵と變化をも強く反映する。

さて南朝佛教の極盛期が梁の時代にあり、その時代は武帝によってもたらされ武帝によって衰亡したことは周知の事實である。その武帝盛期の現象の一つに佛教類書の編纂があったことは、すでに前篇第二章に述べたが、本篇前半は、東晉以來、ほぼ一貫して漢族國家の領土として經過してきた荊州、襄陽、安州等の湖北一帶、及び益州、綿州等の四川地域が、梁の衰滅と共に西魏・北周・隋の北朝國家の支配下に置かれる事態を迎えた際に、佛教史としてどのような動態が見られるか、どのような地域性が見られるかを檢證する。それらはまた時間的には、前篇第三～六章に對象とした『歷代三寶紀』が、その歷史觀を傾注し記述した南北朝末三國の時代に一致する。地域區分的に言えば、南朝國家の中心としていまだに命脈を保つ佛教先進地帶としての長江下流域、東晉以來、佛教が定着しつつある湖北・湖南等の中流域、そして道教の淵叢の地として、また五胡時代以來の爭奪の對象であった上流域に當たる四川地方のそれぞれにおける佛教傳播の狀況を檢討するものである。その時々における政治的動亂と平穩の繰り返しのなかでの佛教傳播の狀況とは、南朝から北朝の支配下に入る前後の時期について言えば、およそのところは下流から上流へ遡行する姿を見せる。その閒に中流域の荊州のみは、北方の襄陽と連動して北朝後半期の西魏・北周の都・長安と繫がり、上流域の四川は道教や、南朝以來の舊佛教との衝突を繰り返しながら、一方で新しい支配者である北周・隋の占領政策にも對應せざるを得なかった。佛教傳播の可能性の中では、新たな支配者による新時代の到來が刺激を與えた一面は否定できない。またそうした社會體制の流動の中でこそ他所から移住する布教者に、活動の餘地が生まれた一面はあるものの、そうした事態の中から見えてくる基本形態は、地緣をもって活動する一群の出家僧の存在である。梁『高僧傳』や『續高僧傳』、或いはその他、後世に編纂された各種の傳記等の史料の中からは明瞭には見出しにくいこれら在地の僧・尼の存在こそ、當該佛教のそれぞれの地方における展開の主體である。

そのような例として取り擧げてよいものが、後半に述べる石刻經典群であり、河南省の寶山靈泉寺を挾む寶山と嵐峰山に現存する多數の僧・尼や在家信者の灰身塔銘群である。それら經典の石刻に携わった人々や塔銘に刻まれる人々は、およそ記録に殘されることのない人々である。しかし本篇で史料として用いた例えば寶山靈泉寺の塔銘を讀めば、そのような人々は、相州地方において出家し示寂を迎えた僧であり尼であり、或いは子女眷屬に出家者を持つ優婆塞・優婆夷であることがわかる。さらに灰身塔についていえば、これらはまた像塔とも影塔とも呼ばれているように、塔銘のみにとどまらず肖像の浮雕りを持ち、それはまた男性の僧や優婆塞だけでなく、尼僧や優婆夷のような女性の肖像も、男性と同等に塔の中に浮雕りされている。このようなそれぞれの地域において出家者としてあるいは在家信者として生涯を終えた僧・尼、優婆塞・優婆夷こそが、本篇が對象とする時代のもう一方の主體である。その觀點に立てば、石刻經典にせよ灰身塔にせよ、理解を進めるに必要な課題はなお多い。

また資料としての特性から言えば、これら石刻資料を史料として用いる場合、おおよそは金石文として移錄され文獻史料の形態をもって行われる。しかし拓本のように原形に近い姿を伴って利用し得る場合があり、近來盛んに集成される墓誌・碑文・造像記等の拓影がその好例である。一方ではそこにも自ずと限界がある。例えば摩崖や石窟の壁面に刻まれた石刻經典は、現在に至るまで、風化浸蝕に曝されながらも現地に在り續けているが、大抵の場合にその拓影は、文字資料としての評價が優先され、塔銘や造像記に至っては、銘文のみが切り拔かれるように採拓され、且つ移錄され、全體像は知り得ようもないものが多い。たとえ拓本といっても、そこにあるのは文字資料としての評價のみであり、全體に對する關心は薄いと言ってよい。今回、寶山靈泉寺の灰身塔銘を採錄するに當り、このような灰身塔を摩崖に彫り、被葬者の生前の姿をその肖像と共に塔銘に刻む實態を、全體として把握する一助にすべく、少數例ではあるが、灰身塔と塔銘とを一體として採拓している拓影を收載した。

第一章　梁代貴族佛教の一面

一　武帝をとりまく高僧たち

梁帝國五十六年の命脈の中、創業の君主たる武帝は、實に四十八年の長きに亘ってその位に在った。三十九歳より、八十六歳の當時稀な高齢で歿するまで、彼は常に帝權の所有主として君臨し續けたが、しかしそのあまりの長壽の故か、梁王朝は武帝歿後に急轉直下崩壞して行く。その原因については現在様々な方面から考究されているが、梁朝滅亡後、最も喧傳されたのが、彼の佛教への心醉である。廢佛論者は言うに及ばず、『梁書』『南史』等の史書にも、彼の過度の奉佛ぶりは批判されている。初唐の道宣が「梁祖年暮には、惟だ薫修を事とするのみ、臣下風に偃《ふ》し、情言俗を扇《あお》る」（『續高僧傳』巻七・寶瓊傳、大正五〇・四七九a）と述べているのも、武帝晩年の奉佛の有様を傳えたものである(1)。しかし、彼の佛教への傾倒にも自ずと變遷がある。極く大雜把に言えば、普通二年（五二一）に同泰寺の建立が開始され、大通元年（五二七）完成するや、武帝は同寺に於いて第一回の捨身を行った（この時武帝六十五歳）。そしてこの頃より脇目も振らず、心を佛教へ傾斜させて行ったと思われる。本論は、この武帝捨身の以前、天監より普通に及ぶ二十五年の間に、家僧として或いはそれに匹敵する厚遇を受けつつ武帝の側近くで活躍した佛僧の動向を眺め、そこから武帝治下の佛教の一端を、改めて把握してみようとする試みである。

ところで、家僧については、既に早く山崎宏氏が、南北朝・隋・唐という長い時間を鳥瞰すべく網羅的に論ぜられ、(2)『續高僧傳』中より、武帝の家僧として明記されている僧伽婆羅・法寵・僧遷・僧旻・法雲・慧超（南澗寺）・明徹・僧遷（彼のみ後梁代に及ぶ）の八名を検索され、一帝にして八名の家僧なる者を有していた例は、他に見出し得ないとも述べられている。但し武帝の近くには、彼等の他にもまだ數多の高僧がいた。(3)

更に『出三藏記集』には、興味ある事件の記録が見出される。すなわち巻五・新集安公注經及雜經志錄第四の中、『薩婆若陀眷屬莊嚴經』に關して僧祐が書き傳えている記録である。この一巻二十餘紙の經典は、郢州の乞食僧妙光が、郢州の僧正に逐われた擧句、都建康に潛入し、普弘寺に於いて僞作したものである。その內容は「薩婆若陀長者は是れ妙光の父の名、妙光の弟は金剛德體と名け、弟の子は師子と名く」（大正五五・四〇c）と注記にあることと、またその經名から推して、砂山稔氏も指摘されているように、(4)妙光の一族を聖家族として喧傳するものであったと思われる。彼等は書寫して屏風に貼り付けさせたこの經典を信者に裝飾供養させ、結果として看過できぬ騷動を都に惹き起すこととなり、主犯の妙光は捕えられ、「妙光巧みに詐りつくる、事斬刑に應《あた》る」（同右）との獄牒が下ったのである。これが事の顚末の前年であるが、僧祐は引き續いて次のように記している。

卽ち其の年（天監九年・五一〇）四月二十一日を以て、僧正慧超に敕し、京師の能講の大法師にして宿德ある僧祐・曇准等の如きもの二十人を喚び、共に建康に至らしめ、前に妙光の事を辯ぜしむ。超卽ち旨を奉じ、曇准・僧祐・法寵・慧令・慧集・智藏・僧旻・法雲等二十人と、縣に於いて辯問す。妙光罪に伏し、事事牒の如し。衆僧詳議し、律に依りて擯治し、天恩もて死を兔ず。偏地に於いて復た惑を爲し、亂長く東治に繫あらんことを恐れ、卽ち此の經を收拾し、二十餘本及び屏風を得、縣に於いて燒除せり。然れども猶お零散する有るがごとし。後生を亂さんことを恐れ、故に復た略記す。（大正五五・四〇c）

一旦は俗法によって斬刑に處すと決した事件を、僧祐等二〇人による宗教裁判に差し回し、內律によって處斷し、死罪をゆるしたというのであるが、ここに裁判の構成員二〇名の內、九人の名が擧げられている。そして彼等の中、慧超・法寵・僧旻・法雲の四名がそれぞれの傳中に武帝の家僧として明記されている者である。『出三藏記集』の記録を見ると、宗教裁判を指導する立場にあったのは、僧正慧超であったことがわかるが、『高僧傳』中に傳すら立てられていない慧令なる人物が加わっていることにも注目される。また梁の三大師として著名な智藏・僧旻・法雲がそっくり參加してもいる。そこで、『續高僧傳』(以下『續傳』と略)中に家僧として明記されている前述の八名、この宗教裁判の他の參加者五名、及び國師の尊稱を持ち、武帝の戒師である長老僧慧約を含め、歿年の順に左に表示してみよう。

天監十四年(五一五)	湘宮寺曇准	七十七歲(『續傳』卷六)
	招提寺慧集	六十歲(『梁傳』卷八)
天監十七年(五一八)	建初寺僧祐	七十四歲(『梁傳』卷一一)
普通三年(五二二)	開善寺智藏	六十五歲(『續傳』卷五)
	建初寺明徹	年齡不詳(『續傳』卷六)
普通四年(五二三)	靈根寺僧遷	五十九歲(『續傳』卷五)
普通五年(五二四)	宣武寺法寵	七十四歲(『續傳』卷五)
	正觀寺僧伽婆羅	六十五歲(『續傳』卷一)
普通七年(五二六)	南澗寺慧超	年齡不詳(『續傳』卷六)
普通八年(五二七)	莊嚴寺僧旻	六十一歲(『續傳』卷五)

（～普通三年〈五二二〉～）　靈根寺慧令　　年齡不詳（傳ナシ）
大通三年（五二九）　　光宅寺法雲　　六十三歲（『續傳』巻五）
大同元年（五三五）　　草堂寺慧約　　八十四歲（『續傳』巻六）
後梁天保十二年（五七三）　大寶精舍僧遷　　七十九歲（『續傳』巻六）

こうしてみるとわかるように、稀な長壽を保った慧約と、一世代遲れて生れ、後梁時代に活躍した僧遷とを除けば、殆どが天監末から普通年間にかけて入寂しており、言わば武帝治世の前半の時期に輩出していたことを示している。(5) 彼等の各傳を通覽してみると、武帝によって禮遇されてからの行動には、天子たる武帝の、敎團統率者としての一面と、一佛教者としての一面とが反映していると思われる。また目を轉じてみれば、武帝の一佛教者としての行動の中にも自ずと天子としての姿勢が滲み出、それはそのまま沙門の天子に對する姿勢とも相應ずるものでもある。以下、齊末梁初の混亂期をくぐり拔けて來た彼等の動向の意味する所を見て行きたいと思う。

二　武帝をとりまく高僧の類型

〈曇准・僧伽婆羅・僧祐・慧集〉

曇准(6)は、齊代に北より南遊して湘宮寺に止まり、臨川王蕭映・長沙王蕭晃・盧江の何點・彭城の劉繪等貴顯の尊敬を受けている。彼は涅槃學者であったが、梁唐二『高僧傳』には梁代においての事績が何等記されておらず、僅かに「其の業を成す者二百餘人」（大正五〇・四七二a）とあるのみである。かえって先の『出三藏記集』によって、當時の建康における代表的高僧であったことが記録されることとなっている。既に言われているように、前朝に崇敬された高僧が、梁代に及んでも武帝によって變ることなく遇されていたことを示す一例であろう。[7] 彼は北來の僧であったが、一方、僧伽婆羅[8]は扶南國より來朝した譯經僧である。彼は齊末の混亂期に身を潛めていたが、梁の天監五年（五〇六）に武帝に迎えられると、敕命の下に次々と都合一一部の經論を翻譯した。[9] 殊に天監十一年（五一二）の壽光殿における『阿育王經』一〇卷の譯出には、武帝自らが筆受の任に當り、次いで僧正慧超に引き繼がせて完成せしめ、[10]「天子の禮接甚だ厚く、引て家僧と爲す」（大正五〇・四二六a）との厚遇を與えている。

僧祐は、天監元年（五〇二）の時に既に五十八歲、前朝よりの律學の大匠として令聞高く、また土木の才もあり、屢々武帝の命令を受けて方々の大像を完成させている。[11]「今上深く相禮遇し、凡そ僧事の碩疑あれば、皆敕し就きて審決せしむ」（大正五〇・四〇二c）と言い、親王公主貴賓から師として敬われた彼は、梁代初期の代表的高僧であった。傳中に僧正や家僧の語はないが、彼もまた律學の大家として梁代の僧界に重きをなしていたことは疑いない。慧集も僧祐と同樣に傳の中に家僧の語は見えないが、彼もまた前朝よりの論部の大家であり「一たび開講する毎に、帙を負う者千人」（大正五〇・三八二b～c）ともあり、僧旻・法雲・慧超（靈根寺）もその講筵に學んでいる。年齢的には後述する法寵・慧約よりも五～六歲若いが、論部の學僧として、翻譯家僧伽婆羅、北來の涅槃學者曇准、律學者の僧祐と肩を竝べる存在であったことは、『出三藏記集』の記錄より窺うことができる。僧旻・法雲等の師としても重きをなしていたであろう。以上のこれ等四名は史料から窺う限り、後述の慧約等に較べれば、武帝との關りの點においていまだ稀薄であるとはいうものの、佛教界肅正の任に當る者が同時に武帝との個人的關係に連って行く兆しを見せていると考えてよい。

〈慧約・慧超〉

この兩名は、常に武帝の側近にあって活動し、この點において前述の四名とも、また後述の智藏・僧旻・法雲ともその活動の性質を異にしている。

慧約はここでとりあげる諸僧の中で最も長命を保ち、また武帝の崇敬の厚さには他に類を見ないものがある。詔をうけて作られた梁・王筠の碑文に「國師草堂寺智者約法師碑」（『藝文類聚』巻七六）とあるように、智者の號を授けられて武帝の受菩薩戒の師となり、國師の尊稱をも與えられた梁代隨一の權威者であった。彼の傳の中には慧約の誕生前、一族の塋墓を占った者が、「後世、修行して道《さとり》を得、帝王の師となる者が現われるだろう」と豫言したという傳說が載っている（大正五〇・四六八b）。これなども當時の彼の勢威を物語るものであろう。[12]

彼の齊末から梁初にかけての行動については、文宣王會坐の所謂永明の八友の指導者格であった沈約を抜きにしては考えられない。[13] また慧約は周顒・褚淵・王儉等の南齊の代表的人士に禮遇されてもいる。彼はおおむね沈約と行動を共にすることによって、齊末の混亂期を乘り切ったように思われるが、齊の明帝の頃、彼は沈約に向って次のように語っている。

貧道は昔王（儉）褚（淵）二公に供養せられ、遂に令僕の省に居る。壇越之を爲《おさ》むれば、當に復た地に入るべし。（大正五〇・四六九a～b）

これは既に指摘されてもいるように、[14] 慧約の權力志向を如實に示しているものである。果して彼は、天監元年（五〇二）、尚書僕射となった沈約の奏請によって、省内に出入できる敕許を得ている。慧約五十一歳の時である。その後は順調に榮進を遂げ、天監六、七年の頃には殿内に出入するを得、沈約死歿の前年の頃になると、武帝と直接相見えるまでに至っている。慧約傳には次のように言う。

（天監）十一年、（沈約）丹陽尹に臨む。何くも無くして歎ずらく、生を憂うるの嗟き有りと。報えて曰く、檀越の福報は已に盡きたるも、貧道未だ滅度を得ずと。詞旨悽然たり。俄かにして沈殞《し》す。故に其の預め未然を契《しめ》すこと、皆此の類なり。……天監十一年、始めて敕あり引見せしめらる。（大正五〇・四六九b）

武帝の怒りをかい、氣力體力共に失せて悶々の內に時を過していた沈約が、長年身近にあった名僧慧約に最近の心境を吐露し、恐らくは最後の救いを求めたのに對し、彼が送りつけた言葉は、道宣も許するようにまことに凄然たるものであり、言わばこの世での絶緣狀とでも言うべき內容のものであった。沈約は死の前年七十二歳、慧約は六十一歳の時のことである。これ以後「禁省に去來し、禮供優洽なり」という武帝の尊信を克ち得た彼は、遂に天監十八年（五一九）、皇帝の戒師という稀有の榮譽に浴することとなり、傳に言う、

是より入見には、別に漆榻を施し、上先に禮を作し、然る後坐に就く。皇儲以下爰に王姫に至るまで、道俗士庶咸く度脫を希い、弟子の籍に著《しる》さるる者、凡そ四萬八千人なり。（大正五〇・四六九b）

という威望を確立することとなる。皇帝權力に接近することに專心した結果、家僧以上の尊信と禮遇と、そして何よりも皇帝の戒師という權威を武帝より與えられる成功をおさめたのである。(15)

次に南澗寺慧超は、慧通・僧宗に師事從學し、註（15）で述べたように、慧約と同樣、前朝の名德であり弟子も多かった僧柔・慧次等には學んだ形跡がない。また彼は多藝多才の人であり、この點において武帝の意に協う者であったと思われる。齊梁交替の際の彼の行動についてはよくわからない。梁代に入ると、「尋いで別敕有り、乃ち僧正を授けらる」（大正五〇・四六八a）とあるように僧正の任に就き、それ以後二十餘年に亘って僧正として活動し續けている。彼は普通七年（五二六）に歿しているから、天監元年（五〇二）から數えると二十五年となり、恐らく天監も初期の頃に僧正となったものであろう。(16)そして天監年間の、恐らくは僧正就任の時期と隔たらない頃に武帝の家僧となったと思われる。僧正として「凡そ緇侶に在るものは、咸く成訓を稟く」（同右）という威令を有

する一方、家僧としては王公にも勝る待遇を受けた慧超の姿は、他僧の傳の中に自ずと記録され傳えられている。今、その二、三の例を紹介して、家僧と僧正との兩面を兼ねた慧超の行動を見ておきたい。

天監五年（五〇六）、僧正慧超は武帝の敕をうけて、この年都に戻った僧旻の住房を訪れ、法寵・法雲・周捨等と共に華林園において道義を講論するよう依頼している（『續高僧傳』巻五・僧旻傳）。この記録は、僧正でありながらも、この時點で既に家僧としての面をも有していた慧超の姿を示すものである。

また、齊隆寺は前任者の法鏡が齊の永元二年（五〇〇）に歿してより、後繼者が定まらぬままに空席となっていたが、天監七年（五〇八）に至り、法寵を後任に据えることとなった。この時、法寵を後任に充てるべく武帝に進言したのが僧正慧超である。結果として「寺廟を匡正するに、信に其の人を得たり」との詔が下っている（同巻五・法寵傳、大正五〇・四六一b）。

また、先にも紹介したように、天監九年（五一〇）、妙光が諸經より抄出して『薩婆若陀眷屬莊嚴經』を僞作し罪に問われた事件では、慧超が僧正として武帝の詔をうけ、僧祐等二〇名の實力者達を一堂に會せしめて審問を行っている。以上の二例は、武帝の信任の下に、僧正としての任務を果している慧超の姿を傳えるものであろう。

また、天監十八年（五一九）、武帝は等覺殿において菩薩戒を受けたが、これより以前、武帝は受戒するに先立ち、僧正慧超に敕して、皇帝の戒師として適當な、長老で且つ徳望ある者を擧げしめている。慧超はこれに應じて法深・慧約・智藏の三名を擧げたが、既に武帝の意中には慧約があり、結局慧約を受戒の師と定めたと言う（同巻五・智藏傳）(17)。これは、慧超が僧正と家僧との兩面を保ちつつ、武帝に近侍していたことを傳える例である。

〈智藏・僧旻・法雲〉

彼等三名は、『續高僧傳』卷一五・義解篇論に、

時に三大法師雲・旻・藏なる者有り、駕を當途に方《なら》べ、復た僧傑と稱せらる。（大正五〇・五四八b）

と言われているように、梁朝を代表する學僧である。しかし道宣は同時に、

道俗に榮冠たりて、行業相兼ねる者は、則ち開善の智藏、抑も其の人なるか。餘は則ち慧解是れ長《すぐ》れたるも、儀範多くは雜なり。十もて數うる翹楚も細行を遵修すること無くんば非ず。然れども定學に心を攝むるものは、未だ俗に聞かず。（大正五〇・五四八b）

とも言い、梁代の一般的潮流に對して、彼一流の批判を行っている。ところが一人智藏に對してのみはその鋒先を抑えており、これは有名な武帝との白衣僧正論争における智藏の獨立不羈の姿勢に共感しているからに他ならない。

智藏は若い頃、僧祐や僧遠・弘宗を師とし、また僧祐の師法獻の下にもあったが、後、齊代きっての學僧である僧柔・慧次に受學している。「當時柔次二公、玄宗として世を蓋う」（大正五〇・四六五c）と評される二人に學んだ經歴は、僧旻・法雲と共通しているものの、法獻・僧祐の下にあって律典を學んだところに、彼等とは一線を畫するものがある。これが武帝との閒に論争を生む下地となり、ひいては道宣の高い評價につながっていると見ることができよう。次いで傳には齊末の混亂を避け、以前に竟陵王の要請により講匠として赴いたことのある會稽に行き、終世の隱棲の場所として法華山を選んだことを記している。永元二年（五〇〇）、すなわち世に惡童天子として名高い東昏侯の代である。從って智藏の行動も、單に隱棲と言うよりは、身の危險を感じての避難と言った方がよい。『資治通鑑』卷一四二・永元元年の條には、東昏侯の凶行を述べる中で、次のような事件を傳えている。

又嘗て定林寺に至る。沙門の老い病むもの有り、去る能わずして草閒に藏る。左右に命じて之を射せしめ、百

箭倶に發す。

このような事態は、嘗て定林寺において僧遠や法獻に學んだことのある智藏ならずとも、身の危險だけでなく、齊朝滅亡の前兆を感ぜしめるに充分のものであったに違いない。果してその翌々年、齊梁閒の交替が起こり武帝は卽位する。この時智藏は、宛も平和の到來と定着を見定めたかのようにして都に戻っている。その後は、武帝以下の尊信をうけ、また武帝の、法會と組織統制の優越者支配者たらんとする野望を押し止め、殊に白衣僧正論爭に關しては、法雲をして「常《かつ》て義理の中に於いては、未だ能く相謝せざるも、一日の事、眞に愧服すべし」（大正五〇・四六六ｃ）と嘆ぜしめる毅然とした姿勢を天下に示すに至る。(18) 但し、武帝にとって尊敬すべき人物であったにせよ、決して心地よい相手でなかったことは、先に述べたように、菩薩戒を受けるに際し、戒師として智藏を選ばずに慧約を採ったところにも窺い知ることができよう。(19) 智藏の傳には家僧や僧正の語は見えず、かえって彼は、

皇太子尤も相敬接し、將て北面の禮を致す。……尊を降し禮を下し、就きて之に諮し、戒範に從遵し、永く師傅と爲す。（大正五〇・四六七ａ）

とあるように、皇太子蕭統に師傅として厚遇されているが、その歿後は鍾山獨龍阜に敕葬されており、武帝の崇敬の程も窺い得る。

智藏が武帝に對し「持操不改」（同右）の行動を取り續けたのに較べ、僧旻・法雲においては聊か樣相を異にしている。

僧旻と法雲とは同年生れの法友である。二人共に僧柔・慧次・寶亮に學び、また先に述べた慧集にも學んでおり、その交遊は終生變らなかったと思われる。南齊末、法雲は母の喪に服し「毀瘠禮に過ぎ、累日食わず、殆ど喪に勝えず」（大正五〇・四六四ａ）という行動を取ったが、僧旻は、それを出家者としての範疇を踏み外すような行爲と

して把え、法雲をたしなめている。兩人の傳を仔細に見れば、彼等の性格の相違が自ずとその行動に反映しているようである。齊末の彼等の動向について見ると、法雲に關しては何等記すところがないが、僧旻に關してはかなり詳しく書き記されている。

永元元年、僧局に敕し三十僧を請い、華林園に入れて夏講せしむ。僧正は旻を法師と爲さんと擬る。旻之を止む。或るひと曰く、何の故ぞと。答えて曰く、此れは乃ち內に法師を潤おすも、外に學士を益す能わず、講者と謂うに非ずと。（大正五〇・四六二b）

これは僧旻の、宮中における法會に對する批判でもあるが、しかし「齊曆橫流し、道屬昏詖し、時　小人を寵《たっと》び、世々君子を嫉《にく》む」（同右四六二c）との狀勢を見るに及ぶと、建康政界の危險と混亂とを避け、彼の鄉里でもある呉の地に入る行動を起こしている。從って、先の彼の言葉も、ただ高踏無益の法會に對する批判とばかりは受けとれず、僧旻としては、東昏侯の宮中での講會に喜々として臨むことに、明らかな危險の兆しを感じ取っていたと見てよいであろう。この推測は、

皇梁運を膺くるや、乃ち翻然として遠きよりし、ここに帝則に從う。天監五年を以て、都輦に遊ぶ。（大正五〇・四六二c）

という彼の梁朝成立後の行動からみても可能なことである。「遊于都輦」とは言うものの、これは明らかに世間の歸趨を見屆けた上での行動であり、僧旻四十歲の身の活躍の場を再び都に求め、翻然として、舞い戻ったのである。智藏が法華山に難を避けた時、既にそこで世を終える覺悟をしていたのに比べ、僧旻は明らかに一時的避難を意識して地方に身を潛めていたことが窺われる。齊代、竟陵王の世子蕭穎胄からの會稽赴任に同道するようとの申し込みに對して、にべもない返答を浴びせた彼が、天監五年に都に出てからは、武帝の恩寵を受け、六年以降において

は遂に帝の家僧となり、大法會の講者としてまた書物の編纂者として[20]、華々しい活躍を續け、晉陵の太守蔡撙をして、

昔仲尼は周に素王たり、今旻公も又梁に素王たり。（大正五〇・四六二c）

と歎ぜしめる程の聲望を克ち得るまでに榮達している。このような結果は、蕭繹の「莊嚴寺僧旻法師碑」（『藝文類聚』巻七六）に、「本姓は孫氏、有呉開國の大皇帝は其の先なり」と言う出自と共に、己れの才への自負がもたらしたものと言えようが、慧約等と共通する權威志向的性格をも推量させるものがある。

一方法雲は、天監七年以降に家僧となり、また光宅寺主ともなっているが、普通六年（五二五）には大僧正となっている。彼も慧超と同様に、家僧と僧正との兩面を兼ね備えていた人物である。但し、彼がいつ頃に僧正になったかは明らかでない。ところで、家僧としての法雲の一面を示すと思われる例が、法雲傳の中に記錄されている。

（法）雲、天監末年を以て、施主の恩に報えんと欲し、秣陵縣同下里の中に、寺一所を造る。敕すらく、法師の建造なるを以て、仍りて法師を以て名と爲すを可《ゆる》すと。（大正五〇・四六四b）

とあるもので、法雲は、施主の恩、卽ち武帝の恩寵に報ずる意圖をもって一寺を造營している。その際、資金は家僧としての資給物より出たであろうし、その目的も武帝のための修福にあったであろうことが推察される。この法雲の行爲に對し武帝は、寺に法雲の名を稱することを許して彼の意に酬いたのである。

僧旻と法雲とは同じ武帝の家僧ではあるが、自身が行う齋會に對する姿勢には大きな差があったようである。今、このことを示す例を兩人の傳より擧げてみよう。僧旻は批判的であり、法雲は積極的であった。

僧旻の弟子が「和上の修むる所の功德は誠に多きも、未だ始めより大齋會を建てず。恐らくは福事未だ圓かならざらん」と問いただしたのに對し、僧旻は「大齋は乃ち一時發起の益有るも、吾は人力に寡乏《とぼ》しく、理を盡すを得ること難し」と一應は現狀を是認するかのような返答をした後、徒に數量を誇る法會の有様を批判して次のように

言う。

……如《も》し復た寄を王宮官府有勢の家に求むれば、使役多しと雖も、彌々意を盡すこと難し。近識之を觀れば、此に藉りて開悟し、智者之を窺えば、名を求むるの誚《そし》り有らん。……（大正五〇・四六三b～c）

これに對し法雲は、自ら大々的に法會を行っている。そのきっかけは、天監十八年（五一九）の武帝の受菩薩戒にあった。この時戒師となった慧約は、「茲れより厥の後、王侯朝士法俗都を傾け、或は年臘の智者に過ぎるもの有るも、皆風を望みて奄附し、啓して戒法を受く」（大正五〇・四六四c）というように、宛も教界に君臨するような勢威を示したが、法雲はこの趨勢に向って斷固反對する一方、「當に先に願を發すべし、若し相應ずるを得なば、然る後に從い受けん」（同右）と言い、華林園光華殿において盛大な「千僧大會」を設けている。このように法雲は僧旻と異り、時流に逆らわぬ考えの持主であったと共に、あくまで自己の位置を主張して止まぬ性格の人物であったらしく思われる(21)。

〈法寵・僧遷・明徹〉

法寵は、年齡的には前述の僧の中で曇准・僧祐に次ぎ、慧約より一歳年長であるが、法系の上では本章でとりあげる誰とも異り、僧周・曇斌等に學んでいる。彼が天監七年（五〇八）僧正慧超の建言によって齊隆寺の寺主に着任したことは既に述べた通りである。その後、武帝より上坐法師と呼ばれ家僧として遇されたが、また齊隆寺が宣武寺と改名され、規模を大きくするに至る(22)と、東昏侯に誅殺された武帝の長兄宣武王蕭懿のために修福供養を行う任務を帯びた。「敕して車牛人力衣服飲食を施し、四時絶えざらしむ」（大正五〇・四六一b）という厚遇をうけた法寵は、武帝の一族のために福を祈るという最も家僧としての語義にふさわしい生活を送っていたと言えよう。しかもこの法寵が『出三藏記集』所掲の審問に名を列ねてもおり、注目されるところである。

僧遷は寶亮に師事しており、僧旻・法雲とは同門の後輩である。彼の傳は短く、詳しいことは窺うべくもないが、僧遷が武帝の家僧となっての後、天監十六年（五一七）夏に起った逸話を次に紹介してみる。慧詡なる僧が或る夜、武帝の下に行き法會の相談を行ったところ、これを聞きとがめた僧遷が、満坐の中で慧詡に向い、

我は卿と同に西州より出で、倶に沙門と爲るに、卿一時に天接を邀逢し、便ち儕黨を陵駕せんと欲す。我は惟だ佛に事うるのみ、卿が輩を視ること蔑如たり。（大正五〇・四六一c）

と、その非を鳴らしたという。この僧遷の言葉から察するに、慧詡―彼もまた家僧に類する人物であったろう―は、同僚の上に立とうとの野望をもって武帝に取り入っていたように思われる。既に天監年間において、こういった佞倖の僧が武帝の周圍には存在していたことを示す一例である。

最後に明徹は、六歳で父を失い、僧界に入ってからも學ぶに師友なき境遇であったが、後、僧祐・僧旻に學び、そこから武帝の家僧としての榮譽を得るに至った人物である。その彼の傳には、死に臨んでの彼の上呈文と、それに對する武帝の返書とが收載されており、家僧というものに對する兩者の意識をかなりの程度に汲み取ることができる。そのあらましを次に抜き出してみよう。

……明徹は本《もと》東荒より出し賤民なるのみ。微《わず》かに善識有り、釋門に厠《まじわ》るを得たり。……遂に御筵に親奉せられ、法席に提携せらる。且つは仁且つは訓、備さに恩奬に沐《うるお》い、恆に丹誠を舒展し、慈化を奉揚せんことを願う。豈意《おも》わんや報窮りて便ち塵土に歸すとは。……明徹　奉値の慶、論道の善を以て、億代より脱して還た生れ、猶お奉覲せんことを冀う。……心を申べんと欲すと雖も、心何ぞ肯て盡きん。悲哀の誠に勝えざるなり。謹んで表を遣り以て聞す。（大正五〇・四七三c）

この表が武帝に上呈されると、武帝は萬壽殿において、内外の名僧貴顯の前に開陳し、ために皆「一時に慟絶」したという。そしてこれに答えた武帝の返書には次のように言う。

其の憂耿を増せり。人誰か病まざらんや。何ぞ以て遽かに終るの過甚《はなはだ》しきや。……唯だ應に諸佛を正念して、大願を捨てず、般若と相應じて、直ちに種智に至り、菩提心を發すべし。彼我相攝して、方めて來縁を結ばん。……善く至理を思い、亂想を起すこと勿れ。筆を覽るも悽懣、復た多くを云わず。（大正五〇・四七三c）

この後、武帝は、明徹の住寺において彼のために「三百僧會」を設け、自ら懺願文を作って懺悔せしめたとある。これ等を讀んでみると、明徹の表は、專ら武帝に對する至誠の開陳が主內容となっており、これに應ずる武帝の返書には、宛も明徹の師父としての自信を持って書き送ったかのような趣がある。普通三年（五二二）、武帝五十九歳の時のことである。そしてここには、單に檀越と家僧という關係以上に、主從の關係とでもいうべきものが認められよう。

三　結び

ここで、彼等の個人的生活面に目を向けて見ると、「敕して車牛人力衣服飲食を施し、四時絶えざらしむ」（法寵傳）といった待遇を等しく與えられ、その莫大な給付は、寺を造營し「千僧大會」を行うに充分な程であり（法雲傳）、「雅り王侯に勝る」（慧超傳）生活であったと言ってよい。そしてそれはまた親屬を養う糧ともなっていた。本章では述べ得なかった後梁の僧遷の傳に、

初め、年少にして孝は自然に稟く。家貧しくして親老い、珍養或いは闕く。後に名德既に立ち、腴旨を供嚫し、

進饋益々陳ぬ。艱憂に處るに及んでは、毀つこと滅を致すに幾《ちか》し。（大正五〇・四七六ａ）

とあり、これは孝心の敦さを稱揚している文面ではあるが、出家者と雖も、俗人と同様に立身榮達を望み、老父母に充分な仕送りをして孝養を盡すことを自ら希求し、また世間からも要請されていたことを示している。このように日々の生活に充足しつつ、佛教の教理研究にいそしむ名僧が、後輩の僧侶から羨望の眼で見られ、その目標となることは自然の勢いであろう。このような例としては、

常に供養せる僧有り、雲に法華を學ぶ。日夜願を發し、慧解之に等しきを得んことを望む。（法雲傳、大正五〇・四六五ａ）

（道超）龍光寺の僧整の始めて講說に就くと聞き、彌々復た勇み歎じて曰く、乃ち七尺無かるべきに、何ぞ事として人後に在るやと。……因りて自ら懺悔し、諸佛菩薩に求め、威神を加えて其の慧悟僧旻の如くならしめんことを乞うなり。（『續高僧傳』卷六・道超傳、大正五〇・四七二ｂ）

等が擧げられる。法雲傳の例が普通年間のことと考えられるのに對し、道超傳の例は南齊代のことという相違はあるが、兩例共に、早く講席に着き名聲を得たいという青年僧の野望を示しているものと理解してよいであろう。武帝は天監三年（五〇四）に「捨事李老道法詔」[23]を公布し、十年に「斷酒肉文」を公表し、十六年に宗廟の犧牲を廢し、また天下の道觀を廢する等の軌跡を殘しながら、遂に十八年には菩薩戒を受けるに至るが、この佛教界の盛儀に密接に關與していた者たちに、僧正であり家僧であった慧超と戒師となった慧約がおり、また慧約に對立した法雲や戒師の候補に一度は擧げられた智藏等がいた。また梁の三大師の中、智藏を除く僧旻・法雲はいずれも武帝の家僧であった[24]。これらの人物の行動を通覽してみると、彼等はおおむね、武帝を南齊末混亂期の救世主と歡迎し、招請を受ける形をとりながら、その下に馳せ參じ、そして互いにもつれ合いつつ武帝に結びつき、次第に特權化し

た階層を形成して行ったと思われる。智藏に見られるような諫言の士としての姿、慧約や慧超に見られるような皇帝の側近としての姿、また明徹において最も典型的に見られる主從的絆で結ばれた姿等は、貴族士大夫としての意識を濃厚に持った梁代佛教界の代表者達の一面を窺わせるに足るものであろう。

一方、慧超や法雲、殊に慧超に見られるような僧正と家僧との兩面を併せ持った沙門が現われ、法雲や法寵等に見られる武帝またはその一族のために祈福する沙門が家僧として現われている。南朝における僧正の職任が如何様のものであったかは、なお不明確のままに殘されている問題であるものの、殊に慧超が兩面を併せ持ち、武帝もまたその兩面を左程に區別せずに彼を用いていたと思われる點より推測すれば、僧正と言い家僧と稱せられてはいるものの、その職分に嚴然たる公私の區別があったとは考えにくい。却ってそれ等の底に流れているのは、明徹と武帝との閒に交わされた書信によく窺い得るような、判然とした主從の關係ではなかったであろうか。このように考えることができるならば、沙門と稱しつつも、その內實は、武帝の統制に組み込まれたものと言い得よう。沙門とは本來超俗の者とは當時の誰しもが標榜する所であるが、しかし實はこの姿勢こそが、貴族佛教の一面を如實に表わしているのではないだろうか。

貴族士大夫全盛の時代には、佛教者もまたその風潮に同調同化して行ったであろうことは想像に難くない。出家者として異形の姿を選び、俗に超越する姿勢を保ちながら、なお帝權の周りに群り集まり、榮耀榮華を誇った僧の群れが現われていることも、決して偶發的事象ではなく、彼等が時代の趨勢を敏感に見抜き、それに乘じていった結果に過ぎないのである。

以上のような梁代佛教の性格を把握するには、まだ多くの問題とすべき對象がある。本章で採りあげた諸僧に關連するものとしては、例えば寶唱（彼もまた家僧的待遇をうけている）に代表される數々の編纂事業があり、これについては第一篇第二章において述べている。また他には法超・明徹等が關係している律典の整備普及の問題があり、これに關連するものとして天監十八年における武帝の受菩薩戒の問題がある。これ等典籍の編纂は、いずれも天監（五〇二〜五一九）・普通（五二〇〜五二七）の時代に集中しており、本章で述べたように、武帝の家僧或いはそれに匹敵する僧達が殆ど武帝治世の前半に歿し去っていることと符節を合している。

註

（1）『隋書』巻二五・刑法志にも、次のように言う。
　武帝年老、厭於萬機、又專精佛戒、毎斷重罪、則終日弗懌。
（2）山崎宏「支那佛敎盛時に於ける家僧・門師」また「梁の武帝の佛敎信仰」（『支那中世佛敎の展開』清水書店　一九四二年　所收）。
（3）前掲註（2）「梁の武帝の佛敎信仰」には、保誌・僧祐・寶唱・智藏・慧約・慧超（靈根寺）・洪偃・寶瓊・安廩・慧勝・法規等の僧を擧げている。
（4）砂山稔「江左妖僧攷―南朝における佛敎徒の反亂について―」（『東方宗敎』四六　一九七五年）。
（5）この他、家僧に類する厚遇を受けた者として天監十三年に九十七歳で歿した寶誌、天監十七年以降に歿した寶唱、普通七年に五十二歳で歿した慧超（靈根寺）等がいるが、今は省くこととする。
（6）『續高僧傳』巻六。また梁『高僧傳』巻八・僧宗傳にも見えている。
（7）前掲註（2）山崎氏論文。
（8）『續高僧傳』巻一。また『歷代三寶紀』巻一一。
（9）但し、原本は全て曼陀羅が齎したものであったこと、そして彼の死後に僧伽婆羅が翻譯の任に當ったことが、『歷代三寶紀』巻一一に見えている。
（10）『歷代三寶紀』巻一一による。僧正慧超とは後述する南澗寺の慧超のことであるが、『續高僧傳』巻六・靈根寺慧超傳には壽光殿學士たる彼が筆受の任に當ったと記されている。同巻一僧伽婆羅傳では「敕沙門寶唱慧超僧智法雲及袁曇允等、相對疏出」（大正五〇・四二六ａ）とあり、また梁『高僧傳』巻二・求那毘地傳では寶唱・袁曇允の筆受を傳えるのみである。この南澗寺慧超と靈根寺慧超は同年（普通七年）に歿しており、『續高僧傳』中にもまた混雜が見られるようである。なお、『阿育王經』の翻譯が武帝に與えた影響については、横超慧日「中國佛教における國家意識」（『中國佛教の研究』第一　法藏館　一九五八年　所收）を參照。

(11)　梁『高僧傳』巻一一の僧祐傳の他、同巻一三・僧護傳・法悦傳等に見える。なお僧祐については、藤善眞澄『道宣傳の研究』（京都大學學術出版會　二〇〇二年）第一章　僧祐より道宣へ、また僧祐と經藏の造立及び劉勰との關係については拙稿「南朝梁の定林寺と衆經要抄について」（『印度學佛教學研究』二六―一　一九七七年）、興膳宏「文心雕龍と出三藏記集」（福永光司編『中國中世の宗教と文化』京都大學人文科學研究所　一九八二年、『新版中国の文学理論』《中国文学理論研究集成》１　清文堂　二〇〇八年　收載）參照。

(12)　慧約傳にはこの他、齊・蕭子良の會坐における次のような話も載せている。

時有釋智秀・曇纖・慧次等、竝名重當鋒、同集王坐。約既後至、年夏未隆。王便斂躬盡敬、衆咸懷不悅之色。王曰、此上人方爲釋門領袖。豈今日而相待耶。（大正五〇・四六八ｃ）

(13)　沈約、また周顒と慧約との結びつき、彼の行動及びその意味するところ等の問題については、撫尾正信氏の論文「梁國師慧約をめぐって」（『和田博士古稀記念東洋史論叢』和田博士古稀記念東洋史論叢編纂委員会　一九六一年所收）に述べられている。また、吉川忠夫『六朝精神史研究』（同朋舎　一九八四年）第三部　沈約研究を參照。

(14)　前掲註（13）撫尾氏論文。

(15)　慧約は慧靜に師事したが、その歿後は誰にも就かず、註（12）に記したように、齊代、既に竟陵王會坐における慧次・智秀等の同僚として活動している。以下に述べる智藏・僧旻・法雲等が僧柔・慧次等に就いて學び、彼とは法系を異にしていたこと、及び天監十八年の當時には、僧祐・曇准・慧集等が既に死歿していること（僧祐には智藏が學び、慧集には僧旻・法雲が學んでいる）を考えにいれると、當時の建康佛教界での、一面では法系的に孤立し、他面では最も年長者（僅かに法寵が一歳年長）であった慧約の、帝權に代表される俗界の權威を背景にして教界に臨まざるを得なかった姿が窺えよう。

(16)　『續高僧傳』巻五・僧旻傳によれば、既に天監五年には僧正としての慧超の名が見える。

（17）また寺主としての慧超の一面をも傳える例として次のようなものがある。
初、（寶）瓊入京、將臨法席、既無人識、不許房居。乃求僧正慧超、寄南澗住。超聞未許、見而該曰、此少俊當紹吾今位、法門所託。何慮無房。卽命寺綱、忻然處置。（『續高僧傳』卷七・寶瓊傳、大正五〇・四七九b）
ここで、『出三藏記集』の記錄に現われながら梁『高僧傳』に立傳されていない慧令なる人物について述べることとする。彼は先ず梁『高僧傳』卷一三・法獻傳に、
獻律行精純、德爲物範。琅琊王肅王融・呉國張融張綣・沙門慧令・智藏等、並投身接足、崇其誡訓。（大正五〇・四一一c）
と見え、智藏と共に法獻の門に入り、律學を修めている。この法獻は玄暢と共に、南齊武帝時代の二大僧主と言われた人物で、律學の大匠であり僧界の實力者であった。法獻には彼の歿後に碑を建てた僧祐がおり、慧令は、法獻門下として僧祐の後輩に當り、また智藏の同輩でもあったことになる。但し、梁『高僧傳』卷八・僧宗傳に見える數論を善くしたという安樂寺慧令と、『歷代三寶紀』卷一一に記錄する天監十六年に敕をうけて『般若經抄』一二卷を撰した靈根寺慧令が同一人物であるかどうかはわからない。『續高僧傳』卷七・寶瓊傳には、若い寶瓊（天監四年～陳至德二年）に「切難聯環」して却ってやりこめられてしまう僧正慧令の名が見え、また蕭子顯撰「御講金字摩訶般若波羅蜜多經序」（『廣弘明集』卷一九）には中大通五年（五三三）、武帝が『金字大般若經』を講說した際の參加者の中に、大僧正靈根寺慧令の名が記錄されている。以上により、慧令は、法獻門下として僧祐・智藏と同門の律學者であり、天監九年の妙光事件の審問にはその名を列ね、以後天監十六年の『般若經抄』撰述を經ながら、遂には梁代後半、大僧正となるに至った人物であることがわかる。智藏と同齡と假定すると、中大通五年當時は七十歲半ばに達しており、僧界の長老として勢威を保っていたであろう。
（18）白衣僧正論爭については、鈴木啓造「梁代佛徒の一性格―白衣僧正論爭を通して―」（『史觀』四九　一九五七年）に詳しい。また智藏の態度について、森三樹三郎『梁の武帝』（サーラ叢書　平楽寺書店　一九五六年）では、エゴイズムの發露と評されている（一六〇頁）が、そういう一面は見逃せないにせよ、當時、武帝に對して抗辯したのが彼一人だけであり、同時の慧約・慧超も、また僧旻・法雲ですらも沈默を守っていたのであるから、強ちエゴイズムからの行動とばかりは言えないであろう。かえって「直言極諫の士の態度に相通ずる」（鈴木氏論文）一

面に注目すべきではないだろうか。

なお『大正藏』に「帝於義理之中……」とある「帝」は、校勘記により、三本・宮本の「常」字に改めた。
(19) 望月信亨『佛教大辭典』智藏の項に、智藏を戒師となしたと解しているのは誤りである。なお山崎宏氏前掲註(3)論文でも慧約とする。
(20) 天監七年に『衆經要抄』八〇巻を編纂している。本書第一篇第二章、及び前掲註(11)拙稿參照。
(21) その性格の一端は、法雲傳の中の次の一節にもよく表わされている。
……自從王侯、逮于榮貴、莫不欽敬。至於吉凶慶弔、不避寒暑。時人頗謂之遊俠。而動必弘法、不以此言關懷。

(大正五〇・四六四b)
(22) 梁『高僧傳』巻一三・法鏡傳に、
今上爲長沙宣武王、治鏡所住寺、因改曰宣武也。(大正五〇・四一七c)
とあることから、この時期は天監七年より末年頃までの間と考えられる。『續傳』法寵傳のこれに關連する部分には出入があるように思われ、或いは家僧となったのは宣武寺改名の後の事であるかも知れない。なお、『梁書』巻二五・徐勉傳には宣武寺を廣げるために、徐勉の土地が提供されたことを記している。
(23) 『歴代三寶紀』巻三・帝年下、天監十六年の條に、「六月、廢省諸州道士館。」(大正四九・四五)とあるのに依る。山崎・森兩氏共に氣付いておられない。『佛祖統紀』巻三七の記事は『歴代三寶紀』を典據にしていると思われる。但し、今のところ、『歴代三寶紀』以外に同樣の記録を見出すことができないため、なお一抹の疑問が殘る。
(24) この佛教界の權威者としての僧旻と法雲に對し、政界の中樞にある徐勉と周捨に竝べて名指し、彼等の弊を痛烈に批判した者に、郭祖深(『南史』巻七〇・循吏)がいる。その上表の内容については、拙論「國家による佛教統制の過程―中國を中心に」の四　佛教の貴族化―東晉・南朝と江南(高崎直道・木村清孝編『シリーズ・東アジア佛教五　東アジア社會と佛教文化』春秋社　一九九六年　所收)を參照。

第二章　六～七世紀における荊州佛教の動向

一　はじめに

六世紀の後半から七世紀前半の約一世紀間、卽ち南北朝末から隋唐初にかけての時代に、荊州、現在の湖北省江陵縣を中心とする一帶は、支配者が目まぐるしいばかりに變り、またその交替につれて戰亂の絶え間がなかった。そこでは南朝梁の元帝蕭繹、西魏・北周・隋の附庸國後梁の宣帝蕭詧・明帝蕭巋・第三主琮、隋の文帝・煬帝、隋末唐初の群雄の一人蕭銑、そして唐の高祖・太宗が君臨した。中でも後梁時代の三主三十三年間は、後梁が北朝の附庸國であったため、名目上の支配者は後梁國主の蕭氏であったが、實質は西魏の實權者宇文氏、またその宇文氏によって樹てられた北周、更に北周を奪った隋の楊氏であり、二重の支配體制の下にあった。隋朝の治下を經、唐・高祖の武德四年（六二一）、後梁の宗室に連なる蕭銑の梁國が、高祖の派遣した趙郡王李孝恭を始めとする唐軍に敗れると、荊州は唐朝の支配下に置かれ、次の太宗の貞觀年間にかけて、漸く落ち着きを取り戻した。この約一世紀間における荊州地域の佛教がどのような動向にあったか、これを眺めて行こうというのが本章の目的である。使用した史料は專ら『續高僧傳』であり、單に卷數のみを示す場合は、全てそれは『續高僧傳』（以下『續傳』と略）の卷數をいう。

二　後梁時代の荆州佛教

㈠　宣帝時代

後梁の宣帝詧・明帝巋には、『周書』巻四八や『北史』巻九三の彼等の傳によれば、詧に『華嚴』『般若』『法華』『金光明』各經の義疏三六巻があり、巋にも『大小乘幽微』の著述があったと記されており、佛教に對する強い關心を窺わせる。それはまた、詧が崇佛皇帝として著名な梁の武帝衍を祖父に、その武帝に優れる程の豊かな佛教的素養を持っていた昭明太子統を父に持っており、そうした父祖以來の環境の中で育まれた結果と思われる。詧の佛教受容の中で特に『法華經』に對する信仰が重要な位置を占めていたことは、彼と臣下とのエピソードの中に端的に現われており(1)、それは唐初期の瑀に至るまで、後梁蕭氏の佛教受容の核であり續けた。

ところで、宣帝詧の在位七年（五五五〜五六一、年號大定）、明帝巋の在位二十四年（五六二〜五八五、年號天保）、三主琮の在位二年（五八六〜五八七、年號廣運）、都合三主三十三年の命脈を保ったものの、初めは僅かに荆州の一州のみ、後に明帝の天保十年（五七一—北周天和六年）、北周より基・平・鄀の三州が割讓されたとは言え、江陵を中心とする片々たる領土を有するに過ぎない一傀儡國家が後梁であった。從って後梁時代の荆州の佛教を傳えてくれる記録は甚だ少く、且つ斷片的である。その事については道宣その人が、『續傳』巻一五・義解篇論に、

宣明已下は、福事弘しと雖も、教理に至りては、頗る徽緒に翳りあり。（大正五〇・五四八ｃ）

と述べているように、さしたる教理學的成果が殘されていなかったからである。しかし、『續傳』に散見する荆州關係の僧を探って行くと、それ等は習禪篇を初めとして、護法・感通・讀誦・興福等の諸篇に收められており、道

宣の言う「福事弘し」の意味する所も推量できる。(2)

さて、梁の承聖三年（五五四—西魏恭帝元年）十一月、于謹率いる西魏の軍勢五萬によって包圍された江陵城は、二日と保たずに陷落し、捕虜となった元帝が城下に殺されると、その百官士民十餘萬は奴婢となり、關中に拉致された。その延々と連なる虜囚の列の中に、既に五十歳前後になる慧善（卷八）がいた。彼は侯景の亂を避けて建康より荊州に來ていたのだが、この時俘えられて北に送られたのである。その事態は江陵城の長幼全てに及び、俘囚となった者は富國強兵の用に充てられ（『周書』蕭詧傳）、僅かに二百餘家が免るるのみであった（『周書』卷二・文帝紀）と言われ、そこには道俗の區別もなかったことが分る。

梁武擧兵の故地であり、自ら梁の雍州刺史として勢力扶植に努めた襄陽は既に失われ、今は西魏の傀儡となった蕭詧は、彼自身も「邑居殘毀し、干戈日に用いらる」（『周書』蕭詧傳）る空莫たる江陵の狀況をまのあたりにしながら、ただ荊州一州の地を領する後梁の主として卽位した。彼の心情は「其の威略の振わざるを恥ぢ、常に憂憤を懷く」（『北史』蕭詧傳）ものであったが、また荊州の佛教も逼塞狀態にあったものと思われる。その彼と佛教との具體的な關わりを示す史料は甚だ乏しい。斷片的な記事で繫ぎ合わせると、おおよそ次のようになる。

後梁の官制の大體は梁朝の古制に依っており、僧官制についても既に指摘があるように(3)、南朝系の僧正を置いていた。この任に就いたのが、呉郡出身の僧遷と江陵出身の法京である。僧遷（卷六）は、既に早くより建康佛教界の講筵に名を馳せ、武帝により家僧として迎えられていた實力者である。武帝が高名の僧を家僧として召し抱え、優遇した事はよく知られている。その家僧とは、また當時の佛教界の代表者であり統率者でもあった(4)。彼の傳には、着任して一ヶ月も經つと、教團の風規が忽ち引き締まったと記されている。これなど、建康時代の彼の名聲の然らしめたものであろう。その彼が六十歳を過ぎた老軀をおして荊州に赴いたのには、明帝巋が撰わした僧遷碑文の中に、「北面歸依してより、時、三紀を移す」（僧遷傳、大正五〇・四七六ａ）とあるように、既に建康時代の僧遷と宣帝詧とが密接な關わりを持っていた事が理由としてある。[5] 更に今一つ、僧遷が『法華經』讀誦の高僧として著名であった事も擧げてよい。

次に、西魏・北周の支配を受けたばかりの荊州において、具體的な復興事業をなしたと思われる者が、法京（巻一六）である。[6] 彼は太原の孫氏。江陵に生まれ育ち、出家以後は長沙寺を動くことなく七十六歳で歿した。歿年は不明。しかし、彼の弟子となった智遠（巻一六）の歿年が陳の太建三年（五七一―後梁天保十年）であるので、彼の示寂は明帝の天保年間も初期のことと思われる。傳によると、彼は梁代における江陵長沙寺の擴充に盡力した江陵佛教の中心的人物であった。江陵長沙寺は南朝有數の大寺院の一つで、阿育王造と傳えられる佛像で著名であった。法京傳に「財利山積し、福門大いに弘まる。殿宇小大千五百間は竝びに京の修造なり」（大正五〇・五五六ｂ）とあり、居住の僧千有餘人であったと言うのは、大亂以前の長沙寺の繁榮を述べるものであろう。[7] 傳に言う「後梁の二主、聞きて便ち敬重し、奉じて僧正となし、遺法を綱紀せしむ」（同右）とは、法京の寺院經營の才腕を傳え聞き、恐らく七十歳近かった高齡でありながらまだ存命であった法京を召し出し、荊州の、ということは後梁國の佛教復興の中心として、大寺長沙寺において僧正の任に就けしめたことを意味すると思われる。

詧はこうして、古都建康の佛教界の代表として僧遷を、また新都江陵の代表者として法京を僧正に選び、荒廢した荊州一帶の佛教の復興に着手したのである。今一人、詧が「疆土既に狹く、居りては常に怏怏」（『周書』蕭詧傳）たる日常の中にあって、歸依を示した者に法聰（巻一六）がいる。彼は南陽新野の梅氏。襄陽に近い土地の出身であり、既に早く五二〇年代に襄陽の刺史として赴任していた蕭綱（簡文帝）に知られ、次いで荊州刺史蕭繹によって荊州に招かれ、そのまま留まっていたところを詧の歸依を受けたのである。傳には次のように、詧と法聰との交わりを語る。

（宣帝）聴を敬い、道場に入る毎に、心ず涕泗し翹仰す。普賢の授記あり。天花異香ありて、音樂冥發し、議すべからざるなり。梁の大定五年九月を以て、疾い無くして化す。……年九十二。[8]（大正五〇・五五六a）

ここにも法華經を軸とした關係が述べられている。

ところで宣帝時代の荊州佛教の實態を示唆してくれるのが、警韶（巻七）・智越（巻一七）・智遠（巻一六）の行動である。警韶は會稽上虞の人。既に梁代に講主として著名であった彼は、蕭綱を始め綸・詧等の梁宗室に重んぜられていたが、侯景の亂を避けて豫章（江西・南昌）に滯在した時、眞諦に遇い、新しい唯識の學を受けた。承聖三年（五五四）の頃のことである。[9]彼は、始興（廣東・曲江）に向った眞諦と別れ、そのまま豫章に留まっていたものか、即位したばかりの詧より招請の書信を受けた。それは荊州弘法を願うものであった。警韶の豫章における唯識學聽受の評判を知り、新しい印度傳來の佛教教理を聞くことを待ち望んだものであろう。しかし警韶の返答は、「地に報ずるの重きを念う」（大正五〇・四八〇a）ことを理由にした、にべもない拒絶であった。[10]その理由は、表向きは右のように親に對する孝養を擧げていたものの、內實は荊州に行っても今以上の學問修行は望めないというところにあったであろう。それは、智越が、後梁にあって「徵任甚だ高」（大正五〇・五七〇c）かったにも拘らず、出家の念止み難く、出家が許されての後は、陳都建康に到ったこと、[11]或いは前述した法京の弟子であった智遠が、「淸潔逾々厲むも、而も慧業未だ深からず。遙かに揚輦を想」（大正五〇・五五六a）って建康に向ったという記録によっても裏付けられよう。この頃の荊州と建康、つまり長江の中流域と下流域とでは、共に戰亂の傷を大きく受けていたとは言え、學問僧にとっては、北周の實質的支配地荊州よりは、陳都建康の方が遙かに魅力ある場所であった。

㈡　明帝時代

荊州の佛教が聊なりとも舊に復し始めるのは、この時代と思われる。しかしこの時も決して平安ではなく、卽位して間もない天保五年（五六六）には、陳の湘州刺史華皎等の來附を契機に、陳と北周との全面衝突が勃發し、江陵城も陳の名將呉明徹によって水攻めにされ、巋は、一時、江陵城北の紀南城に逃れざるを得なくなる程であった。その後、天保十年に、華皎の進言を受けた襄州總管宇文直のとりなしにより、荊州北方の三州が北周より與えられ、僅かながら領地の增加を見たものの、彼は後梁國の安堵を最大の努めとして、ひたすら北周に對する忠誠を盡す姿勢に終始した。北周が隋に代り、開皇と改元されたその翌年には、巋の娘が晉王楊廣の妃に迎えられ、また子の瑒が文帝の娘蘭陵公主に尙せられるなど、隋朝側の後梁綏撫の方策に出るもの[12]とは言え、隋の宗室に姻戚關係を結ぶことに成功し、これによって、後梁の監視を主要な任務の一つとした江陵總管が廢され、後梁主としての巋に、比較的とは言え、初めての自主的裁量權が與えられたと思われる。しかし巋の歿後、琮が後を繼ぐと再び江陵に總管が置かれて監視が強化され、琮の廣運二年（五八七）、卽ち隋の開皇七年の時點において、最早南朝に對する緩衝地帶としての價値なしと判斷され、あえなく廢絕されてしまった。琮の叔父巖と弟瓛が、衆一〇萬口を率いて陳へ亡命したことが取り潰しの理由であった[13]。

さて巋は二十四年に亘って在位したが、史料の上でその名を見ることは少い。しかし次に紹介する唐・法琳の『辯正論』巻三・十代奉佛篇上に見える記錄は、後梁時代の佛教の、具體的な數字を伴う最も纏ったものであり、且つ巋と關連あるものである。

右、後梁二帝、治は江陵に在ること三十五年《ママ》。寺は一百八所あり。山寺に靑溪・鹿溪・覆舟（船）・龍山・韭山等あり。並びに佛事嚴麗にして堂宇雕奇なり。覩れば卽ち發心し、見れば便ち返るを忘る。僧尼三千二百人。

（大正五二・五〇三b）

先の梁朝、同時の陳朝と較べ、寺院僧尼の數とも一桁少い甚だこぢんまりしたものであるが[14]、この文の前、宣・明二帝の名を列記する中、明帝歸の下に、次のようにも記している。

文明、政に在りて、大寶を中興し、後梁の社稷、生民に光被す。荆州に天皇・陟屺・大明・寶光・四望等の寺を造る[15]。（大正五二・五〇三b）

著者の法琳は潁川の陳氏。北周の建德元年（五七二）、襄陽に生まれ、出家して以後は、仁壽元年（六〇一）に長安に入るまで、その活動の中心は荆州にあった[16]。從って右の記錄は信賴できるものと思われるが、ここでは後梁代の造建と確認し得る天皇寺と大明寺について若干述べておきたい[17]。

天皇寺に關わる者としては、慧耀（卷二五）、法忍（卷一六）、法論（卷九）がおり、慧耀を除けば他の二人はいずれも江陵の出身である。慧耀は襄陽の人で慧思に學び、その歿後、江陵導因寺に止住した。道宣は慧耀傳の末尾に、この導因寺が今の天皇寺であると記している。張彥遠の『歷代名畫記』卷六（敍歷代能畫人名）の梁・張僧繇の項には、「江陵の天皇寺は明帝置く」とあるので、明帝の時代に、導因寺を改めたものであろうか[18]。慧耀は開皇十年（五九〇）頃までの十四年間、ここで「惟、禪靜を味うのみ」（大正五〇・六六二a）の生活を送っているが、法忍もまたここで出家し、後、喧騷を嫌って覆舟（船）山に入り、三十餘年の間、外護を求めることなく頭陀行を修めた。六十七歲で歿した時、僧衆に頒ち得る何程のものも殘っていなかったと言う。

法論は先の二名とは異って、詩文の才で以て立身して行った僧である。彼の僧としての生活は天皇寺に出發した。歸はその才能を見出し、禮を厚くして召し出そうとしたが、傳による限り、法論はそれに應じたようには見受けられない。しかし、隋の晉王廣に召されて揚都の慧日道場に入ってからは、楊廣の詩文の相談相手として敬われたらしく、楊廣が皇太子から皇帝へとその地位を變貌させるにつれ、彼もまた莫大な施與を受ける。歸の娘である蕭后からも、法服等を賜與されており、興味深い[19]。

次に大明寺については、道宣の『集神州三寶感通錄』卷中に、

後梁の大定八年、城北の靜陵に大明寺を造る。乃ち像を以てこれに歸せしむ。今、見在す。傳寫あること多く、京國に流被す。（大正五二・四一九c）

とあることによって、宣帝詧の最晩年の大定八年（五六二）に建立されたことが分る。ここに言う佛像とは梁の武帝ゆかりの栴檀像で、武帝の歿後、元帝によって江陵にもたらされていたものである[20]。

ところで明帝時代の荊州佛教にとって注意すべきは、政治的にも關係の深い北方の襄州（湖北・襄陽）の動向である。『周書』『北史』の本紀によれば、明帝の天保四年、即ち北周武帝の保定五年（五六五）に、西魏以來の占領地である荊州・安州（湖北・安陸）・江陵等の總管は全て襄州總管の指揮下に置かれるようになった[21]が、この時、襄州總管となったのは武帝の同母弟衞國公宇文直で、彼はその後、建德三年（五七四）に謀反を企てて誅せられるまで、實に九年以上もの間、その任にあった。先にも述べたように、天和六年（後梁天保十年）に、荊州北方の三州が後梁に割讓されたのも、彼によってであり、その自信の程が窺える。襄州總管の他州に對する優位は建德元年（五七二）には解かれ、また宇文直の後任には田弘や王秉が就いたように、その地位には變化があったようであるが、しかし他州に對する實質的な優位は動かなかったと思われる。そしてこのことは、佛教史的側面においても同様に言い得ることである。今、先ず襄陽と後梁との交流について、二、三を例にとると、慧意（卷一六）と法永（慧意傳附）が擧げられる。

慧意は、傳に、周武の廢佛を南方に避け「梁に投じた」（大正五〇・五六〇b）とあり、その後、襄陽の景空寺に

滞在し、隋の開皇初年に歿している。梁とはこの場合、後梁を指すと思われるが、止住した景空寺とは、後梁の宣帝詧と密接な繋りの認められた法聰ゆかりの寺で、當初梁代には靈泉と言い、次いで北周となり静林に改められ、隋代に入りこの名に改められたものである（法聰傳）。彼はこの寺にある法聰の舊堂において日夜修行したと傳えられており、法聰との關係において注目される。また法永は、襄陽開皇寺の僧であるが、傳に「梁の明帝、常に供養す」（同右）とあり、臨終の時、明帝の慰留を振り切って襄陽に終《みまか》ろうとしたとあるので、荆州に滞在していたことが明らかである。以上のように、宣帝時代の法聰の頃から、襄陽の僧との間に交流が行われていたことを聊かなりとも知り得るのであるが、次に荆州との關係において考えておかなければならないものに、襄陽の攝論學と三論學がある。

攝論學は慧曠（巻一〇）によってもたらされた。彼は天台智顗の授戒の師として有名であるが、慧曠傳にはその事を何も記さない。十二歳で出家後は江陵の寶光寺で學び（註〈17〉參照）、その後、後梁より陳に赴き、そこで眞諦に『攝大乘論』『唯識論』等を學んだ。それからは後梁に比較的近い湘州・郢州に法を弘め、隋の開皇三年（五八三―後梁天保二十二年）、故郷の襄陽に戻り、以後文帝の開皇・仁壽年間を通じ、襄陽を中心に活動している。後梁は慧曠の歸郷後、僅か五年で亡びるが、しかしその間に、眞諦のもたらした新しい佛教學は、慧曠を通じて荆州に傳えられたと考えてよいであろう。それはまた、宣帝の時、警詔の拒絶にあって實現しなかった攝論學の荆州流傳の實現でもあった。

更に襄陽には、興皇寺法朗の門下として三論の學を傳えた慧哲（巻九・開皇十七年―五九七歿）がいた。彼は襄陽を本貫とし、陳の建康で彭城寺寶瓊や法朗に學んで一家を成しての後、門弟を率いて襄陽に歸り、そこの龍泉寺にあって『涅槃』・三論を講じ、「學士三百餘人」「器を成し燈を傳うるもの五十（名）ばかり」（大正五〇・四九四a）

と傳えられる三論の學場を形成した。象王哲と稱されて、襄陽佛教の中心人物の一人であった彼は、開皇十七年、五十九歳で龍泉寺に歿したが、その影響力は、開皇七年（五八七）までの後梁時代の荊州にも及んだものと思われる。

右に述べてきたように、荊州に後梁があった頃の襄陽は、佛教的側面において、荊州よりも先進地域であった。荊州は攝論學に限っても、その後梁の領土という制約があるために、却って襄陽を介しての間接的な接觸に止まらざるを得なかった。それはまた、政治的にも優劣の關係にあった襄陽と荊州江陵との姿を映すものでもあった。しかし後梁時代の荊州佛教は、明帝巋の時代になって、時に陳朝との間に戰端が開かれることがあったものの、北周が次第に對北齊戰に力を注ぐようになったことに伴い、或いは隋朝と姻戚關係を結んだことなど、附庸國としての制約はありながらも、比較的に平穩な時代を持つことができた。二十四年間に及ぶ明帝の治世に、荊州の寺院「一百八所」と『辯正論』に總稱するような、復興が實現したと考えてよいであろう。

三　隋末唐初の荊州佛教

㈠　朱粲・蕭銑の亂と荊州佛教

隋代の、特に開皇九年（五八九）の陳朝平定後の荊州にとって佛教史的に特筆すべきは天台智顗である。彼は開皇十三年（五九三）頃から十五年春にかけて故鄉の荊州に返り、晉王廣の後援を得て玉泉寺を建立し、ここで『法華玄義』『摩訶止観』を講說した。元帝政權の崩壞後、荊州を去ってより實に四十年間を距てての歸鄉であった。玉泉寺の額が文帝より下賜された時、今は後梁國主の地位をおろされ、柱國莒國公となって長安にある蕭琮が書信を寄せ、また荊州の道俗が智顗に對し『法華經』の講說を懇請したことは、灌頂編の『國淸百錄』によって知ることができる。[22]後梁時代より、宣帝・明帝を始め、荊州の人々は『法華經』に殊に心を寄せていたが、ここにもその氣風の存した證しを見ることができよう。

ところで、智顗の傳歷や晉王廣との關わり、また『國淸百錄』そのものについても、それぞれに專論專著があるので、[23]ここでは前節との關連において述べておくに止めたい。

智顗の荊州教化後、その據點として玉泉寺があったことは、既に指摘もあり明らかであるが、荊州における智顗の講說教化が、官權の壓迫によって成功を見なかったこともまた明らかである。[24]後梁と陳の滅亡後、まだ日も淺いこの當時においては、荊州に地緣のある智顗と雖も、その生涯の大半を亡國陳に過ごした者である以上、大規模な集會に對し、隋の地方官の警戒心が強く働くのもまた自然であった。

それでは智顗と同樣に、荊州に地緣のある他の僧の場合はどうか。そこには却って三論の學に流れを汲む者に注意がひかれる。前節で述べた三論の學匠慧哲と同門の羅雲（卷九・隋大業十二年―六一六歿）と法安（卷九・歿年不詳）がその例であり、いずれも荊州の出身である（羅雲は松滋、法安は枝江）。羅雲は法朗に學んだ後、三論の學が知られていない荊州地方への教化を志し、隋による天下統一を契機に故鄉に戻り、荊州總管王世績（開皇十年赴任―『隋書』卷四〇・王世績傳）の知己も得、龍泉寺にあること五十餘年、「徒五百を領す」（大正五〇・四九三ａ）という。入室の弟子一〇名はそれぞれ蜀や江淮の地方に傳道したとあるから、煬帝の召喚にも應じなかった羅雲は、隋一代を通じての荊州の代表的高僧であった。法安も、六十五歲で南齊の劉虬ゆかりの等界寺で歿するまで、「江漢に流傳す」（大正五〇・四九三ｃ）とあるように、江陵襄陽の地域に活躍している。

慧哲・羅雲・法安は法朗門下の第一世代であるが、慧哲に學んだ慧眺（卷一五）、智拔（卷一四）、或いは法朗の法統を繼いだとされる明法師に學んだ慧暠（巻一三）、慧稜（巻一四）、慧璿（巻一五）等は、いずれも襄陽や安陸に教化している。年齢的に見れば、最も年長の慧暠が梁武帝の太清元年（五四七）の生まれであることを除けば、他は全て北周時代に生まれ、慧暠を含めて皆、唐の貞觀年閒に歿している。中でも慧眺は、「從いて歸戒を受くる者七千餘人」（大正五〇・五三九c）と言われ、また慧璿も、隋唐交替の際の混亂に、襄陽城に入った時、「僧徒は千五百人を擁聚す」（大正五〇・五三九a）と記されているように、襄陽を中心とする地域の有力な指導者であったと思われる。このように、隋〜唐初の荊州・襄州一帶に足跡を殘した僧には、三論の系統に連る人々が多かった[25]が、また彼等は、隋末唐初に長江中流域を中心にして勢力を振った朱粲・蕭銑の亂の渦中にあった人々でもある。その端的な例は羅雲である。傳に次のようにいう。

昔、朱粲、荊南を寇擾し、寺、多く焚毀せらる。惟、雲の造る所の龍泉（寺）のみ獨り存するは、賊中の總管は、雲の曾て戒を授けし者にして、所以に師を尊び法を重んずるを以て、寺は存するを獲たり。（大正五〇・四九三b）

朱粲は、隋の大業の末、長白山（山東省泰山の支峰）に立て籠る群盜の討伐に從軍したが、却ってそれが契機となって自らが群盜に身を投じ、迦樓羅王と自稱して十餘萬の反亂集團を率い、淮水を渡って竟陵（湖北・竟陵）・沔陽（湖北・沔陽）を席捲しつつ、湖北省の奧深くを侵略、遂に義寧年閒（六一七〜六一八）、冠軍（河南・鄧縣）において楚帝と號し、鄧州を攻め陷した時、その勢力は二〇萬にまでなっていた。朱粲の集團の暴虐振りはすさまじく、通過途上の城郭は破壞され、軍糧の調達には掠奪でもってし、後には稅と稱して婦人小兒を奪って兵糧の足しにした。「食の美なる者は、寧ぞ人肉に過ぎんや」（『舊唐書』巻五六・朱粲傳）とは、朱粲が軍士に向って言い放った言葉である。このため、人々は皆逃散したという。朱粲はこの後、兵力を失って洛陽の王世充に付き、王世充が武德四年に唐に降伏すると、洛水のほとりに斬られた。

羅雲の傳に言う「荊南を寇擾す」とは、義寧年間の頃のことを指すと思われるが、朱粲の傳に語られる所と併せ考えると、この時、荊州一帶にもその被害が及び、破壞された寺もまた多數にのぼったものであろう。『續傳』では今一人、智顗ゆかりの玉泉寺を守ったという道悅（卷二五）がいる。朱粲の賊が押し寄せた時、「唯、悅のみ山を守る」（大正五〇・六六二a）とあるから、朱粲集團の暴戾振りを恐れて、玉泉寺の僧衆も逃散してしまったのである。(26)

ところで、羅雲傳の右の文の後半に言う「賊中の總管」であるが、それが朱粲集團に屬していた者とは到底思われない。朱粲集團の行動を見る限り、そこには、總管を置いて民衆統治を企圖した形跡が見えないからである。それは必ず蕭銑が樹立した梁國に屬する者であった筈である。

蕭銑は、後梁滅亡の直前に、その文武男女一〇萬口を率いて陳に降った蕭誓の子・巖の孫に當る。巖は同時に陳に入った甥の瓛（巋の第三子）と共に衆に推され、陳平定後の隋軍に抵抗したが果さず、長安に送られて斬られた。羅縣（湖南湘陰東北）の令であった蕭銑もまた祖父等と同様、衆に推されて岳州（湖南・岳陽）に擧兵した。大業十三年（六一七—義寧元年）のことである。翌年、皇帝を稱した彼は、部將の宋王楊道生を派遣して江陵を攻略し、唐の武德元年（六一八）、都を江陵に遷し、また後梁王室の陵墓に附屬する廟を修復した。(27)その頃の蕭銑の勢力範圍は、東は九江から西は三峽、南は交趾から北は漢水流域にまで及び、四〇餘萬という強兵を擁する大勢力に發展していた。蕭銑の集團が後梁の末裔という求心力を持ち、判然と反隋興梁の旗幟を鮮明にしていたことは、その傳（『舊唐書』卷五六・『新唐書』卷八七）にも明らかである。ところで「署して百官を置き、一に梁の故事に準ず」（『舊唐書』）とあるからには、或る程度の行政軍事の組織を整えていたと思われる。「梁」とは後梁を指していることは明らかであるが、後梁の制度に依るその再興を標榜しつつも、實は西魏北周系の總管制をも援用していたことは、蕭銑傳に、「銑の江州總管蓋彥擧」、或いは「其の交州總管丘和・長史高士兼・司馬杜之松」（『舊唐書』『新唐書』）等とあることより知り得る。勢力の伸長と領土の擴大に伴う統制の必要上、置くようになったものであろう。このことより考えれば、羅雲傳に依る限り、荊州或いはその近邊の州にも總管が置かれていたものと思われる。それはまた恐らく朱粲の勢力が退去した直後の武德元年の頃であったろう。更に羅雲の碑文は岑文本が製ったと傳に言うが、これまた、岑文本が蕭銑の下で重きをなしていた時代、卽ち蕭銑が唐に降る武德四年（六二一）までの閒に行われたものと思われる。(28) 羅雲傳が傳える右の記事は、羅雲の荊州における影響力の強さと、また蕭銑の集團の中に、羅雲歿（六一六―大業十二年）後も荊州に對する地緣と法緣を忘れずにいる有力者の存在があったことをよく示している。

他に蕭銑に關りのあった者に、羅縣の令時代の蕭銑の將來を豫言した法施（卷二五・感通、武當―湖北・均縣―の人）と、江陵を陷した楊道生の、次いで江陵の主となった蕭銑の歸依を共に受けた法運がいる。特に法運（卷二五・感通）は荊州の出身で蕭銑は彼のために荊州內に龍歸精舍を造營し、また國の將來を問うている。蕭銑もまた、後梁の諸帝と同樣に佛教に心を寄せていたと思われるが、ただしそこには、神異の僧に對して具體的な助言を期待する現實に根ざした動機があるように見受けられる。

一時は強勢を誇った蕭銑の梁國も、彼自身の指導力の闕如と部將相互の軋轢とから急速に衰えを見せ、武德四年（六二一）の七月に、北方の襄陽の支配者であった王世充の兄の子・王弘烈が王世充の降伏を承けて唐に降ると、荊州の死命を制する襄陽が唐の所有となり、同年九月に行われた唐軍の總攻擊によって荊州は包圍され、翌十月に蕭銑は唐の李孝恭の前に降伏した。その後の荊州には、趙郡王李孝恭が大總管としてそのまま着任した。

㈡　驪山津梁寺と四望山開聖寺

後梁の蕭氏一族は、隋の煬帝時代に、外戚として擢用されたが、唐初には明帝巋の子、第三主琮の弟である瑀が唐朝廷の中にあって立身し、蕭氏一族の中心的存在となっていた。また瑀を初めとする蕭氏に、崇佛篤信の者が多く、更に進んで出家者を輩出し、その法華經信仰と共に當時において甚だ著名であったことは、道宣が、瑀の甥に當る慧銓の傳（巻二八）の末尾を、「蕭氏の一門、天下の模楷たるべし」（大正五〇・六九〇a）との賛辭で終え、或いはまた早く法琳も、その『辯正論』巻四・十代奉佛篇下に、「蕭族は法華を以て福基と爲す」（大正五二・五二〇c）と言っている通りである。このような瑀を中心とする蕭氏一族の佛教受容に關して、既に愛宕元氏によって詳しい研究がなされ、様々な面の解明がなされたが、(29) 中で、蕭瑀と諸僧との關わりにおいて、攝論學系統の僧の多いことを述べておられる。この點、先にも述べたように、宣帝・明帝の、つまりは瑀の祖父・父と攝論を學んだ僧との關わりを付け加えることができるであろう。その場合、襄陽を中心とする地域の佛教について究明がなされる必要がある。この点については、次章に述べるところがある。

さて、蕭瑀の佛教信仰の具體例としては、その法華經信仰が擧げられるとともに、驪山南麓の津梁寺の經營が特筆される。津梁寺についても愛宕氏の研究に詳しい。僧順（巻二六）によって再興の緒がつけられ、檀越となった瑀によって寺額の下賜も實現し修復が成った津梁寺には、僧順の他、住僧として、『續傳』に圓光（巻一三）・法喜（巻一九）・善慧（巻二八）が記録されている。この中、法喜が襄陽の出身で、且つ荊州に關わりある人物である。傳によれば、彼は北周の建德元年（五七二）の生まれ、七歳で出家し、恐らく十五歳の時、と言えば隋の開皇六年（五八六）、後梁蕭琮の廣運元年の頃、荊州清溪山に入り、沙彌として晝は山寺の僧四〇餘名の食事の世話をし、夜は經典の誦習に努める生活を送った。道宣は、「天下に最と稱せら」（大正五〇・五八七c）れた清溪山寺における修行が、後の法喜の、習禪の高僧としての名聲を得る所以となったと述べている。その後、三十歳になっていた仁壽年間（六〇一〜六〇四）に、文帝によって長安の禪定寺に召され、更に唐の武德四年（六二一）、蕭瑀に請われて津梁寺に住した。この時五十歳である。瑀が法喜を招いたのは、『法華經』を所依とし、その出家の師顗禪師追善のために千遍の讀誦を志したというように、瑀の家庭の信仰形態に一致していたことと共に、法喜が貧者病者を救うを常業とし、ために「遠近の道俗、疾いを帶びて相投ず」（大正五〇・五八七b）とあるような佛教者としての本來の姿をそこに見出したからであろう。更には右に述べた法喜の出家者としての方向づけをなした荊州が、瑀の地緣と重なったことも擧げられてよい。

愛宕氏は、瑀がこの津梁寺の經營維持に熱心であったことを、『弘贊法華傳』や『舊唐書』の記事を紹介して論ぜられているが、更に道宣もその著、『量處輕重儀』末に次のように記している。

又、蕭瑀は大唐の僕射たり。公事既に了れば靜院に入り、三法衣を著て禮佛讀誦し、此れを以て常となす。薨ずるに及びての後、衣を送りて津梁寺に入れしむ。（大正四五・八五一c）

道宣は右の文の直前に、梁の武帝も登座講座の際には、帝服を脱いで法衣を着用していたと言い、梁陳時代に通行した俗人の法衣着用の代表例として紹介しているが、これによれば、蕭瑀もまたこれに倣った日常生活を送っており、その歿後、遺言して津梁寺の所有としたのである。しかもそうした法衣が甚だ高價なものであったことも、道宣が同所に具體例を出して言っている。[30] 從ってそれは、津梁寺の維持に不足のないものであったであろう。

さて、蕭瑀は、法喜のような荊州に緣のあった僧を自らの近くに置く一方、故鄕である荊州にも足を運んでいる。それがいつ頃のことかは分からないが、その時、祖父宣帝によって殺された法行の墓所四望山に詣でて、宣帝の罪を懺悔している。法行の傳（卷二五・感通）によれば、宣帝の法行殺害の理由は、法行が後梁國の滅亡を常々豫言していたことにあった。ところでここに言う四望山は、開聖寺を伴って『續傳』に散見している。次のようである。

○釋智曠、姓王、本族太原、中居徐部、厥考後住荊州新豐縣、……年將不惑（＝〜五六五―後梁明帝天保四年）、始蒙剃落、進戒以後、頭陀州北四望山、……去城六十、猛獸所屯、初止以後、馳弭床側、……士俗雲赴、奄成華寺、後宣明二年《ママ》（＝帝）平顯二陵、皆在寺前、……以開皇二十年（六〇〇）九月二十四日、終於四望開聖寺、春秋七十有五。（巻二五、大正五〇・六五八c〜六五九a）

○釋法運、姓鄧、荊州長林人、……後値智曠禪師、……剃髮入道、……別於開聖西北起一道場、……以武德中化往、春秋六十、葬於開聖寺智曠禪師塔側。（巻二五、大正五〇・六六四ab）

○釋慧因、姓張、清河武城人、……唐運大通、……後爲開聖本寺、去荊五十餘里、……乃獨止此山草菴蘭若二十餘載、四遠咸依、……法華一部毘尼戒本、行往常誦、未忘心口、年七十五、卒於本寺。（巻二五、大正五〇・六六三b〜c）

○釋惠明、姓王、杭州人、少出家、……復至荊州四望山頭陀、……近龍朔年、從南山出至京遊觀。（巻二〇、大正五〇・六〇六b〜c）

これ等に依ってみれば、四望山が荊州にあり、且つそこに開聖寺があったことは明らかである。しかもその寺が惠明傳、及び『關中創立戒壇圖經』(31)によって、道宣の存命中まで確かに存在していた事を知り得るので、『續傳』の記録には信頼をおいてよいであろう。ところが例えば『讀史方輿紀要』を見ても、巻七七・隨州應山縣、或いは巻七九・襄陽府南漳縣老雅山の條に四望山が記されるのみで、荊州にはない。しかし道宣が「去城六十」或いは「去荊五十餘里」と言っているので、江陵の北方の左程遠くない所であることは確かである。從って、智曠傳に言うように、四望山開聖寺の前に、後梁の宣帝平陵・明帝顯陵の二陵があったとすれば、それは江陵城北の四〇里、或いは七〇里にある紀山ということになる。更に『荊州府志』巻二八に「開聖寺は紀山に在り。梁の建。久しく廢せらる」とあることも參考になろう。(32) 以上によって、四望山開聖寺とは、「江陵の主山」(『讀史方輿紀要』巻七八)と言われる紀山の宣明二帝の陵の近くにあったと考えられよう。但し、紀山を四望山と呼んだ確證がないので、あくまでも推測の域を出るものではない。(33)

若し右の推定が正しいとすれば、唐初、蕭銑が江陵に都を置いた時、宣帝・明帝の陵廟を修復し、開聖寺に居住する法運を奉敬したというのも、距離的に近ければこそのことであり、また、蕭瑀が「行きて四望山に至り、禪師の所に因りて、宣帝の爲に懺」(『續傳』巻二五・法行傳、大正五〇・六五八b)したのも、祖父・父の陵墓に詣でるのが、その旅行のそもそもの目的であったからこそ行われたものではなかったろうか。

驪山津梁寺と四望山開聖寺とは、その建立の經過がまったく異なる寺院である。しかし四望山開聖寺が後梁の蕭氏に連なる一族にとって、密接な關わりのある寺院であったことは考えてよいであろう。

四　結び

これまで道宣の『續傳』を主として、後梁時代から唐初に至る閒の、荊州佛教の動向を概略ながら述べてきた。最後に、同じく道宣の『關中創立戒壇圖經』(34) を次に引用して、本章の結びにかえたいと思う。

今、荊州の四層・長沙二寺の刹基の下、大明寺の前の湖中は、並びに是れ戒壇なり。事を以て覈論するに、渝州(四川・重慶)より已下、江淮の閒に、通じて戒壇三百餘所を計《かぞ》う。山東河北關內劍南は、事、前聞に絕え、經傳に錄《しる》されず。故に江表の佛法をして、今に五六百年を經るまで、曾て虧殄せしめざるは、戒壇に由ればこそなり。……又、江漢の閒、英靈閒出し、山川秀麗にして、見れば便ち返るを忘るるは、土地の然らしむるなり。
（大正四五・八一四a）

道宣の荊州を始めとする長江漢水の流域に對する心情には、非常なものがあったらしく、右と同文が、『道宣律師感通錄』（或いは『律相感通傳』）にも繰り返されている。『戒壇圖經』には、道宣の戒壇創立の際に諸方より來集した三九名の僧名が列記されているが、試みにその中の荊州僧を數えると一二名の多きに上り、更にこの他、戒壇舍利贊を寄せた荊州等界寺の無行をも數えれば、實に三分の一に至る。道宣の言う江淮の閒の戒壇三〇〇餘所が果たしてどのような形狀、或いは來歷を持つものであったか明らかではない。しかし中でも荊州の四層・長沙・大明の三寺の戒壇が特筆すべきものであったことは、前引の文によっても知られるであろう。道宣は先と同所に「戒は佛法の源となす。本立てば傾くべからざるなり」（大正四五・八一四a）とも言っている。荊州のこの三寺は、その意味でも、荊州佛教の中心的施設であった。『戒壇圖經』は、著者道宣の示寂の年にも當る唐・高宗の乾封二年（六六七）に撰わされている。荊州の佛教は、先に述べた諸僧の次の世代、と言えば道宣と同時代の人々の時に至って、再び梁朝以來の盛時を迎えたと言ってよく、それは、道宣の遺した記錄によれば、教團組織の基本施設、戒壇を備えての發展であったことになる。

註

（1）『周書』『北史』の蕭詧傳に附せられている甄玄成、宗如周の傳を參照。なおこのエピソードについては、吉川忠夫『侯景の亂始末記』（中公新書三五七　中央公論社　一九七四年）所收「後梁春秋」一七三頁。なお本章の作成に當り、右著書と共に、山崎宏「北朝末期の附庸國後梁に就いて」（『史潮』一〇—三・四　一九四一年）、愛宕元「隋末唐初における蘭陵蕭氏の佛教受容—蕭瑀を中心にして—」（福永光司編『中國中世の宗教と文化』京都大學人

文科學研究所　一九八二年）を參照した。

（2）道宣は、右の文章の前に元帝時代の荆州佛教について概括を行い、その中で沙門道侃なる僧を取り上げ、次のように言う。

沙門道侃、德隆時彦、業冠通賢、綴述新奇。帝偏鄭重、奉爲僧正、盛開學府、廣召義僧。（『續傳』卷一五・論、大正五〇・五四八c）

道宣はこれに對して「徽緒に翳りあり」と言っている。

（3）前掲註（1）山崎論文、及び同氏著『支那中世佛教の展開』（清水書店　一九四二年）第二部第一章　南北朝時代に於ける僧官の檢討。

（4）前掲書註（3）山崎氏著・第三部第五章　支那佛教盛時に於ける家僧門師、及び本篇第一章　梁代貴族佛教の一側面（原掲『大谷學報』六〇―四　一九八一年）。

（5）また明帝自身も同じく僧遷碑文に「經を權《と》い道を問うて十有三年」（大正五〇・四七六a）と記しており、僧遷の歿年が明帝の天保十二年であることから、明帝もまた位に卽いてより、常に佛教の師として尊信していたことが窺える。更に、明帝が「等觀」の法名を持っていたことも僧遷傳に見えている。

（6）法京傳の前後には、彼を含めて七名の後梁關係の僧、卽ち法聰・智遠・法常・法京・法懍・惠成・法忍が順に立傳され、乏しいながらも荆州に關わる史料を提供してくれている。

（7）江陵長沙寺については石田德行「東晉－南朝時代の江陵長沙寺―附、上明寺―」（『東方宗教』四一　一九七三年）を參照。石田氏は同論文六八頁で、法京の修造事業を天保三年の長沙寺延燒以後のことと考えられている。しかし、江陵陷落後の慘狀と、推定ではあるが法京の歿年及び年齡、更に法京傳の構成とから、筆者は本文に述べたように考えている。なお、六朝時代の長沙地方についても同氏「六朝時代の麓山寺―附、長沙の佛教―」（『佛教史學研究』二〇―一　一九七八年）を參照。

（8）高麗本では法聰の歿年を梁の太淸年としている。この文は、『大正藏』の校勘記によれば、宋・元・明と宮內聽書陵部藏本とにある。同一人物の傳記とは思えぬ程の相違があるが、今は後者に據っておく。

（9）眞諦傳（卷一）の次の記事による。

會元帝啓祚、承聖淸夷、……（承聖）三年二月、還返豫章、又往新呉始興。（大正五〇・四二九c）

(10) 警韶傳に次のように言う。

梁樂（＝岳）陽王（詧）於荊立位、遣信遠迎、楚都弘法、韶念報地之重、來敕遂乖。（大正五〇・四八〇a）

(11) 智越は建康において智顗に遇い、智顗歿後の天台教團の中心となったが、智顗のこの時の建康滯在は五六八年から五七四年の間であるから、後梁明帝の天保七年から十三年の時に當る。

(12) 前掲註（1）山崎論文。

(13) 『資治通鑑』巻一七六・陳紀禎明元年九月條に、次のように記す。

（九月）辛卯、（蕭）巖等驅文武男女十萬口來奔。隋主聞之、廢梁國。

(14) 十代奉佛篇上に、梁陳代について次のように示す。

右梁世、合寺二千八百四十六所、譯經四十二人・二百三十八部、僧尼八萬二千七百餘人。（大正五二・五〇三b）

右陳世五主合三十四年、寺有一千二百三十二所、國家新寺一十七所、百官造者六十八所、郭內大寺三百餘所、……僧尼三萬二千人、譯經三人・十有一部。（同右五〇三c）

(15) ほぼ同文が『法苑珠林』巻一〇〇・興福部第五（大五三・一〇二五c）にも記されている。

(16) 『唐護法沙門法琳別傳』によれば、法琳は唐の貞觀十四年（六四〇）六十九歳で歿している。彼の活動時期の初期、中でも開皇十四年（五九四）より仁壽元年（六〇一）まで、二十三歳から三十歳までの約七年間は荊州の青溪山で修行している（大正五〇・一九八b〜c）。この時代のことは、法琳自身も「與尙書右僕射蔡國公書」（『辯正論』巻末・大正五二・五五〇b〜c）の中に述べている。

(17) 『辯正論』に言う陟屺寺は、『無量義經』序の著者として著名な劉虬が建てた寺である（梁『高僧傳』巻一〇・僧慧傳）。なお後梁・隋代の陟屺寺に關しては他に史料を捜し得ていないが、唐代では例えば道宣の『關中創立戒壇圖經』（大正四五・八一六c）や段成式の『酉陽雜俎』巻五・怪術、巻一一・廣知、巻一二・語資、等に見えている。

寶光寺は、法總傳（巻一六）に湘東王蕭繹が建てたとあり、慧曠傳（巻一〇）にも「十二出家、事江陵寶光寺澄法師」（大正五〇・五〇三b）とある。

右の二寺は後梁代以前に既に荆州に存在していたものである。四望（山）寺については後に述べる。

(18) 但し、『國清百録』巻四・導因寺惠嵓等致書第九八、荆州道俗請講法華疏第九九に、荆州導因寺の名が見えている。これによれば、遅くとも開皇十三年の時點までは、導因寺の名が用いられていたことになる。

(19) 法論は長安日嚴寺にも住んだが、これ等については、山崎宏「煬帝（晉王廣）の四道場」（『隋唐佛教史の研究』法藏館　一九六七年　所收）、塚本善隆「隋の江南征服と佛教」（『塚本善隆著作集』第三巻　大東出版社　一九七五年　所收）を參照。

(20) 引用文に言う靜陵については不明。なお、これと同文が『法苑珠林』巻一四（大正五三・三八九a）にも見える。また大明寺の栴壇像については、『律相感通傳』（大正四五・八七七b〜c）、『道宣律師感通録』（大正五二・四三八b）にも見える。なお、大明寺に戒壇があったことを道宣が『關中創立戒壇圖經』の中に言っている（大正四五・八一四a）が、この戒壇の設置がいつ頃のことかについては、道宣は何も記していない。

(21) 江陵總管について、前掲註（1）山崎論文に概略が述べられている。なお、「隋代總管考」（『史潮』六四・六五　一九五八年）參照。

(22) 『國清百録』巻四・後梁主蕭琮書第九五（大正四六・八二〇c）、荆州道俗請講法華疏第九九（同八二一b）。

(23) 主に參考としたものとして、前掲註（19）塚本論文、山崎宏「煬帝と天台智顗」（『隋唐佛教史の研究』所收）、浦井公敏「智顗に於ける天台教觀の形成と梁末江陵の佛教」（『史學雜誌』六六―三　一九五七年）、京戸慈光『天台大師の生涯』（レグルス文庫　第三文明社　一九七五年）、池田魯參『國清百録の研究』（大藏出版　一九八二年）などがある。

(24) 『國清百録』巻三・遺書與晉王第六五に、
於荆州法集、聽衆一千餘僧、學禪三百。州司惶慮、謂乖國式、豈可聚衆用惱官人。故朝同雲合、暮如雨散。設有善萠、不獲增長。此乃世調無堪、不能諧和得所。（大正四六・八〇九c）
とある。なおこの部分については、前掲註（19）・塚本論文一五七頁を參照。

(25) 少し時代が遅れる慧賾（巻三・貞觀十四年―六四〇歿）も江陵出身で、三論を學んでいる。

(26)『集神州三寶感通録』巻中に、荊州長沙寺の瑞像の縁起を記す中、朱粲の賊がこの寺に駐屯したことを言っている。但し、それを大業十二年のこととしている（大正五二・四一六b）。
(27)右註（26）と同所に、蕭銑の鳳鳴五年（六二一―武徳四年）、宋王楊道生が長沙寺にやって來て瑞像に禮拝したことを記している。
(28)羅雲傳では、中書令岑文本と記すが、それは唐代での官位であって、蕭銑の時代には中書侍郎であった。なお、『集神州三寶感通録』巻下に、岑文本の法華經讀誦にまつわる奇瑞譚が収録されている（大正五二・四二九b）。
(29)前掲註（1）愛宕論文。
(30)『量處輕重儀』末
　近貞觀中、太宗以所著七條納施勝光寺僧珍法師。價直三萬。及終後、還追入内。又以所著七條與恭宣二法師。令製詩、先成者與之。及作一時成、令學士評其勝劣、倶云一等。因令市估價直六萬。乃進衣出絹、人付百段。又賜玄奘法師一納。今現在。有買者、酬十萬、猶不與之。（大正四五・八五一c）
(31)道宣の戒壇創立に來集した僧の中に、荊州開聖寺慧儼禪師の名が見える（大正四五・八一六c）。
(32)『府志』ではこの後、江陵志餘を引いて、
　梁宣明帝百八寺之一也。
と言っている。これは『光緒江陵縣志』巻六四・寺觀の條においても同様である。
(33)今一つ否定的な材料として、前にも述べた慧哲の葬地がある。巻九の傳によると襄陽龍泉寺に歿した後、四望山寺に葬られたと言う。これは或いは襄陽・南漳の四望山かとも考えるが、確證はない。なお『大正藏』の校勘記によれば、三本・宮本は西望山となっている。いずれにしても、愛宕氏の前掲註（29）論文・五五〇頁には法行傳の荊州四望山を、また柳田聖山氏の『初期禪宗史書の研究』（禪文化研究所　一九六七年）三六頁には惠明傳の荊州四望山を、それぞれ隨州應山縣、湖北省應山縣西北一〇〇里に比定するのは速斷ではなかったかと思われる。
(34)横超慧日「戒壇について」（『中國佛教の研究』第三　法藏館　一九七九年　所收）を參照。

第三章　北朝末隋初における襄陽と佛教

一　はじめに

五四八年十月に勃發した侯景の亂は、それまで武帝の治世下にあって南朝隨一の繁榮を謳歌した梁王朝の土臺を搖がし、それから五五〇年代の前半にかけてのほぼ十年間において、北朝胡族國家の壓力を眞正面より呼び寄せ、東晉以來の要地を次々と失わせる結果をもたらした。侯景の亂の中で各地に割據獨立した諸王の中、最も勢力を温存し得た岳陽王蕭詧、武陵王蕭紀、湘東王蕭繹等の據點とした襄陽、成都、江陵が西魏の支配下に入ったのである。西魏の實權を握る宇文泰は、襄陽・成都を中心とする山南・巴蜀を占領支配すると共に、元帝蕭繹の政權が滅ぼされた後の荊州江陵に蕭詧を國王とする傀儡國家後梁を建て、江南に對する備えとした。この狀勢はそのまま北周・隋に引き繼がれ、五八九年（隋・開皇九年）の江南平定、天下統一に至るまで、その占領支配は決して緩められることなく續けられた。

襄陽は、西魏文帝の大統十六年（五五〇—梁簡文帝大寶元年）、蕭詧の歸附を契機として西魏の支配下に入ったが、以後隋・文帝の開皇・仁壽までの間、この地域がどのような人物によって實質的に支配されていったのかを、便宜的に四期に分けて見て行きたいと思う。その際、對象となる者は、軍事行政上の最高責任者である總管の任にあった者とし、なお隋代の總管制は仁壽四年を下限とするので、文帝の治世までを第二節の範圍とした(1)。また、その他の官も、關連のある者は適宜とりあげて行きたい。

ところで北朝末隋初における襄陽に對する支配の様子を知るためには、密接不可分の關係にある荊州江陵に注意しなければならないが、後梁についての專著專論もあり、また江陵の佛教の動向については、第二章に述べていることでもあるので(2)、最小限にとどめたい。

このように先ず北朝末隋初における襄陽に對する西魏・北周・隋の支配の様相を把握した上で、第三節においてはこの時代における佛教の動向を見て行くのであるが、その際、對象として隋の啓法寺碑をとりあげたい。それはこの碑文中に、北周・隋初における總管・刺史の名が見え、また周武廢佛前後の襄陽の佛教を知らせてくれるからである。但し、襄陽に關連のある佛僧の動向については、既に前章第二節で述べてもおり、今回は省くことにする。

二　北朝・隋による襄陽支配と總管

本節で四期に分つ五五〇年（西魏文帝大統十六年）より六〇四年（隋文帝仁壽四年）までの間は、その中に様々の畫期をなす事件が含まれるが、ここでは左のように分期して述べて行きたい。

（一）總管制施行前後より宇文直就任に至るまでの時期（五五〇～五六四）
（二）宇文直在任時期（五六五～五七四）
（三）宇文直誅殺後、隋による江南平定までの時期（五七五～五八九）
（四）江南平定後、總管制廢止までの時期（五九〇～六〇五）

(一)　五五〇年〜五六四年

この時期の前半、西魏の宇文泰は、襄陽において蕭詧を梁主とし、元帝蕭繹の江陵政權討伐後は、蕭詧を江陵に移し、その地において梁國皇帝に册立した（五五五）。こうして自らの勢力進出の橋頭堡として江陵を確保し、またその後方に位置する襄陽の支配を強化して行った。西魏による後梁支配は、『周書』巻四八・蕭詧傳に、

太祖（宇文泰）乃ち江陵に防主を置き、兵を統べて西城に居らしめ、名づけて助防と曰う。外は詧を助けて備禦するを示すも、內は實は詧を防ぐを兼ねるなり。

とあるように、表面上は後梁國の存立を支援するように見せながら、實際には、その歸服の事實を疑い、それがために極めて嚴しい占領支配を行った。そのことは、この頃の荊州を始めとする新占領地を委任された長孫儉に對し、宇文泰が、

今、梁王《ママ》の兵馬をして公が節度を受けしむ(3)。

と言ったことによっても判明するように、後梁の蕭詧に許される裁量の範圍は極めて限られていた。右に述べた長孫儉は、蕭詧歸附に當り、最も前面にあって活躍した人物である(4)。また彼の下には、江陵防主の鄭偉（『周書』巻三六、『北史』巻三五・鄭義傳附）、權景宣（『周書』巻二八、『北史』巻六一）等がおり、彼等が長孫儉の指揮下にあって占領政策を實行した。彼等の傳により、占領支配の實態がある程度までは判明する。これに對し、襄陽におけるそれは、甚だ明確を缺き、僅かに申徽（『周書』巻三二、『北史』巻六九）、王秉（『北史』巻六二・王思政傳附）や長孫儉（『周書』巻二六、『北史』巻二二・長孫嵩傳附）が、刺史、或いは總管として赴任したことを知り得るのみである。

さて、五五六年、西魏の實權を握っていた宇文泰が死ぬと、翌年西魏は滅ぼされて北周となり、孝閔帝宇文覺が即位するが、これを演出した者は宇文護であった。その孝閔帝も彼によって廢され、代って明帝毓が立てられ、ま

た武帝邕が擁立されるなど、この時期の後半は宇文護の專權時代である。總管制の施行は、明帝の武成元年（五五九）正月に行われたもので、『周書』明帝紀には、宇文護が明帝の親政を自ら打ち出したものの、肝心の軍事權は手離さず、このため、それまでの都督諸州軍事の名を總管に改めたと記されている。(5) 唐・杜佑の『通典』巻三二・職官一四に、「總管は都督の任たり」とあるように、職務の內容に改革が行われたわけではないらしい。事實上、この頃では總管と都督諸州軍事とが併稱されており、從って、宇文護による改稱がどの程度の變革と實效を伴っていたものか明確でないが、その目的は宇文護による實權支配の維持にあり、明帝に對する政治の奉還も實は表面上のことに過ぎなかった。

この總管制が襄陽に施行されたのは、三年後の武帝の保定二年（五六二）で、荊州・安州（湖北・安陸）・江陵と同時であった。(6) この頃、襄州刺史に任ぜられた者に申徽がいる。申徽赴任の年は正確には知られないが、彼の傳に「時に南方、初めて附く」（『周書』申徽傳）とあるので、蕭詧が襄陽にて梁主に立てられた五五〇年をそれ程に隔たらぬ頃であったろうと思われる。更に傳には、襄陽地方では役人の贈賄が習俗としてあったことを言い、これに對し、彼が、後漢代の廉潔の士として著名な、また荊州とも緣の深い楊震の像を寢室に描かせて自戒としたことを記している。(7) この事に關連して思い合わされるのは、于謹率いる西魏の江陵征討軍にあって、元帥府長史として活躍した唐瑾である。五五四年十一月の江陵陷落の後、十餘萬に上る人々は奴婢として關中に拉致され、その運命を免れた者は僅かに二百餘家であった（『周書』・『北史』文帝紀）と言われ、また『周書』蕭詧傳を見ると、詧の部將尹德毅が詧に反西魏の行動を促して言う言葉の中に、「士庶を俘囚として、竝に軍實となす」という表現があるが、この時、その選考の衝に當った者が唐瑾であった。彼の傳（『周書』巻三二）に、

江陵既に平げられ、衣冠・什伍のものは竝びに沒せられて僕隸となる。瑾、その才行を察し、片善ある者は、

輒ち議りて之を免ず。瑾に賴りて濟わるるを獲し者甚だ衆く、時論、焉を多とす。

とあるのがそれである。しかしまた一方、江陵陥落の翌年、西魏恭帝の二年（五五五）、江陵防主として赴任して來た鄭偉などは、その荒々しい性格のまま皆、「威猛を以て治と爲」した[8]と言われ、唐瑾・鄭偉兩名の行動が占領政策の實行者としてのそれであったことを窺い得る。蕭詧の後梁國皇帝としての卽位は、このような狀況下に行われたのである。

江陵に以上のような狀勢が見られたと同じ時期、詧の舊領であった襄陽においてはどうであったろうか。江陵と同様の、關中に向っての根こそぎに近い人員送付の實行は記録に現われておらず、そこでは、申徽の傳から窺われるように、「舊俗」と表現はしているものの、襄陽の官人による必死の慰撫工作が行われていたと考えられるに過ぎない。

次いで襄陽に總管が置かれた保定二年（五六二）の時、襄州總管に任ぜられた者として王秉の名が見える[9]。これを傍證するものに、北宋・曾鞏の『元豐題跋』に載せる「常樂寺浮圖碑」がある。次のように言う。

常樂寺浮圖碑は、周の保定四年立つ。州人治記室曹胡逵撰す。其の辭に云く、襄州刺史王秉、字は孝直、常樂寺の塼塔七層を建つと。

右の碑では襄州刺史とあるものの、恐らくは襄州總管襄州刺史として保定二年より四年まで在任したものと思われる。

次いでこの地域を治めた者が長孫儉である。彼を知る史料としては、『周書』『北史』の他に、庾信によって書かれた神道碑（註〈3〉）がある。彼の襄陽赴任は保定四年に行われたが、しかしその主な任務は、荆州江陵を中心とした新占領地の統治にあった。これ等のことを先の史料によってまとめてみれば、およそ次のようになる。

西魏は、宿敵北齊に對する備えとして、侯景の亂によって荒廢した梁の中、なお無傷の狀態を保っていた益州と荆州とを狙っていたが、その機會は梁の諸王相互の軋轢の中から意外に早くもたらされた。それに乘じて先ず、五五三年（西魏廢帝二年）、梁の武陵王蕭紀を滅ぼした宇文泰は、次の目標である江陵の攻略を畫策し、その際、宇文泰の計畫に最も叶った獻策をなした者が長孫儉であった。蕭詧來降以來の山南平定に擧げた功績を含め、このような經緯もあり、彼は、于謹による江陵陷落の後、江陵鎭撫の任を與えられた。『周書』の傳には、「鎭を荆州に移し、五十二州を總管せしむ」とあるのみで、その年次を記さぬが、儉碑には、「（恭帝の）三年、都督東南道五十三州諸軍事を加う」とあり、それが江陵陷落（五五四）の翌々年のことであったことが分る。續いて儉碑に、北周武帝の保定二年（五六二）蒲州刺史に移った後、同四年、襄州に赴任した事が記されている。ところが更に儉碑によれば、天和元年（五六六）、荆州總管の任を解かれ、陝州刺史都督八州二十防諸軍事に就いたとあり、これによれば前年の保定五年まで荆州總管の職にあったことになる。しかしこれでは、保定四年の襄州赴任の記事はともかく、王士良が保定四年の頃に荆州總管行荆州刺史となっている（『周書』卷三六・王士良傳）ことや、更に史寧もその傳によれば、孝閔帝の踐阼、卽ち北周建國（五五七）の後、「荆襄淅郢等五十二州及江陵鎭防諸軍事・荆州刺史」となり、そのまま保定三年まで荆州にあって、そこで歿しているなどの記録と合致しない。以上、これ等の記録によって整理すると、長孫儉は、陷落間もない荆州江陵にあって、そこを中心として占領地一帶の總指揮を命ぜられ、先にも述べた荆・安・襄の三州と江陵にそれぞれ總管が置かれた保定二年（五六二）に荆州總管となったと思われる。これは『周書』卷三四・楊敷傳によっても判明する。[10]長孫儉はその後、同年中に蒲州に移り、更に四年になって襄州總管となったものであろう。ところで『周書』等の彼の傳には荆州總管赴任の記事は現われていない。また儉碑に言う天和元年の陝州總管赴任と同時の荆州總管解任の記録も、その間の時間的な連絡が判然としない。しかし王士良の在任（保定四年～五年？）、長孫儉の元の部下であった權景宣の在任（天保元年～二年）の記録とによって、長孫儉の荊州總管在任期間は、保定年間、それも二年（五六二）までを下限とすると考えられよう。(11)

この時期における襄陽に對する支配は、長孫儉や史寧等の記録に見られるとおり、新たに南方の江陵に建てられた後梁に對する政策と連動し、且つ、五二、或いは五三州という廣い地域全般の中に位置づけられており、いまだ組織的行政的な支配にまでは至っていなかったと言ってよい。より安定した支配は、總管制施行後の次の宇文直の統治時期において見られる。

(二)　五六五年～五七四年

この時期は宇文直が統治した。直は宇文泰の子、武帝には同母弟に當る。彼が襄州總管となったのは、武帝の保定五年（五六五）であるが、この時、三年前に同時に設けられた荊州・安州・江陵の各總管が襄州總管府の指揮下に置かれている（『周書』巻五・武帝紀保定五年正月條）。これは宗室の一員であり、とりわけ武帝の弟であり、またこの頃宇文護に接近していた宇文直に對する處遇のあらわれでもあったろう。襄州の地位の他州に對する優位は宇文直就任によって決定づけられた。たとえば、天和二年（五六七）の陳の湘州刺史華皎の來降を契機として、北周・後梁と陳との閒に戰端が開かれると、荊州總管權景宣が宇文直の指揮下に入っている（『周書』蕭詧傳）。またその翌年、陳が呉明徹に命じて江陵を攻撃させた時には、江陵總管田弘が後梁の明帝蕭巋と共に紀南城に退き、江陵副總管高琳が江陵城を固守したが、彼等もまた宇文直の統率下にあった者である（『周書』武帝紀、同巻一三・宇文直傳、同巻二七・田弘傳、同巻二九・高琳傳）。更には陳との戰爭の際に、安州の下流、北齊・陳との國境に近接する沔州（湖北・沔陽西北）の刺史であった裴寬は、州城が低く狹く、兵器も少く、陳軍が河川の增水に乘じて攻撃して來れば到底守り切れないことを恐れ、襄州總管に增援と、水邊にある州城を高地に移すことを願い出たところ、總管府は兵の增派は許したものの、州城の移動は許可しなかったと言う（『周書』巻三四・本傳）。これ等の記録から、『周書』武帝紀に言うように、山南地域の諸州は襄州總管に統轄され、それは後梁の地域においても同様であったことが分る。

しかし建德元年（五七二）四月になると、襄州のこのような他州に對する優位も停止されてしまう（『周書』武帝紀上）。その理由については武帝紀等には何等記すところがない。ただこの前月には、久しく專權を振った宇文護が武帝に誅殺され、武帝の親政が始まっている。宇文護を宮中に斃した時、實際に手を下した者は宇文直であったが、『周書』宇文直傳によれば、彼はその功績の大きさを恃み、初めは大冢宰を、それが叶えられぬと知るや大司馬を望み軍事權を一手に握ろうとしたが、武帝に意圖を見拔かれ、大司徒の地位に押しとどめられたと言う。彼は建德三年正月、王に進められたものの、七月、宮中に謀反し、荊州に逃げ歸った所を捕えられ、遂に殺された。このような經緯から推測すると、武帝は、宇文直の襄州總管としての權限の大きさを憂慮し、對南朝の最重要地域を支配下に置く襄州の地位を、親政を始めて間もなく、相對化させようとしたものと思われる。それはまた宇文直に對する豫防處置でもあったと言ってよいであろう。

ところで「性浮詭、貪狼無賴」（『周書』巻一三・文帝諸子）と評される宇文直であったが、彼の統治時代に關しては、その屬僚の名が少數ながら記録に殘されている。

先ず宇文直の出鎭と同時に襄州司馬となった者に先に述べた裴寬の族弟裴鴻（『周書』巻三四・裴寬傳附、『北史』巻三八・同）がおり、また總管府長史となった者に伊婁穆がいる（『周書』巻二九、『北史』巻六六）。裴鴻は「邊鄙を鎭守するに甚だ扞禦の能あり」と言われ、伊婁穆も「頻りに戚藩に貳たりて、甚だ匡贊の譽を得」と評されているように、いずれもその實務能力を買われての起用であった。裴鴻は天和年間の初め、襄州總管府長史に轉じ、伊婁穆は建德の初め、荆州總管府長史となり、その傳に言うとおり、再び代王宇文達を補佐している[12]。更に襄州總管は江陵と同様に副總管が設けられていた。高琳の傳等（『周書』卷二九・本傳、同卷二七・田弘傳、同卷四八・蕭詧傳附蕭巋傳）によれば、彼の副總管就任は、先にも述べた天和二年（五六七）の華皎の來降に始まる陳との戰闘に卽應したものであった。同年田弘が江陵總管となると、彼もまた翌年その副總管となって、陳將呉明徹の襲撃に對處し、呉明徹退却の後、その功によって大將軍に進み、天和四年の頃、副總管として襄州の宇文直の下に赴いた[13]。

以上、宇文直統治のこの時期は、それ以前に比較し、襄州の他州に對する優位の下、やや落ち着きを取り戻し、總管府の組織も整えられて行ったものと思われる。南方の後梁に對しても天和六年（後梁明帝天保十年―五七一）には、荆州北方の基・平・鄀三州が割讓され（『周書』卷四八・蕭詧傳附蕭巋傳）、また建德元年十月には、

江陵の獲えられし俘虜にして官口に充てられし者は、悉く免じて民となす。

との詔が出されるなど、一連の宥和策が打ち出された。基・平・鄀三州の割讓は、華皎が襄陽に到着して總管宇文直に願い出、それが武帝に上申されたことによって實現したが、その時の華皎の言葉の中に、「梁主既に江南の諸郡を失い、民少く國貧し」とあるように、荆州一州を領有するのみの後梁國にとって、それ等の措置はやや平穩を取り戻す一助となったものと思われる。

㈢　五七五年～五八九年

宇文直が誅殺された後、襄州を治めたのは田弘（『周書』卷二七、『北史』卷六五）、次いで王秉（前述）である。田弘は、傳によれば建德三年（五七四）、「總管襄郢昌豐唐蔡六州諸軍事、襄州刺史」となり、同年、襄州に歿してい

る。宇文直の謀反がこの年の七月、荆州に捕縛されたのが八月であるので、田弘の在任期間は極めて短いものであった。田弘の後任となった王秉については、先にも註（9）で述べたように、『周書』巻六・武帝紀下によれば、翌建德四年正月、襄州總管となっているが、彼の傳（『周書』巻一八、『北史』巻六二・王思政傳附）にはその記事を載せておらず、在任期間は不分明である。この田弘・王秉の赴任の年には、佛教史上に著名な武帝による廢佛道詔がその年の五月に發布され、通道觀設置の詔が出されたのはその翌六月であった。襄陽における廢佛の動きに關し、田弘については何等知り得るものはない。しかし王秉については、後節に啓法寺碑を述べる中で見て行きたいと思う。

建德六年（五七七）に武帝が病歿すると、北周の實權は宣帝の外戚楊堅の手中に歸して行く。それと共に襄州を治める者達の變遷にも、この頃になると、それまでとはまた異る様相が現われてくる。五八一年の周隋革命に至るまでの宣帝・靜帝時代は僅かに三年餘りであるが、この閒に襄州に赴任した者に王誼（『北史』巻六一・王盟傳附、『隋書』四〇）、崔彥穆（『周書』巻三六、『北史』巻六七）の他、吐萬緒（『隋書』巻六五）、田式（『隋書』巻七四・酷吏）、李禮成（『隋書』巻五〇）等がいる。

王誼の赴任は宣帝卽位と同時に行われた。それは宣帝の、父武帝の遺言に背いての出向命令によるものであった。王誼はすでに武帝の天和五年（五七〇）には、新占領地益州の總管となった宇文儉、續いて北齊討滅後の相州總管となった宇文盛の、二人の武帝の弟を補佐するなど、武帝に甚だ重用されていた。宣帝は卽位と同時に先帝の遺臣たる王誼を體よく襄州に追いやったのである(14)。しかし宣帝が歿し靜帝が卽位すると、丞相となった楊堅により鄭州總管に轉じた（五七九）。翌年、佛道二教の復興が宣せられたと同じ六月、相州總管尉遲迥が楊堅に對し反旗を翻し、それに連動して翌七月に鄖州總管司馬消難が擧兵すると、鄖州（湖北・安陸）、隨州（湖北・隨）を初めとする九州八鎭がその支配下に入り、また豫州（河南・汝南）、荊州、襄州三總管管内の諸蠻が騷動し、楊堅の父楊忠以來縁故の深い地域が危險な狀態になって來た。楊堅は王誼を襄州總管行軍元帥として荊州・襄州等の四總管指揮下の軍を率いてこれが討伐に當らせた（『周書』巻二一・司馬消難傳、同巻三六・崔彥穆傳、『隋書』巻四〇・王誼傳）。尉遲迥の擧兵は、涓水流域を支配する司馬消難に引き續いて益州にも影響を及ぼし、八月になると益州總管王謙の擧兵を生み出したように、楊堅の政權獲得に至る道程の中での最大の試練であったが、十月の王謙滅亡までに全て平定された。ところで、「三方に兵難が起った」（『周書』巻三六・崔彥穆傳）時、司馬消難を平定するに際し、王誼と共に行軍總管として携わった者が崔彥穆である。彼は荊州に軍を駐め、荊州總管獨孤永業の謀反を疑ってこれを殺し(15)、一連の反亂が平定されると、王誼に代って襄州總管・襄州刺史となっている。このように楊堅が周隋革命を遂行する上での最大の障害となりかねなかった司馬消難の擧兵は、その西方の荊州に波及することなく、王誼・崔彥穆等の力によって短時日の內に平定された。しかしこの事件は楊堅にとって容易ならぬものであった筈である。當時荊州は名目上とは言え、獨立國後梁の領地であり、明帝蕭巋の將帥は皆この時、司馬消難の動きに連なり、楊堅の勢力に對抗し山南に割據しようとする動きを示したと傳えられている（『周書』巻四八・蕭詧傳附蕭巋傳）。この計畫は蕭巋の意志によって實行されぬままに終ったが、蕭巋の楊堅の側に立つ決心は、或いは崔彥穆による荊州總管獨孤永業の逮捕殺害という迅速な行動に牽制されてのものであったと考えられる。また襄州總管の荊州に對する優位はすでに宇文直の後に多少の變化があったにも拘らず、王誼について見たように、この頃にも變っていなかったことが窺われる。

五八一年、周隋の革命が成っての後、最初に襄州總管となった者に、吐萬緒、田式がいる。吐萬緒の襄州統治に關してはその傳に何等記すところがないが、田式については、酷吏傳中の彼の傳にやや詳しく記されている。例えば部下に對しては、その非行を罰するに際し、一律に地牢に收監し死に至らしめたと言い、襄州の民に對しては、赦書州に到るごとに、式、未だ讀むに暇あらずとし、先ず獄卒を召して重囚を殺し、然る後に百姓に宣示す。

其の刻暴此くの如し。

と記され、その統治方法は「專ら威を立つるを以て務めとなす」ものであった。このような餘りの酷吏振りが原因となって田式が罷免されると、その後任に文帝の妹を妻とする李禮成が就いた。開皇三年（五八三）八月のことである。彼は隴西狄道の人。その傳に「惠政ありと稱せらる」とあるように、前任者田式とは打って變って、名族の出身であると共に朝廷の緣戚に連なり、且つ若年の頃、他の貴公子が軍服を着用する中、常に從容として儒服を用いたという逸話を持つ人物であった。嚴酷な統治姿勢で以て民に臨んだ前任者の田式とは、正反對の人材の用い方と言ってよく、叛服常ならぬ山南地域に對する隋朝の苦心をよく示している。

この後、襄州は陳朝に對する總攻擊を準備する全國的な動きにつれて、今まで以上にその重要度を增して行く。それはまた崔弘度（『隋書』卷七四・酷吏、『北史』卷三二・崔辯傳附）、韋世康（『隋書』卷四七、『北史』卷六四・韋孝寬傳附）という着任者において見ることができる。但し、崔弘度が着任する開皇六年（五八六）二月以前に、「襄州總管を檢校」した者として、李詢（『隋書』卷三七、『北史』卷五九）がいる。李詢は、開皇元年（五八一）に行われた三時原（陝西・武功西南）に對する灌漑工事を監督して功績をあげ、襄州に轉出したが、彼はまた文帝の卽位を助けた李穆の一族であり、文帝の信任する者として赴任したと思われる(16)。

さて、崔弘度は、先の田式と同樣、『隋書』酷吏傳に立傳されているが、彼は隋による後梁の廢絕、陳の討滅に先立つ時に、當該地域に赴任し、活躍した人物である。

彼の總管としての襄州赴任は開皇六年二月である。彼の妹はこの時既に文帝の第三子秦王俊の妃となっており、そのことを踏まえ、傳には襄州總管としての彼の統治のありさまを次のように言う。

弘度素り貴なり。下を御すこと嚴急にしてややもすれば捶罰を行う。吏人氣を讋《おそ》れ、其の聲を聞けば戰慄せざるはなし。

このように記される崔弘度の赴任は、襄陽の南方に位置し、西魏・北周以來の附庸國後梁に對する隋朝の方針と連動したものであった。崔弘度赴任の前年、開皇五年（五八五）五月に、後梁の明帝蕭巋が治世二十四年でもって歿すると、その後を蕭琮が繼いだ。しかし、隋の側には、既に開皇四年の頃、陳朝攻擊の明確な意圖があったと見てよく、(17) 蕭巋死歿を好機として、その具體化を目指す施策が次々と打たれていった。先ず蕭琮卽位と同時にその叔父岑を入朝させ、蕭巋の天保二十一年（五八二）、卽ち隋の開皇二年以來廢止されていた江陵總管を再び置いた。これは不穩の動きを見せる蕭岑の隔離と後梁統制の強化を圖ったものである。そして、同年十月、楊素が信州（四川・奉節）總管、翌開皇六年正月に韋洸が安州總管となり、二月に崔弘度が襄州總管となり、同年十月になると襄州に山南道行臺尙書省が置かれ、秦王俊がその尙書令に赴任し、開皇七年（五八七）八月、後梁國主蕭琮が臣下二百餘人と共に長安に入朝させられると共に、崔弘度が江陵總管に轉出し、荊州一帶を管轄することとなった。崔弘度が江陵を目指し、北方の鄀州にまで軍を進め後梁の領土內に入ると、九月、隋軍の侵攻に恐れをなした琮の叔父巖、弟瓛等が後梁の文武男女一〇萬口を率いて陳に亡命した。蕭巖等を江陵城下に迎えたのは、陳の荊州刺史陳慧紀であったが、續いて巖等を追って崔弘度が江陵に入城すると、陳軍は彼を恐れ、それ以上、荊州の占據をもくろまなかったと言われる。後梁はこの直後に廢絕され、荊州を始めとするその領土は名實共に隋によって領有された。

さて、崔弘度が江陵に轉出した後の襄州には、行臺尙書令としての秦王俊がいたが、その襄州總管としては、「關右の著姓」たる韋世康が就いた。世康の叔父孝寬は、先にも述べた尉遲迥の亂を平定し、楊堅の覇權確立に大きく貢獻した人物である。孝寛は既に早く北魏末の普泰の頃（五三一）、荆州（穰城、河南・鄧東南）の刺史源子恭の下にあって析陽郡守となり、その時、同じく新野郡守であった獨孤信と親交を結び、この荆州の人々に「連璧」と稱揚されたという。また西魏・恭帝の元年（五五四）、江陵に據る元帝蕭繹の政權を攻撃した際には、于謹と共にその平定に活躍している。このように韋孝寬は、山南地方との關りに比較的深いものを持っていた。その兄韋敻の子である世康も、尉遲迥の亂の時、楊堅より舊北齊領との國境に當る絳州（山西・新絳西南）の刺史を委任され、「雅望を以て之を鎭め、闔境淸肅」たる功績をあげたという。開皇七年の恐らくは八月以降に襄州總管に轉任した時の彼は、既に中央にあって吏部尙書を歷任した五十七歲の重臣であったが、まさに江南征服を實行に移そうという時に當って、文帝はその重要據點である襄州を彼に委任したのである。但しその在任期間は短く、途中、何かの事情で免職されての後、開皇九年二月、安州總管となり[18]、その年の內に信州總管をも歷任するなど、いずれも襄陽・江陵に近接する重要地域を統治し、十三年、再び吏部尙書となっている。免職の期間がどの位のものであったかが不明であるので、正確なことは分らないが、後節に述べる啓法寺碑の記事より、彼が開皇八年まで襄州刺史として在任していたことは確かであるし、彼の傳の記述から推しても、九年二月の安州轉出までにさほどの日數は經っていなかったものと思われる。從って、彼の襄州在任は、秦王俊が江南平定軍の一翼として崔弘度等三〇總管を指揮下におきつつ、襄陽より漢水を流れ下って漢口に向った開皇八年十月から、翌九年正月の陳朝滅亡、天下統一という大事件を含み、その間、戰略上の據點である襄州において總管・刺史として、その治安維持に當ったのである。この事に關しては、後節において今少し述べてみたい。

㈣　五九〇年〜六〇五年

南朝陳が滅ぼされ隋による統一が成った後の襄州には、開皇十一年（五九一）の頃、裴政（『隋書』卷六六、『北史』卷七七）が總管として赴任している。彼は河東聞喜の裴氏の出身で、湘東王蕭繹が荊州刺史として江陵に赴いて以來、その下にあった人物である。その間、益州の武陵王蕭紀が長江に沿って東下し、江陵を窺うと王琳の指揮下にその勢いを硤口に拒ぐ活躍を見せ、また于謹率いる西魏軍によって江陵が陷された時は、たまたま襄陽の蕭詧に捕えられ監禁されていた。江陵陷落後は城中の人々と共に長安に送られたが、次の周隋代を通じて禮制や律の策定に加わるなど、重用されている。彼の傳には、太子楊勇との間に交された彼の合理性を示す逸話が記されているが、その彼の襄州總管赴任も、その合理性に裏打ちされた剛直ぶりが太子楊勇に疎んじられた結果であった。年八十九で官に卒したとあり、次に總管となった周搖が翌十二年四月に赴任していることから、恐らくは一年前後の在任であったと思われる。甚だ高齢の、しかも『承聖降錄』という著述も殘した梁の元帝蕭繹の遺臣であった裴政が、太子に忌避されての單身の轉出であったとは言え、天下統一間もない襄州に與えた影響は大きかったと思われる。しかし、傳にはその在任中、訴訟事件が殆んど跡を絶ったという如何にも法令の專門家らしい裴政の治績を傳えるのみである。

裴政の後任となった周搖（『隋書』卷五五、『北史』卷七三）は、先にも述べたように開皇十二年四月、壽州總管から襄州總管となり、その在任は開皇二十年までの九年近くに及んでいる。しかし傳には、その間の彼の言動について何等具體的なことを記さない。『隋書』文帝紀によれば仁壽二年（六〇二）九月、周搖は襄州總管として歿したと記されているが、傳によれば高齢を理由に致仕を願い出たところ敕許が下り、自邸に歸還して一年餘、年八十四で屋敷内に歿したとある。從ってその總管としての在任は、次に任命された崔弘昇のそれと關連させて考えると、遲くとも開皇二十年の前半迄ではなかったかと考えられる。

崔弘昇（『隋書』崔弘度傳附）は、先に述べた崔弘度の弟である。尉遲迥の亂の際には兄と共に功績をあげ、下ってこの時の襄州總管就任は、傳によれば「戚屬を以ての故」であったと言われる。「戚屬」とは崔弘度の妹が秦王俊の妃となり、また弘昇の娘が晉王廣の長子河南王昭（後の元德太子）の妃であったことを指す[19]。それがため、「待遇愈々隆く」襄州總管が與えられたのであったが、またその免官も妹の賜死、娘の廢黜に連坐して早く訪れた。開皇二十年六月に秦王が薨ずると、妃の崔氏に對し、王の死は崔氏が毒を盛ったが故であるとの嫌疑がかけられ、崔氏の第宅にて死を賜わり、つれて、河南王も娶ったばかりの崔氏を離別したのである。從って崔弘昇の在任期間は開皇二十年內の數ケ月程度であったろう。次いで襄州總管の肩書を帶びて襄陽に赴いた者は薛道衡（『隋書』卷五七、『北史』卷三六・薛辯傳附）である。傳には仁壽中とあるのみで年次を明らかにしていないが、その始めの頃のことであったと思われる。その赴任は、久しく朝政の樞要にあった薛道衡が、文帝によってその機密への參與を忌避された結果であった。彼の任期も傳には明示しないが、煬帝が卽位すると共に大業元年（六〇五）正月に、久しく續いた總管制は廢止され、彼もまた番州刺史に轉出させられているので、仁壽四年（六〇四）まではその任にあったものと思われる。彼は帝から早くより疎んぜられ、遂には後に自殺を命ぜられている。

三　啓法寺碑に見える襄陽と佛教

啓法寺碑[20]は、隋・周彪の撰、丁道護の書。文帝の仁壽二年（六〇二）に成った碑であるが、その原石は早くに失われ、現在は僅かに拓本によってその姿を知り得るのみである。ところで書道史上に著名なこの碑も、その碑文の內容に就いてはさしたる關心が拂われてこなかった。しかし、啓法寺碑は南北朝末隋初における襄陽の佛教を知る上での貴重な史料となり得るものであり、前節と關連させながら、以下、論を進めて行きたい。

啓法寺碑の末尾によれば、「開皇四年四月一日、此の寺を創立す」とあって、隋の初期、開皇四年に開創されたように記されているが、碑文中、「前は金像寺。道安法師の造る所なり」とあり、また『法苑珠林』巻一三・敬佛篇・感應緣（大正五三・三八四b～c）によれば、道安が鑄造した金銅の無量壽佛像に因んで時の雍州刺史郗恢が名づけ、今は啓法寺と名づけられていると書かれているように、梁の武帝が造らせた金銅の華趺と共に代々襄陽の城西にあったものである。その後、北周武帝の廢佛の餘波を受けて、寺は道安に由來する金銅佛と共に破壞され、周隋の交替の後、開皇四年（五八四）になって再建されたと考えられる。以下、破壞と再建に至る過程を碑文にもとづきながら眺めてみたい。

破壞の樣子について、撰者周彪は次のように記している。

（道安）鑄る所の像は、屢々靈異あり。具さには金像の碑に記す。毀たるるの初め、亦神響あり。襄州の前の副防主・開府慕容哲、周の建德四年蕤賓の月（＝五月）を以て、軍□を總率し、牽倒せしむるも動かず。哲、乃ち甲を被て震吼し、時を經て方めて踣《たお》し、群功もて鑿ち壞す。左腋の人の見るなき處において、銘三行ありて、滅ぶの年を記す。哲、其の日に病を得、夕に至りて便ち殞《し》す。(21)

右に言う周武の廢佛については、碑文の銘・序共に北魏太武帝の破佛と竝べて操り返し述べられている。それは隋朝の興佛に對比される事件として必須の、或いは常套の筆法ではあるが、右に引用した慕容哲による金銅無量壽佛像の破壞は、その後、甚だ著名な事柄となったらしく、唐・道宣の『續高僧傳』、同じく道世の『法苑珠林』によってより詳しく記錄されるに至っている。(22)それ等によれば、建德三年（五七四）、太原公王秉が襄州刺史として赴任すると、その部下であった副鎭將長孫哲が、信仰の中心となっていた道安鑄造の佛像を先ず破壞することとし、附近の人々、或いは還俗させられた僧尼等が悲嘆にくれて見守る中、最初は一〇〇人の人員でもって像の頸に縄をかけ牽き倒そうとしたもののびくともせず、遂には五〇〇人を動員して倒壞することに成功し、ただちにこれを鎔かした。この首尾を上司である王秉に報告しようと馬を馳せて行こうとした矢先、突然に落馬し、言葉も喋れぬ麻痺のまま、その夜の內に死亡したと言う。大體において啓法寺碑に同じであるが、この他、倒壞した佛像の腋の下の衣紋から、一八〇年後の破壞を豫言した道安の懸記が發見されたとあるのも、また同様である。

ところでこれ等の記錄の中で注目されるのは王秉と慕容哲（或いは長孫哲）の二人であろう。前節で述べたように、王秉は『周書』武帝紀によれば建德四年正月に襄州總管となっている。これに對し啓法寺碑には王秉が出てこない。また『續高僧傳』『法苑珠林』の記事も廢佛の始まった年に引きずられてであろう、建德三年に誤っている。さて、碑文によれば佛像の破壞は四年五月に行われている。そして『續高僧傳』『法苑珠林』に言うように、この時既に僧尼の還俗が進んでおり、寺院の破壞も續々と實行されていたのである。前回、保定二年（五六二）に赴任した時は、常樂寺の塼塔を建立した王秉であったが、着任早々に、前年五月に發布された廢佛道詔を強力に推し進め、しかもその實行部隊を指揮する者に、長孫或いは慕容を名乘る胡族がおり、東晉南朝傳來の文化遺產に對する苛責ない破壞を行ったのである。唐の記錄に特筆されるに至った原因に、襄陽の人士の受けた衝擊の大きさがあったことは否定できないであろう。この時、襄陽の南方に位置する後梁に對し、廢佛の餘波が及んだかどうかは明らかではない。しかし北周による支配が如何に強かったかは、前節でも見てきたとおりである。たとえ實施には及ばなかったとしても、強い壓迫が加えられたことと思われる。啓法寺碑に言う「居城一十二鄉、僧尼一十五寺、道士東西兩館、民吏數千」の規模を持つ襄陽に、この時、徹底的な宗教廢毀の政策が實施された。それはまた父祖以來の崇佛家でもあった後梁の明帝蕭巋にとって、胡族支配の現實をいやが上にも自覺せざるを得ない事件であったであろう。

　このような逼塞狀況も、やがて楊堅が北周末の實權を握るにつれて次第に緩和され、彼が隋國皇帝として卽位するに及び大々的な復佛が實施されると、襄陽においても佛道兩教の復興が始まった。碑文では、啓法寺再建の推進者として、啓法寺の寺僧法亘、檀信徒として蔣綸・張鏗を初めとする三六人の名を擧げている。碑にはこれ等三六人の行動を次のように言う。

　五戒の士女、九齋の淸信を率い、共に禪林を造り、邑ごとに□薩堂を爲る。僧を請《まね》き道を行じては六時廢《た》えず、菩薩淨戒もて八關闕くるなし(23)。

邑會の中心には法亘のような僧が招かれ、そのたびに會場としての堂宇が整えられて行ったものと思われる。また碑には次のようにも言う。

　寺館は則ち寺に當り、館に當りて、齋を設けて追福し、大市令丞は佇眙の士女を率いて、一日、市を罷め、諸鄕諸方、州學縣學は、みな攀《あつま》り、輈《ながえ》を挽き紼《つな》を遞らして、日々無遮大會を建て、幷びに法師の講説を請う(24)。

この部分は、開皇四年の啓法寺再建後の狀況を記すものであろうが、碑では、このような盛儀をもたらした功績者として、開皇七年に襄州刺史として着任した韋世康を特筆している。開皇八年の年次を記した上で、碑には次のような記錄が續く。

　時に刺史上開府吏部尙書上庸公京兆の韋世康、魏の司空文惠公の長孫、周の高士逍遙公の元子、……行臺僕射たりしとき、此の精廬を見る(25)。

前節で述べたように、襄陽に山南道行臺尙書省が置かれたのは開皇六年十月、尙書令には秦王俊が就任した。これは南朝陳に對する總攻擊の準備をなすものであり、韋世康はその翌年、後梁廢絕と同じ開皇七年、襄州總管襄州刺史として赴き、行臺僕射を兼ねたのである。その襄陽での在任期間が短かったことも前節で述べたとおりである。しかし啓法寺碑で彼が特筆されるには、その短かった襄陽在任によってだけではなく、それは「時論、以て美となす」（『隋書』巻四七・韋世康傳）と傳えられる開皇十五年から十七年にかけての荊州總管時代に負う所が多い。碑ではまた次のようにも言う。

公の第四息・民部員外侍郎福嗣、第五息福獎の昆季二人、至性□禮にして、喪に侍りて此に至る。

韋世康は『隋書』の本紀・本傳等によれば、開皇十七年（五九七）八月に荊州で歿している。從って右の記事は、その八月以降に彼の二人の子供が長安より荊州にやって來たことを記すものである。更にまた碑文は續けて、これ等兄弟が、

父の平昔の前民故吏の號咷感慟し、殆ど自ら勝《た》えざるを見て、乃ち大會の所において、父の衣資服翫廿四件を捨し、幷びに見錢もて寺に付し、此の尊儀を成す。(26)

と記している。文意に把えにくい所があるものの、荊州で行われた韋世康の葬儀に襄陽時代の部下達も混っていたものであろう。彼等をとおして、亡父とゆかりの深い襄陽の啓法寺に、金錢を添えてその遺品を喜捨したと言う。

ここで韋世康の父について少し見ておきたい。碑に言う文惠公とは韋旭、逍遙公とは韋夐である。特に父の夐は隱逸の士として西魏・北周朝において重きをなし、世に居士と呼ばれ、明帝からは逍遙公と號せられた人物である。武帝から儒佛道三教の優劣を辨別するよう命令を受けた時、彼は三教一致論を主旨として「三教序」を著したと言われる。(27)また、「晩年は虛靜、唯、道を體し眞に會《かな》うを以て務めとなす」と傳に記されるように、その姿は老莊思想を基本にし、その心情も道教に傾いたものではなかったかと思われる。しかし彼の「三教序」述作が、武帝自ら

高座に昇り、集めた群臣沙門道士の前で三教の先後を儒・道・佛に定めた建德二年（五七三）十二月の前後の頃のことと考えれば、却って彼の折衷主義は際立ったものであったと言ってよい。このような父を持つ韋世康が道教に、或いは佛教にどの程度傾斜していたかは、よく分らない。啓法寺碑に記す所も、啓法寺再建に助力はしたであろうことを推測させる程度に過ぎない。

しかし次いで碑文に列擧される四人の姓名とそれ等が帯びる官名とは、明らかにし難い部分が多いものの、前節で述べた襄陽をめぐる政治史的狀況と併せ考えれば興味深いものがある。今、碑に記す官職姓名を記すと次のようである。

○總管大將軍千金公
○長史前東宮內書舍人　南陽・趙祐
○府屬大都督　弘農・楊士政
○襄陽縣令　楊詢

これ等を列擧した後、碑には、州縣の群司も治道勤王に努め、「福業を助成」したと述べているように、彼等も總管府の屬僚、或いは縣令として、啓法寺再建に協力したことが分る。

ところでこの四名の內、趙祐、楊士政については何等知るところがない。しかしながらそれ以上に理解し難いのが冒頭に述べられている總管大將軍千金公である。これが北周武帝の天和元年（五六六）から二年にかけて荊州總管荊州刺史であった權景宣より他にないことは、淸・張仲炘がその『湖北金石志』巻三に指摘しているとおりである。一方、碑文が、襄陽縣令楊詢を、

槐蕀勁枝（＝三公九卿）、臺輔の孫姪なり。

と記していることによって、また彼は『隋書』巻七〇・李密傳に、楊玄感の從叔として名が現われていることによって、隋朝創業の功臣である楊素の一族であることが判明する。[28] 從ってここに述べられている四名の內、總管大將軍千金公を除く三名については、隋代の襄陽に關わりあった者として考えてよく、北周武帝時代初期に關わる者ではあり得ない。總管大將軍千金公が何故楊詢等と竝べて記されたのか、今はその理由を明らかにし得ないままにしておくより他はないであろう。[29]

さて楊詢がその緣戚に連なる楊素は、韋世康が襄州總管から安州總管に遷ったのと同じ開皇九年に、總管として信州（四川・奉節東）から荊州に赴任している（『隋書』巻二・高祖紀上、同巻四八・本傳）。また同じく楊素の一族である楊文紀も仁壽二年（六〇二）に荊州總管となっている。啓法寺碑が建立された仁壽二年には、荊州に襄陽縣令楊詢の同族である總管楊文紀がおり、荊州はまた、これ等楊氏一族の中心人物であった楊素にも關わりある土地であった。襄陽の啓法寺碑に、荊州で歿した韋世康について、その子二人の行動を特筆するのは、韋世康が襄州總管として復興期の襄陽の佛教に力を添えたことばかりでなく、前節で述べたように、襄州と荊州との密接な關係が大きく影響しているものと思われる。

更に啓法寺碑が建てられた仁壽二年は、文帝による舍利塔の第二次建立の年であることに注意せねばならない。襄州ではその前年の十月、大興國寺において起塔され、荊州ではこの年四月に行われた（『廣弘明集』巻一七・佛德篇）。[30] 襄州大興國寺に隋の開皇・仁壽年間に居住した僧としては、智顗の律學の師として名高い慧曠（『續高僧傳』巻一〇）と、仁壽舍利塔建立に携わったと思われる明誕（同巻二六）の二人のみが知られているが、[31] この寺院に關しては、李德林撰、丁道護書の興國寺碑があった。開皇六年正月に建てられたと北宋・歐陽棐の『集古錄目』巻四に記錄するこの碑は、今は佚失してしまっているが、北宋・曾鞏の『元豐題跋』巻一によれば、碑陰に襄州鎭副總管府長史柳止戈以下一八名の官號姓名が記されていたと言う。開皇六年は崔弘度が赴任した年に當る。歐陽棐が言うように、興國寺は文帝が父楊忠の追善のために建てたが、元來は上鳳林寺と言った（明誕傳）。啓法寺の例と同樣、上鳳林寺も周武廢佛の渦中にあって破壞されたと思われる。興國寺碑は、その修復再建が成ったのを記念して建てられたものとするならば、それは碑陰に刻まれた總管府の屬僚の名と共に、二年後に赴任してきた韋世康の目にもとまったであろう。これ以上の憶測は差し控えねばならないが、開皇六年の興國寺碑と仁壽二年の啓法寺碑は、對江南政策が實體を現わしてきた開皇六～八年の頃、その時々の總管、或いは總管府の屬僚が關わっていることにおいて、共通するものを持っていたと言ってよい。

四　結び

襄陽が北朝―西魏の領域に組み込まれたのは五五〇年（文帝大統十六年）であったが、この地に總管が置かれたのは、西魏全域に總管制が施行された五五九年（北周明帝武成元年）に遲れること三年、しかも荊州・安州・江陵と同時であった。この五五〇年から五六二年までの十三年間において、襄州襄陽・益州成都・荊州江陵という東晉以來の南朝の要地が全て西魏に領有され、南北朝末期に現われた三國鼎立の狀況に大きな變化がもたらされた。益州を中心とする蜀の地域に就いては今暫く措くとして、襄陽を中心とする山南、荊州江陵を中心とする後梁國の地域に同時に總管制が布かれたことは、總管制そのものの性格を象徴的に示すものと思われる。卽ちそれは、戰時下における狀勢の變動に對應し得る臨戰的性格の色濃いものであった、荆・安・襄三州と江陵における總管の同時の設置は、これ等新たな占領地に對する統制とそこを據點としての對南朝政策を遂行する中で行われたものであり、それは四總管設置の年が、恰かも後梁の第二代明帝の卽位元年に當っていることによっても推測し得る。後梁の西魏北周に對する服屬が、決して一定不變のものでなく、一旦事あれば獨立割據の動きを示し得るものであったことは、司馬消難の亂に關して述べたとおりである。しかもその時既に明帝蕭巋自らが部下の畫策する尉遲迥との連繫、或いは山南に據っての獨立の動きを封じ込め、周隋革命の流れに身を寄せたことは、後梁、卽ち荊・平・鄀・基四州の地の歸趨がほぼ北朝の側に固まりつつあったことを示している。四總管設置の年より尉遲迥・司馬消難等の亂までの十九年間における後梁國主蕭巋の變化が以上のようであったならば、その變化を來した最大の要因は、北周による總管府の設置と總管以下その屬僚による統治の實績にあったであろう。後梁國主の交替期、卽ちいまだ南朝梁の皇帝への夢を捨て切れぬ宣帝蕭詧からその子蕭巋への交替期に際して、北周は荊州・江陵を含む四地域に總管制を施行し、その領有化へ向けての明確な一歩を踏み出したのである。しかも一方、名目上は獨立國たる後梁に對して、荊州と江陵とのそれぞれに總管を置き、また江陵には副總管までを置き、二重三重の支配を行って、その占領の意志を明らかにしていた。そのような荊州、或いは江陵總管等に對して、指揮系統上、上位にあったのが襄州總管である。その實際の様子は、陳將華皎の來附を契機に起った陳との戰鬪において示されている。北周武帝の建德元年（五七二）になって、この荊・安二州と江陵に對する優位は解かれるものの、その後においても、襄州の重要性が少しも減ずることのなかったことは、司馬消難の亂において示されているとおりである。一方、その時に襄州總管王誼の指揮下にあり、後に襄州總管となった崔彥穆、或いは下って後梁廢絕の混亂に際して活躍した崔弘度等の敏速な行動は、總管の臨戰的性格を如實に示していると言ってよい。

しかし、隋による天下統一が成っての後の襄州總管には、裴政・周搖のような高齢の者や、また隋宗室の縁戚であったが故の崔弘昇の他、裴政・薛道衡のように隋の帝室から忌避されて就任した者がいた。これ等から推測すれば、統一前の襄州總管と比較し、その地位の相對的低下は否めないと思われる。それは、陳朝攻撃に際して襄州を委任された經歴を持つ韋世康が、この頃に荊州總管に任ぜられたことを記す次の記録によっても知ることができる。

時に天下、ただ四大總管を置く。幷・揚・益の三州は竝びに親王臨統するも、ただ荊州のみは世康に委ぬ。時論以て美となす。(『隋書』巻四七・韋世康傳)(32)

しかしこれとても、老齡を理由に致任を願う韋世康に對し、文帝が褒美として與えた地位であって、そこでは、蕭詧の來附以來、この地域の統治に責任を負う總管の帶びていた臨戰的色彩は、餘程薄められていると言ってよいであろう。煬帝卽位と同時に總管制が廢止されたことは、このような平和への移行という時代の趨勢の中で行われたと考えられる。

さて、五五〇年以降、隋の文帝治世までの襄陽の佛教はどうであったろうか。『續高僧傳』等の僧傳史料には、襄陽に關わりある佛僧が決して數は多くはないものの記錄されている。しかしそれ等の史料については、既に本篇第二章において、江陵との關係の中で整理しておいた。しかもそれ等の大多數は總管、或いはその屬僚との接觸をそれ程には傳えていない。今回、啓法寺碑をとりあげたのは、その條件を備えていたからであった。但しこれは、碑文上の制約もあり、また翁方綱が指摘しているように剪裝を經ているためか、文章閒のつながりの悪い所も多く、充分な解讀が困難である。しかし、常樂寺浮圖碑、興國寺碑、啓法寺碑と續く一連の、襄陽において製作された碑は、いずれも北朝・隋の權威を具現する總管府の外護の下になされていることを示していた。この頃の襄陽の佛教が江陵に比して先進性を示していたことは本篇第二章に述べたところであるが、それはまた襄州總管府と後梁との支配・被支配の關係に影響される部分も多かったのではないかと思われる。そうした襄陽の佛教の樣態も、教理史的な側面ではなく在俗信仰者のそれに關しては、史料的な制約もあって明らかでない。ただ、先の興國寺碑と啓法寺碑という隋文帝期の、しかも江南の平定による天下の統一を目前にした時に建立された碑には、明らかな性格の相違がある。興國寺が隋朝宗室に深い關わりのある寺院であることは、そこが仁壽舍利塔建立の場所に選ばれたことによっても明らかである。また興國寺碑の碑陰に總管府の屬僚一八名の官・名が刻されてあったことは、興國寺の言わば官寺的性格を物語るものである。これに對し啓法寺は、道安に由來する寺院ではあるが、興國寺と異り、その周武廢佛後の再建に至る過程に大きな力を果した者は、寺僧を中心とする蔣綸・張鏗等在俗の信者集團であった。それは啓法寺の持つ言わば佛教を中核とした民衆參集の施設の性格を示していると考えられる。興國寺と啓法寺とはその性格も對照的なままに、啓法寺碑に言う「居城一十二鄉、僧尼一十五寺、道士東西兩館、民吏數千」の規模の襄陽における中心的施設として、それぞれの機能を果たしていたのではなかろうか。

ところでこの時代の襄陽を知るためには、南方の荊州江陵だけでなく、西方の巴蜀地方の動向を把握しておく必要があろう。しかもその際には、中央から派遣された支配勢力ばかりでなく、在地勢力の動向をも視野に入れておかなければならない。その上で佛教の動向を見て行くべきであろう。この點については、次の第四・第五章において論じて行く。

註

（1）　隋代の總管については、山崎宏「隋代總管考」（『史潮』六四・六五　一九五八年）、岑仲勉『隋書求是』（商務印書館　一九五八年、後に『岑仲勉著作集』第二卷　中華書局　二〇〇四年　所収）參照。

（2）　後梁については、山崎宏「北朝末期の附庸國後梁に就いて」（『史潮』一一－一　一九四一年）、吉川忠夫「後梁春秋」（『侯景の亂始末記』中公新書三五七　一九七四年　所收）があり、山崎論文には江陵總管についての概略が述べられている。また本篇第二章　六～七世紀における荊州佛教の動向　參照。

(3) 北周・庾信撰「周柱國大將軍拓跋儉神道碑」(『文苑英華』巻九〇五) による。以下、儉碑と略稱する。

(4) 蕭督の使者を穰州（湖北）に迎えた長孫儉が、戎服を着用し、鮮卑語をあやつり、使者を恐怖せしめた逸話と共に、前揭註 (2) 吉川著書に描かれている。

(5) 太師晉公護上表歸政、帝始親覽萬機、軍旅之事、護猶總焉。初改都督諸州軍事爲總管。(『周書』巻四・明帝紀)

(6) 五月、……分山南荊州・安州・襄州・江陵爲四州總管。(『周書』巻六・武帝紀)

(7) 出爲襄州刺史。時南方初附、舊俗官人、皆通餉遺。徽性廉愼、乃畫楊震像於寢室以自戒。

(8) 魏恭帝二年、進位大將軍、除江陵防主・都督十五州諸軍事。偉性麄獷、不遵法度、睚眦之間、便行殺戮。……偉前後莅職、皆以威猛爲治、吏民莫敢犯禁、盜賊亦爲之休止。雖無仁政、然頗以此見稱。(『周書』巻三六・鄭偉傳)

(9) 『北史』巻六二に、「保定二年、歷安・襄二州總管」とある。なお本節の(三)で述べるように、彼は『周書』巻六・武帝紀によれば、建德四年（五七五）にも襄州總管となっており、これは保定二年より十三年を經過している。

(10) 楊敷傳に次のように記す。

保定中、徵爲司水中大夫、夷夏吏民及荊州總管長孫儉竝表請留之。

(11) 但し、長孫儉と史寧とは時期とその職掌に重複するところが多く、なお判然としない。たとえば『周書』巻三五・薛端傳にも、

尋轉基州刺史。基州地接梁・陳、事藉鎭撫、總管史寧遣司馬梁榮催令赴任。

とある。これは北周明帝の卽位（五五八）前後の頃を言う記錄であるから、本文中に述べた史寧傳の記錄と併せて考えると、長孫儉が先ず江陵陷落の年の五五四年よりその地域の占領責任者となったことは明らかである。しかし史寧が任に就いた五五八年（北周明帝元年）より五六三年（武帝保定三年）までは、最後の一年を除き、競合してしまう。更にその職掌も、『周書』によれば、

長孫儉：「移鎭荊州、總管五十二州」

史　寧：「出爲荊襄淅郢等五十二州及江陵鎭防諸軍事・荊州刺史」

となり、管轄する州、及びその數も一致する。現在のところ、これを整合し得る史料を見出し得ていない。なお、北周建國後、襄州總管となった者として、これまでの人物の他に、王長述（『隋書』巻四〇）がいる。但し、その時期については、楊堅が丞相となる以前ということが分るに過ぎない。彼も于謹の江陵征討に當り功を擧げた一人である。

（12）但し、『周書』巻一二・代王達傳には「荊淮等十四州十防諸軍事・荊州刺史」とあり、總管の名はない。なお、建徳三年には畢王賢が荊州總管となっている。

（13）（天和）三年、遷江陵（副）總管。時陳將吳明徹來寇、總管田弘與梁主蕭巋出保紀南城。唯琳與梁僕射王操固守江陵三城以抗之、晝夜拒戰、凡經十旬、明徹退去。巋表言其狀。帝乃優詔追琳入朝、親加勞問、進授大將軍、仍副衞公直鎭襄州。（『周書』巻二九・高琳傳）

（14）帝臨崩、謂皇太子曰、王誼社稷臣、宜處以機密、不須遠任也。皇太子卽位。是爲宣帝。憚誼剛正、出爲襄州總管。（『隋書』巻四〇・王誼傳）

（15）『周書』崔彥穆傳による。ここでは獨孤永業を荊州總管とするが、『北齊書』巻四一・『北史』巻五三の獨孤永業傳では、彼を襄州總管とし、宣帝の宣政末年（＝二年）に就任したと記す。

（16）また李穆の第三子李雅も、文帝の丞相時代に荊州總管となっている（『隋書』巻三七・李穆傳附李雅傳）。

（17）開皇四年正月、蕭巋は長安に入朝したが、二月になり彼が江陵に還るに及んで、文帝はその手をとり、

　梁主久滯荊・楚、未復舊都、故鄕之念、良軫懷抱。朕當振旅長江、相送旋反耳。

と言ったという（『周書』巻四八・蕭詧傳附蕭巋傳）。

（18）『隋書』巻二・高祖紀下の開皇九年二月條に、

　以襄州總管韋世康爲安州總管、

とある。しかし『隋書』巻四七の彼の傳には襄州刺史となったことのみを記す。

（19）『隋書』の崔弘度傳に、

　自以一門二妃、無所降下、

と記している。

(20) 啓法寺碑は、清・張仲炘編『湖北金石志』に収録されているが、脱字が多く、また文章が錯雜しており、利用に耐えない。本章では『書苑』四―四（特輯　啓法寺碑號　三省堂　一九四〇年）に収められている拓本の寫眞と釋文を利用した。

(21) 所鑄之像、屢有靈異。具記金像之碑。見毀之初、亦有神響。襄州前副防主開府慕容哲、以周建德四年蕤賓之月、總率軍□、牽倒不動。哲乃被甲震吼、經時方踣、群功鑿壞。於左腋無人見處、有銘三行、記滅之年。哲其日得病、至夕便殞。

(22) 『續高僧傳』卷二九・僧明傳（大正五〇・六九二c～六九三a）、『法苑珠林』卷一三・敬佛篇・感應緣（大正五三・三八四b～c）。

(23) 率五戒士女九齋淸信、共造禪林、邑爲□薩堂。請僧行道、六時不廢、菩薩淨戒、八關無闕。

(24) 寺館則當寺當館、設齋追福、大市令丞、率佇貽士女、一日罷市、諸鄕諸方州學縣學、竝攀輌挽紼遞、日建無遮大會、幷請法師講說。

(25) 時刺史上開府吏部尙書上庸公京兆韋世康、魏司空文惠公之長孫、周高士逍遙公之元子、……爲行臺僕射、見此精廬。

(26) 見父平昔前民故吏、號咷感慟、殆不自勝、乃於大會之所、捨父衣資服翫卄四件、幷見錢付寺、成此尊儀。

(27) 武帝又以佛・道・儒三教不同、詔敻辨其優劣。敻以三教雖殊、同歸於善、其跡似有深淺、其致理殆無等級、乃著三教序奏之。帝覽而稱善。（『周書』卷三一・本傳、『北史』卷六四・附韋孝寬傳）

(28) 『隋書』七〇・李密傳に次のように記す。

（楊）玄感敗、密閒行入關、與玄感從叔詢相隨、匿於馮翊妻之舍。（『北史』卷六〇・李弼傳附李密傳も同文）

(29) 『隋書』卷四〇・王世積傳に、「千金公權始璋」とある。これは權景宣の子である。しかし權始璋（『周書』權景宣傳では「如璋」とする）が總管となったという記録はない。なお『舊唐書』卷一八五上・權懷恩傳にも彼を指して「周の荆州刺史、千金郡公景宣の玄孫なり」とあるように、千金公は權景宣を指すと考えてよいであろう。

(30) 山崎宏著『支那中世佛教の展開』（清水書店　一九四二年）第一部第六章　參照。

(31) しかしこの他にも、『法苑珠林』卷一三・敬佛篇に、隋末戰亂時の啓法寺に憲法師がおり、士俗に重んぜられたとある（大正五三・三八四c）。

(32) 前掲註（1）山崎論文　參照。

第四章　六～七世紀における三論學傳播の一面―安州慧暠を中心として―

一　はじめに

鳩摩羅什による傳譯後、三論を標榜する教學の興隆は、周知の通り、五、六世紀の頃、建康の東郊攝山棲霞寺を基點としてなされた。五世紀末の棲霞寺の開創に關わる者は南齊の明僧紹と法度である。そして三論教學の江南弘布の基礎を棲霞寺に置いた僧朗、或いは下って六世紀の人である法朗や、陳の末に棲霞寺主となった保恭等が、いずれも明僧紹や法度と密接な地緣性を持つことについては、從來氣づかれながらもさほどには注意されてこなかった。しかし近年になって、吉川忠夫氏により、「五、六世紀東方沿海地域と佛教―攝山棲霞寺の歷史によせて」(1)が發表され、當時の南北兩朝、ことに南朝―宋・齊―の政治史的動向と共に、山東と江浙の沿海地域、その地をめぐる僑州郡設置の實狀等の社會史的考察がなされ、棲霞寺をめぐる人的連關だけでなく、攝山棲霞寺が位置する地域そのものの持つ濃厚な山東との地緣性が、その宗教性と併せて明確に指摘されるに至っている。

ところで、僧朗の後を襲った僧詮には、その會下に四公、或いは四友と呼ばれた慧布・法朗・慧勇・智辨がおり、中でも法朗の建康興皇寺移住とその戰鬪的講說とによって、都における三論學普及が實現され、つれて法朗會下より幾多の俊秀が輩出し、三論學の地方への傳播普及もいよいよ促されていった。法朗の三論教學史上に占める位置は極めて高く評價され、「法朗に至って三論學の隆盛はその極點に達した」[2]とさえ言われるが、千餘に上ると傳えられる法朗の受業者の中で、『續高僧傳』には本章が對象とする湖北・四川地域に密接な關わりを有する者が記録され、またそれ等に業を受けた者を順次探っていけば、その數は更に增していくことに注意される。特に法朗の下を離れて茅山に入った大明法師の受業者の中に慧暠がおり、その門下の分布狀況を見れば、彼の影響力は顯著である。

慧暠は、『續高僧傳』（以下、『續傳』と略）卷一三の彼の傳によれば、梁・武帝の太淸元年（五四七）に安州（湖北・安陸）に生まれ、唐・太宗の貞觀七年（六三三）、八十七歲で生地安州の方等寺に歿している。彼の長い生涯の中で特筆すべき事跡は、四川地域への遊化であるが、その前後、茅山での修行講說時代を除けば、ほぼ安州近邊を據點として活動している。從って彼の行動範圍は、彼の傳、或いは彼に關わる者の傳記等から推しても、安州（湖北）―茅山（江蘇）―四川―安州というように比較的に限定されたものとなる。しかし、彼の生涯が含む歷史的時間は、北朝による南朝の制壓、隋・唐統一國家の出現という激しく支配權力が交替する時代に相當し、彼の活動地域がまさにそれら支配權力による爭奪の場であったことは注意されてよいであろう。

本章では、慧暠の生卒を軸にし、且つ湖北の重要地點である荊州（湖北・江陵）・襄陽（湖北・襄陽）、及び四川の政治史的動向を併せ見ることによって、六、七世紀の當該地域における三論學傳播の狀況を把握することに努めてみたいと思う。以下、慧暠の生涯を安州・茅山時代、四川遊化時代、四川退出・安州歸還時代の三期に分けて述べていきたい。

二　安州・茅山時代─南北朝末〜隋─

慧暠は、その卒年から逆算して、先にも述べたように、梁・武帝の太清元年（五四七）に生まれた。生地は記されておらず、ただ「安陸の人」とあるのみである。傳の後半に、

暠、一たび僧伍に位してより、精勵先に在りて、日にただ一餐のみ。七十餘載、得るに隨いて便ち噉い、營求を待つなし。（大正五〇・五二二c）

とあるので、假に出家してより七十三年と考えれば、出家は十五歳の頃、卽ち北周武帝の保定元年（五六一）前後のこととなる。(3) 彼がその後、安州での大品般若研究にあきたらず、遙かに離れた茅山（江蘇・句容）の明法師を訪ねた時期もまた明確でないものの、三十歳の頃、卽ち北周武帝の建德五年（五七六─陳・宣帝太建八年）の頃には法座に昇り茅山三論の一方の學匠として衆徒を訓導したと記されている。

慧暠が生まれた太清は、南朝の最盛期をもたらした武帝の最後の年號であり、この二年正月には武帝に服屬を求めてきた東魏の武將侯景によって、所謂侯景の亂が惹き起こされた。この反亂は梁朝の土臺を搖るがし、とりわけ諸王相互の軋轢を增大させ、長江の上・中流域を舞臺とした骨肉閒の爭いは、結果的に北朝西魏の軍事力を引き寄せることになった。太清三年（五四九）十一月、襄陽に據る岳陽王蕭詧が、荊州江陵の湘東王蕭繹に對抗するために西魏に援助を求めたことを契機に、かねて漢水・長江流域への南進の機會を窺っていた宇文泰は、早速、楊忠・長孫儉に命じて軍を起こし、十二月には隨郡（湖北・隨）に進駐し、翌年一月までに安陸・竟陵の諸郡を降伏させ、漢水以東の地域の盡くを領有した。當時の楊忠の活躍は目覺しく、後、場忠の子の堅によって樹てられた隋朝とこ

の地域との強い關わりは、ここに由來する。その後、襄陽を始め益州成都・荆州江陵は次々と西魏の支配下に入っていくが、このような政治史的狀況を慧嵩の少・青年時代に當ててみると、彼の生地である安陸の所屬が、南朝梁の漢族國家から北朝西魏の胡族國家へと大きく變化したのは、彼が僅か四歳の時、次いで九歳の時に江陵に後梁が設立され、西魏が北周となったのはその二年後の十一歳の時となる。(4)従って彼は南朝に生まれたとは言え、出家前後の殆どを北朝の領域に過ごし、遙に南朝陳の領域へと遊方の途に出たのである。このことは、慧嵩と同時期の先輩に當たる、例えば襄陽の慧哲（五三九〜五九七）、智閏（五四〇〜六一四）、或いは荆州の羅雲（五四二〜六一六）、法安（五四一？〜六〇六？）等の三論學に深く關わった者も同様と言ってよい。

ところで西魏・北周の領土となった安州の、その初期において、攝山棲霞寺とも關わりある者に僧瑋（五一三〜五七三）がいる。『續傳』巻一六に「周京師天寶寺釋僧瑋傳」（大正五〇・五五〇a）として立傳され、巻次・表題からは北周武帝の建德二年（五七三）、長安の天寶寺に歿した習禪僧として記録されるものの、傳によれば、彼は汝南平輿（河南・汝南東南）の潘氏、北魏・宣武帝の延昌二年（五一三）に生まれ、十三歳で出家。具足戒を受けての後、陳都建康に行き、五年の間、曇瑗律師の下に十誦律を研鑽し、更に攝山栖《ママ》霞寺に入り、鳳禪師によって禪觀を(5)學んでいる。汝南は北魏と梁との國境に近く、彼の受具の年を二十歳の時と假定すれば、それは五三二年、北魏最末期に當たる。出家した十三歳の年（五二五）は、北魏の根幹を搖るがす六鎭の亂勃發の年（五二三）に近く、壯麗な堂塔伽藍を誇った首都洛陽の消失（五三八）(6)は、彼の二十六歳の時である。東魏の楊衒之は『洛陽伽藍記』の序に、武定五年（五四七）當時の洛陽の空漠たる有様を述べているが、(7)この時僧瑋は三十五歳となっている。彼の建康遊學は、このような北魏分裂前後の世情不安と洛陽佛教の衰滅に起因すると考えてよい。(8)

さて彼はこの後、建康から北周の長安に向かう。傳文にはその間の經緯について、曖昧に水運を利用して西に向かい、山林に修行し終焉を迎えようとしたと記すのみであるが、恐らく故郷の平輿に歸還しようとしたものであろう。當時、汝南地方は北齊・北周の國境地帶であったが、彼は北周に迎えられ、次いで武帝の天和五年（五七〇）、母の葬儀のために歸鄕する際、安州三藏の任を受け[9]、安州の佛教教團を統率し、壽山・梵雲の二寺を建立するなど、隨州を含む地域一帶に教化の實を擧げている。彼が長安天寶寺に歿したことは前述したが、傳には續いて、歿後半年の建德三年二月に、「安陸の山に歸葬す」（大正五〇・五五八b）と記されている。彼の安州滯在は三年前後の短い期間に過ぎなかった。しかし緊迫の度を增す周・齊兩國對立の時代にあってのこの安州歸葬の記錄は、安州三藏としての彼の當地域における影響力の大きさを示していよう。

僧瑋は前述したように、建康において曇瑗に律學を、鳳禪師に禪觀を學んだ。『續傳』卷二一の曇瑗傳によれば、彼は陳の「國之僧正」（大正五〇・六〇九a）となった人物で、その會下の者が學成って故鄕に歸ろうとする際には、僧徒を集めてその者と對問せしめ、凝滯なきことが認知されてはじめて歸還を許したと言われ[10]、道宣も「是より律學更に新たなり」（同右）と評している。僧瑋はこのような曇瑗の下で五年閒の律學修行を行なっている。『續傳』では習禪篇に收められているものの、彼の僧としての面目は律學にあったと言ってよいであろう。棲霞寺の鳳禪師については僧瑋傳以外に記錄がなく、また僧瑋の攝山入山の時期も不明であるが、梁末の騷然たる時代をここに過ごし、彼の建康時代の殆どは棲霞寺にあったと思われる。彼と三論との關係について道宣は何も傳えていないが、法朗が攝山を離れ入京したのは陳初の永定二年（五五八）、僧瑋の四十六歲の時である。僧詮を指導者とする攝山三論學の空氣は充分に吸っていたであろう[11]。但し慧暠は僧瑋が赴任するよりも九年ほど早く出家し、また傳によれば三十歲の時、卽ち北周の建德五年には、茅山大明法師の下にあって法座に昇るまでになっていたと傳えられており、この兩者に面識があったとは考えられない。しかし、後にも述べるように、隋末大業年閒に慧暠が安州に歸還した時、そこに南朝の十誦律と攝山の禪觀とによって安州教化の種が既に播かれていたことは事實であったろうし、從って汝南の人でありながら安陸の山に葬られた僧瑋は、言わば湖北地方における攝山棲霞寺の學統を傳えた最初期の人ではなかったかと思われる。(12)

次に、慧暠と同時期の先輩に當たる襄陽の慧哲・智閏、荊州の羅雲・法安について若干觸れておきたい。

荊州に後梁があった西魏末から隋初にかけての三十三年間でも、殊に初代宣帝蕭詧の時代（五五五〜五六一）は元帝政權滅亡後に引き續く一種空漠たる狀況下にあり、佛教においても際立った教學史的事跡は認められず、かえってその北方襄州の方が、政治的に優位にあった點からも先進性を有していたと思われる。(13) 他方、荊州の中に習禪の氣風が色濃く傳えられ、それが三論學と併存している現象に對しても既に注意されているが、(14)『續傳』の中で、そうした湖北における禪觀と三論との併習の記錄が現われるのは、開皇七年の後梁の取り潰しと同九年の陳の滅亡による天下統一の後に屬すると考えてよく、特に荊州の羅雲・法安において確認することができる。但し、襄陽の智閏は些か趣を異にし、また、彼等より早く歸鄉している。

智閏はその傳（卷一〇）によれば、襄陽の人とあるのみで姓氏も明らかでなく、「師なくして獨悟し、自然に世を厭う」「邑野に周章す」（大正五〇・五〇二c）とあるので、或いは私度僧ではなかったかと思われる人物である。二十歲の時、と言えば西魏から北周へと代わったばかりの五五九年、遙かに離れた北齊の都・鄴に向かったが、その動機を道宣は、鄴における昭玄十統を指導者とする佛教隆盛の風評を聞き及んだためとしている。(15) 鄴では當時慧光を祖とする地論學南道派がその佛教界全體を覆う勢いを持っていたが、智閏は、慧光の高弟であり當時國統の任にあった曇遵に『十地論』を受け、また後には『華嚴』『涅槃』の經典を學んだ。更に慧光その人に『四分律』を聽受し、併せて小乘の論をも學び、傳には「時に博贍と號せらる」とその勉學振りを評している。次いで江南での三論學勃興の噂を聞き、建康長干寺の智辨の門を叩いたことを記すが、その際、傳は「旣にして是れ本よりの願いなれば、遠しとせずして歸す」と、中國の南北を遊學し、最後に三論學に行き着いた智閏の姿を表現している。彼が故鄕の襄陽に還ったのは、その講筵に參じた慧稜の傳（卷一四）の記錄から推して開皇三年以前の、隋朝成立初頭の頃であったろうと思われる。開皇三年（五八三）は智閏四十四歲の時である。或いはその歸還は、もっと早く北周による北齊併合を契機としたものであったかも知れない。その後、彼は煬帝の大業初年に洛陽の慧日道場に招かれるまで、およそ文帝の治世の閒、約二十年を襄陽を中心として活動した。智閏の傳には、「化、江漢に行わる」と記す程度で、具體的には何も傳えておらず、また傳文自體も非常に短いものであるが、南北朝末の三國にそれぞれ足跡を殘し、當時最先端の佛教學を身につけて歸還した智閏は、姓氏も定かでない一介の庶民の出身であったであろうにも拘わらず、その師資相承の優秀さと博學とから、大きな影響力を及ぼしたものと思われる。特に慧光の四分律學を襄陽にもたらしたであろうことは、僧瑋の『十誦律』傳播と共に注目される。

同じく襄陽の慧哲は智閏の生まれより一歲早く、荊州の松滋に生まれた羅雲は二歲遲く、松滋の近隣の枝江に生まれた法安もこれ等とほぼ同年輩であり(16)、いずれも『續傳』卷九に竝べて立傳され、その共通項が明瞭になるように工夫されている。卽ちこれ等三名は、いずれも二十歲未滿の頃に、旣に北周の支配下に入った故鄕から敢えて國境を越え、智閏とは逆に陳都建康に向かっている。これは「無師獨悟」「周章邑野」と記される智閏と異なりそれぞれの故鄕で出家をすませていること、卽ち南朝の色濃い寺院の中に出發したことが大きな誘因となっていると思われる。それは久しく南朝の領域であった襄陽・江陵が、西魏・北周による併合以前に比べ、或いは同時期の復興途上にあった建康を中心とする江南に比べても佛教學的に後進地域となっていたことを示している(17)。また彼等の三論學の師が興皇法朗であることも共通項の一つであるが、直ちに法朗に入門せず、慧哲・法安に見られるように先ず『成實論』を學んでの後であったことも共通している。但し、間もなく法朗に投じた羅雲・法安と異なり、慧哲は、彭城寺寶瓊の下で修學したことが明瞭に記され、更にひとかどの學僧として新説を披瀝し、また己れの才能に矜持をも懷いて法朗に挑戰する姿が紹介されている。羅雲が法朗示寂までの二十數年、法安も恐らくそれに近い年數を專ら法朗の會下に過ごしたのに對し、慧哲の法朗との關わりは、それ等とは比較的に短いものであったと思われる。

更に彼等の共通點は、故鄕に戻った後、それぞれの本地を動くことなく弘教に勉め歿していることであるが、自ずと差異も生じている。影響力の點では慧哲と羅雲が最も大きく、殊に慧哲は、三者の中で最も早く、開皇十七年に五十九歳で歿しているにも拘わらず、傳に「衆を引きいて流れを沂《さかのぼ》り、本邑に屆《いた》る」（大正五〇・四九四a）とあるように、襄陽に歸還した時、既に自らの敎團を率いていた。佛・菩薩に譬えて象王哲と呼ばれ、有力な指導者であった慧哲が、いつの頃に襄陽に歸ったかは明らかでない。陳滅亡の後であったとすれば、僅か八、九年の間に襄陽城西の望楚山光福禪房の下《ふもと》の龍泉寺を據點に、學士三百餘、傳燈の者約五〇名と傳えられる涅槃・三論を講ずる學團が形成されたことになる。

一方、荊州の羅雲は、師の法朗が陳・宣帝の太建十三年（五八一）、彼が四十歳の時に歿すると、更に他師を尋ね、或いは禪定にも意を注ぎ、三論學のいまだ流傳していない故鄕荊州への歸還を企てていたが、法朗歿後八年に、隋による天下統一が實現して始めて歸鄕することができている。以後大業十二年（六一六）に歿するまで、居住寺院の龍泉寺を中心に、經論を講ずるだけでなく、「常坐不臥」（大正五〇・四九三a）の日常を送り、五〇〇名の門下生を數え、煬帝にまでその名聲が屆いたという。また法安は、江南にあった時、既にその章疏の類が荊州・襄州方面に傳えられた程の三論の學匠であったが、四十歳を越えた、恐らくは法朗歿後の太建十四年（五八二）の頃には、單なる談說のみに滿足せず、禪定修行に關心を向け始めていた。故地の荊州枝江に戻ってからは、そこの禪慧寺に住する惠成（『續傳』卷一六）の所に行き、「共に定道を論じ、心性を琢磨し、ややもすれば晨夕を經」（大正五〇・四九三c）るという生活を送り、大業二年の頃、荊州等界寺に歿している。法安には慧哲・羅雲のように多數の門人を擁した記錄はない。しかし南嶽慧思の弟子である惠成との出會いが特に注目されており(18)、羅雲の定慧兼修よりもなお一層禪定の分野に傾倒していった人物のように思われる。

このように見て來ると、襄陽と荊州には、ほぼ同時期に興皇寺法朗の三論學が傳えられたものの、襄陽には既に智閏によって先鞭がつけられており、その上に慧哲によって專ら講說を主とする三論學が傳えられ、荊州には、それに對し定慧兼修の内に三論學が傳えられたことを知ることができる。

さて、以上見て來た所によって、慧暠の安州・茅山時代を傳文に沿ってまとめてみたい。

傳には、彼の茅山入門の契機について、

茅山の明法師は興皇の遺囑にして、世に郢の匠と稱せられ、通國瞻仰すと承《き》き、因りて往きて之に從う。（大正五〇・五二二c）

と記す。彼もまた智閏と同樣、姓氏が定かでなく、從って名もなき庶民に出自した人物であるが、その彼が七歲年長の襄陽の智閏と異なり北に行かず南に向かったのは、興皇寺法朗や茅山大明法師に代表される江南三論學の名聲に惹かれてのことであろう。しかし羅雲・法安等と異なり、法朗が存命中であったのにも拘わらず建康に行かず茅山に入っている。そこには何等かの理由があってのことと思われる。今、文面からはその邊りの消息は定かでないものの、「世に郢匠と稱せらる」とあるように、茅山大明と慧暠との地緣性を擧げてよいかも知れない。更に敢えて推測すれば、羅雲・法安との年齡差五～六年が、大明の名聲を安州にまで及ぼすことになった期間であるとも考えられる。大明會下における慧嵩について年次を明瞭にし得るのは、先にも述べた三十歳の時に法座に昇ったとある部分だけである。三十歳は陳の宣帝太建八年、北周武帝の建徳五年に當たる。傳は續いて次のように述べている。

> 業を受け燈を傳え、風を分け化に従わんとす。然れども以えらく、法は楚服に流《およ》び、成濟已に聞くも、岷絡三巴はなお時網に昏く、便ち法を以て弘め導き、遠く化すこと未だ聞かずと。隋の大業の年、流れを江・硤に泝《さかのぼ》らんとするも、雖《ただ》、風浪に遭い、志を厲ますも前《すす》むなし。

慧嵩が何時大明の下を去ったかは知る由もないが、羅雲等に遅れたことは右の文が證明している。襄陽の智閏・慧哲、荊州の羅雲・法安によってそれぞれの本地に急速な教化がなされ、しかも彼等はいずれも大明の師である法朗の、また智閏に至っては法朗と同學の長干寺智辨の學問を傳えていたのであるから、慧嵩にとって三論學流布の餘地なしと思われたことは至極當然であったに違いない。從って、當時、三論學に關しては、彼にとり未傳の地に等しかった巴蜀だけが残されていたのである。しかし右のことを内因とするならば、今一つ外因として注意すべきことは、彼の四川遊化が隋末唐初の時期に行なわれていること、換言すればこの時期における湖北の地域と四川地域との社會的狀況の相違が擧げられよう。このことについては次節に述べてみたい。

ところで、右の文では、大明の下を去ってから、長江を遡り四川へ向かおうとして失敗したことを記すのみで、故郷へ歸還したことを記さない。しかし法沖の傳（巻二五）によれば、大業五、六年から十一、二年の間には安州に歸っていたことが明らかである。また師の大明は開皇十三年までは存命していたと考えてよく、[19] 更に賈逸傳（巻二五）には仁壽年間、安州方等寺に住む慧嵩と遊行僧賈逸の出會いを記しているので、[20] その安州歸還は開皇の後半に行なわれ、以後、彼は大業の末近くまで故郷に滯在していたと考えられる。

三　四川への遊化―隋末唐初―

前節でも觸れたように、慧暠は煬帝の大業年間、既に老齢に達していたにも拘らず四川行を決意し、長江遡行の失敗を經ながら、益州成都、或いは綿州（四川・綿陽）・梓州（四川・三臺）に三論學を傳えている。その成都到着の正確な年次は特定できないものの、大業の末の頃ではなかったかと思われる。慧暠の四川遊化は、『續傳』の本傳のみならず四川に關わりある他の僧の傳記にもしばしば言及されている。それは嚴格な戒律の下、智勤傳（巻二四）に傳える「衆、三千に至る」（大正五〇・六四三ａ）僧團を組織し、成都に限らずその周邊の綿州・梓州にまで三論學の據點を形成していった姿を反映しているものである。その僧團を實質的に取り締まり維持したのは、當時三十二、三歳の智勤であったが、このような四川遊化に成功し發展を重ねる慧暠僧團に對し、異術を以て世人を動員するものとの誣告が行なわれ、慧暠は投獄査問され、無實が判明して後も、遂に蜀の地に留まることを許されず、故郷安州への歸還を餘儀なくされた。この事件は慧暠の四川遊化の言わば劇的な結末を示すものとして道宣も注目したらしく、『續傳』中に度々記録され、前述の賈逸傳（註〈20〉）のように、慧暠下獄の預言までが當時傳えられていた程であった。國家による佛教統制の面からその具體例を提供するものとしてつとに注意されている[21]この事件は、三論教學史上にも重要な意味を持つ。以下、安州・襄州、更に益州・綿州等の政治的社會的狀況の中から、三論學傳播の狀況を窺ってみたい。

ところで、先に、慧暠の入蜀を大業の末頃と推測したが、『續傳』の關係記録にはその時期の上で矛盾するものがある。特に靈睿傳（巻一五）に言う、靈睿が武德二年より五年まで慧暠の法筵に參じたとする記録は、慧暠・慧稜・智勤の各傳が慧暠の四川との關わりを隋末唐初と傳えていることと整合しない。[22] そこで次に智勤傳（巻二四）を取り上げ、慧暠の入蜀時期を考える上での參考としたい。先ず彼の出身地である鄧州（河南・鄧）を含め、隋末唐初における湖北から河南西部地方にかけての狀況を見ておきたい。

隋末の內亂は、その初期の群盜的段階から大業九年（六一三）の楊玄感の亂を經て、大業十二年（六一六）の頃になると群雄割據の段階に入るとされるが、[23] 襄州・荊州方面においても急な動きを示し始める。先ず迦樓羅王と自稱して亂を起こした朱粲（『舊唐書』巻五六・附李師通傳、『新唐書』巻八七・同）が、大業十一年十二月に衆十餘萬を率いて沔陽（湖北・沔陽北）、竟陵（湖北・鐘祥）の兩郡に侵寇した。翌々年の十三年十一月に長安に入り越王楊侗を擁して義寧と改元し丞相唐王となった李淵は、これに對し、翌義寧二年二月、馬元規に山南慰撫の任を與え、[24] 馬元規もまた一旦は朱粲を擊退したものの、共に事に當たっていた鄧州の刺史呂子臧の獻言を容れなかったためにそれ以上の勝機を失い、再び勢いを取り戻した朱粲によって鄧州（隋の南陽郡治）は攻め陷され、元規・子臧共に朱粲に殺された（『舊唐書』巻一八七上・忠義・呂子臧傳、『新唐書』巻一九一・同）。この閒、朱粲は冠軍（河南・鄧西北）で楚帝を稱して昌達と改元し、その勢いは『隋書』煬帝紀に「漢南の諸郡、多く陷さる」とあるように、最も盛んであり、『舊唐書』朱粲傳には、この時の勢いを衆二十萬と表現している。

一方、長江中流域では、大業十三年十月、後梁の宣帝蕭詧の曾孫に當たる蕭銑（『舊唐書』巻五六、『新唐書』巻八七）が、岳州（湖南・岳陽）・沔州（湖北・沔陽北）の武人や出身者等に推戴されて、岳州において梁王を名のり、義寧二年（六一八―武德元年）四月には皇帝を稱し、次いで荊州江陵を攻め陷してここに都を遷した。その勢力は強兵四十餘萬と言われ、領域は長江中流域より遠く交趾にまで及び、梁國復興の旗幟の吸引力の大きさを示している。蕭銑は、この頃、更に長江を遡り巴蜀への進擊を企てていた。

武徳二年になると、閏三月、朱粲集團の暴虐に對して、顯州（河南・泚源）の首領楊士林、田瓚が叛旗を翻し、これに呼應した諸州の連合軍に朱粲は淮源（河南・信陽西北）に大敗して菊潭（河南・內鄕北）に逃げ、ここから唐に降伏を申し出たものの、これを受けて李淵の派遣した段確をかえって酒席に捕え、洛陽の王世充の下に奔った。

朱粲の右のような大業十一年の末より武徳二年に至る間の行動範圍は、安陸・隨・襄陽地域の南から北に跨っており、朱粲集團の行なった破壞・掠奪、果ては食人によってもたらされた甚大な被害は、これ等の地域にまで及んだと考えてよい[25]。また朱粲の軍に落ちた鄧州には、大興國寺と仁壽舍利塔があった。そして出家生活の殆どをこの寺に過ごした智勤（五八六〜六五九）の傳の次の記錄は、佛教に對するこの頃の被害の狀態を傳えるものである。

又、隋末荒亂し、諸賊競い起るに屬《あた》り、勤、獨り此の寺を守り、賊、敢えて淩《おか》さず。故に寺宇經像、一として損う所なきを得たり。諸寺は湮滅し、目に見る可からず。（大正五〇・六四三a）

このような狀況の中で、彼もまた兵刃を避けようと法衣の上に俗服を着用したが、かえって賊に取り圍まれ殺されかかったと傳えられる。ここに言う賊が卽ち朱粲の集團を指すのであろう。朱粲による寺院破壞は、これ以前に荊州にも及んでおり、それは前述の羅雲傳、或いは道悅傳（『續傳』卷二五）に記されている[26]。

さて智勤は、その後數ケ月を經て蜀に行き、既に僧徒三〇〇〇を擁して三論を說く慧暠の門に入ったのであるが、これを朱粲による鄧州陷落の後と考えれば義寧二年（六一八）＝武德元年（五月改元）の頃のことになる。智勤入蜀の時、既に慧暠による敎化の實が擧がっていたことを右の記錄は傳えており、從って、慧暠入蜀の時期は、朱粲による山南侵略が行なわれた大業十一年（六一五）から十三年の頃の閒ではなかったかと思われる。

ところで慧暠入蜀の契機を考えるならば、今一つ、外因として當時の湖北に連なる四川地域の狀況を擧げねばならない。そこは、朱粲・蕭銑等の反亂によって漸く隋末の混亂の渦中に卷き込まれた湖北の地域に比べ、比較的に平穩を保っていたのである。先ず政治史的方面から見ると、『大唐創業起居注』巻三に次のように言う。

義寧二年春正月、蜀・漢及び氐・羌所在の諸郡の雄豪、并びに守長等、帝の書を奉じて感悦し、競いて子弟を遣して款を獻じ、絡繹として至る。所司の報答、日に百餘あり。梁・益の閒、宴如たり。

これは前年の十一月に使者を派遣した結果であるが、大業末以來の四川は、こうして李淵の說得工作に乘じた形で唐の勢力下に入り、群雄による割據獨立の事態は避けられた。李淵は續いて武德二年の頃、皇甫無逸を益州に派遣して慰撫せしめ、次いで三年に益州に益州道行臺尙書省を置き、秦王世民に尙書令を加えたが、實際には世民は任に就かず、[27]代わって高祖の太穆皇后竇氏の一族である竇軌が行臺左僕射となり、益州を中心とする新附の四川地域の統治に當たった。武德九年、玄武門の變と同じ六月に行臺が廢せられ大都督府が置かれると、竇軌は次いで大都督となり、貞觀二年に洛州都督となるまでその任にあった。竇軌赴任の直前には、同じく外戚竇氏の一員である竇璡が益州に出鎭したらしく思われるが、[28]武德年閒における益州はこれ等高祖李淵の外戚竇氏によって治められ、また高祖の信任厚い皇甫無逸の活躍もあり、いち早く唐の支配下に組み入れられたのである。こうした益州を中心とする四川地域の他地域に比しての安定度の高さは、戶口統計の動向にも現われている。『隋書』地理志に記す大業五年（六〇九）と『舊唐書』地理志に記す貞觀十三年（六三九）の戶數を、唐の劍南、また山南・淮南の各道に當たる地域に見てみると、成都や綿州・梓州を含め劍南の各州は大體において漸增の傾向を示しているのに對し、戶數のみの比較ではあるが、荊州が二割弱に減っているのはまだよい方で、襄州・安州は約一割、鄧州に至っては二〇分の一以下となっている。[29]無論、所屬の縣數も異なり、また戰亂を經た後の戶口數に把握し得ていない部分が多分に存したであろうことは注意すべきであるものの、大業五年當時に比較して激減していることは閒違いなく、隋末唐初の戰亂による被害の凄まじさを物語っている。戰亂の被害は河北、河南、陝西においても同樣である。こうした中での四川の狀況を佛教史的側面から覧てみると、唐・彦悰の『大唐大慈恩寺三藏法師傳』（以下、『慈恩傳』と略）巻一は、次のように傳えている。

末年、國亂れ、供料停絶し、多くは綿・蜀に遊《ゆ》く。知法の衆、又、彼に盛《おお》し。（大正五〇・二二二a）

右文の「供料停絶」とは、具體的には煬帝が東都洛陽に建てた四道場とそこに集められた名僧の命運を言う。玄奘は、大業十三年十一月の李淵による長安占領とそれが天下の歸趨に及ぼす影響を感じ取り、兄の長捷と共に長安に向かおうとする。しかし長安もまた戰亂の只中にあり、「孔釋の道、未だ遑あらざる所あり」「未だ講席あらざる」ために斷念し、一方名僧知識が續々と難を蜀に避ける狀況を見て洛陽・長安での受業受戒を諦め入蜀を願う。こうして兄と共に子午谷より漢中に出、成都に向かったのである。長捷・玄奘兄弟の四川行は專ら東都四道場の先達、就中、攝論・毘曇の學僧を逐ってのものであったが、『慈恩傳』ではまた武德の初め頃における益州成都を中心とする地域の狀況を、

時に天下饑亂するも、唯、蜀中のみ豐靜なり。故に四方の僧の之に投ずる者衆く、講座の下、常に數百人なり。（同右）

と記し、特に成都については、

諸德既に萃まり、大いに法筵を建つ。

と述べている。

以上見てきたように、大業末武德初における四川、中でも益州・綿州を中心とする地域は、この頃、他地域の戰亂狀況を背景として一種の求心力を帯びていた。慧暠の入蜀の動機をこのような狀況の中に考えてみれば、慧暠傳に言うような、そこが彼にとり三論學未開拓の地として魅力的であったというだけでは足りず、戰亂に逐われ、故

鄕を離れざるを得なかった一面を思わざるを得ない。さらにこうした慧暠、或いは東都四道場の名僧達の入蜀が呼び水となって、長捷・玄奘兄弟を引き寄せ、或いは、隋末、茅山より襄陽に還った慧稜を向かわせる效果を生み出したように、騷然とした隋末唐初の世情の中にあって、蜀の地が新・舊佛教教學の坩堝と化した面も見逃すことができない。

四　四川からの退出と安州歸還―唐・武德〜貞觀時代―

慧暠は入蜀後、嚴格な規律の下に僧團を組織し、三論學の傳播普及という所期の目的を果たすが、周知のように、間もなく誣告によって蜀の地を追われた。官憲に對する訴えの內容は、慧暠傳によれば、

徒を結ぶこと日に盛んにして、道俗屯擁す。是れ異術に非ずんば、何ぞ能く世を動かさんや。（大正五〇・五二二c）

というものである。これは慧暠の僧團統制上の果斷な處置に不滿な、或いは慧暠の方針を快く思わぬ者によって、爲にせんとして行なわれた文字通りの誣告であったらしい(30)。異術左道を以て集團を動かすとの訴えは、それだけで唐朝側の官憲を動かし、投獄推問を引き出す理由として十分なものであった。以下、慧暠僧團に對する逮捕投獄の背景について述べてみたい。

隋末唐初の間に佛教・道教に關わる叛亂がしばしば起こったことは旣に注意されている(31)が、中でも武德三年、綿州昌隆縣に起こった事件は、慧暠の活動と時期・地域を同じくする點で、特に注意される。縣人李望の道教的信仰による信者獲得の方法が、詐術を以てするものとの處斷を受け、李望は州獄に收監されての後、數日を經ずして服

毒自殺したと傳えられるこの事件は、李望の影響力が官人にまで及び、これが爲に刺史縣令を動かすに至ったものであった[32]。一方、佛教教團に對する俗權の取り締まりの嚴しさを示すものとして、武德初年頃における幷州の智滿（『續傳』巻一九）・曇選（同巻二四）の事例がある。智滿は太原の賈氏を出自とし、太原一帶に響影力を持った僧である。李淵もその實力を認め、武德元年には智滿所住の宅を義興寺として賜い、「四事の供養は、一に國家より出づ」（大正五〇・五八三b）手厚い待遇を與えている。曇選傳によれば、このような智滿を指導者とする義興寺の僧衆二〇〇餘僧[33]は、嚴格な規則の下によく統率されており、その噂は遠近に聞こえていた。しかし同じく幷州興國寺の老護法僧曇選は、そのあり方が官憲にとり徒黨を組むものと映る危險性を察知し、そのため義興寺にまで足を運び、智滿に次のように忠告したと言う。

佛法東流してより、矯詐少きに非ず。前代の大乘の賊、近時の彌勒の妖（の如く）、無識を詿《あざむ》き誤まらしむる者、其の徒は一ならず。爾、衆を結ぶと聞き、吾が法を壞さんことを恐る。……（大正五〇・六四一c）

この曇選の言葉は、佛教內部からの自肅作用を示すものとして注目されるが[34]、慧暠の場合、曇選の抱いた危惧が現實のものとなったと言ってよい。しかし更に慧暠の場合には、幷州と異なる狀況が當時の四川にあったことを注意すべきである。それは武德初頭の蜀地鎭撫に活躍した皇甫無逸の傳（『舊唐書』巻六二、『新唐書』巻九一）に見ることができる。

武德三、四年の當時、唐の支配下に入ったばかりの四川は、群雄による割據の事態こそ避けられたものの、決して平穩無事であったのではなく、武德時代の益州を治めた竇軌や竇璡の傳に「時に蜀土の寇、往々にして聚結す」（『舊唐書』巻六一・竇軌傳）「時に蜀中、なお、寇賊多し」（同竇璡傳）とあるように、叛亂が頻發していた。更に皇甫無逸傳によれば、彼が鎭撫の任を帶びた武德二年頃の益州の狀況を、時に益部新たに開け、刑政未だ洽からず。長吏横恣にして、賊汚浪藉す。

と記すように、隋以來の官僚の動向にも不穏なものがあった。黨項・吐谷渾の外寇、或いは蜀中の內患の中、竇軌は「戎に臨み寇に對する每に、或いは旬月を經るも、身は甲を解かず」「每日、吏士、多く鞭撻せられ、流血庭に滿つ」（『舊唐書』）という嚴酷の姿勢で臨み、皇甫無逸も「法令嚴肅」な統治を行なった。しかしこうした皇甫無逸に反感を抱く者がおり、李淵に對し、皇甫無逸が洛陽の王世充と密かに通じているとの誣告が行なわれ、それが李淵の厚い信頼もあって無實と判明すると、再び先とは別方面より、今度は荆州江陵の蕭銑との關係ありとの密告が行われた。

洛陽に據る王世充は、武德二年四月に楊侗より位を奪って卽位し、四年三月に降伏するまでの間、兄の子である王弘烈と弘烈の妻の父である豆盧褒とを襄陽に派遣して山南の要衝を手中にしていた。(35) またこの頃、襄陽の西北方を荒らし回った朱粲も王世充の下に走っていた。一方蕭銑は、武德元年四月に江陵に據點を移して以來、硤州（＝峽州、湖北・宜昌西北）を攻め、或いは通州（四川・達）・開州（四川・開）を支配下に置くなど、四川への進出を狙っていた。この頃、長江を扼する硤州を固守していた許紹の傳（『舊唐書』卷五九、『新唐書』卷九〇）に、

紹、王世充・蕭銑と疆界連接す。（『舊唐書』）

とあるように、武德二、三年の時期の四川東方は李淵の唐、王世充の鄭、蕭銑の梁とがせめぎ合う場となっていたのである。皇甫無逸に對する誣告はこのような事態を背景になされた。

慧嵩を指導者とする僧團は靈睿（『續傳』卷一五）・慧震（同卷二九）のような多數の蜀僧を吸收する一方、またそこには鄧州の智勤、襄陽の慧稜等、敵地に地緣を持つ僧をも含んでいた。僧尼が比較的自由に國境を往來し、時には閒諜の役割を果たし、そこまでいかずとも僧尼集團の持つ情報收集能力が如何に貴重視され、また脅威ともなっ

ていたかは既に指摘されている。[36] 安州出身の慧暠を中心によく組織された僧團が、竇軌等官憲側にとり潛在的な危險性を帶びるものと映ったことは自然であろう。[37]

また李淵は襄陽の豆盧褒、硤州の許紹に對し書簡を送り、舊知の閒柄であることを最大限に利用して慰撫工作に努めている。安州出身の許紹は、隋末、夷陵郡（＝硤州）通守として郡の保全をはかり流民數十萬を抱えながら、なお洛陽の越王楊侗に忠誠を盡くしていたが、王世充の簒奪を聞き、唐に歸順した。この時李淵が許紹に送った書簡は、父・李昞が北周時代に安州總管として赴任した時の、共に机を竝べて庠序に學んだことを書き出しとする、極めて個人的想い出に滿ちたものである（『舊唐書』許紹傳）。當時硤州には、許紹と同鄉で、その娘を娶っていた郝相貴もおり（『舊唐書』卷八四　郝處俊傳）、硤州は安州に本貫を持つ人々によって支配されていた。李淵による昔の想い出をなつかしむ風の書簡は單に許紹のみに向けられたものではなく、硤州に據る安州人全體に對するメッセージであったろうと思われる。唐側にとって、安州と硤州が連動し、敵方に付くことは最も避けるべき事態である。このような時、益州・綿州において強い求心力を持ち、しかも安州に出自しそこにも支持基盤を持っていたであろう慧暠の存在は、極めて強い關心を呼んだと思われる。

慧暠に對する拘禁は、右に述べた當時の四川の狀況の中で行なわれた。同時に投獄された慧稜や道會（『續傳』卷二四）の傳によれば、數十名の者が春から冬にかけて成都縣の獄に收容され、長期の收監に衣服は傷み、冬の嚴寒をしのぐことができなかったとあり、取調べの嚴しさを窺うことができる。無實が判明して後、慧暠は故鄉安州への歸還を決意したが、實情としては益州滯在が許されなかったためと考えてよい。歸路は、慧暠傳に荊門を經由したとあるように、長江に沿って南下しており、靈睿傳によってその益州退出を武德五年以降のこととするならば、それは直ちになされたものではなく、前年十月の蕭銑の降伏を待って行なわれたものであろう。玄奘が武德五年、成都における受具の後、商船を利用し荊州に向っていること（『慈恩傳』巻一）と軌を一にするものである。

五　結び―慧嵩以後―

慧嵩が益州より江に沿い、荊門を經て安州に歸る途次、「隨學の賓、又、前に倍す」と言い、安州に到着して後も、以前と少しも變わらぬ指導の下に「衆聚彌々結ぶ」（以上、大正五〇・五二二c）と慧嵩傳に記されているように、その僧團の勢いは一向に衰えることがなかったようである。しかし他方、唐の支配下に入ったばかりの安州方面は、戰亂による戸口の減少、物價の騰貴に惱まされてもいた(38)。そうした中で、安州方等寺を中心とする慧嵩の僧團には二五人、或いは三〇人と言われる指導者格の僧がおり、中でも慧稜は慧嵩に最も信頼されその學統を付囑された人物であった。但し慧嵩が貞觀七年に歿すると、慧稜は自己の僧としての出發點である襄陽に還っている。襄陽は第三章でも述べたように荊州と竝んで湖北における中心地であったが、貞觀時代に入ってもその位置は變っていない。貞觀十年に安州都督として赴任した太宗の第七子蔣王惲が、襄陽歸還後の慧稜の他、慧璿・智拔等、襄陽所在の三論學の高僧と交渉を持ち供養していることも、故のないことではないであろう。また先述の僧瑋ゆかりの梵雲寺が、蔣王による慧稜招請の場となり（慧稜傳）、智拔傳（『續傳』巻一四）にその門人法長について、

見《いま》、梵雲に住し、徒を領し業を承く。（大正五〇・五三七b）

と言い、慧稜と智拔との閒には日頃より交流があったらしいことも記されている。襄陽は、隋代、慧哲によって三論學弘布の實が擧げられたが、ここに至り、それぞれ複數の師を持つ三論學の實踐者達によって、盛んな活動が行なわれるようになったのである。

一方、慧暠によって教化の實が擧げられた四川、就中、益州・綿州には、靈睿（『續傳』卷一五）や世瑜（同卷二〇）の傳等に見られるように、その三論學の傳統が後にまで傳えられている。そもそも『續傳』において、隋唐間四川三論學の狀況は、靈睿に代表させる形でまとめられている。それによれば、四川における三論學の傳播はおよそ三期に分けられる。第一期は開皇初期の高麗の印公によって開かれ、(39) 第二期が大業末武德初における慧暠による。そしてこれら印公・慧暠のいずれにも師事した綿州出身の靈睿により第三期となる。またそれは武德末より貞觀年間にかけて益州・綿州を中心とし、專ら四川出身僧に荷われた時期と言ってよい。しかも靈睿・世瑜の傳によれば慧暠退出後、ほぼ武德末年までは益州が活動の中心となり、貞觀に入ってからは綿州を據點としている。この益州から綿州への移動が益州における成實學を奉ずる守舊派との衝突の結果であることは、つとに知られている所である。(40) 靈睿傳に記される再三にわたる成實學派からの暗殺の企てとそれを免れる靈睿の樣子は、かの『立誓願文』に記される南嶽慧思の場合を彷彿とさせるが、靈睿は故鄕の綿州益昌に避難する際、僧籍を益州から綿州益昌の隆寂寺に移している。(41) 綿州には震響寺という綿州地方を代表する大寺があったにも拘わらず、故鄕の、しかも道教的色彩の濃い益昌に移らざるを得なかったことは、益州における小乘成實學派の勢力の如何に強かったかを證するものであろう。靈睿がその中にあって常に大乘三論學を正業として講じたと記されるのも、かえってその邊りの消息を傳えていよう。

靈睿・世瑜等を取り卷く、四川における強い道教的環境については、既に幾つかの論考があり、また綿州、或いはその震響寺について拙論を發表したことでもあるので、(42) これ以上の重複は避けたいと思う。ただ、世瑜が師の靈睿に先立って貞觀十九年（六四五）に歿した時、貞觀の初めに綿州刺史となって廉平を以て稱せられ、この當時遂州（四川・遂寧）刺史であった劉德威（『舊唐書』卷七七、『新唐書』卷一〇六）により、世瑜を安置する龕が作られ供養されたとその傳に記されている。このことは蔣王惲が襄陽の慧稜の葬儀に絹五〇匹を贈り供養したという記録と併せ、慧暠の三論學を傳えた人々の、慧暠にはなかったそれぞれの地域社會における世俗的成功の一面をも見ることができよう。

最後に、『續傳』巻二〇・習禪篇第五に立傳されている唐益州空慧寺の慧熙について述べ、本章を終わりたい。慧熙は成都の人とも郫（四川・郫）の趙氏とも記されるが、出家の寺も生卒年も定かでない。後、空慧寺に住し、年九十で卒したとあるので、假に『續傳』成立の年である貞觀十九年（六四五）を歿年の下限とすると、西魏・恭帝の三年（五五六）以前の生まれということになり、慧暠とさほど隔たっていない。彼が注目される理由は、「立性孤貞、諸偶に群せず」（大正五〇・五九四c）「一身獨立、侍人を蓄えず、一食にして止み、人施を受けず」（同・五九四c〜五九五a）と言われる習禪者としての在り方と共に、その學問が攝論・雜阿毘曇心論を研究する一方、とりわけ三論に傾注したという點である。ところで傳には基法師との問答を記しているが、この基法師とは巻一四に立傳される道基であろう。道基は益州福成寺に貞觀十一年（六三七）に歿しているが、大業時代、東都慧日道場にあって活躍した錚々たる攝論・阿毘曇の學僧であり、隋末の混亂を蜀に避け、そのまま益州に止まった人物である。先に述べた『慈恩傳』巻一にも玄奘の入蜀の要因として、道基・寶暹等、慧日道場の名德が蜀に避難していたことを擧げており、[43]次兄の長捷は『涅槃經』『攝論』『阿毘曇』を講じ、傍ら經書老莊にも通じ、益州道行臺僕射竇軌に特に重んぜられたという一流の學僧であった。この長捷・玄奘兄弟が滞在した寺院が空慧寺である。慧熙は綿州震響寺の榮智と共に沙彌となったと傳にあり、綿州との地緣をも推測させるが、しかし三論・攝論の學は、隋に入って始めて傳えられたと言ってよい、四川地方においては極めて新しい教學であり、[44]隋末唐初の戰亂を契機に本格的に流入したことは先に述べた通りである。道基・長捷、或いは慧暠・慧稜等が同時にそれぞれの教學を宣揚する益州において、早くも慧熙のような攝論・三論を併習する習禪者が現われていることは注目される所である。このように時代に大きな影響を與えつつある新教學とそれを吸收しようとする熱意は、必然的に舊教學との間に軋轢を生ずる。靈睿傳に記された成實學派の暴擧は、このような隋末唐初の益州の、特殊な狀況の中で起こった事件であったと考えられよう。(45)

註

(1)『東洋史研究』四二―三　一九八三年。

(2)平井俊榮『中國般若思想史研究―吉藏と三論學派』(春秋社　一九七六年)第一篇第五章　興皇相承の系譜―三論の發展と分極、二八八頁。以下、本稿執筆に際し、適時、本書を參照した。また他に、鎌田茂雄「初唐における三論宗と道教」(『東洋文化研究所紀要』四六　一九六八年)も參照。

(3)但し、傳の冒頭には「幼入道門」とあるものの、今はこのように理解しておきたい。

(4)この頃の襄陽・江陵、或いは後梁については、山崎宏「北朝末期の附庸國後梁に就いて」(『史潮』一一―一　一九四一年)、吉川忠夫「後梁春秋」(『侯景の亂始末記』中公新書三五七　一九七四年　所收)、石田德行「東晉－南朝時代の江陵長沙寺―附、上明寺」(『東方宗教』四一　一九七三年)等の他、本篇第二章　六～七世紀における荊州佛教の動向、第三章　北朝末隋初における襄陽と佛教　を參照。

(5)仍入攝山栖霞寺、從鳳禪師所、學觀息想、味此情空。究檢因緣、乘持念慧、頻蒙印指、傳芳暢業。(大正五〇・五五八b)

(6)『資治通鑑』卷一五八・武帝大同四年(五三八)七月條に、

東魏侯景・高敖曹等圍魏獨孤信于金墉。太師歡帥大軍繼之。景悉燒洛陽內外官寺民居、存者什二三。

とあるのによる。

(7)至武帝五年歲在丁卯、余因行役、重覽洛陽、城郭崩毀、宮室傾覆、寺觀灰燼、廟塔丘墟。……京城表裏、凡有一千餘寺、今日寥廓、……。

（8）僧璋とほぼ同年生まれの南嶽慧思（五一五〜五七七）は、武津（河南・上蔡東）に生まれており、生地も僧璋と同一地域にあるが、晩年衡山に行くまでは長江を渡ることなく、東魏北齊領域を移動している。川勝義雄「中國的新佛教形成へのエネルギー――南嶽慧思の場合」（『中國中世の宗教と文化』京都大學人文科學研究所　一九八二年所收。また後に『中國人の歴史意識』平凡社選書91　一九八六年に收載）の特に第五節「末法と時代背景」に、汝南一圓の北魏末期における状況がまとめられている。

（9）僧璋の安州三藏就任については、山崎宏『支那中世佛教の展開』（清水書店　一九四二年）第二部第一章　南北朝時代における僧官の檢討　を參照。

（10）其有學成將還本邑、瑗皆聚徒、對問理事、無疑者方乃遣之。由是律學更新。（大正五〇・六〇九ａ）

（11）陳の江總は慧布に師事し、攝山棲霞寺碑を始め、幾つかの棲霞寺に關わる詩文を殘しているが、『廣弘明集』巻三〇に收められた「陳江總入攝山栖霞寺一首幷序」に、次のような注がある。

　寺猶有朗・詮二師、居士明僧紹、治中蕭矚《ママ》素圖像。（大正五二・三五六ｂ）

明僧紹は周知のように、棲霞寺の基礎を開いた人物、前掲註（1）吉川論文に詳しい。蕭眎素（『梁書』巻五二・止足、『南史』巻一八・附蕭思話傳）は、攝山に室を築き、山宅に「獨居屛事」して梁初の天監八年（五〇九）に歿した人物である。右の詩は陳末の至德三年（五八五）の時のものであるが、當時の棲霞寺のもっていた雰圍氣の一端を窺うことができる。

（12）禪觀の面から言えば「慧思と定業是れ同《ひと》し」と言われる慧命（巻一七）もこの地方に關わりが深い。傳には、その門人慧朗について、

　祖傳命業、不墜禪風、化行安沔、道明隨《ママ》世。（大正五〇・五六一ｂ）

と傳えられている。

（13）前掲註（4）本篇第二章　六〜七世紀における荊州佛教の動向　參照。

（14）湯用彤『漢魏兩晉南北朝佛教史』（商務印書館　一九三八年）第一九章、七九六頁、前掲註（2）平井俊榮『中國般若思想史研究』第一篇第五章、三二三〜三二四頁。

（15）北齊の昭玄十統については、前掲註（9）山崎著書　第二部第二章　北齊の僧官昭玄十統　參照。

(16) 慧哲・羅雲の生卒年は明確であるが、法安は六十五歳で荆州等界寺に歿したとあるのみで明瞭でない。但し、十八歳で建康に遊學したと記されており、興皇法朗の入京が陳の永定二年（五五八）であるので、法朗の會下に入った時を假に十八歳と考えれば、その生年の上限は五四一年となり、羅雲とほぼ同年輩となる。

(17) 例えば羅雲傳（卷九）に次のように記す。

承金陵道王索隱者若林、遂輕千里、遠追勝侶。（大正五〇・四九三ａ）

(18) 前掲註(14)平井俊榮著書同頁。

(19) 慧稜傳（卷一四）に、慧稜（五七六〜六四〇）が十六歳で大明の下に往き、三年間、即ち開皇十一年から十三年まで學んだとあることによる。

(20) 賈逸者、不知何人。隋仁壽初、遊于安陸。……有方等寺沙門慧暠者、學行通博、逸因過之。以紙五十幅施云、法師由此得解耳。初不測其所因也。後有諍起、暠被引禁。官司責問、引辨而答、紙盡事了、如其語焉。（大正五〇・六五三ａ）

(21) 諸戸立雄「唐初の僧官十大德制について」（『秋大史學』一六　一九六八年。後に、同氏著『中國佛教制度史の研究』平河出版社　一九九〇年　に收載）參照。

(22) 靈睿傳（卷一五、大正五〇・五三九ｃ）

大業之末、又返蜀部、住法聚寺。武德二年、安州暠公上蜀、在大建昌寺、講開大乘。睿止法莚三年、後還蜀本住、常弘此部。

右の記録に對し、慧暠・慧稜・智勤の各傳には次のように記される。

○「慧暠傳」（卷一三、大正五〇・五二二ｃ）

隋大業年、泝流江硤、雖遭風浪、厲志無前、既達成都、大弘法務、或就綿梓、隨方開訓、…武德初年、下敕窮討……乃旋途南指、道出荆門、……既達故鄕、亟仍前業。

○「慧稜傳」（卷一四、大正五〇・五三六ｃ）

隋末還襄、又逐安州暠師入蜀。……及暠下獄、稜亦同繩、身被桎梏於成都縣。……敕遂釋放、便逐暠還、既達安州。

○「智勤傳」（巻二四、大正五〇・六四三a）
又屬隋末荒亂、諸賊競起。……經於數月、後投於蜀、聽嵩法師講。衆至三千、法師皆委令檢校。……又至唐初、還歸鄧州。

これ等はいずれも、正確な年次を記さないまでも、慧嵩の四川滯在を隋末唐初と傳えるものである。

(23) 鈴木俊「隋末の亂と唐朝の成立」（『史淵』五三　一九五二年）、また谷川道雄・森正夫編『中國民衆叛亂史1』（東洋文庫三三六　平凡社　一九七六年）「Ⅲ　隋末唐初の諸叛亂」氣賀澤保規解説　參照。

(24) 更に『大唐創業起居注』巻三・義寧二年二月條には、
竝遣使人左領軍大都督府司兵馬元軌、慰撫安陸及荊襄間。

とある。

(25) 長江中・下流域の平定に大きな功績を殘した李孝恭の傳（『舊唐書』巻六〇・宗室）に、朱粲の集團を「食人賊」と呼んだことが記され、また李淵の使者段確が朱粲を面罵して「狂賊」と言った（『舊唐書』朱粲傳）ように、朱粲集團の行動は隋末唐初の諸反亂の中でも極めて異例なものである。朱粲が自稱した迦樓羅王とは garuda 舊譯の金翅鳥に假託したものである。龍を常食とすると佛典に説かれる迦樓羅を名乘り公然と食人を行なったことは、佛教の影響の一變形であろう。また、『大唐創業起居注』巻三・義寧二年二月條には次のように記されている。
又南陽朱粲衆有所望、竝好食人、自稱可達汗、莫知可達汗之名有何義理、酷害異常。

前掲註（23）鈴木論文、また氣賀澤保規「隋末彌勒教の亂をめぐる一考察」（『佛教史學研究』二三―一　一九八二年）參照。

(26) 前掲註（4）本篇第二章　六〜七世紀における荊州佛教の動向　參照。

(27) 布目潮渢『隋唐史研究』（東洋史研究會　一九六八年）第二章、二二九頁。

(28) 『舊唐書』巻六一・『新唐書』巻九五附・竇威傳、『舊唐書』巻六二・『新唐書』巻九一・皇甫無逸傳。

(29) 梁方仲編『中國歷代戶口、田地、田賦統計』（上海人民出版社　一九八〇年）には一縣平均の戶數が算出されており、それによれば、益州・綿州は微減、梓州は微增となっている。また唐の隨州は隋の漢東郡の縣數八に比べ少ないものの、平均戶數で見ると約一割に減っている。

(30) 慧暠傳に次のように記す。
　又以衆斯殷雜、枯折由生。暠據法徵治、情無猜隱。(大正五〇・五二二c)
　嚴格な僧團生活に耐え得ず、規制に違反した者は、卽刻、僧衆の面前で處斷したという。
(31) 前掲註(23)鈴木・氣賀澤論文、鈴木中正『中國史における革命と宗教』(東京大学出版會　一九七四年)の他、特に丸山宏「佛教受容に關する接觸論的考察―六朝隋唐期の四川をテーマとして」(野口鐵郎編『中國史における亂の構圖―筑波大學創立十周年記念東洋史論集』雄山閣出版　一九八六年　所收)に、四川における道教的反亂に關する指摘がある。本篇第五章　六～七世紀における四川佛教の動向―益州と綿州、及び震響寺―　參照。
(32) 前掲註(31)丸山論文に、李望の事件に對する道教史的考證がなされている。
(33) 智滿傳には「常數二百餘人」とある。
(34) 前掲註(25)氣賀澤論文　參照。
(35)『舊唐書』卷七五・蘇世長傳による。なお『新唐書』卷一〇三では豆盧褒を豆盧行褒とする。
(36) 藤善眞澄「六朝佛教教團の一側面―間諜・家僧門師・講經齋會」(『中國貴族制社會の研究』京都大學人文科學研究所　一九八七年　所收)參照。
(37) 隋末唐初の頃、長安と蜀とを往來した律僧道興の傳(『續傳』卷二二)に、
　四遠來投、無客主、興知都維那。于時官府急切、不許客住、諸寺無停者咸來、卽安撫。寺主曰、依官制不許、何得停之。興曰、官不許容針、私容車馬、寺主豈不聞耶。(大正五〇・六二三b)
　とある記錄も參考になる。その時期・場所は唐初の益州ではないかと思われるが、但し、傳文の順序に混亂があるようで確證はない。
(38) 慧稜傳(卷一四)に次のように記す。
　及暠下獄、稜亦同繩、……敕遂釋放、便逐暠還。既達安州、糧粒勇貴。且往隨州、巡里告索、暮達暠所、如常採聽。往還三百、深有足功。(大正五〇・五三六c)
(39) 高麗印公は法敏傳(卷一五)にも「高麗印師上蜀講論」とある。但し、法敏傳のこの箇所の前後は、時間の經過を記す上で整理されておらず、注意を要する。また法敏傳には同じく三論學に關わる高麗の實公も記錄されている。

これ等二人について、前掲註（2）平井『中國般若思想史研究』第一篇第五章第三節の注（4）では「ともに高麗出身」とされている。この二人については他に資料もなく、何も具體的なことを知り得ない。但し、吉藏の『大乘玄論』卷一には遼東出身の僧朗を「攝山高麗朗大師」と呼んでいることが先の平井氏の著書中（二五四頁）に紹介されている。或いはこの二名共に遼東に近緣を持つ人物であったかも知れない。

(40)　前掲註（2）平井著書三三二頁。

(41)　睿知相害之爲惡也、卽移貫、還綿州益昌之隆寂寺。身相黑短、止長五尺、言令所及、通悟爲先。（靈睿傳、大正五〇・五四〇ａ）

右文の「身相黑短、止長五尺」とは、或いは人相書きの內容を言うのであろうか。

(42)　本篇第五章　六〜七世紀における四川佛敎の動向―益州と綿州、及び震響寺―。

(43)　また『續傳』卷四・玄奘傳には、

大業餘曆、兵饑交貿、法食兩緣、投庇無所。承沙門道基化開井絡、法俗欽仰、乃與兄從之。（大正五〇・四四六ｃ）

とより明確に記されている。

(44)　攝論學の四川傳播に關しては、『續傳』卷一〇智凝傳に、智凝の弟子靈覺・道卓を擧げて次のように記す。

有學士靈覺・道卓。竝蜀土名僧、依承慧解、擅迹京室。晩還益部、弘贊厥宗。故岷絡攝論、由之而長矣。（大正五〇・五〇五ａ）

智凝は大業年間に四十八歲で歿している。攝論學が四川地方へ本格的に傳えられたのは、從って大業時代も智凝歿後となるが、もとより正確な年次は不明である。

(45)　唐初武德年間において益州地方は攝論・三論の他、律學も含め、新思潮の流入する場となっているが、江南から傳播した三論に比べ、長安・洛陽地方より傳えられた攝論・律に關わる者の方が、益州に至る間、或いは益州に至って後も、より禮遇されているように思われる。これは多分に當時の政治的狀況が然らしめたものではあるが、武德二年より數年間、長安に置かれた十大德制をも含め、敎學派の持った俗權との關わりの面を考える上で興味深い。

第五章　六～七世紀における四川佛教の動向―益州と綿州、及び震響寺―

一　はじめに―六朝末隋唐代四川佛教の研究史的概觀―

本章が對象とする、この時代の四川佛教に關する專論を、取扱われている時代順に列記すると、およそ次のようになる。

石田德行　劉宋時代の巴蜀佛教（A）
諏訪義純　梁武帝の蜀地經略と佛教―益州刺史の任免を中心として―
石田德行　六世紀後年の巴蜀と佛教（B）
丸山　宏　佛教受容に關する接觸論的考察―六朝隋唐期の四川をテーマとして―
藤井　清　唐代蜀地方における庶民と佛教(1)

これらの論文は、當然のことながら、時代的に、また內容的に相互に重なり合っているが、今これらを內容の面から分類すると三種となり、それはまた發表年次の順とも應じており、興味深い。卽ち藤井氏の論文、次いで諏訪・石田兩氏の論文、そして丸山氏の論文の三である。最も近年に發表された丸山氏のものには、先行する三氏論文についての要領を得たまとめと紹介がなされており、それと重複するが、以下、簡單に要點のみを述べておきたい。

最も先行する藤井論文（一九五八年）は、時代を唐代に限定し、四川地方における佛教の庶民教化、及び佛教の民衆化を、義邑・法社、講經を通じて、更に民間信仰・道教信仰と佛教信仰との間の結合や軋轢妥協等々の側面を通じて述べ、それが宋代以降に現われる民間信仰化した佛教を準備したと指摘する。丸山氏も記す通り、唐代四川佛教に關する先驅的論文である。資料的にも唐宋の二『高僧傳』を初めとして『酉陽雜俎』等を利用し、特に『續高僧傳』に限って言えば、最も端的に四川佛教を語り得る資料を抽出引用している。そこには示唆に富む所論がある反面、いかにも形式化した表現も散見される。次いで一九七〇年代に入り、諏訪論文（一九七〇年）、石田論文（一九七二年―A、一九七七年―B）が發表された。これらはいずれも中央より派遣された益州刺史、或いは益州總管を初めとする爲政者を主とし、彼等と關る僧尼を取り擧げることによって、四川佛教の特質を論じている。勿論、僧尼との關りを論ずる際、建康或いは長安からの言わば外部から四川と接觸した者ばかりでなく、四川土着の內部からの者の關りも、愼重に取扱われ、更に四川地方を取り巻く地域との交渉史的側面も忘れられていない。先の藤井論文が社會文化史的性格のものとするならば、これら三論文はそれに政治史的地域史的色彩を前面に立てて立論されていると言ってよい。特に石田Ａ・Ｂ論文は、Ａ論文においては劉宋以前の四川佛教の概括に紙數を割き、Ｂ論文においては北周隋初開の四川關係僧尼を綿密に調査しており周到な立論がなされている。

翻ってみれば、これら藤井論文以下の論文において、その基礎を提供しているのは、山崎宏著『支那中世佛教の展開』（清水書店　一九四二年）であって、その第一部第五章・第七章における南北朝隋唐時代を概括するために用いられた統計的手法は、特に石田論文においてその影響が濃い。第一部第七章「隋唐時代における佛教教線の發展」に結論づけられる四川地方の雜學兼習・庶民的雜信仰やここに本貫を持つ高僧の多數であることと相俟っての「當地方の獨立性・孤立性・地方的性格」の提示は、『高僧傳』類の網羅的調査の結果であるだけに頗る說得力を持っている。藤井論文以下は、言わばこの論點を、一方は宋代以降の佛教の民衆化に連結させ、他方は地方と政治權力との關連から發展させたものである。

四川地方政治史と絡めての一九七〇年代の三論文によって、その論點からの解明は史料的制約の上から見てもほぼ解明されたといってよく、殘された課題は、石田A論文にも言うように、「土着豪族層の支持が、巴蜀佛教の性格形成にどの程度影響を及ぼしたか」（六七頁）であり、この點は四川に限らず、六朝隋唐時代の佛教史を研究する上での依然として大きな問題である。一方、藤井論文に示された民衆化する佛教を解明する作業においては、道教信仰との「軋轢と妥協」（二二頁）の面において未だしの感があったが、藤井論文の發表後ほぼ三十年を隔てて丸山論文（一九八六年）が現れ、斬新な發想をもって論證されることとなった。そこでは佛教受容以前の四川の文化史的原環境である道教と非漢民族とを立論の兩輪として、それぞれに對する佛教の接觸現象が綿密に考證されている。使用されている史料は先行論文とほぼ同樣の『高僧傳』類でありながら、道教との接觸では更に唐・彥悰の撰である『唐護法沙門法琳別傳』等によって、四川地方の道教の樣相を述べる上の補強がなされ、非漢族との接觸では同樣の佛教史料を讀み取る上に、華北江南からの中國文明の進出の過程の中で、漢化され被支配層ともなって行く先住土着民族との關りという重要な示唆に富む視點を提供している。

ところで、六朝隋唐時代の四川佛教を探る試みにおいて、史料的側面から最も中心となる佛教史料に關して言えば、先に述べたように利用し得るべきものについてはほぼ盡されていると言ってよい。本章において對象とする南北朝末隋唐初の時代を見る上では、言うまでもなく『續高僧傳』が基本文獻となるが、その利用狀況を見れば、殊に重複利用が顯著である。山崎・石田兩氏によって指摘されたように、『續高僧傳』に記録された四川關係の僧尼の中に、他の地域に比べても當地に本貫を持つ僧尼が多く、彼等によって都を中心とする江南華北先進地帶の佛教が定着し、その過程の中で、地理的獨立性という制約を受けて地方佛教としての四川佛教の特色が形成された。それは石田B論文によれば「道教的雜信仰が顯在或いは潛在する中で……實踐求道的教風と教理清談的教風とが相互に混淆、融合された諸學兼習の佛教」（五三頁）と表現され、それが唐代に受け繼がれて行くとする。しかし一方で、藤井・丸山兩氏の論文によれば、庶民層の信仰形態としては、接觸時點において道教から改宗歸佛した者であっても、その實態は道教的意識の中に依然としてあり續けたであろうことが推測され、それが宋代以降に顯在する民間信仰化した佛教に連なることが展望されている。これらの所論はいずれも、強い史料的制約の中から、高い孤立性に由來する特異な記録に着目した結果であり、中國に傳播普及する時代の佛教を知る上での典型例と見做し得る反面、その特殊性との相關において愼重を要するであろう。

本章では、これらの諸論によって指摘されてきた四川佛教の特性を念頭におきつつ、地域的には益州・綿州という狹い範圍に限定し、次いで綿州に在った震響寺とその關係僧尼を中心に据えて論じ、最後に六、七世紀の交りに澎湃として起った護法論との關りの一端について述べてみたいと思う。

二　北朝・隋初の益州佛教の政治史的概觀と、益州寺院の持つ特色について

久しく南朝の領土であった四川地方は、六世紀の半ばに、北朝西魏の宇文氏政權によって占領され、引き續き北周・隋によって統治されて行く。この當時の四川佛教の動向を傳える基本史料である『續高僧傳』（以下、『續傳』

と略）には、この西魏による四川進攻と占領に遭遇した僧として、寶海と法建の二人を傳えている。寶海（『續傳』卷九）は巴西閬中（四川・閬中）の龔氏。資中（四川・資中）出身の智方と共に建康の光宅寺法雲に學び、寶海は『涅槃經』、智方は『法華經』の學僧として名を馳せ、後に二人共に歸鄕し、殊に寶海は益州刺史武陵王蕭紀の清談の對手となるなど、益州成都における名僧知識としての地位は高かったものと思われる。その彼の傳に、西魏の四川進攻の先鋒となった王雄（『周書』卷一九、『北史』卷六五）との關りを次のように記す。

周氏、梁・益を跨躡して、庸公、方に鎭す。彌々深敬を加えらるること、恆伍に越ゆ。時に年八十。（大正五〇・四九二c）

王雄が庸國公に封ぜられたのは北周の武成元年（五五九）であるが、右の記事は、西魏の大統十七年（五五一）十月、宇文泰の命によって、彼が梁の上津郡（湖北・鄖西北）・魏興郡（陝西・安康西北）を攻め、また同時に達奚武が散關より漢中を攻擊し、翌年五月の南鄭（陝西・漢中）陷落、翌々年二月の魏興の最終的陷落までの頃のことを指している。但し、傳文の中に益州にまで進攻したとあるのは、誇張した表現である。また王雄がその後の益州攻略に參加した事實もなく、從って、閬中、或いは成都にいたであろう寶海との接觸がどのようなものであったのか、その傳から見る限り明瞭ではない。しかし、續く成都陷落後の城內の僧侶がどのような處遇を受けたかについては、法建の傳（『續傳』卷二八）に聊か記錄されている。法建は廣漢・雒（四川・廣漢）の朱氏。寶海と異り、一生を四川に過した誦經僧である。梁末太淸二年（五四八）に勃發した侯景の亂以降、繁榮を誇っていた梁朝は、その勢いを一擧に混亂・衰退に轉じさせ、武帝の諸子による獨立割據の狀態を出現させるが、その中で最も有力であった一人が、益州刺史武陵王蕭紀である。(2) 武陵王時代の益州の經濟的繁榮、就中佛教の隆盛については、前記諏訪論文、石田B論文に詳しい。その蕭紀が五五二年四月に益州に卽位し、侯景討伐に名をかりての建康攻略を目指し、外水に沿って東下したのが同年の八月、巴郡（四川・重慶）に至ったのは翌五五三年五月であった。彼の進撃路上に立ちはだかるのは、前年十一月、荊州（湖北・江陵）にあって卽位している兄の湘東王蕭繹であり、この討滅が擧兵の當面の目標であった。そのため全力を擧げてこれに當ったが、情報不足等の戰略上の失敗から結果的に湘東王、卽ち元帝によって滅ぼされてしまう。しかし蕭紀が巴郡に至る同年の三月、旣に西魏の宇文泰は四川攻略を決定しており、それは先にも述べたように、前年五月の南鄭、同年二月の魏興の平定等の成果の上に下されたものであった。特に南鄭城を守備する蕭循の降伏は、四川への進攻の最大の據點を與えることとなり、蕭紀が巴郡に至ったと同じ五月には、早くも尉遲迥率いる西魏軍が涪水に至り、直ちに涪城（綿州）守備軍と成都攻撃軍とに分けて進撃した尉遲迥は、そのまま蕭紀の益州刺史永豐侯蕭撝が立て籠る成都城を包圍した。成都の陷落は同年、卽ち西魏廢帝二年（五五三）、梁元帝の承聖二年の八月である。この成都の陷落は、當時の三國鼎立の狀況に大きな變化を及ぼし、政治的には江陵による元帝政權の滅亡と西魏の傀儡國後梁の成立とを促したが、佛教史的側面からすれば、當然に北朝、就中西魏・北周の都長安との接觸の增大を促す結果を生んだ。ところで法建傳（『續傳』卷二八）には成都陷落前後の狀況を簡潔に次のように述べている。

　武陵王東下し、弟の規《ママ》[3]に令して益州を守らしむ。魏、將軍尉遲逈《ママ》を遣わし、來りて蜀を伐たしむ。規、旣に降款す。城內に大いに名僧あり、皆、拘禁せらる。（大正五〇・六八六b）

『周書』卷四二・蕭撝傳によれば、尉遲迥が包圍攻撃した頃、成都の守備兵は一萬人に滿たず、軍糧も底をついていたとあるが、戶數一〇萬を越えていたと思われる[4]益州の治城成都が陷落した時、多數の文武官と共に、僧侶も拘束されたことを、これによって知ることができる。但し、後に于謹によって落された荊州江陵の場合と異り、この時は文武官僧尼が根こそぎに近く關中に送致されることもなく、僅かに僮隷・財寶が將兵に賞賜されただけで、役人等はそれぞれの持ち場に復歸することを許され、捉えられた僧侶も、法建傳によれば、間もなく釋放された。法建の傳は、成都陷落前後の混亂の中にも『華嚴經』の讀誦をやめなかった彼と、尉遲迥との問答によってその大部分を占めているが、傳の末尾に、「蜀中に、乃ち此くの如き人有り。所以に常に安樂を保つは、奇なるかな、奇なるかな」（大正五〇・六八六c）とあるのは、尉遲迥の言とも道宣の評語とも取り得るものの、誦經僧としての眞摯な姿勢に感激した尉遲迥によって諸僧が釋放されたと記す法建の傳は、先に擧げた末尾の文と共に、先述した諸論文に指摘されるように、四川出身僧における讀誦・興福の僧の多數を象徴するものと思われる。

このようにして北朝西魏の領土となった四川地方が、以後、北周・隋にわたってどのような爲政者によって支配統治されたかは、益州總管の任免等を中心にして論述された前記石田B論文に詳しい。ここでは、後節の綿州の佛教を論ずる上に必要と思われる、二、三の特徴的事柄について述べてみたい。

四川の佛教の中心地が益州成都であり、從って成都に關わる史料も他の地域に比して多いことは言うまでもないが、それは僧名だけでなく、寺院名においても同樣である。その成都の寺院の中で、四川佛教の初期より唐代に及ぶまで、中心的位置を占めていたのは龍淵寺である。早く東晉の慧持（三三七〜四一二、梁『高僧傳』卷六）がここに止住して講説・齋會を行ったことを始めとして、下って梁の時代になると、梁代益州佛教の最盛期をもたらした武陵王蕭紀の經濟的援助の下に、佛教教學の中心施設としての地位を確立した。その事は、蕭紀の益州出鎭に伴った慧紹の傳（『續傳』卷六）の中に示されている。[5] そうした龍淵寺の性格は、北周時代に入っても繼承され、それは益州總管として赴任した譙王宇文儉の時に最も顯著に現われている。宇文儉の四川統治の期間は北周武帝の天和六年（五七一）から建德三年（五七四）までの三年餘であるが、その赴任に伴って益州に赴いたのが北天竺出身の譯經僧闍那崛多である。[6] 彼の傳（『歷代三寶紀』卷一一・一二、『續傳』卷二）によれば、その益州滯在は宇文儉の在任期間とほぼ同じ三年であるが、その間、龍淵寺にあって總管宇文儉のために三部三巻の經典を譯出する傍ら、益州僧主として四川佛教界の指導者的地位にあった。石田氏が「益州譯經場の據點として重要な役割を演じ」（四八頁）たと言われるように、龍淵寺は、僧官の所住寺院として四川佛教の中心施設となり、かつまた南朝から北朝への轉換點に當って叛服常なき四川に對する人心收攬の方策として、新來佛典の翻譯とそれに伴う教義研究を行う象徴的意圖を賦與されたものと考えてよい。僅か三部三巻の少數ではあっても、そのために整えられたであろう譯經組織による結實が支配者宇文儉に捧げられたことは、北周側の意圖がどこにあったかを雄辯に物語っている。

この闍那崛多の入蜀は、北周前半期における長安佛教の四川流入を象徴する事件であるが、北朝治下となった四川と長安との交流は、早くも西魏時代に行われている。僧實の傳（『續傳』巻一六）に、

太祖（宇文泰）、梁・荆を平ぐるに逮びての後、益州の大德五十餘人、各々經部を懷《も》ち、像を送りて京に到る。眞諦妙宗を以て、條して以て實に問う。既にして慧心潛運し、南北疏通す。（大正五〇・五五八ａ）

とあるように、益州佛教の代表者がそれぞれ專門とする經典等を長安にもたらし、更に當時の長安佛教の代表者である僧實[(7)]に對し教義上の相違を埋めるべく質問を行っている。佛像までを伴っての長安行であったからには、この時の大德五〇餘人による益州出立は、決して自發的のものではなく、それは新たな支配者となった宇文氏政權の意向に沿う形で行われたものであろう。

このようにして西魏・北周時代の四川佛教は、急速に長安との結びつきを強めていったが、續く建德三年（五七四）以降に實施された武帝による廢佛令によって、その勢いも潰えてしまう。四川に對する廢佛の狀況は、その事を記す史料に乏しく、その實施年次も明確にし難いものの、例えば先に王雄との鬪りにおいて述べた寶海の傳には、

建德の年に及び、果して除屛せらる。今、院宇荒廢し、惟一堂を餘《のこ》して容像存するのみ。（大正五〇・四九二

c）

とある。道宣の頃には荒廢してしまっていたという寶海所住の寺は益州謝鎭寺であろうと思われるが、それが寶海歿時の豫言の通り毀壞されてしまったことを右の文は傳えている。しかし僧淵の傳（『續傳』巻一八）を見ると、

周氏教を廢するや、便ち故寺に還り、東行房を割きて以て私宅となし、餘は官に供す。（大正五〇・五七四b）

ともあり、これによれば、廢佛令發布の後、遊學先の長安より益州に還った僧淵は、故寺、卽ち出家以來の止住寺院である康興寺に戻ったという。(8) しかも注意すべきは、康興寺の僧房の一部を割いて私宅となし、その他は全て廢佛令の下に官に提供したという點である。寺院機能を停止される中で一部を私宅とし、恐らくは、『歴代三寶紀』の著者成都の費長房（『續傳』巻二・附闍那崛多傳）の場合と同様、(9) 俗服を着用しつつ、廢佛以前の生活を維持していたことは、彼の出身が廣漢・郪（四川・三臺）の豪族李氏であったことと併せて考えれば非常に興味深い。彼の傳の初めに記される僧淵誕生時の奇瑞も、「(その）家、もと巨富にして巴蜀に稱せらる」（大正五〇・五七四b）という李氏の富豪ぶりを傳えていて餘すところがない。(10) 隋代に入り彼は所住の康興寺の結構を一新したと傳えられる(11)が、その實現に與って力のあった要素として、彼の神異僧的言動や長安に遊學した禪定修行者としての正統性の他、その出身母體である廣漢・郪の李氏の經濟的實力を指摘することができよう。一歩進めて言えば、益州城西にあったと傳えられる康興寺は、李氏の私寺的性格を色濃く持っていたと考えてよく、そのことは、官に沒收されて寺院として機能することがなくなったにもかかわらず、なおその中に居住し得た點に示されている。更に益州における廢佛令實施の狀況は、僧淵の場合を例にとれば、表面上はともかく、內實としてはなお徹底し得なかったものの、寶海の例に見たように、唐代に至るまで再建されなかった寺院も多かったと推測され、闍那崛多等の一行の北周領內から突厥領へ向けての退出と併せ、益州を代表とする四川の佛教も北朝胡族政權の強壓の前に、一旦その姿を隱

さざるを得なかった。その實施時期も、益州に先立つ西魏・北周の新占領地である襄陽（湖北・襄陽）への廢佛實施が、建德四年（五七五）の頃のことであったことから、[12]關中への實施に左程遲れたとは思われず、襄陽とほぼ同時期ではなかったかと考えられる。

石田氏も指摘されるように、四川佛教の再興は北周末、楊堅の實權掌握の過程に起きた益州總管王謙の叛亂等の鎭定を經て、隋朝の建國まで待たねばならない。隋時代の益州における佛教の隆盛は、蜀王楊秀の統治時代にもたらされた。この期間における詳細も石田Ｂ論文に讓り、ここでは楊秀が建てた寺院について、一、二點述べておきたい。

楊秀が成都に法聚寺、大建昌寺等を建立し、佛教を大々的に保護したことは、『續傳』や法琳の『辯正論』卷四・十代奉佛篇下等の諸書に見えている。中で最も記錄が多く殘されている寺院は法聚寺であり、後にここが仁壽舍利塔の建設場所になったことによっても、[13]文帝時代を通じて益州を代表する寺院であったことが知られる。しかし一方、法聚寺は楊秀の威勢を發揮する場でもあった。新繁（四川・新繁）の出身である法進の傳（『續傳』卷二五）には、寺院に住まず、專ら頭陀を行ずる法進を迎え入れようとした時に、楊秀が示した言動を次のように傳えている。楊秀の參軍郁九閭長卿がその命を受け、部下一〇名を率いて出發するに當たり、「如し請うも來らざれば、當に俗法を申ぶべし」と腕ずくで引きつれてくることを言ったのに對し、「威逼を須いず、但、理を以て延《まね》けば、明に當に此に達《いた》るべし」と指示し、更に長卿が郭門を出ようとすると、

今日、爾が輩を將いて、兜率天に往き、彌勒佛に請うもまた望み得たるに、何ぞ況んや山中の道人をや。何の來らざることあらんや。（大正五〇・六六〇ａ）

と周圍の部下に言ったという。益州總管としての楊秀の非常な自信を示す逸話である。神異を現して益州にやって

來た法進は、法聚寺に留まることを命じられ、續いて城内に呼び入れられた。しかし強權を背にした高壓的な招聘を無益の事とする法進は、憚ることなく王を非難し、また蜀王の意向に沿うに汲々とする取り巻きの諸僧に向っても、眼前に惡事を見ながら諫めようともせぬ者が弘教の名に値する筈もないと言い放ったと記されている。法進を難詰した諸僧の言葉は、

王は地主たり。應に問訊を善くすべし。何爲れぞ訶責するや。（大正五〇・六六〇b）

というものであるが、隋代四川佛教の盛時を招いたとされる蜀王楊秀の奉佛も、その內實はこのようなものであった。勿論、楊秀の奉佛が四川佛教にもたらした影響は、物心兩面において多大のものがあったが、その性格は梁の武陵王蕭紀以來の高踏的談論佛教の埒外に出るものではなく、その意味で貴族趣味に止るものであったと言ってよい。

ところで梁・北周時代の龍淵寺は、隋代に入り、蜀王秀の喜捨を受けて寺領も增えるなど、益州の大寺として存續し、後には空慧と名が改まり、『續傳』をはじめとする諸書に現われている。(14) 唐代になっても、例えばその草創の頃、玄奘がここに學んだように、教學研究の中心の一つとしての地位を維持していたと思われる。

以上、益州を代表する寺院の一、二を通じて、益州寺院の四川佛教に占める位置の一端を概觀してきた。そこには、その時々の支配者の存在を誇示する目的のために、經濟的援助もなされ、且つその機能を果すために各種の才能を持つ僧が集められた。隋・煬帝の時、涅槃學者として東都慧日道場に招聘された三慧（『續傳』卷一四）は、大業の末頃、巴蜀に往き藝能ある者を搜擧せよとの敕命を受け、たまたま隋末の混亂に卷き込まれ、邛崍山（四川・滎經西）に寓居したが、ここに記された中央におけると同樣の「藝能を搜擧する」（大正五〇・五三四c）ことが、法進の場合、聊か權柄ずくに行われたのである。

しかし一方、益州寺院に限らず、四川各地における寺院の外側には、濃厚な道教的・民俗的信仰の環境があることは、既に、先述した諸論文中に重ねて注意されている。以下、益州成都東北方の綿州と、その震響寺を取り上げ、四川佛教の獨自性の一端を窺ってみたい。

三　綿州と震響寺

綿州（四川・綿陽）は、『華陽國志』巻二に蜀に於ける東北の要と言われ、また『元和郡縣志』巻三三にも東北の要衝と記されているように、益州成都東北方の要地である。殊に亂世には軍事上の重要據點として、爭奪の目標となり、南北朝時代後半においても、北魏或いは西魏からの攻撃の的となっている。西暦五〇五年、即ち北魏の正始二年、梁秦二州刺史であった邢巒（『魏書』巻六五、『北史』巻四三）は宣武帝に上表し、既に漢中（陝西・漢中）から劍閣・梓潼（四川・梓潼）にまで進擊していた北魏軍の勢いに乘じて南朝梁の領土である四川攻略を果すべく、綿州（表文では涪、或いは巴西）の重要性を強調し、ここを落せば梁朝の益州への水陸の連絡を分斷し孤立無援とすることができると說き、その中でまた、

巴西は廣袤一千、戶は四萬を餘《こ》え、若し彼に州を立て、華獠を鎮攝すれば、則ち大いに民情を帖《やす》ましめん。

とも言っている。この時は梁の草創の頃（天監四年―五〇五）でもあり、北魏にとって四川占領の絶好の機會であったが、その後、巴西ばかりでなく、梓潼・漢中までを梁によって奪還されている。北朝による四川占領の實現は前述したように邢巒の時からほぼ半世紀を經た五五三年、西魏廢帝の二年、梁では元帝の承聖二年の時に果されたが、成都占領の直接の契機は同年五月の梁の潼州刺史楊乾運の降伏にあると言ってよく、成都はその結果孤立し、

益州刺史蕭撝は籠城三ケ月の後、西魏の尉遲迥に降伏し、成都は陥落した。この時の潼州が隋唐代の綿州である。

この綿州を『續傳』等の佛教側史料に探ってみると、そこには益州成都と共に、それらを取り巻く根強い道教的民俗的信仰の環境があることが判明する。そうした諸史料の中で最もそれを端的に傳え、從って前記藤井・石田・丸山三氏の論文に共通して取り上げられているのが、道宣とほぼ同時の惠寬（『續傳』卷二〇）・寶瓊（同卷二八）・靈睿（同卷一五）の三名の傳である。このうち、惠寬（五八四〜六五三）は益州綿竹孝水の楊氏。その父楊瑋について、傳に、

もと是れ三洞先生五經博士、道法を崇信して釋教を敦《とうと》ぶなし。所以に綿・梓・益三州の諸俗、每歲、租米を率送して瑋に投じ、一年の安吉を保たしめ、皆、章符に與りて去る。而して車馬、門を擁して市の如し。（大正五〇・六〇〇c）

とあり、楊氏は綿州・梓州（四川・三臺）・益州一帶の人々に最も信望もあり、經濟的にも潤っていた家であった。楊瑋は傳に見る限り、專門の道士というよりも父老的地位にあった人物と思われ、一般庶民―その多くは農民―の年中行事の中に大きな役割を果していた。また同じく益州綿竹の馬氏出身である寶瓊（?〜六三四）の傳を見ると、

本邑の連比、什邡の諸縣は、竝びに是れ道民にして、尤も佛を奉ぜず。僧の投寄すること有るも、施しを容《ゆる》す者なし。[15]（大正五〇・六八八a）

とあり、更にこの綿竹や什邡という現在の綿陽から廣漢に至る道筋の西方に當る地域をはじめとして、佛像の何たるかを知らない者が多かったとも記されている。更に、唐・杜光庭の『道教靈驗記』卷九・羅眞人示現驗に、

什邡・綿竹七八縣の界は眞人の宮なり。處處に皆、請禱祈福して、徵效あらざるはなきものあり。[16]

とあるのは、時代が少し下るものの、あたかも佛・道兩教の文獻が符節を合するものである。このような道教一色

と言ってよい地域に佛教が流入し、道教と接觸衝突する様相については丸山論文に詳說されている。ここでは惠寬傳に關連して、以下述べてみたい。

惠寬は右のような環境に生まれ育ちながら、姉と共に出家して成都に學び、大業九年（六一三）三十歲の時、鄉里に歸り、父母をすら屋敷を喜捨して寺となす程の強力な教化活動を行い、「綿竹の諸村、皆、爲に寺を立て、堂殿院宇百有餘所」（大正五〇・六〇一a）という成果を擧げたと道宣は傳え、また惠寬が永徽四年（六五三）淨慧寺に歿しての後も、今なお、法會を營む家々では、皆、聖僧と惠寬の兩座を設け、供物を惠寬の本寺である淨慧寺に送り續けているとも記している。惠寬傳における道宣の筆意がどこにあるかは自ずと明らかであって、それは極めて強い道教的環境から生まれた得難い開拓者としての惠寬を稱揚する所にあるであろう。道宣は、周孔の徒や道教徒に對する具體的な教化の樣相を述べるに止まらず、惠寬の出家の師であり、僧徒二百餘人の領袖であった成都龍懷寺の會闍梨によって明かされたとする、惠寬こそ吾が本師であると僧徒に語った旨などをも記錄しており、惠寬を四川佛教の代表者として見做していたことを示している。そのことはまた、中國全土において佛教が隆盛を誇った道宣の當時においてすら、綿・梓・益三州を始めとする四川地方においていかに道教的信仰が根強かったかを證するものである。また、惠寬の教化の結果、成都遠近の諸縣の人々が、惠寬を競い迎えて供待し、施物山積したと記される狀況は、恰もその父楊瑋の場合と同然であって、藤井・丸山兩氏の言われるように、この點において庶民層における信仰形態の本質は何等變らず、功德ある所に利益を求めたに過ぎないと考えられるものの、惠寬が『地獄經』を講じ、寶瓊が益州の坊郭をめぐって邑義を結び、一邑を結ぶごとに三〇人に各々大品中の一卷を誦せしめ、每月齋會を營んだとあるなどの庶民教化の結果、佛教信仰が深く浸透して行った事實も見逃し得ない。

さてここで綿州に目を轉じ、梁末以來の動態について、關係する僧の傳記等から窺ってみたい。

先ず梁末周初の僧に植相（『續傳』巻二五）と寶彖（同巻八）がいる。植相（生歿年不詳）は梓潼・涪の郝氏。即ち綿州の出身であるが、植相の傳もまた道教との接觸が記錄され、石田・丸山兩氏等によって注意されている。初め巴西郡（＝綿州）の吏であった彼は、太守鄭貞の命を受け郡よりの獻上物を運んで建康に至り、そこで梁・武帝の崇佛の有樣を見て出家を願うようになったという。任務を終えて蜀に還った彼は、妻子共々出家し、大同年間（五三五〜五四六）にはひたすら苦行を續けた。苦行感通の僧としての彼の傳には、綿竹の術者法愛道人の術なるものを邪術として否定した話とか、道すがら寄宿しようとした道館の道士に、その信徒を佛教化されることを恐れられ、宿泊を拒否された話などが記錄されている。出家受學の師も明らかでなく、田舍言葉そのままで、そのため輕蔑されることもあったと記される植相は、市井の一遊行僧として活動したが、後に益州西方の道教の地、青城山に入りそこで歿した。その臨終時の弟子に對する遺誡の中に、

常に淨土に生まれんことを願うも勝業なし。三途に生まれず、また天堂にも生まれずと雖も、還た涪土に生まれて沙門と作らん。（大正五〇・六四六a）

とあるように、鄕里の教化だけを願って生涯を終えた人物である。この植相に對して寶彖（五一二〜五六一）は、その出發において甚だ對照的である。彼は安漢（四川・南充南）の趙氏。趙氏は後、綿州昌隆（彰明）の蘇溪に移住した。七歲の時、巴西郡太守楊眺（『梁書』巻一〇・附楊公則傳、『南史』巻五五・同）にその才を認められ、十六歲になると梁の平西王に仕え、その頃、道士の童子となった。從ってそれまで佛教を學ぶこともなかったが、たまたま平西王の主宰する儀式を取りしきる際に、佛典を見る機會を得、(17)中大通六年（五三四）二十四歲の時に出家受戒している。以後、彼は律を學び、またこの當時の例として『成實論』を學び、前節に述べた益州龍淵寺の慧韶の門下に入って佛教教理の研鑽に勉め、(18)武陵王蕭紀の門師達の集う盛んな講學法會の環境に身を置き、このような義

解の僧としての十分な素地を培った上で、郷里の綿州に歸ったのである。綿州での教化活動について、傳には「外典佛經もて相續いで訓導す」（大正五〇・四八六c）、或いは「醫方を鈔集し、諸々の疾苦を療す」とも記し、道・佛兩教に通じた寶彖の姿を窺うことができる。道宣によって一方は感通の、一方は義解の高僧として分類立傳される植相・寶彖の兩名は、こうして濃厚な道教的環境の中に佛教的要素を注入して行ったのである。その方法は、極めて圖式化して言えば、植相は苦行に裏打ちされて感性に、寶彖は道佛二教の教理に支えられて理性に訴えて行ったと言ってよいであろう。その後、植相傳によれば、尉遲迥率いる西魏軍が綿州に進攻し、彼等兩名はその戰火を避けて寶彖は靜林山に、植相は青城山に逃れ、植相は前述したように、間もなく青城山に四十四歳で歿した。植相がいつ歿したかは傳に明示されていない。しかし益州成都を守る蕭撝[19]によって、その青城山における佛教活動を援助するために獠民を供給されたものの、本格的な活動を始めぬ内に重疾に罹ったと記されており、成都陷落の年（五五三）前後の頃と思われる。一方寶彖は、再び郷里に歸ることができたと見え、北周の初め、武帝の保定元年（五六一）に五十歳で、潼州光興寺に歿している。從って兩名はほぼ同年齡の、梁末周初の綿州佛教の代表者と言うことができる。

ところで寶彖が歿した潼州光興寺が、卽ち唐の綿州震響寺である。以下、寶彖を始めとして震響寺に關わる僧を中心に、震響寺の綿州における位置について述べながら、周隋唐初間における綿州佛教の動向も併せて見て行こうと思う。

震響寺は、震嚮、或いは振響・振嚮とも表記されるが、光興寺からの改稱がいつの頃に行われたかは明らかでない。唐綿州大施寺の世瑜の傳（『續傳』巻二〇）によれば、彼は隋の大業十二年（六一六）、震響寺の倫法師の下に出家したとあるので、遲くとも隋代には改稱されていた。ところでこの綿州震響寺の周隋唐初間における活動狀況を知る史料は、僧晃の傳（『續傳』巻二九）である。彼は綿州涪城南昌の馮氏。十五歳の時、勝手に僧晃を名のり出家しようとしたが父母に許されず、後、先述した寶彖によって出家した。傳には彼の歿年について、曖昧に唐の武德年間（六一八～六二六）に八十五歳で所在の震響寺に歿したと記すのみであるが、これから推して彼の出家は、西魏末北周初の頃であろう。また僧晃の出家受業の師となった寶彖が、この時どこに止住していたか傳文には何等記さないが、恐らく震響寺であったろうと思われる。傳にはその後、

梁末周初、佛法淆亂し、行に浮略多く、毘尼に迂誕なり。（大正五〇・六九四c）

と言い、南朝から北朝への轉換點に當って、佛教教團の統率力が衰微したことを記すが、僧晃はその中にあって、寶彖の下に『十誦律』の研鑽に精勵し、北周保定（五六一～五六五）の後、長安に遊學して僧祇律を學んだ。これは寶彖が保定元年に沒しているので、受業の師の歿後、實行されたものである。更に長安での僧晃の師として、傳には曇相禪師、開禪師の名が記されている。特に曇相（『續傳』巻一六）は、僧實（保定三年歿）の傳えた北魏以來の禪法を繼いでいた人物である。前節にも述べたように、西魏領となった益州より大德五〇餘人が長安に至り、僧實に佛教の本義を問い質し、四川佛教と長安のそれとの交流がこれを契機に始まったが、僧晃はその時流の中で、四川の佛教者に縁故のある曇相の門を叩いたものと思われる。それはまた、生涯、鄉里を離れることのなかった寶彖との大きな相違でもある。僧晃はその後、北周の武帝によって「本州の三藏」を授けられ、綿州佛教の指導者として歸鄉したと思われるが、續く廢佛から北周末の時期については何等記されていない。隋代に入ると、傳には次のように記される。

大隋、祚を啓き、面のあたりに僧正を委ね、本邑を匡御せしむ。而して剛決方正、賞罰嚴平にして、綿・益、風を欽び、貴賤奉ずるところなり。前後の州主十有餘人、皆、戒香を授け、惡を斷ち善を行わしむ。（大正五

○・六九四c）

僧正就任の際、再び長安に赴いたとも受け取られるが、右の記事は、所住の震響寺が、隋代綿州佛教の名實共に中心となったことを示すものである。またその具體的な姿は僧晃の取った行動の中に見ることができる。傳には先ず律行實踐と僧團統率の中心たらしめたことを、

開皇十五年、又寺中において頭陀衆を置き、僧事の蠲免、以て墮者を引《みちび》く。

と記し、經典讀誦の中心たらしめたことを、

仁壽以後、重ねて寺衆を率い、共に藏經を轉じ、周《めぐ》りては復た始め、初めより斷絶せざらしむ。

と傳え、また、

供給闕鍚、一に俗緣より出づるは、皆、晃の指授なり。（以上、同右）

と、綿州教化の成功を傳えている。

このように寶彖・僧晃の師弟の力によって、震響寺は周隋閒における綿州佛教の中心施設となった。しかし、唐代における震響寺については、極めて少數の斷片的記錄があるのみであるので、ここで目を轉じて、再び綿州近遠における道教的環境と、更に隋唐閒における綿州の佛教教學の研究史的動向について見ておくことにしたい。

丸山氏は、先に引用した惠寬の父楊瑋のことを傳える記錄について、

五斗米道的な習俗が綿竹の地に實に根強く存在し、かつ綿竹は綿州のみならず廣く隣接する梓州益州という地方を含めて、そのような習俗の一つの據點としても機能していたらしいことさえうかがえる。（七四頁）

と評されている。ところでこの綿竹の響應山玉女寺に住していた僧に法進（『續傳』卷一八）がおり、その傳の中に、益州總管蜀王秀の妃の治療に失敗した道士として、綿州昌隆白崖山の文普善の名が現われている。ここに記される

綿州、或いは昌隆（四川・彰明）は、丸山氏も引用している『唐護法沙門法琳別傳』巻下を見ると、隋唐初間において衆を惑わしたとされる道士等が多く住んでいた所のようで、次のような三例が列擧されている。

○隋文帝開皇十年　　綿州昌隆縣道士蒲童
○同　　開皇十八年　益州道士韓朗　綿州道士黄儒林
○唐高祖武德三年　　綿州昌隆縣人李望

勿論これ等の道士或いは道民を妖邪の者として排斥する論法は、護法論者の立場からなされている。しかし同時にそれらは綿州昌隆地方における道教がいかに活發であったかを證明するものでもある。綿州昌隆に生まれた寶象が、初め道士童子となったというのも、このような環境の中では、ごく自然のなり行きであったと思われる。一方、梁の僧林の傳（『續傳』巻二五）には、潼州、即ち綿州の豆圌《すい》山上に神祠があり、士民がこれを敬まっていると記されている。この豆圌山は、後代になり唐の杜光庭の『錄異記』巻六に、

縣州昌明縣豆圌山は、眞人豆子明修道の所なり。……其の頂きに天尊の古宮あり。製る所の年月を知らず。……

と傳えられるようになる。このような土着信仰の根強い地域に佛教僧がどのような教化活動を行ったかについては、唐の道冑（五七五〜六五九）の傳（『續傳』巻二二）に一つの典型が見られる。そこに益州の甘亭神や劉備先生（廟?）神、或いは蜀川神等の土着信仰の神々が、皆道冑によって戒を受けたと記すのは、こういった神を信仰する人々の道冑への歸依を示すであろうし、それは綿竹をはじめ凡そ一百餘所の各地に放生池を造り、綿竹や郪（四川・郪）では三〇〇尺の大像を造ったとあるなどの彼の布教努力に負うところが大きいであろう。しかし一方、梓州牛頭山の智通（五七三〜六四九、『續傳』巻二九）のように、黄老を奉ずる士女が奏章の類を持っていれば、その奏章を五〇回にわたって杖で打ちすえ、遠近の者は皆憚り恐れたとあり、甚だ過激な行動を取る者もいた。

ところで先にも述べた世瑜（五八三〜六四五）は、始州（四川・劍閣）を本貫とし、この始州も、例えば慧主（五四一〜六二九）の傳（『續傳』巻二一）に「始州の一部は道衆を祖宗とす」（大正五〇・六一一b）とあるように、道教的色彩の強い地域であった。[20]隋の大業十二年、綿州震響寺の倫法師によって出家し、利州（四川・廣元）の寺に入籍の後、綿竹の響應山に一人入って多年を過し、唐の貞觀元年（六二七）、三論の宗旨を大悟して綿州益昌の隆寂寺にあって靈睿の門下に入り、同じく綿州の大施寺を所住の寺院とした。世瑜も傳による限り、四川の地を出ることなく、ほぼ綿州或いは綿竹を中心に活動した僧であるが、ここで注意されるのは、特定の師に就くことなく綿竹響應山の山中において三論の宗旨を大悟し、次いで靈睿に師事したという點である。これは唐初期の四川において、三論學が普及していたことを示すものと言ってよい。隋唐初における四川への三論學の傳播に關しては、世瑜が師事した靈睿の傳（『續傳』巻一五）に最もよく整理されており、これによれば、隋・開皇の初期、高麗の印公が入蜀し三論を講じたことを第一期とし、次いで唐の初め、武德二年に、安州（湖北・安陸）の慧暠の教團が入蜀したことを第二期と考えることができる。そしてこの兩期にいずれも深く關わり、慧暠が去った後の四川三論學を代表する者が靈睿であった。三論學の傳播は、南北朝末隋唐初間における新佛教思潮の流入という別個の課題の中で取り扱わねばならず、ここでは本節の最後として、靈睿について若干を述べるに止めたい。[21]

靈睿（五六五〜六四七）は俗姓陳氏。陳氏は潁川（河南・許昌）から綿州益昌の陳郷に移り住んだ一族であるが、傳によれば、陳氏一族は道教をその宗教とし、靈睿も八歳の時、兩親に伴われて道士の所に行き歩虛詩を誦えしめられたとある。[22]隋初、入蜀した高麗の印公の弟子となり、また長安へも遊學したが、大業の末、卽ち隋末の混亂の際に四川に歸り、成都の法聚寺に止住し、唐初武德二年に慧暠が入蜀すると三年の間その會座にあり、後、成都から郷里である綿州益昌の隆寂寺に籍を移した。成都から綿州への移管は、成都における『成實論』を奉ずる守舊派との抗争と、そこから生じた身の危險を避けるための措置であったようである。このようにして、三論學は彼の故鄕であり、また道敎の非常に盛んな綿州の地方に傳えられた。しかし靈睿と震響寺との繋りは、その傳の上では何等記錄されておらず、震響寺に出家し彼に入門した世瑜を介して僅かに確認し得るのみである。寶象傳（『續傳』卷八）に道宣が「今の所謂綿州大振嚮寺《ママ》なり」（大正五〇・四八七a）と記し、隋唐代綿州を代表する大伽藍であった震響寺であるので、何等かの接觸はあったと思われるものの、今一つ確證がない。

四　結び―唐代四川における護法僧―

北周武帝の廢佛策實施に先立って、天和二年（五六七）、還俗僧衛元嵩による佛敎肅淸論が上呈された。衛元嵩の傳（『續傳』卷二五）によれば、彼は益州成都の人で、その師は、梁・元帝の江陵政權の遺臣であり、流寓先の成都にあってその出身・文才、或いは梵唄を以て譽れの高かった亡名である。亡名は、北周廢佛以前の成都において、焚身を遂げた僧崖（『續傳』卷二七）と共に最も著名な僧の一人であったと思われる。[23] この亡名が天和二年に入關すると、間もなく衛元嵩も成都を離れ長安に向うが、その頃、彼は兄に向って、

蜀土は狹小にして、懷いを展《の》べるに足らず。遊《ゆ》きて京に上り、國士と抗對せんと欲す。（大正五〇・六五七c）

と言ったと傳えられる。衛元嵩の場合、彼は、大川富士夫氏によれば「熾烈な名譽欲、出世欲をもつ寒門出身者」（四〇頁）とされ、欲望充足のために佛門に入り亡名に師事したと考えられている。[24]「國士と對抗せん」と道宣が記している彼の言葉が、その邊りの消息を傳えていよう。しかし一方、先にも述べたように西魏による四川占領の結果、長安との交流が活發化し、長安への遊學を願う僧も增えたと思われる。犍爲武陽（四川・彭山）出身の道會

（貞觀末年七十にて歿）もその一人で、その傳（『續傳』巻二四）には、隋代、益州にあって一定の名聲を獲ていた彼が、なお「蜀門は小陜にして、聞見、廣きに非ず」（大正五〇・六四二b）と思い、長安に入ったと記している。長安と益州との相違・優劣を意識していた點において衞元嵩と同様であるが、しかもなお彼は故鄉である四川の地に非常な誇りを持っていた。唐代、門地學術の水準の高さを鼻にかけていた益州法曹裴希仁に對し、道會は、「蜀川は小なりと雖も、賢德林の如し」（大正五〇・六四二c）と言って漢代の例を擧げ、更に次のように言っている。

巴西閬中は百王の仰ぎ戢《あつま》るところ、益州郫縣は、名、華夷に振う。明公、庶くは虛心に國士を待つべし。豈に土地を以て人に拘るを得んや。（大正五〇・六四三a）

道會はまた、唐の創草期に當って、自ら徒衆を率いて巫峽に道を開こうと願い出たり、或いは故鄉の隆山縣、卽ち犍爲武陽において起った道觀の寺院への移改問題を、壓倒的多數の道教信徒の前で解決してみせたりと、山間に隱棲することなく進んで世間と交渉を持つことに勉めた僧のようである。その彼が、唐初期の護法僧法琳や入蜀して擯斥された安州の慧暠と關係を有していたことは甚だ興味深い。ここでは慧暠については暫く置き、法琳に關して述べておきたい。傳には僅かに次のように言う。

武皇登遐し、京に入りて朝覲す。因りて琳師と同に辨正を修す。（大正五〇・六四二c）

法琳（五七二～六四〇、『續傳』巻二四[25]）は、周知のように、武德四年（六二一）に上呈された太史令傅奕の排佛論「減省寺塔廢僧尼事十有一條」に對し、翌五年に『破邪論』を著し、次いで武德九年（六二六）に、李仲卿の『十異九迷篇』や劉進喜の『顯正論』に對し『辯正論』を著した。右の記錄に言う道會の入京朝覲は、從って高祖の歿年である貞觀九年（六三五）ではなく、高祖が讓位した武德九年でなければならない。道會と法琳との繫りを記す記錄は他になく、その詳細は不明であるが、しかし襄陽出身であり還俗してまで道教を研究した法琳と、「其の郭內の住者は、並びに是れ道宗」（大正五〇・六四二c）と傳に記される犍爲武陽の道會とは、道教的環境を身近に體驗し得た點において共通し、道會においては、それが『辯正論』編纂に協力する素因となったものと思われる。更に、法琳の『破邪論』完成後、それに影響された護法論がいくつか成立する。その一つに、綿州震響寺の明槩による「決對傅奕廢佛法僧事」がある。明槩の名はその論を收載する『廣弘明集』巻十二の他には現われず、經歴等一切不明であるものの、前節で述べたように、震響寺を取り巻く道教的環境は道會と共通し、且つ震響寺と長安との交流は、僧晃以來密接であったと思われ、明槩もそうした環境の中で、傅奕に對する駁論をいち早く執筆したものであろう。

綿州は成都東北方の要地とはいうものの、益州成都の繁華には較ぶべくもなく、それは佛教においても同様であろう。しかし、これまで僅かの史料からではあるが、綿州及び震響寺の周隋閒における狀況を眺めてきたことによって、震響寺については、綿州における佛教教學上、或いは教團統率上に中心的位置を占めることを知り得、またより廣く綿州に目を轉ずれば、特に唐の初期において、三論學に象徴される新しく、それだけに活力に溢れた佛教教學が移入されたことを確認した。

ところで、唐初、中でもその草創に當る武德年閒における四川佛教の狀況は、先にも述べたような『續傳』の諸傳中にも見ることができるものの、最も端的にそれを傳えてくれるものは、唐・彥悰の撰した『大唐大慈恩寺三藏法師傳』（以下、『慈恩傳』と略）であろう。[26] 玄奘は、その次兄長捷と共に、隋末唐初の洛陽の混亂を避け、子午谷より漢川郡（＝漢中、陝西・南鄭）を經て成都に至るが、この時、空慧寺に止住したことは先に述べた。『慈恩傳』巻一には、煬帝によって建てられた東都四道場に一藝に秀でた天下の名僧が集められたこと、[27] その、法將林の如き中で聲譽の高かった者に僧景、智脫、道基、寶暹がいたことを記した後、次のように言う。

末年、國亂れ、供料停絶し、多くは綿・蜀に遊《ゆ》く。知法の衆、又、彼に盛《おお》し。（大正五〇・二二二a）

玄奘は、漢川郡で僧景や空法師、成都で道基や寶暹等の東都慧日道場の大德に逢い、特に後者に『攝大乘論』・毘曇の學を受けた。この頃の成都の狀況を『慈恩傳』には續いて、

諸德旣に萃まり、大いに法筵を建つ。

と記し、また廣く、

時に天下饑亂するも、唯、蜀中のみ豐靜なり。故に四方の僧の之に投ずる者衆く、講座の下、常に數百人なり。

とあるように、當時の綿州・益州を中心とする四川地方が、全國的な戰亂狀況の中にあって損害を受けることが少く、一種の避難地となり、名僧大德の入蜀に伴って玄奘のような向學心に燃えた者を惹きつける力を持っていたことを知ることができる。それは玄奘が都の混亂を見て兄に向い、

此に法事なし。虛度すべからず。願くは蜀に遊きて業を受けん。

と言い、成都において具足戒を受けることを願った言葉によく示されている。こうした益州成都を中心とする四川の姿は、恰も梁末の四川が荆州と竝んで、梁土混亂の際にほぼ無傷でいられたことと同樣であり、それはまたそれぞれの都の佛教の温存維持に一定の役割を果し得たことを意味する。しかし、隋代から唐初にかけては、梁末周初の場合と異り、『攝論』・三論等の新思想が傳播移入され、刺激がもたらされたことに注意される。これらは舊佛教との間に軋轢を生じさせると同時に、佛教全體の活力の源泉ともなったと思われ、また、綿州を含む四川諸地域に漲る道教的環境と接觸する時、却って激しい弘教、或いは護法の意識を觸發することにもなったと考えられる。道會や明槩、殊に明槩のように、綿州震響寺に籍を置く護法論者の出現は、綿州佛教を取り卷く道教的環境と共に、右のような隋末唐初の間に、綿州が益州に近接して當時の佛教の先端を荷い得る地であったことに由來するであろ

う。[28]

但し、『續傳』の玄奘傳（巻四）に、成都空慧寺にあっての玄奘の言葉を、

學は經遠を貴び、義は疏通を重んず。一方に鑽仰すれば、未だ探賾を成さず。（大正五〇・四四七ａ）

と書き記し、次いで諸方遊學の旅に出たと傳えるのは、四川佛教の教學面における限界を語ると共に、ややもすれば他の地域と隔絶し易い特性をも示している。

註

（1）石田Ａ論文　『佛教史學』一六―一　一九七二年。
諏訪論文　『大谷史學』一二　一九七〇年、後に『中國中世佛教史研究』（大東出版社　一九八八年）に收錄。
石田Ｂ論文　『東方宗教』四八　一九七六年。
丸山論文　野口鐵郎編『中國史における亂の構圖―筑波大學創立十周年記念東洋史論集―』一九八六年、所收。
藤井論文　『佛教史學』三―四　一九五三年。

（2）例えば、『南史』巻五三・梁武諸子・武陵王紀傳に、

在蜀十七年、南開寧州・越嶲、西通資陵・吐谷渾、內修耕桑鹽鐵之功、外通商賈遠方之利。故能殖其財用、器甲殷積、馬八千匹、上足者置之內廏、開寢殿以通之、日落輒出步馬。

と記し、また『資治通鑑』巻一六三・梁紀一九・簡文帝大寶元年五月條には、

自晉氏渡江、三呉最爲富庶、貢賦商旅、皆出其地。及侯景之亂、掠金帛既盡、乃掠人而食之、或賣於北境、遺民殆盡矣。是時、唯荊・益所部尚完實。

と、侯景の亂後の最大勢力が、益州の蕭紀と荊州の蕭繹であったことを簡潔に記す。なお、『南史』巻五三の記事については、嚴耕望「唐五代時期之成都」（香港中文大學『中國文化研究所學報』一二　一九八一年、後に、『嚴耕望史學論文選集』上　中華書局　二〇〇六年　に收錄）を參照。

（3）法建傳には、
　武陵王東下、令弟規守益州……規既降欸《ママ》、……

とあるが、規は後に述べるように撝の誤りであろう。また蕭撝は梁武帝の弟・安成王秀の子であり、蕭紀には従兄弟に當る。

（4）『魏書』巻六五・邢巒傳の、宣武帝に對する巒の上表中に、
　且益州殷實、戸餘十萬、比壽春義陽三倍非匹。
とある。

（5）武陵布政於蜀、毎述大乘及三藏等論。沙門寶彖・保該・智空等、並後進峯岫、參預撰集、勒巻既成。王賜錢十萬、即於龍淵寺、分贍學徒。（大正五〇・四七一a）

（6）闍那崛多については、石田B論文の他、藤善眞澄『道宣傳の研究』（京都大學學術出版會　二〇〇二年）附篇第三章　末法家としての那連提黎耶舍—周隋革命と德護長者經—、及び本書第一篇第三章　參照。

（7）釋僧實、俗姓程氏、咸陽靈武人也。……太和末、從（道）原至洛、因遇勒那三藏、授以禪法。……周太祖文皇、以魏大統中下詔曰、……可昭玄三藏。……至保定年、太祖……躬致祈請、爲國三藏、（大正五〇・五五七c～五五八a）
　僧實については、山崎宏『支那中世佛教の展開』（清水書店　一九四二年）第二部第一章　南北朝時代に於ける僧官の検討　參照。

（8）石田氏はこの「周氏廢教、便還故寺」について、「廢佛後、故郷の福縁寺に逃れて云々」（四八頁）とされるが、ここに言う「故郷」とは廣漢・郪ではなく、廣く巴蜀全體を指すのであろうか。

（9）時有翻經學士成都費長房、本預細衣、周朝從廢、因俗傳通、妙精玄理。（大正五〇・四三六b）
　なお、費長房については、陳垣『中國佛教史籍概論』（科學出版社　一九五五年）、本書第一篇第三章、及び第四章參照。

（10）釋僧淵、姓李、廣漢郪人。家本巨富、爲巴蜀所稱。及淵初誕、天雨銅錢於庭、家內合運、處處皆滿。父運疲久、口噓唱之、錢不復下、倉內貯米。但及於半、忽滿溢出。親姻外內莫不歎其福報也。（大正五〇・五七四b）

(11) 傳に「隋氏運開、更新締構」とあるが、この益州城西の康興寺は、唐代には福縁寺と改稱されていた。
其父異之、命令出家。卽而剃落、住城西康興寺、今所謂福緣寺是也。（大正五〇・五七四b）

(12) 本篇第三章　參照。

(13) 仁壽創福、敕送舍利于益州之法聚寺。寺卽蜀王秀之所造也。（『續傳』卷二六　智隱傳、大正五〇・六六八a）

(14) 唐代成都の寺院については、前揭註（2）嚴耕望「唐五代時期之成都」に、主に北宋・黄休復の『益州名畫錄』によりながら述べられている。

(15) ほぼ同様の文が、同じく道宣の『集神州三寶感通錄』卷下には、次のように記されている。
時蜀川又有釋寶瓊者、綿竹人。出家貞素、讀誦大品、兩日一遍、無他方術、唯勸信佛爲先。本邑連比十邡（＝方《三本・宮本》）、並是米族、初不奉佛、沙門不入其鄕、故老人女婦不識者衆。（大正五二・四二七c）

(16) 什邡綿竹七八縣界、眞人之宮。處處皆有請禱祈福、無不徵效。（『正統道藏』第一八册　藝文印書館）
なお靈睿（五六五～六四七『續傳』卷一五）については本節に後述するが、また本篇第四章　參照。

(17) 十六事梁平西王。初爲道士童子、未學佛法。平西識其機鑒、使知營功德事。因見佛經、欣其文名、重其義旨、就檢讀誦。迷悟轉分、恆求佛法、用袪昏漠。（大正五〇・四八六c）
右の記錄は、佛教側の法會に道士が參加したものか、或いはその逆か、確證がない。平西王についても不明。

(18) 慧韶傳（『續傳』卷九）に、彼が益州龍淵寺の摩訶堂に天監七年（五〇八）に歿したと記すのは、寶象・武陵王蕭紀との関りから推して、或いは大同七年（五四一）の誤りではないかと思われる。

(19) 植相傳には、「梁王蕭撝」とある。蕭撝は成都に卽位した蕭紀によって秦郡王に封ぜられている（『周書』卷四二）が、梁王とはなっていない。

(20) 慧主傳の文は、
始州一部、祖宗道衆。卽爲州內律主、受菩薩戒、既爾約束、以佛爲師。尙不敬天、況禮神道。於是佛法方得開弘。於黄安縣造寺七所、梓潼縣造十寺、武連縣造三寺。從彼至今、方將盛矣。（大正五〇・六一二b）
というものであるが、ここには道冑において見られた土着神の存在と、道教信仰との重層性が示されている。慧主はこのような土地に先ず受戒作法を持ち込むことによって、はじめて佛教を弘めることに成功したのである。

(21)　四川における三論學の傳播普及に關しては、平井俊榮『中國般若思想史研究—吉藏と三論學派—』（春秋社　一九七六年）第一篇第五章　興皇相承の系譜—三論の發展と分極、及び本篇第四章　六〜七世紀における三論學傳播の一面—安州慧暠を中心として—　參照。

(22)　前掲註（1）丸山論文　參照。

(23)　僧崖が北周初期の明帝武成元年（五五九）、益州城西の繁華な街路に焚身したことは、當時において甚だ衝撃的な事件であったと見え、それは『續傳』の長文の傳や『歷代三寶紀』等によって窺うことができる。僧崖傳の中に、本論にも取り擧げた廣漢・郪の僧淵が施與者として、また巴西閬中の寶海が對告者として現われることも興味深い。僧崖は廣漢の金淵山に定住した獽族の出身であるが、この他、那繇の上表文や植相傳に現われた獠族等、四川の非漢民族と佛教との接觸については、前掲註（1）丸山論文に詳しく述べられている。また、王家祐「梓潼神歷史深微」（『中國道教』一九八八—三　一九八八年）は、梓潼神を始めとする「巴獠」の民族宗教と歷代權力の壓獠政策にも言及しており、示唆に富む。更に宮川尙志「梁・北齊の居士陸法和」（佛教史學會編『佛教の歷史と文化』同朋舍　一九八〇年　所收）は、梁末、元帝蕭繹の將として武陵王紀の東下を防ぎ、後、北齊に臣屬した蠻出身の陸法和について述べる。なお、亡名については、彼の弟子僧琨が隋の二十五衆讀經法主となっており（『歷代三寶紀』巻一二）、周隋間四川佛教の一面を物語る。

(24)　「北周宇文氏政權と佛教—武帝廢佛の意義—」（『立正史學』二〇　一九五七年）、また前掲註（6）藤善眞澄『道宣傳の研究』第九章　衞元嵩傳成立考　參照。

(25)　法琳とその護法論については、常盤大定『支那に於ける佛教と儒教道教』後篇（東洋文庫論叢一三　東洋文庫　一九三〇年）、久保田量遠『支那儒佛道三教史論』（東方書院　一九三一年）第一五章の他、西山蕗子「法琳『破邪論』について」（『鈴木學術財團研究年報』九　一九七二年）、また礪波護「唐初の佛教・道教と國家—法琳の事跡にみる—」（『隋唐の佛教と國家』中公文庫　一九九九年、原掲吉川忠夫編『中國古道教史研究』同朋舍　一九九二年）がある。

(26)　玄奘傳の書誌的研究については、宇都宮淸吉「慈恩傳の成立をめぐって」（『中國古代中世史研究』創文社　一九七七年　所收）、藤善眞澄『道宣傳の研究』第六章「『續高僧傳』玄奘傳の成立—巻四・玄奘傳—」（原掲『鷹陵史學』五　一九七九年）がある。

(27)　山崎宏『隋唐佛教史の研究』（法藏館　一九六七年）第五章　煬帝（晉王廣）の四道場　參照。但し、『慈恩傳』のこの箇所には注意されていない。

(28)　一方、『慈恩傳』巻六には、貞觀十九年（六四五）、玄奘の譯場に證義大德として選ばれた一二名の僧として、益州多寶寺の道因（『宋高僧傳』巻二）と共に綿州振響寺の敬明の名が見える（大正五〇・二五三c）。貞觀時代までの震響寺が、道宣の「今の所謂綿州大振嚮寺なり」（寶彖傳）という表現に相應しい內實を保っていたことを知ることができる。

第六章　中國における石刻經典の發生と展開

一　はじめに

中國における石刻經典の多樣性とその分布および數量の膨大さについては、すでに葉昌熾（一八四九～一九一七）の『語石』に注意され、また日本でも常盤大定・關野貞の『中國文化史蹟』や各地の佛教石窟に對する調查報告によって、おおよその姿は一九四五年以前にもよく知られていた。しかし近年になり、特に一九八〇年前後から、中國の研究者による調查報告や研究成果が續々と公表され、また從來未知の石刻經典の發見の報告も相次いでいる。さらに日本においても石刻經典に對する關心が高まり、數多くの研究成果が發表されている。ここでは石刻經典の發生と展開過程を、南北朝末の三國鼎立時代から隋唐時代までを範圍として述べる中で、それら研究成果の概要を示し、どのような課題がそれら石刻經典に關して提示され、また積み殘されているのかを考えてみたい。

石刻經典（以下、石經という）の發生の最も早期の例は、管見の限りでは『文物』（一九九八—一一）に掲載された東晉永和八年（三五二）と咸安二年（三七二）の紀年を持つ磚とともに出土した「無垢淨光陀羅尼經函」である。經函の表面に經典名が刻されている（圖1）。經文を伴う早期の例は高昌故城出土の八龕坐佛八角柱形供養石塔である。坐佛の下、石塔の中段に『十二因緣經』が刻されている（圖2）。このような移動可能な石經は後に碑形と

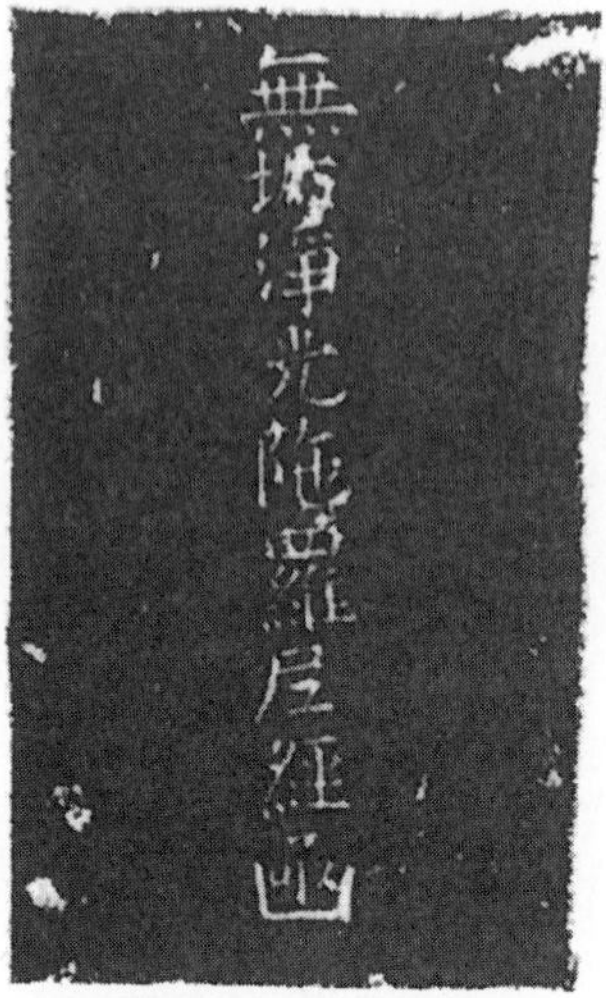

圖１　無垢淨光陀羅尼經函
〔『文物』1998－11より〕

◀圖２—１　高昌故城出土八角柱形供養石塔
〔『トゥルファン古寫本展　圖錄』、朝日新聞社、1991年より〕

◀圖２—２　供養石塔十二因縁經刻銘
〔『トゥルファン古寫本展　圖錄』より〕

なって石經形態の一翼を擔うこととなる。しかし後に述べるように、現存例から言えば、石壁・摩崖・石板の形態を取るものが壓倒的に多い。その本格的な分布は現在知られているところでは河北・山東兩省と四川省に集中し、他に山西省太原に存在し、また河南省の龍門石窟にも近年その存在が確認されている（圖3）。中國の石經は地域的に華北に偏在しているのが特徵と言え、そこに時代性を加味するとそれはなお際立つ。河北・山東兩省における石經は、まず北齊代に起源を持つ中國初期の石經群として各地に點在し、隋代に始まる房山石經がそれに續く。河南・龍門石窟の石經は則天武后時代、四川省の石經は玄宗朝以降のものというように、唐代に作成されている。以下、これらの事柄について、まずまとめておきたい。

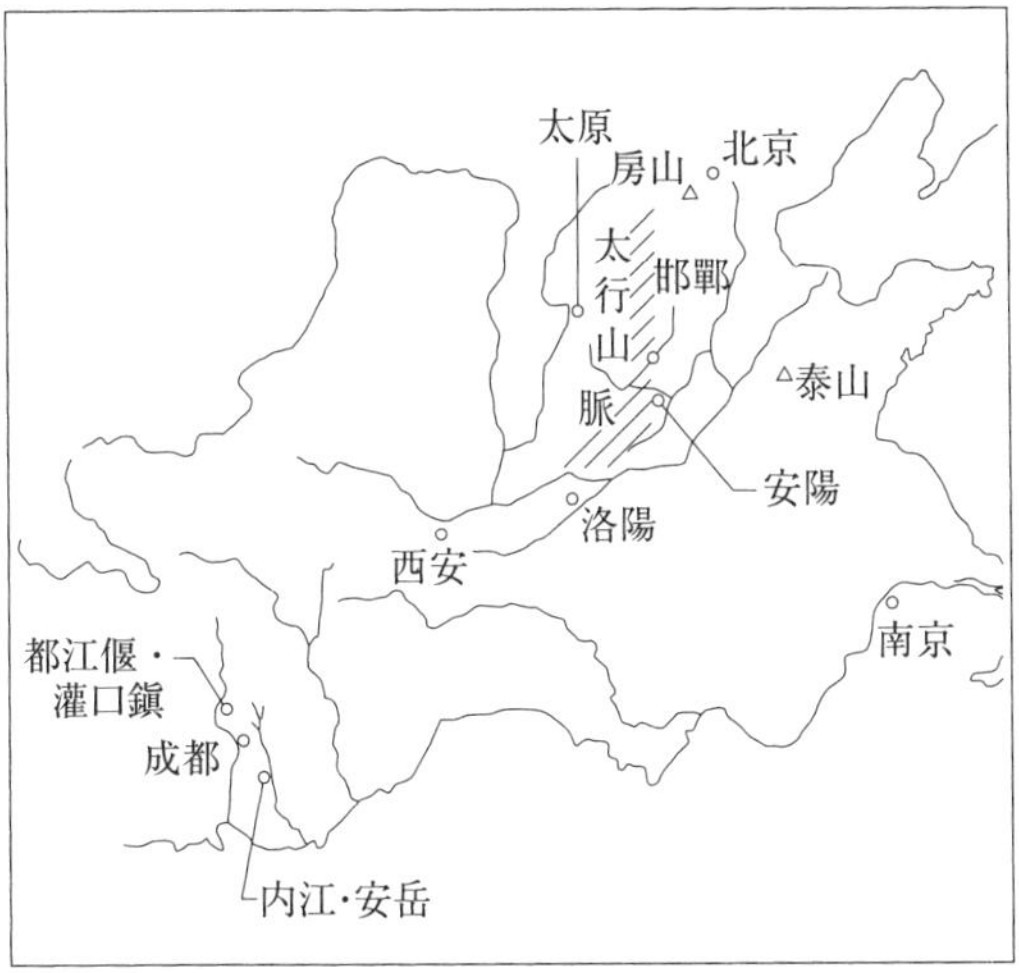

圖3　中國石經分布略圖

二　石刻經典の發生—東魏・北齊時代—

石經の制作は東魏・北齊の領域においてまずなされたが、これにはすでに指摘されているように、漢魏以來の儒教經典の石刻の傳統が背景として考えられる。後漢の熹平石經、三國魏の正始石經はいずれも都洛陽の太學の前に置かれ、これらは北魏孝文帝の洛陽遷都時においても毀損がありながらも存在し、それは北魏分裂後、東魏が鄴に遷都した時には黃河を北に越えて運ばれ、途中、半ばは黃河に沒した（『隋書』經籍志）ものの、

圖4　方法師鏤石班經記
〔拓本：京都大學人文科學研究所藏〕

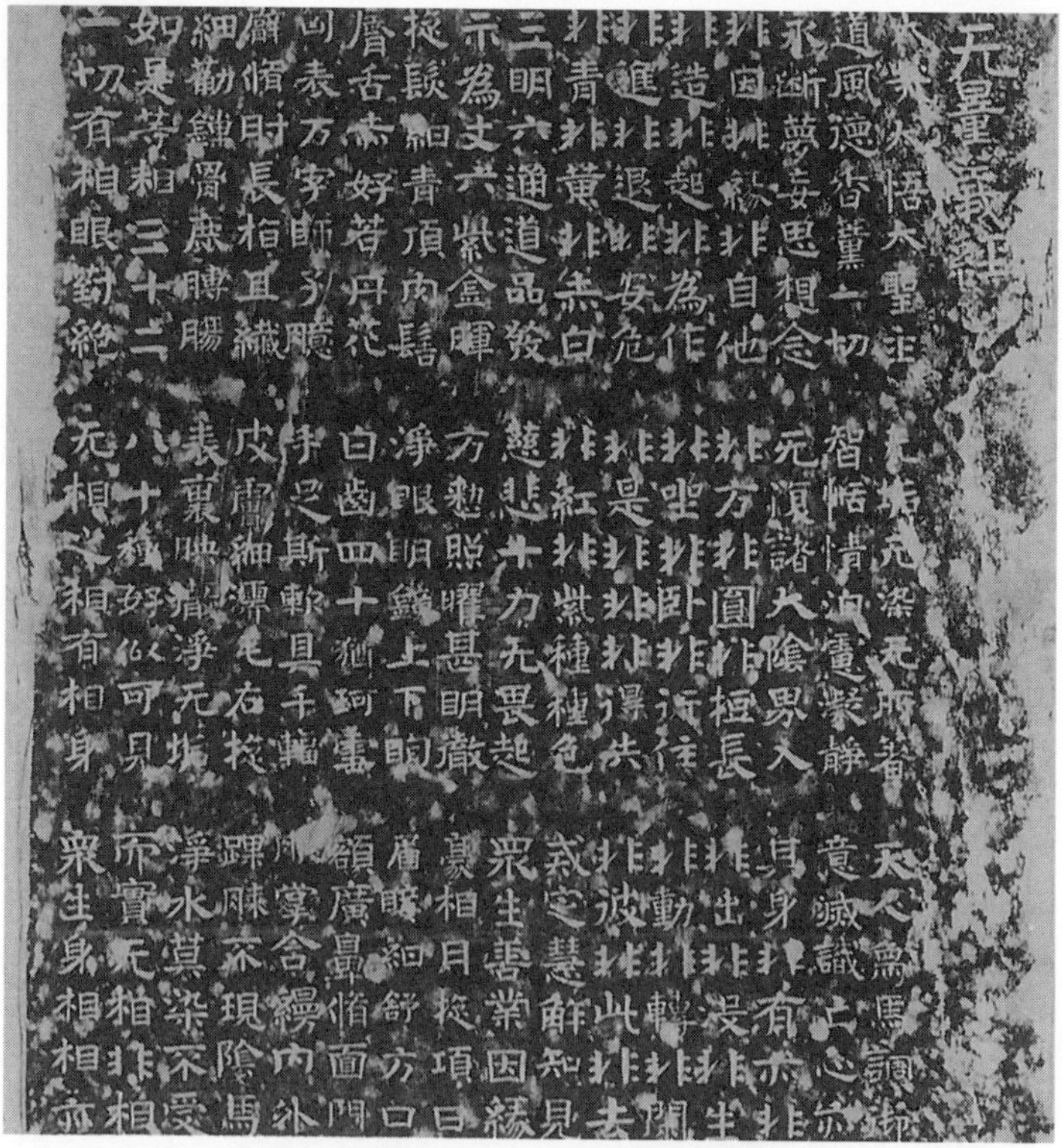

圖5　北響堂山南洞窟內前壁（『無量義經』）
〔拓本：京都大學人文科學研究所藏〕

以後、北齊時代を通じて人々の目に觸れ續けていたであろう。石に刻まれた經典が、それを見る者に保存と護持の思いを強くさせたであろうことは容易に想像できる。北魏以來の造像造窟の盛行とともにそうした先例を佛典石刻の背景として考えてよいであろう。しかし、正確なテキストを提供することを第一義とした儒敎石刻經典に對し、初期佛敎石刻經典には、そこに佛典護持の強い思いとともに、弘敎への情熱が込められており、そこに自ずと性格の相違がある。複數例の石經を持つ現存最古の石窟は河南・安陽西方の小南海石窟であるが、そこには一一種の經典が節略して刻石されており、その中窟上方に刻まれた北齊廢帝の乾明元年（五六〇）の紀年を持つ「方法師鏤石班經記」に「方に刊んで金言を記し、末季に光流せしめんと欲す」「遂に石に鏤み經を班ちて、之を不朽に傳う」と言い[1]（圖4）、また河北・邯鄲西南の北響堂山石窟南洞に存する「唐邕刻經記」（武平三年―五七二）に石に刻むことの永續性を強調しているのはいずれも佛典護持の宣言であるが[2]、一方これらは彫像を伴った宗敎施設でもあって、そこには僧尼の修行の場であるとともに社會に對する布敎の發信地としての性格があった。

東魏・北齊の高氏政權と前記小南海石窟及び響堂山石窟（圖5）との密接な關係はすでに專論があるので[3]贅言を避けたい。これらの石窟に伴う石經を嚆矢として、北齊代に數多の石經が造られたことは、近年の中國側の諸報告[4]によって次第にその全貌が明らかになりつつある。河北地方の石經の特徴は、すでに李裕群氏の指摘があるように、都の鄴から副都晉陽（山西・太原）への道程に點在することである。太行山脈を東西に横斷するこの道程を、嚴耕望『唐代交通圖考』[5]に詳論されている所謂太行八陘に當てはめてみれば、一つは滏口陘を經由するルートとなる。鄴城より西北行し、滏口（河北・邯鄲西南）を經て西行して渉縣（河北・渉）・壺關（山西）を通り太行山脈を越え、そこから西北行すれば襄垣（山西・襄垣）に出て晉陽へ、あるいは西南行すれば上黨（山西・長治）に出て晉陽に到る。このルートの太行山脈東側に南北響堂山石窟（鼓山石窟）・水浴寺石窟・渉縣中皇山石窟の摩崖石經が存在す

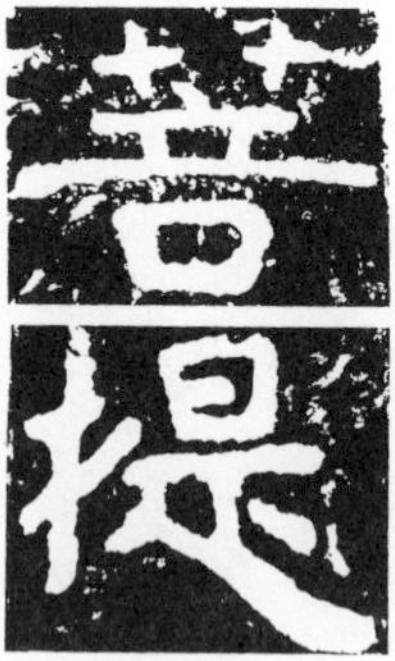

圖6　泰山經石峪（『金剛般若經』）〔『四山摩崖選集』より〕

圖8　鐵山刻經頌（『大集經』）〔『四山摩崖選集』より〕

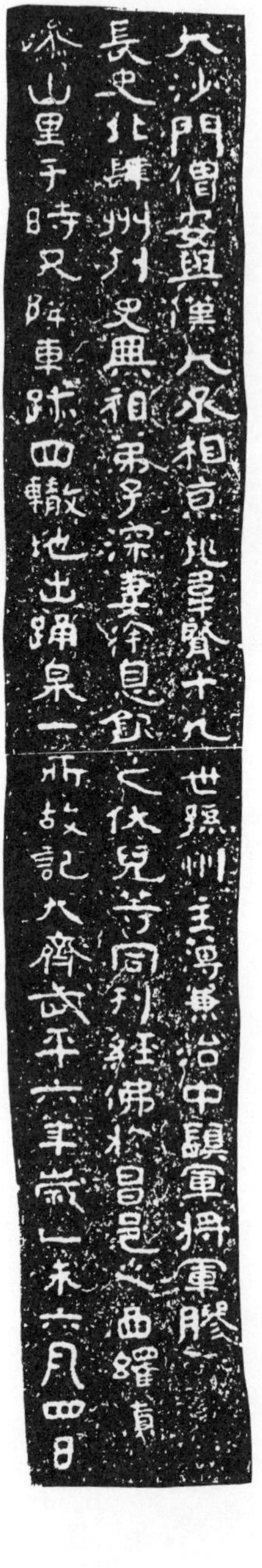

圖7　尖山刻經題記（『文殊般若經』）〔『四山摩崖選集』より〕

る。今一つは穴陘道であって、鄴城より南行して安陽に到り、そこから西行して林縣（河南）・壺關（山西）を經て太行山脈を越えて上黨に出て晉陽に到る。ここには同じく山脈東側に小南海石窟・寶山靈泉寺石窟・林縣峡谷寺石窟が存在する。寶山石窟・峡谷寺石窟は隋・唐初のものであるが、滏口陘のルート上の山西側にもまた唐代の小規模の石窟が存在しているように、これらのルート上の地域が北齊代から唐代前半に到るまで造窟造像の盛んな所であったことをよく物語っている。[6]

三　石經の展開（一）―北齊・北周末の山東―

東魏北齊時代に都の鄴周邊に始まった石經の造營は、それからやや遲れて東方山東の泰山・鄒縣四山（鐵山・葛山・崗山・尖山）を中心とする一帶に廣まった。この地方の石經の特徴は自然摩崖に彫られた、しかも大字である點にある。それだけに清代から書道史研究上の注目を浴び[7]、その代表例が泰山經石峪の鳩摩羅什譯『金剛般若經』（圖6）であった。日本でも戰前から調査されていたが、近年になって中國からの拓本寫眞を伴った研究報告の出版が相次ぎ、日本での研究も活發となっている。[8]特に桐谷征一氏の一連の石經研究は注目される。[9]氏は從來用いられてきた「摩崖」の語を、その形態・內容・目的等によって、「摩崖」と「石壁」の刻經に分け、より正確を期している。またこれら石經造營の背景を末法・亡國の危機意識に求めることは、常盤大定、道端良秀以來の定説と言ってよい。山東に現存する摩崖石經は、北齊後主の武平元年（五七〇）の題記を持つ徂徠山映佛巖や武平六年（五七五）の題記を持つ尖山の『文殊般若經』（圖7）のように、北齊も末の時期に刻成された一群と、北周靜帝の大象元年（五七九）の鐵山の『大集經』を初めとし（圖8）、大象二年の葛山の『維摩經』、崗山の『觀無量壽經』『入楞伽經』のように北周の最末期に造られた一群とに分けられる。

これら二群の石經刻造の間には、周知のように北周武帝による兩度の宗教廢毀政策、すなわち建德三年（五七四）の北周領域における廢佛・道、それに續く建德六年（五七七）の北齊占領とその領域に對する廢佛・道の政策が實施された。さらに翌年六月の武帝の病沒と宣帝の卽位が續き、大成元年（五七九）には宣帝が靜帝に位を讓り天元皇帝と稱し、大象と改元された。天元皇帝となった宣帝はますます政治を顧みず、それに比例して外戚楊堅の聲望が高まり、翌大象二年（五八〇）五月に宣帝が歿すると、その威令は朝廷を壓するようになる。北周靜帝による佛・道兩教の復興の詔敕が發せられたのはその年の六月である。そこに外戚楊堅の意向が反映していたことは言うまでもない。鐵山（大象元年）、葛山・崗山（大象二年）の石經はこのような武帝廢佛後の慌ただしい政權交替の時期に制作された。山東摩崖石經の制作者が北齊滅亡以前のそれらと同一集團に屬していたことは、その書體等から、桐谷氏を含め、現在ではおよそ一致して認められている。彼らは外戚楊堅、すなわち後の隋・文帝を中心とする勢力の動向をいち早く察知していたと考えられよう。ここに言う同一集團とは尖山、鐵山の題記に現れる僧安道壹（一）を中心とする。僧傳類には記録されることのなかったこの人物が當該石經の書者であり、かつ桐谷氏は、そうした造營作業の指導者として位置づけている(10)。さてこのような山東摩崖石經であるが、次代の隋以降の紀年を持つ題記は現在のところ確認されておらず、全體として石經の制作は前代までで終息したもののようである。それはまた東魏北齊の都城であった鄴の運命と關連して考えてよいのではないか。

大象二年五月に宣帝が歿しての後、復佛の詔が發布されたのと同じ六月、丞相楊堅にとって周隋革命上、最大の危機が勃發した。鄴城一帶を統括する相州總管尉遲迥の反亂である。この反亂は瞬く間に、はるか西方の西魏以來の新占領地である荊州（湖北）、益州（四川）に波及した。鄴城に據る尉遲迥の亂は八月には韋孝寬等の活躍によって平定され、荊益二州の亂も間もなく鎭定された。楊堅は長安政權の安定を圖るため、相州の治所を南方の安陽（河南）に移した上で、都城および住居の破壞を行ったのである(11)。この時をもって、少なくとも東魏北齊以來の石經の制作は一時代を畫することとなったと考えてよく、山東の摩崖石經もそれと軌を一にして終わりを迎えたものと思われる。

四　石經の展開（二）―隋唐時代の河南・河北―

先に石刻經典の發生に關して述べたように、北齊・隋・唐時代の鄴・相州（唐、河南・安陽）から北京に向かい、現在の京廣線に沿って北上すると、房山（北京西南方）の所在地域に到る。房山の石經は質・量、そして費やされた時間ともに他のどの石經をも凌駕している。それだけに關連する報告・研究も膨大な數に上る。たとえば初期のものとして、松本文三郎『支那佛教遺物』（大鐙閣、一九一九年）の六に石經の項があり、これは一九一七年（大正六）の房山訪問に基づく報告である。次いで常盤大定・關野貞の『中國文化史蹟』巻一二・河北がある。常盤大定の調査は一九二〇年（大正九）に行われ、それは『支那佛教史蹟踏査記』「古賢の跡へ」の六「北周の廢佛と房山の石經」[12]に報告されている。しかし戰前における最も精密な研究成果は、塚本善隆他による「房山雲居寺研究」[13]であって、その中でも塚本「房山雲居寺と石刻大藏經」[14]は今もきわめて有益な研究である。ただ日本では、ようやく近年になり、その研究は格段に進展しつつあり、その一つに桐谷征一氏の「房山雷音洞石經攷」[15]があり、二つには氣賀澤保規編『中國佛敎石經の研究―房山雲居寺石經を中心に―』[16]がある。前者は所藏拓本によって雷音洞石經の經典配置と經典內容を明らかにしたものであり、後者は共同研究による成果であって、八名九篇の論文によって構成されている。中でも氣賀澤氏による第二章「唐代房山雲居寺の發展と石經事業」は唐玄宗の開元期までの實態を、すでに中國において刊行されていた『房山雲居寺石經』[17]『房山石經題記彙編』[18]等によって明らかにしており、殊に論文末尾に附された「房山石經山洞窟所藏唐石經一覽表」は有益である。またすでに中國側の研究によって指摘されていた靜琬以後の經典刻造事業の推進母體となった行や社といった組織についても言及されており、桐谷氏によって論ぜられた經典內容の調查の重要性ともども、今後の房山石經研究の方向性が示されている。それ以外の房山石經に關する研究の一々について詳述することを避け、本章では、末尾に揭示した各石窟における主要石經の對照表に關して、最後の節で述べておくに止めたい。

さて房山に到る途次、河北・曲陽には八會寺石經が現存する。劉建華氏の「河北曲陽八會寺隋代刻經龕」[19]は一九九三年の直接調查に基づく報告であるが、それによればこの刻經龕とは、南北三・七五～四・〇五メートル、東西三・三三～三・五メートル、高さ約二・〇～二・四メートルの方形の巨石に佛龕と經典が刻まれ、これを保護するために周圍には石が積み上げられ、屋上は大きな石板で覆われ、なおその上は石片が何層にも積まれている。この保護のための石屋は後世のものという。四壁に『佛垂般涅槃略說敎誡經』(南壁)、『妙法蓮華經』觀世音菩薩普門品(西壁)、『彌勒成佛經』(北壁)、『現在賢劫千佛名經』『五十三佛名經』(東壁)が刻まれ、他に龕外に『決定毘尼經』による三五佛名が、また南壁佛龕の榜題に七佛名、東壁佛龕の榜題に二五佛名があり、これらはともに北魏・菩提流支譯『佛名經』によるとされている。制作年代については西壁および東壁の題記によって、開皇十三年(五九三)を上限とし大業三年(六〇七)を下限とするとの考證がなされている。また劉氏の所論では、その造像樣式は開皇四年(五八四)の山西太原・天龍山石窟第八窟、開皇九年の靈裕(五一八～六〇五)による寶山大住聖窟と似るとし、さらに石經の內容は三階敎の信行(五四〇～五九四)の七階佛名と吻合するという。劉氏が言うように開皇十三年當時に靈裕は健在であり、八會寺石經との關係は考慮されてしかるべきと思われる。前記李裕群氏の場合も三階敎の影響を一節を設けて指摘している[20]ように、中國側の所論はこの方向に向かっているようである。李氏の場合、三階敎と大住聖窟の諸經との關係について、靈裕は三階敎の影響を受け、大住聖窟內の『七階佛名』に一致する諸經は靈裕の所刻ではなく、三階敎徒が刻した可能性をも指摘する。しかし信行との關係は速斷できない。た

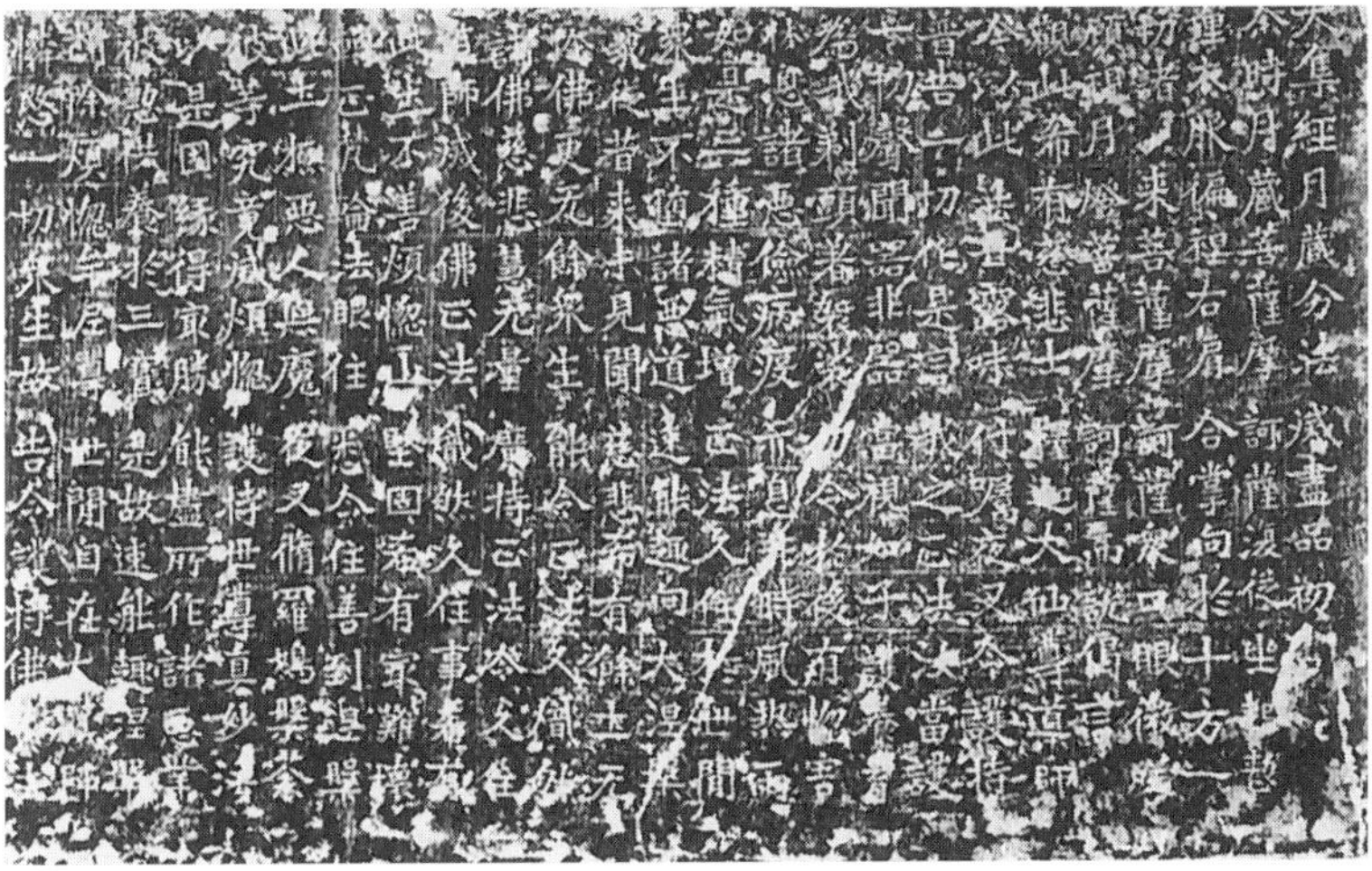

圖９　寶山靈泉寺石窟・大住聖窟（『大集經』月藏分・法滅盡品）
〔『中國文化史蹟』第５巻より〕

とえば佛名の刻記についても、隋代までの佛名讀誦の流行の實態を精査した上で、そうした時代相の中に靈裕の大住聖窟も位置づけるべきであろう。その點では、靜琬の房山雷音洞における佛名類の石刻も同樣である。ただし、唐代における寶山石窟と三階教との關係は李氏の所論を待つまでもなく、すでに常盤大定、塚本善隆に論ずるものがあり[21]、本篇第八章でも述べている。

さて河南安陽の西方に位置する靈裕の造營になる大住聖窟は、隋代に開鑿された石經の中で最も端的に、末法思想をその背景として示す石窟である。それは『大集經』月藏分・法滅盡品（圖９）、あるいは『摩訶摩耶經』のような末法・法滅を記す經典が石刻されていることに表れている。しかも道宣によって當時の人々の大住聖窟に對する信仰の有り樣が記錄されている（『續高僧傳』巻九・靈裕傳）[22]點でも、他の石經と異なる價値を持つ。この大住聖窟については、常盤大定の『中國文化史蹟』はもとより、牧田諦亮氏に靈裕についての專論があり[23]、また筆者にも隋唐代の寶山靈泉寺について拙論（本篇第八章）があるので、今はこれによって、楊堅による鄴城破壞後の相州において、寶山靈泉寺がその治所安陽との關係も含めて、當該地方の佛教教學、わけても戒律實踐の道場として靈裕以來の傳統を保ち、それはさらに西方の林縣峡谷寺石窟とも關わりを持っていたこと、ところが寶山石窟に多數存在する灰身塔群に象徴されるような近隣諸集落の人々の墓所としての性格も、玄宗期以降になると急激にその勢いを失っていくことを指摘しておくにとどめたい。それはまた唐代後半に入り、東魏北齊以來の鄴城安陽一帶の佛教が、それ以前の姿をようやく失いつつある時期であることを示すと言えよう。

河南地方の石經についての紹介を終えるに際し、龍門石窟の石經について一言しておきたい。劉景龍・李玉昆主編『龍門石窟碑刻題記彙錄』（中國大百科全書出版社、一九九八年）巻上の「表八　龍門石刻佛經一覽」によれば、誤って北魏代とする蓮華洞の『般若波羅蜜多心經』を除き、九種一七部の全てが、唐代の石經である。しかも名稱が確認されるもの一五の中、特に擂鼓臺中洞の五種を含め、則天武后時代のものが合わせて六種七部となっている。擂鼓臺中洞石經の五種とは、『金剛般若波羅蜜經』（菩提留支譯）、『般若波羅蜜多心經』『六門陀羅尼經』『阿彌陀經』『付法藏因緣傳』である。この中では正法護持の思想を強調する北魏曇曜譯の『付法藏因緣傳』が、その全文刻石の形態とともに最も注目される。また蓮華洞に武周・如意元年（六九二）の紀年を持つ『佛頂尊勝陀羅尼經』、極南洞にも年次不明の唐代の『佛頂尊勝陀羅尼經』が遺存している。この龍門石窟の『佛頂尊勝陀羅尼經』については、早く葉昌熾の『語石』の「經幢八則」に自ら經幢六百餘通を所藏するといい、「如意元年（六九二）の史延福の一刻を以て最先と爲す」、武后の天授以前には經幢の刻石なく、自ら見たところでは、經幢は開元八年（七二〇）の一殘幢より始まり、隋以前には經幢なしと斷じている[24]。實際には房山石經山の第七洞に垂拱間（六八五～六八八）の刻とされる佛陀波利譯『佛頂尊勝陀羅尼經』が藏されているし、毛鳳枝の『關中金石文字存逸考』巻七・滎陽縣の條には儀鳳元年（六七六）の陀羅尼經幢が記されている。佛頂尊勝陀羅尼經幢の初出は『石刻題跋索引』によれば、武周・垂拱四年（六八八）であるから、葉昌熾の斷定よりいささか早くなる。いずれにしても則天武后の時代に『佛頂尊勝陀羅尼經』の石窟刻經が現れ、間もなくして八角經幢に刻される形態をもって急速に全土に廣まることとなる。たとえば佛陀波利譯『佛頂尊勝陀羅尼經』を見れば、そこには、佛頂尊勝陀羅尼を耳に聞けば前世に造った一切の地獄の惡業は皆消滅して清淨身を得ると說く。玄宗期以降の中國佛教の密教化、現世利益信仰の一般化への初出例として注意されるものである。

五　石經の展開（三）—唐時代の四川—

南北朝末三國鼎立時代から隋を經て唐代武后朝までは、前述のように石經の流布地域は華北、それも舊北齊領域に偏在していたと言い得る。舊長安一帶に遺存する可能性はあるものの、管見の限りでは河南洛陽・龍門石窟と山西太原の晉祠に現存する石經[25]を最後に、經典刻造事業は河北房山のそれを除き、見られなくなっていった。代わって、唐代後半になると、遙かに離れた四川地方にその作例が確認されており、それは唐を過ぎて次の宋代にまで繼承されていく[26]。しかし宋代以降に見られる態様は、また自ずと前代までとは異なった展開を示しており、本章で扱う時代範圍を超えているので、次節において簡單に觸れるに止めておきたい。

さて四川における石經の嚆矢は、太宗朝の玄奘の譯場に證義大德として招請された道因の事跡に見ることができる。彼の傳記史料としては李儼撰・歐陽通書として名高い「大唐故翻經大德益州多寶寺道因法師碑」（西安碑林現藏）があり、北宋・贊寧の『宋高僧傳』卷二・譯經篇の傳はその節錄である。行論上、道因碑によって、唐・高宗の顯慶三年（六五八）、長安の慧日寺に七十二歲で沒したその生涯を簡單にたどれば、およそ三期に分けられる。

第一期は濮陽（河南）の侯氏に生まれ、受具の後、彭城（江蘇）の靖嵩の下で『攝大乘論』を學んで一家をなすものの、後、泰山に隱棲し修行するまで。第二期は泰山を出て洛陽に向かうも、隋末の大亂に當たって長安・洛陽一帯が戰場となり、成都（四川）に避難。以後、多寶寺を據點にして教化活動を行った時期。第三期は玄奘の譯場に參加すべく長安に招かれ、慧日寺に歿するまで。以上の三期の中、石經に關わる記錄は第二期の成都時代と彼の沒後を記す部分に見られる。成都を離れ、「彭門山寺」に修道安居した際、北周武帝による廢佛政策に遭って以後、荒れ果てたままにされていた伽藍を復興し、さらに寺の北嶽上に「石に刻み經を書し」たという。その發願の由緣は周武廢佛の際の佛典廢棄にあり、それがため、刻經として遺すことこそが、すなわち碑文にいう「名山に鐫勒し、永く昭らかにして朽ちざる」方法として考えられたのである。この點では北齊の唐邕や隋の靜琬の場合に同じである。ここにいう「彭門山寺」とは碑文によれば道因沒後の翌年、顯慶四年に歸葬された「彭門光化寺」であって、弟子によって同寺の「石經の側」に埋葬されたという。ただし道因がどのような經典を刻したのかは、碑序に「多羅の祕帙を窮め、毘尼の妙義を盡す」、碑銘（同碑では詞という）に「經を捜り義を緝む」というのみで、重要な佛典が對象とされたであろうことが推測されるに止まる。(27)

道因の後、四川における石經は成都を中心に造られていったと思われるが、そのことに關する記錄ははなはだ少ない。しかし玄宗朝以後の僅かな例として、北宋・黃休復の『益州名畫錄』卷上の「趙公祐」「范瓊」條等の記錄(28)によれば、成都の大聖慈寺に石經板を藏する石經院があった。南宋・志磐の『佛祖統紀』(29)によると、大聖慈寺は九一六院を擁する大伽藍で、それほどの規模になったについては、成都蒙塵後、上皇となった玄宗が大きく關わっている。また北宋・李之純の「大聖慈寺畫記」(30)によれば、大聖慈寺には「諸院の大藏經計一十二藏」があり、「其の像を鑄るには銅を以てし、經を刻するには石を以てし、又概擧すべからず」とあることから、石經院の石板に刻ま

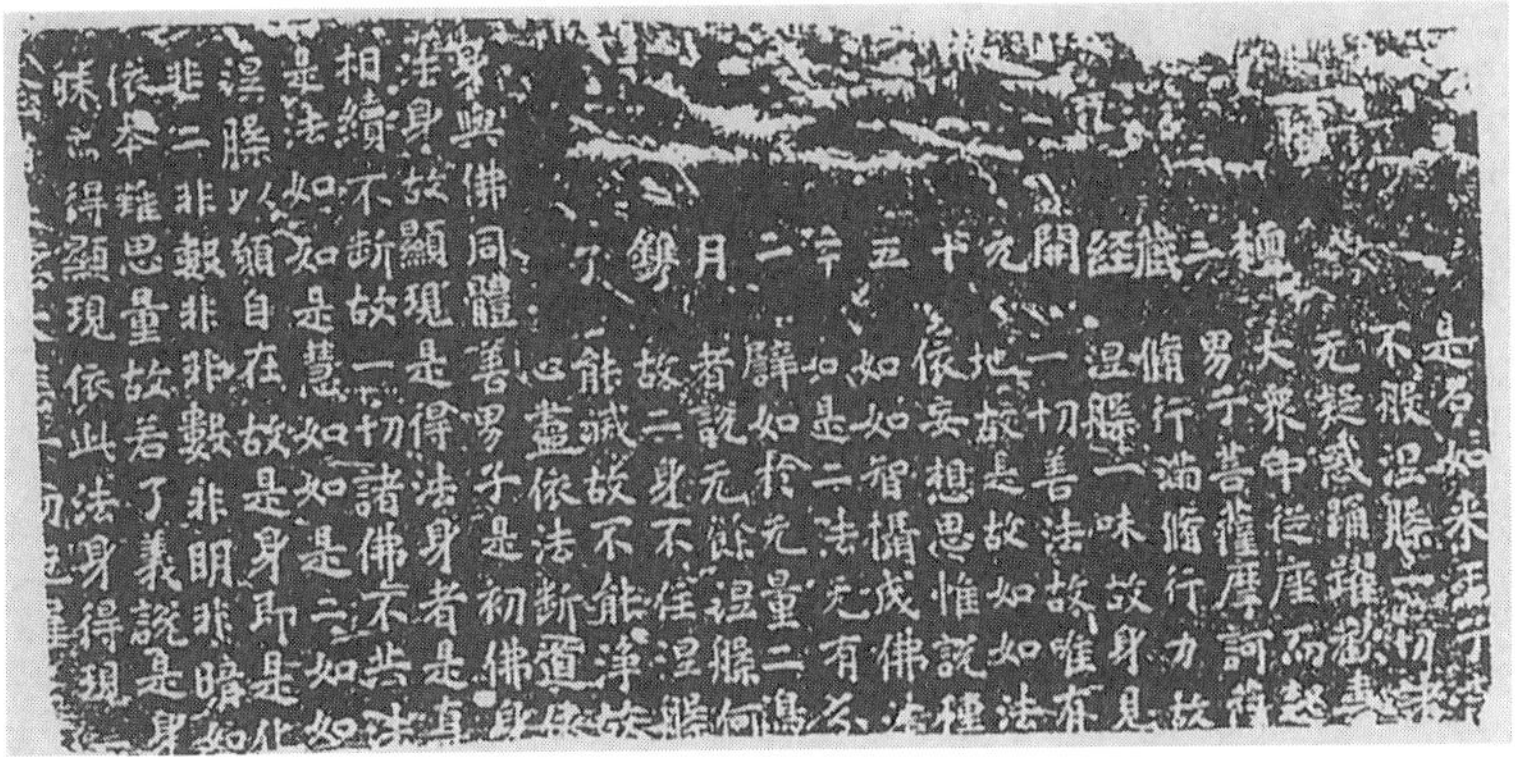

圖10　臥佛院石經〔『文物』1988－8より〕

圖11　靈岩山石經（部分）〔『四川歴代碑刻』より〕

れた經典が大藏經規模の數量をもっていた可能性がある。この大聖慈寺は玄宗の御容院や僖宗の肖像があったこと、また御書の寺額があったことによって武宗の會昌の廢佛を免れた數少ない寺院の一つであったから、その石經が四川地方に與えた影響には大きいものがあったと思われるが、その閒の經緯、またその後の石經の運命については不明である。

四川において確認されている石經の所在地は、現在のところ、唐代のものに成都東南方の內江市安岳縣の臥佛院、成都西北に隣接する都江堰市灌口鎭（舊灌縣）の靈岩山、宋代のものに大足縣の大足石窟の三箇所がある。大足石窟の石經は南宋代に屬するが、經典目錄の石刻を伴うという特異な性格を持ち、この點において臥佛院石經と共通するものがあるので、次節において闢說したい。唐代四川の兩石經は、臥佛院石經が開元十五年（〈七二七〉圖10）、二十一年（七三三）および二十三年の題刻を有し、靈岩山石經には大曆三年（七六八）の題刻が確認されている。その形態は前者が窟面の石壁に刻されているのに對し、靈岩山は石板に刻され（圖11）、元來小ぶりの洞窟に封藏されていた。現存する規模の面で言えば前者が後者を遙かに凌ぐ。臥佛院石經は國指定の重點文物である釋迦涅槃像に向かい合うように分布し、中國の調査報告によれば、一五の石經洞を有し、經典未刻の石窟四十餘を含み、窟龕全てに付された編號は一四二號に及ぶ(31)。その經典の種類は二十餘というが(32)、註に記した中國側の論文相互に經典の名稱や品名、あるいは巻次の表記等に多くの差異が見られ、利用する際に困惑を生ずる。それでも『涅槃經』が最も多く『法華經』がそれに次ぎ、『佛名經』『維摩經』『大方便佛報恩經』『金光明經』や『金剛般若經』『般若心經』『阿彌陀經』『大乘大集地藏十輪經』『禪祕要法經』『禪法略出』等は共通して確認されている。中でも臥佛院石經の特徵として指摘し得るのは、『佛頂尊勝陀羅尼經』（四六號窟）の他、『報父母恩重經』（五九號窟）や『灌頂隨願往生十方淨土經(33)』（三三號窟）、『佛性海藏智慧解脫破心相經(34)』（四六號窟）等の中國撰述佛典、所謂僞經の存在、そして靜泰の『大唐東京大敬愛寺一切經論目序』（四六號窟）である。『佛頂尊勝陀羅尼經』の刻出は先述したように龍門石窟の武周時代にその先例が見られたが、開元期以降のこの臥佛院にも經幢の盛行とともに波及していたことが判明する。また僞經類の刻出と、未刻經窟が四十餘窟に上ることは、先に造窟を行って贊同者を募り、僞經類を含めた經典の石刻を善業として勸進していったことを意味し、佛教の民衆化を端的に示すものとして注意されよう。

次に都江堰市の靈岩山石經については、早く『語石』巻四に、灌縣より唐代佛經、大小六九石が出土したとの記錄があり、また近年では胡文和氏の「灌縣靈岩山唐代石經」（『四川文物』一九八四―二）があり、『四川歷代碑刻』[35]にも拓影と解說がある。それらによれば、淸・光緒年間に出土、形態は縱四〇センチメートル、横八〇センチメートル、兩面刻の經板、これらの中に「大曆三年（七六八）」の題刻を有する石經がある。民國二十年（一九三一）に發掘整理された際に、經板の閒から開元錢が出土したという。[36]從來の記錄によっても『大般若經』『華嚴經』『楞嚴經』の存在は知られていたが、その他、灌縣文物保管所に保存されている六〇〇個の斷片を調査した結果、『大寶積經』や『涅槃經』『灌頂普廣菩薩隨願往生十方淨土經』を含む『灌頂經』、また『大方等大集經』等が確認され、『文殊師利寶藏陀羅尼經』には「大唐三藏菩提流志奉制翻譯」の題記がある。他にも經名、巻第、石板の順序や功德主の氏名が石板上に刻されているものがある。石經の經板は元來一千以上であったろうと胡氏は推定している。

ところで胡氏は前記論文の中で、この石經こそが先述した道因の彭門光化寺石經であると強く主張する。確かに道因法師碑によれば、彭門光化寺の立地は「近きは青城の巘《みね》に對《むか》い、遙かに赤星の街を瞻《み》る」とあり、現在の靈岩山も道教の聖地青城山をすぐ西に見やり、遠く成都の市街を東南方に望む位置にある。また唐・道宣の『續高僧傳』巻二〇の靜之傳に「貞觀の初め、益部道江の彭門山光化寺に隱る」（大正五〇・六〇二a）とあるように、道江

（導江）縣が今の灌口鎭（舊灌縣）であり、したがって成都北方の彭縣ではない可能性が高い。しかし、胡氏の立論は前掲註（26）において上野隆三氏が指摘するように、いささか強引である。上野氏が引く『重修彭縣志』（清・光緒四年序刊本）巻九・金石志の光化寺石經の項に道因の石壁刻經を言う記録がある以上、また「大暦三年」を溯る題記が發見されない以上は、道因石經との比定は斷定を避けるべきであろう。

六　石經盛衰の背景と變容

石經の盛行、特に隋唐時代に始められた河北における靜琬の房山石經や、靈裕の寶山石窟などの背景に末法思想があることは、日本において早くより指摘され、(37)それは今日の中國の研究者も等しく認めているところである。またそこに石刻による佛典護持を願う意識が強く働いていたことは、先述した小南海石窟の「方法師鏤石班經記」や北響堂山石窟南洞の「唐邕刻經記」だけでなく、山東の鐵山摩崖の「匡喆刻經頌」にも「縑《けん》竹は銷《き》えやすく、金石は滅《き》え難し。□を高山に託し、永く留めて絶えざらしめん」(38)とあるとおりである。また各地に現存する石經に、それぞれ選擇の基準があることも徐々に解明されつつある。(39)ここではこれら廣く認められている論點にはこれ以上觸れず、そこに、佛典の護持だけに留まらず現實の佛教教團の秩序維持と永續への意志があったことを、以下において指摘しておきたい。

本論末尾の各石窟主要石經對照表は、最古の石經である小南海石窟とそれに續く響堂山石窟のものを基本にその他の石經を對照したものである。房山については最初期の第五洞（雷音洞）の壁面に保存されている全一八種の內、對照表上段の小南海、響堂山、中皇山、山東諸山、寶山大住聖窟、八會寺の石經に對應する一三種(40)のみを示し、第五洞に續く初期のものとされる第七・八洞に收藏される唐代石經は前記諸石經について對應しているものを表示しているに過ぎない。しかしおよそ主要な石經がどのように分布しているかを示そうとしたものである。このような作業によっても、石經というものが、偏在した分布を示していることに氣づく。この表の中から、『孛經』と『佛垂般涅槃略說教誡經』とについて述べてみたい。

『孛經』[41]は呉の支謙譯、『孛經抄』一卷（『大正藏』卷一七）として傳えられている。北響堂山石窟南洞の「唐邕刻經記」に明記する四經典の一つである。石刻の『孛經』と『孛經抄』とは大體のところは一致する。『孛經』の內容は、「孛」なる出家僧が最後には國師となり、國王の政治を助けるというものであるが、この經典の石刻は對照表からも明らかなように、他に例がなく、また文獻引用例もほとんどないようである。そうした中で想起されるのは小南海石窟の「方法師鏤石班經記」に記される僧稠である。僧稠が響堂山石窟に關係が深く、北齊時代に佛教教團の指導者として時の帝室と密接に結び付いていたことは『續高僧傳』が傳えている。この『孛經』の石刻は、そうした教團の指導的地位にある高僧と政權の中樞にある者との關係を如實に表していると考えてよく、それを見る者に教團と俗權との關わりを明確に示すものであったろう。

今一つの『佛垂般涅槃略說教誡經』は、鳩摩羅什の譯出になる一卷の小經典である（『大正藏』卷一二）。これは『孛經』と異なり、中皇山、八會寺の石經、そして房山雷音洞に存在するように、しばしば刻石されている。換言すれば、北齊代以降、特に隋代に見られ、唐代には見られない。『佛垂般涅槃略說教誡經』は現行大正藏經本に「亦、佛遺教經と名づく」との注記がある。『出三藏記集』卷二・新集撰出經律論錄に「遺教經一卷」とあり、その下に「或いは佛垂般泥洹略說教誡經と云う」（大正五五・一一a）と注記されるのを初めとして、その後の各經典目錄には『遺教經』、あるいは『佛垂般涅槃略說教誡經』と表記される。その內容は、釋迦最後の說法として、出家の比丘に對し持戒の相を說き、教誡するものである。よく心を制御すること、心を正しくし、質直を本とすべきことを說き、少欲、知足を初めとして箇條的に出家僧のあり得べき姿を說く。南齊の慧基（梁『高僧傳』卷八）が注を施して以來、梁末より隋初にかけては江南の地において『十誦律』の學者として名を馳せた智文（『續高僧傳』卷二一）がこれを講じ、北齊佛教界の指導者慧光、その教えを承け隋・文帝に重んぜられた靈裕（同卷九）等はそれぞれ注釋を行っている。(42) 北齊帝室と密接な關係を持つ響堂山石窟に本經が刻石されていることには、他の石經に異なる大きな意味がある。教團の自律、内律維持の要請と主張である。晉陽（太原）への北上ルート上にある中皇山、八會寺の石經、そして房山石經を發願した靜琬が最初に開窟した第五洞（雷音洞）の石經中に本經が存在することもそのことを示していよう。

唐代の『遺教經』については、周知のことながら、太宗によって貞觀十三年（六三九）に發布された「遺教經施行敕」がある。(43) 京官の五品以上および諸州の刺史に各々一卷を送付し、『遺教經』の經文と合致しない行爲の僧尼を見れば、公私ともどもに經旨を遵行せしめるよう努めるべく命じているものである。その發布者たる太宗は、如來より付屬を受けた國王として、敕の施行を命ずる形を取っているが、その實、皇帝＝俗權の側からの教團に對する教誡である。律學者としての慧光、靈裕は言うまでもなく、靜琬においても雷音洞に本經を刻むことによって、訪ね見る者に、自律あってこそ佛教の流布と佛典の護持が可能であることを示そうとしたものと考えてよかろう。これに對し、太宗の「遺教經施行敕」は教團外からの自律の要請であり、そこには彼我の間に大きな懸隔が生じている。それは北魏・北周の皇帝卽如來や隋の轉輪聖王思想の延長線上に位置づけ得るものであるが、その實、國家による佛教教團の統制支配の意志を表明したものであって、隋代までの石經に見られる自律の意志とは次元を異にする事態をそこに見て取る事ができる。房山と龍門、そして四川の石經を除けば、唐代における石經がほとんど見

圖12　安岳臥佛院（『大唐東京大敬愛寺一切經論目』）〔『文物』1988－8より〕

られなくなることの背景には、やがて玄宗朝以後の佛僧に現れる臣下意識の表明と軌を一にする、經典刻石に對する意識の變化がある。『遺教經』をめぐる自律と他律の相克の事態は、自律と公開・教化を旨とする石經造營事業に變容をもたらす一契機となったのではないか。

さて四川の石經は、唐・五代を經て北宋時代に入っても石窟の造營とともに盛んに造られていったが、そこに見られる性格は、往生淨土への希求と現世利益、そして社會倫理の主張に傾く。また龍門石窟に見られる『陀羅尼經』は間もなく經幢刻石の形を取って全國に普及していく。それは太宗の昭陵にも建てられていたように、陀羅尼經幢の造立は社會の上下を問わず廣く行われていったのである。ここでは石經變容の一面として、經典目錄の刻石について述べ、本章を終えたいと思う。

刻石された經典目錄は現在のところ四川の二箇所にのみ確認される。すなわち前述した安岳臥佛院第四六號窟の靜泰撰『大唐東京大敬愛寺一切經論目序』（以下『靜泰錄』という。圖12）と大足石窟寶頂山小佛灣の祖師法身經目塔（『大足石刻研究』四川省社会科学院出版社　一九八五年所載）である。胡文和・李官智氏「安岳臥佛溝唐代石經」によれば、『靜泰錄』は現行大正藏經本の冒頭部分から、すなわち靜泰の序とそれに續く衆經目錄第一および第二の部分が刻まれている。彭家勝氏の「四川安岳臥佛院調查」に掲載されている拓影によって試みに大正藏經本と比較してみると、現行本での雙行注がそのまま本文として刻されてあること、紙數が省かれていること、あるいは同一譯者の經論が竝ぶ場合に一括して記す等の他は、多少の字の異同がある程度で、ほとんど忠實に刻字されていることがわかる。この四六號窟には『涅槃經』『摩訶般若波羅蜜經』『金剛般若波羅蜜經』『阿彌陀經』『佛頂尊勝陀羅尼經』等が刻され、『靜泰錄』はこれらの經典群の一部として刻まれている形である。臥佛院石經の性格については、これら中國側の報告によって先に述べたとおりであるが、『靜泰錄』が全文を刻字されることなく、石窟壁面に他の經典群と竝べられていることについては、なんらの記録もなく、またなぜ『靜泰録』であったのかについても確かな説明は現在では不可能である。ただ、玄宗朝になって經典目録が石窟に刻まれたことは、經典を刻石する行爲の中に、大きな意識の變化が起きていることを窺わせる。それまでは言わば佛經を理知的に把握し保存するものであったものが、ここに到って、より民衆の心情に沿う形態を取ろうとする臥佛院石經が造營されたのである。それはまた、前代とは異なり、追善と公開をその性格とし、そこではすでに經典の名稱を刻むことが經典を刻むことにほかならないと考えられたのではなかろうか。經典目録の入藏目録は大藏經の範圍を文字通りに表しているものであり、それは佛教の經典を包括するものとして理解され、さらには經典名そのものが經典の內容を全て表していると考えられたのであろう。

玄宗朝末年に勃發した安史の亂以降の佛教が密教色を帶び、とりわけ現在の四川の各地に殘されている石窟造像がその色彩を濃厚に殘していることは周知のことに屬するが、そうした後代の石窟の中で、大足石窟は石經と經典目録を伴う石窟として注目される。大足石窟の中で寶頂山小佛灣の石窟は南宋代の造營とされており、祖師法身經目塔と稱される三層四面の石塔も同時代の作とされる。『大足石刻研究』中編に收められている陳習剛「大足石刻志略校注」(44)では、この目録を『武周刊定衆經目録』とし、この塔を武周刊定衆經目録經幢としているが、そこに掲載されている釋文によれば、經典の配列は『武周刊定衆經目録』にではなく、『開元釋教録』の入藏目録に一致する。ここには則天文字三種（正・國・人）や造立者趙智鳳の作字と考えられているものの他にも、異體字が多く、則天文字の使用が寶頂山摩崖造像の起源を早くに設定させる原因ともなったと思われる。近年公刊された『大足石刻銘文録』(45)掲載の拓本、あるいは『文物』（一九九四―二）所收の「大足寶頂山小佛灣祖師法身經目塔勘查報告」に掲載する經目塔の寫眞等から見ても、いわゆる經幢ではなく、佛龕を持つ重厚な佛塔である（圖13）。經録は各層

圖13　寶頂山小佛灣經目塔

の壁面にあるいは佛龕を避け、あるいは壁面一杯に、經典名が卷數を伴わずに彫り込まれている。この卷數を伴わずに經典名を列記する形態は安岳臥佛院の經錄とは餘程異なっている。同じ楷書とは言っても唐代までの端正なそれとは違い、多數の異體字を用いた獨特の字體で刻まれた經目塔は、同じく經錄に據りながらも、そこではすでに經典目錄を意識するというよりも、經典名にのみ注意が向けられている。大足石窟の他の石經が佛龕佛像とともに裝飾的に彫られていることと軌を一にするものである。石經を持つ安岳臥佛院の石窟は中國側の報告に「經窟」との表現があるように、それはあくまでも正確な經典の刻出と呈示が主體であり、經錄の刻出もその一環として把握することができるのに對し、大足石窟の石刻經錄にいたっては、經典の目錄を刻むことよりも經典名の材料の提供者としての意識があるに過ぎない。印刷藏經の時代には、卷數を伴う經錄の正確な刻出は最早不要であったのであろう。

各石窟主要石經對照表

	小南海	響堂山	中皇山	山東	寶山	八會寺	房山5	7	8	龍門	安岳	灌縣
維摩經		○		○			○				○	
勝鬘經		○			○		○					
孛經		○										

彌勒下生成佛經		○				○			○			
涅槃經	○	○			○			○			○	○
華嚴經	○	○							○			○
無量義經		○					○	○				
無量壽經優婆提舍願生偈		○					○					
佛名經（二五佛）		○			○	○					○	
現在賢劫千佛名經		○				○	○					
摩訶般若經		○							○			
文殊般若經		○		○								
金剛般若經				○			○	○	○	○	○	
法華經		○			○		○	○	○		○	
同　觀世音菩薩普門品		○	○			○	○		○	○	○	
十地經論			○									
深密解脫經			○									
思益梵天所問經			○						○			
盂蘭盆經			○						○			
佛垂般涅槃略說教誡經		○	○			○	○					
大集經（月藏分等）				○	○							○
觀藥王藥上二菩薩經					○	○	○					

決定毘尼經（三五佛名）					○	○	○		○			
摩訶摩耶經					○							
佛頂尊勝陀羅尼經								○	○	○	○	
觀無量壽經	○			○			（4洞）				○	
阿彌陀經									○	○	○	
灌頂經											○	○
父母恩重經									○		○	
金光明經								○	○		○	
般若心經								○	○	○	○	
付法藏因緣傳										○		
高王觀世音經							○					

註

（1）「方法師鏤石班經記」

大齊天保元年、靈山寺僧方法師、故雲陽公子林等率諸邑人、刊此巖窟髣像眞容。至六年中、國師大德稠禪師、重瑩脩成、相好斯備。方欲刊記金言、光流末季。但運感將移、曁乾明元年歳次庚辰、於雲門帝寺、奄從遷化。衆等仰惟先師、依准觀法、遂鏤石班經、傳之不朽。

（2）「唐邕刻經記」

……以爲……有壞、簡策非久、金牒難求、皮紙易滅。於是發七處之印、開七寶之函、訪蓮華之書、命銀鉤之迹、一音所說、盡勒名山。於鼓山石窟之所、寫維摩詰經一部・勝鬘經一部・孛經一部・彌勒成佛經一部。起天統四年三月一日、盡武平三年歳次壬辰五月廿八日。

（3）曾布川寛「響堂山石窟考」（『東方學報　京都』六二　一九九〇年、『中國美術の圖像と様式』中央公論美術出版　二〇〇六年　に收錄）參照。他に顔娟英「北齊禪觀窟的圖像考—從小南海石窟到響堂山石窟—」（『東方學報　京都』七〇　一九九八年）、稻本泰生「小南海中窟と僧稠禪師—北齊石窟研究序說—」（一九九九年、京都大學人文科學研究所・唐宋美術の研究班　研究發表）がある。稻本氏の研究は、後に、荒牧典俊編『北朝隋唐中國佛教思想史』（法藏館　二〇〇〇年）に同名の論文としてその前半部が收載され、その續編として「小南海中窟と滅罪の思想—僧稠周邊における實踐行と『涅槃經』『觀無量壽經』の解釋を中心に」（『鹿園雜集』四　二〇〇二年）が發表されている。

（4）「鄴城地區石窟與刻經」（『考古學報』一九九七—四）、および馬忠理・張沅・程躍峰・江漢卿「涉縣中皇山北齊佛教摩崖刻經調查」（『文物』一九九五—五）、劉建華「河北曲陽八會寺隋代刻經龕」（同前）。

（5）嚴耕望『唐代交通圖考』第五卷　河東河北區（中央研究院歷史語言研究所專刊之八三　中央研究院歷史語言研究所　一九八五年）。

（6）參照した文獻名を、以下各石窟ごとに示す。
〈響堂山石窟・水浴寺石窟〉

水野清一・長廣敏雄『河北磁縣・河南武安　響堂山石窟—河北河南省境における北齊時代の石窟寺院—』（東方文化學院京都研究所　一九三七年）。

常盤大定・關野貞『中國文化史蹟』（原題『支那文化史蹟』法藏館　一九三九〜一九四一年）第五卷・河南河北、
曾布川寛前揭註（3）論文。

響堂山石窟の石經については、近年、張林堂主編『響堂山石窟碑刻題記總錄』（外文出版社　二〇〇七年）が刊行され、その全貌を知る手段が提供された。

〈涉縣中皇山石窟〉

馬忠理他「涉縣中皇山北齊佛教摩崖刻經調查」（『文物』一九九五—五）。

〈小南海石窟・寶山靈泉寺石窟〉

常盤大定・關野貞『中國文化史蹟』同右。

河南省古代建築保護研究所『寶山靈泉寺』（河南人民出版社　一九九一年）。

本篇第八章　隋唐時代の寶山靈泉寺―寶山靈泉寺石窟塔銘の研究―。

稻本泰生前掲註（3）論文。

〈峨谷寺石窟〉

曹桂岑・郭友范「林縣洪谷寺唐塔調査」（『中原文物』一九七八―三）。

張增午「林縣峨谷千佛洞造像調査記」（『中原文物』一九八三―四）。

山西省晉東南專員公署『上黨古建築』（一九六二年）北魏淸化寺石窟、唐寶應寺石窟・千佛溝石窟。

（7）たとえば淸・葉昌熾『語石』（『譯註語石』〈石刻書道考古大系卷上　省心書房　一九七五年〉卷第四〈82〉刻經八則）や馬衡『中國石刻學概論』（『譯註語石　譯註中國石刻學概論』〈石刻書道考古大系卷下　省心書房　一九七八年〉三　經典諸刻と記事諸刻との別）。

（8）松本文三郎『支那佛教遺物』（大鐙閣　一九一九年）六　石經、常盤大定・關野貞『中國文化史蹟』卷一一・山東、道端良秀『中國の石佛と石經』（法藏館　一九七二年、同氏〈『中國佛教史全集』第五卷〉『中國佛教の民俗學的研究』書苑、一九八五年　所收）等。
　中國の近年のものとしては、山東石刻藝術博物館・中國書法家協會山東分會編『山東北朝摩崖刻經全集』（齊魯書社　一九九二年）、安旗編『四山摩崖選集』（陝西人民美術出版社　一九九一年）等がある。

（9）桐谷征一「中國北齊期における摩崖・石壁刻經の成立」（『勝呂信靜博士古稀記念論文集』山喜房佛書林　一九九六年）等。本章も氏の研究に負うところが大きい。なお房山石經に關する氏の研究については後述。

（10）一九九五年になって、山東摩崖石經群が散在する地域からは最も西に位置する東平縣の洪頂山から北齊・文宣帝天保四年（五五三）等の紀年を持つ巨大な佛名を伴う石經が發見された。ここにも「僧安道一」あるいは「大沙門僧安道壹」の名が刻まれている。これについてはすでに柳文金編『山東平陰三山北朝摩崖』（榮寶齋出版社　一九九七年）、『中國書法全集第一二卷　北朝摩崖刻經』（榮寶齋出版社　二〇〇〇年）が刊行されている他、田熊信之「山東平陰東平縣發見の北朝佛經摩崖について」（『昭和女子大學文化史研究』三　一九九九年）や桐谷征一「北齊摩崖刻經の成立とダルマの壁觀」（『田賀龍彥博士古稀記念論集佛教思想佛教史論集』山喜房佛書林　二〇〇一年）

がある。これらの報告・研究によってこの石經が、北齊山東地域の最も初期に屬する摩崖石經であることが判明した。したがって響堂山石窟に代表される北齊都城近邊の石窟石經に前後して、いち早く摩崖石經の造營が行われたことが明らかとなり、これまでの山東石經の位置づけがより早まることとなった。これらの石經については、近年、『北朝摩崖刻經研究』三卷（一九九一年　二〇〇三年　二〇〇六年）が、中國・山東石刻藝術博物館等の編として刊行されている。

(11)『周書』卷八・靜帝紀大象二年八月條。ただし、この時に寺院の一部が破壞を免れていたことは、『舊唐書』卷三一・地理志二の記錄によって明らかである。本篇第七章、及び第八章參照。

(12)『支那佛教史蹟踏査記』（支那佛教史蹟蹈査記刊行會　一九三八年、原載『支那佛蹟蹈査　古賢の蹟へ』第一　金尾文淵堂　一九二一年）。

(13) 塚本善隆他「房山雲居寺研究」（『東方學報　京都』五　副刊　一九三五年）。

(14) 塚本善隆「房山雲居寺と石刻大藏經」（『塚本善隆著作集』第五卷、大東出版社　一九七五年に再錄）。

(15) 桐谷征一「房山雷音洞石經攷」（野村耀昌博士古稀記念『佛教學佛教史論集』春秋社　一九八七年、なお中國佛教文化研究所編纂『房山石經研究』第二冊　一九九九年に再錄）。

(16) 氣賀澤保規編『中國佛教石經の研究―房山雲居寺石經を中心に―』（京都大學學術出版會　一九九六年）。

(17) 中國佛教協會編『房山雲居寺石經』（文物出版社　一九七八年）。

(18) 北京圖書館金石組・中國佛教圖書文物館石經組編『房山石經題記彙編』（書目文獻出版社　一九八七年）。

(19) 劉建華「河北曲陽八會寺隋代刻經龕」（『文物』一九九五―五）。

(20) ここで、李裕群氏の「鄴城地區石窟與刻經」の細目を掲げておく。これは現在の中國研究者の各論考のなかで、東魏・北齊から隋・唐初までの河北・河南地方の石經を最もよく網羅しまとめている研究であろう。その目次は次のようになっている。

一、引言　二、鄴城地區石窟與刻經洞窟的分類　三、洞窟與刻經的關係　四、造像題材與刻經的關係　五、刻經反映的石窟性質的變化　六、刻經與末法思想　七、刻經反映的鄴城地區三階敎的影響　八、結語

(21) 常盤大定「隋の靈裕と三階敎の七階佛名」（『支那佛教の研究』第一冊　春秋社　一九三四年）、塚本善隆「三階

教資料雜記」（『塚本善隆著作集』第三卷　大東出版社　一九七五年）。

(22)　後於寶山造石龕一所、名爲金剛性力住持那羅延窟。面別鐫法滅之相、山幽林竦、言切事彰。毎春遊山之僧、皆往尋其文理、讀者莫不歔欷而持操矣。其遺迹感人如此。（大正五〇・四九七b）

(23)「寶山寺靈裕傳」（『中國佛教史研究』第一　大東出版社　一九八一年）。

(24) 前掲註（7）『譯註語石』七五四〜七七六頁。

(25) 黃征・宋富盛主編『晉祠華嚴石經』（山西人民出版社　一九九六年）。同書によれば、「風峪石經」として知られていたこの石經は、唐・實叉難陀譯『華嚴經』、いわゆる『八十華嚴』である。大多數は高さ一メートル餘の方形石柱四面に楷書で刻され、則天文字が見られる。石柱總數百三十餘、原刻總數の約八割を藏するという。

(26) 註（16）前掲書　第七章　上野隆三「四川における唐宋時期の石刻造像・石經事業附　四川唐宋石刻作品と關係論文目錄」參照。

(27) 以上については滋賀高義編『唐代釋教文選譯注』（大谷大學眞宗總合研究所・三朝高僧傳の比較研究班　一九九八年）所收の拙譯および解題參照。また唐・五代時代の成都の全般については、嚴耕望「唐五代時期之成都」（香港中文大學『中國文化研究所學報』一二　一九八一年、『嚴耕望史學論文選集』卷上　中華書局　二〇〇六年　に收錄）參照。

(28)『益州名畫錄』卷上

趙公祐

會昌年、一例除毀、唯存大聖慈寺文殊閣下天王三堵……前寺石經院天王部屬、竝公祐筆、見存。

范瓊

大聖慈寺……北廊下石經院門兩金剛、東西二方天王……石經板上七佛・四仙人・大悲變相……。

(29)『佛祖統紀』卷四〇・法運通塞志第一七の七、肅宗至德元載正月條

范陽節度使安祿山反。……上皇駐驆成都。內侍高力士奏、城南市有僧英幹、……欲於府東立寺爲國崇福。上皇說御書大聖慈寺額、賜田一千畝。敕新羅全禪師爲立規制。凡九十六院八千五百區。（大正四九・三七五c〜三七六a）

(30)「大聖慈寺畫記」（『成都文類』卷四五・記・畫像）
其鑄像以銅、刻經以石、又不可概舉。……諸院爲國長講計七十三座、諸院大藏經計一十二藏。
(31) 彭家勝「四川安岳臥佛院調查」（『文物』一九八八—八）、同號に丁明夷「四川石窟雜識」もある。
(32) 胡文和・李官智「安岳臥佛溝唐代石經」（『四川文物』一九八六—二）。
(33) 三三號窟には『灌頂隨願往生十方淨土經』の他に、胡・李兩氏論文によれば『灌頂拔除過罪生死得度經』、いわゆる僞經の『藥師瑠璃光經』となっている。これに對し彭氏論文では玄奘譯の『藥師瑠璃光佛本願功德經』（同論文附表、臥佛院石經一覽では『藥師瑠璃光佛功德本願經』）とする。
(34) 四六號窟の『佛性海藏智慧解脱破心相經』は胡・李兩氏論文による。中壁にあるこの經典を彭氏論文では『大般涅槃經』とするが、誤りである。胡・李兩氏論文には圖二として七行、一行一五～一六字の小拓影が掲載されているが、これは論文に指摘されるように、『大正藏』卷八五・疑似部に收録されている同經卷上（S2169）末尾に該當している。またこれは左から右へ刻されている。前掲註（33）にも述べたように、臥佛院石經に關するこれら二つの論文には、多くの齟齬が生じている。彭氏論文には附表として臥佛院石經一覽が掲載され、全一五窟の窟號、規模、壁面方位、經名、卷、品、現狀、刻經人名の有無、備注と周到な用意がなされていて、便利である。ただし、經名、卷、品に胡・李兩氏の論文と合致しない場合が多い。さらに胡・李兩氏論文には造像を伴う「經文造像合龕」と全く經典だけで占められている「經窟」とを區別しているのに對し、彭氏論文には注意はされているものの、附表には反映されていない。
(35)『四川歷代碑刻』（四川大學出版社　一九九〇年）。
(36) 現在の靈岩山石經は、伽藍だけが殘る靈岩寺の建物の中に、中國側の情報にあるように、斷片を屏風に貼り交ぜにして保存してある。屏風は全部で一六。靈岩寺の下は、世界各地の觀音像を模造列置した觀光地となっており、そこまでロープウエイが通じている。石經が發見されたとされる洞穴はさほど大きいものではなく、靈岩寺に向かって左手斜面の少し上方に穿たれている。道因法師碑に言う、石經の傍らに埋葬されたとの記録とは一致しない印象が殘る。
(37) 常盤大定・塚本善隆前掲註（21）論文等參照。近年では福田眞「北朝末期における佛教の變容過程と華北社會」

（『（愛知學院大學大學院文學研究科）文研會紀要』四・五　一九九四年）がある。

(38)　鎌竹易銷、金石難滅。託□高山、永留不絕。（『山左金石志』巻一〇等）

(39)　前揭註（15）桐谷征一「房山雷音洞石經攷」。

(40)　他の五種とは、『菩薩地持戒品』・受菩薩戒法―『菩薩地持戒經』、八戒齋戒法―『大智度論』、十方佛―『十住毘婆沙論』、『觀彌勒菩薩上生兜率陀天經』、『温室洗浴衆僧經』である。桐谷前揭註（15）論文參照。

(41)　『孛經』については、本章の原論文執筆時において、前揭註（6）『河北磁縣・河南武安　響堂山石窟―河北河南省境における北齊時代の石窟寺院―』にも錄文がなく、常盤大定や中國側の報告にも寫眞がないため、京都大學名譽教授の曾布川寬先生所藏の寫眞によって大正藏經本と對照した。曾布川先生のご厚意に對し、感謝申し上げげたい。

(42)　靈裕の寶山大住聖窟にはこの經典の石刻はないが、寶山塔龕群の中に現存する唐・貞觀六年（六三二）の「（靈裕）大法師行記」には「集遺教論疏一卷」が記されている。

(43)　滋野井恬「唐貞觀中の遺教經施行について」（『印度學佛教學研究』二六―一　一九七七年）、礪波護「唐初の佛教・道教と國家―法琳の事跡にみる―」（吉川忠夫編『中國古道教史研究』同朋舍　一九九二年　所收。後、『隋唐の佛教と國家』中公文庫　一九九九年に再錄）。

(44)　陳習剛「大足石刻志略校注」の他、李正心「也談寶頂山摩崖造像的年代問題」（原揭『文物』一九八一―八）がある。この李正心論文に對する反論に東登「再談寶頂山摩崖造像的年代問題」（原揭『文物』一九八三―五）がある（以上いずれも『大足石刻研究』所收）。

　また多數の異體字については、胡昭曦「大足寶頂山石刻淺論」（原揭『樂山市志資料』一九八三―三、『大足石刻研究』所收）の他、重慶大足石刻藝術博物館・四川省社會科學院大足石刻藝術研究所「大足寶頂山小佛灣祖師法身經目塔勘查報告」（『文物』一九九四―二）に異體字表がある。

(45)　重慶大足石刻藝術博物館・重慶市社會科學院大石石刻藝術研究所編　重慶出版社　一九九九年。

第七章　北齊佛教衰亡の一面―摩崖石刻經典の盛行と衰退を通して―

一　はじめに

北齊佛教が隋代佛教の、佛教教學や教團統治などの佛教を取り卷く內外の諸問題に對して、それらの基本を與えたことはよく知られている。(1) 一方、政治史的に見れば、隋代に至る閒における北齊領域とその佛教を取り卷く環境は激變した。北周武帝による北齊占領と廢佛政策の實施を經て、北周末の宣帝・靜帝、特に靜帝時代は、佛教の復興が圖られたものの、時代としての實態は外戚楊堅、すなわち後の隋・文帝による周隋革命の準備・實施時期そのものであった。以後、楊堅・文帝にとって、北周末とは、舊北齊領域や舊南朝梁の地域の不安定に伴う緊張を強いられた時期、さらに隋朝創建後、開皇九年（五八九）の陳朝討滅・天下統一に至るまでは、短くはあっても、甚だ愼重に事を運ぶべき緊迫した期閒であった。『廿二史劄記』卷一五・「隋文帝殺宇文氏子孫」冒頭に、趙翼は「古來、天下を得るの易きこと、未だ隋文の如きものあらず」と言うが、實際には必ずしもそうではない。

そのような時期に、北齊佛教の一部は滅亡し、他の一部は再生した。北齊佛教の全體像を把握する一助として、ここでは北齊佛教特有の現象として、摩崖石刻經典（以下、摩崖刻經と言う）を取り上げてみたい。北齊時代、及び北周末の廢佛政策撤回後の僅かな期閒に、太行山脈以東の、歷史地理的に言う「山東」地域に盛んに行われ現在にも多數遺存する摩崖刻經が、續く隋代に殆ど見られなくなったのはなぜか。當時の政治的狀況を含む時代的背景から、その要因を探ってみることが、小論の目的である。

二　北朝隋初の「山東」の動向

近年、頓に注目されている北齊時代の摩崖刻經は、北齊帝室と密接に關連して造營された一方、洪頂山等の自然摩崖に刻造した僧安道壹（一）集團のような『高僧傳』等の記録に殘らない人々によっても、「山東」地方の各地において樣々な形態をもって繼續されていた。洪頂山の巨大な摩崖石刻佛名や末法到來を示す題銘、あるいは山東諸山の諸刻經を今に殘した人々の活動の跡は、桐谷征一氏の一連の研究をはじめ多くの研究者によって整理され跡づけられている(2)。その活動期間は、北齊文宣帝の天保四年（五五三）から北周最末期の靜帝大象二年（五八〇）までの約四半世紀に過ぎない。半面、そうした短期間に南北響堂山石窟や中皇山石窟等に伴う石壁刻經や摩崖刻經が集中的に造營されたのである。その高い密度で繼續されていった刻造事業が、隋代に入り一部を除き殆ど姿を消すに至ったのには、その背景として二つの政治史的變動がある。一つは靜帝大象二年（五八〇）に起った、舊北齊領域の中心を統治した相州總管尉遲迥の亂、今一つは隋開皇九年（五八九）の南朝陳の討伐である。

まず相州總管尉遲迥の亂について、亂の經緯の概略と「山東」地域との關連について整理しておきたい。

尉遲迥（『周書』巻二一、『北史』巻六二）は、西魏の宇文泰のもとで南朝梁の領土であった益州の占領に功績を擧げ、引き續き益州刺史として蜀地の統治に當たっていたが、宣帝即位の宣政元年（五七八）に相州總管として赴任した。宣帝崩御・靜帝即位に伴う外祖父楊堅の輔政が實現すると、尉遲迥の聲望を警戒する楊堅によって、尉遲迥に代わっての相州總管赴任の命令が韋孝寬に對して下り、その同年六月に、尉遲迥は自ら大總管を稱して自立を圖り叛旗を翻したのである。時に尉遲迥は一〇州を管下に置き、甥の尉遲勤は青州（山東・益都）總管として青・齊・膠・光・莒の山東五州を支配し衆數一〇萬と言い、また付近のいくつもの州もこの動きに呼應した。更に尉遲迥は北は突厥に、南は陳に連絡しようとしたと言われる。その反亂は佛教・道教の復興が宣言されたと同月であった。崔元穆の傳（『周書』巻三六）に「大象二年、宣帝崩じ、隋の文帝輔政し、三方に兵起こる」とあるように、尉遲迥の亂に連なって鄖州（湖北・安陸）總管司馬消難が擧兵、巴の諸蠻の反亂を引き起こし、諸蠻の渠帥蘭洛州は司馬消難と尉遲迥との連動を圖り、更に八月に入ると益州總管王謙が決起した。(3) しかし尉遲迥は、八月には鄴の城南での戰いに韋孝寬に大敗して鄴・北城の樓上で自殺し、衆五萬をひきいて加勢に驅けつけた尉遲勤等は根據地の青州に逃げ歸ろうとして途中で捕えられ、こうして尉遲迥の亂は短時日の內に鎭壓された。更に司馬消難・王謙の反亂も十月までには王誼、梁睿等によって平定され、巴・蜀の地方に對する楊堅の支配が固まり、翌年（五八一）の二月に楊堅の卽位が實現し、開皇と改元された。

亂の經緯の概略は以上のようであるが、次に「山東」に關係する記事を探ってみると、まず北周宗室の一員である宇文慶がいる。彼の傳によると、宣帝が天元皇帝として存命の時、楊堅は宇文慶に對し、尉遲迥、司馬消難、王謙が亂を起こす事を豫言したと言う（『北史』巻五七・周宗室）。また宇文盛は建德六年（五七七）に行われた北周武帝の北齊討伐に從い、その後、鄴平定ののち相州總管となり、宣政元年（五七八）には大冢宰となっている。傳が甚だ短文のため、詳しい內容等は知られないが、大象元年には職を解かれ、翌二年に楊堅に殺されている（『周書』巻一三、『北史』巻五八）。

次に隴西・成紀の李氏を自稱する李賢がいる。その一族は、「冠冕の盛、當時にともに比ぶるものなし。周より隋におよぶまで、鬱として西京の望族」（『北史』巻五九・論贊）であったが、『北史』等の傳によれば尉遲迥の亂に際し、さまざまな形で丞相楊堅に加擔した者が多い。李賢の弟李穆は、建德六年（五七七）に幷州總管となって舊北齊領域の最重要據點である山西・太原に赴任している。この年は佛教・道教の廢棄政策が舊北齊領域に實施された年でもある。

さて尉遲迥擧兵の際、その子・李士榮が父親に對し尉遲迥に呼應するよう密かに勸めたが、李穆は楊堅に天子用の十三環の金帶を獻上し、忠節の意を示したと言う。李穆の子・李渾の傳によれば、時に楊堅は尉遲迥の動向に氣を配らざるを得ず、李渾を幷州總管李穆のもとに派遣し、李穆もまた異志のないことを李渾を通して傳え、楊堅を喜ばせている。以後李穆は、開皇六年（五八六）に七十七歲で歿するまで、文帝楊堅より非常な厚遇を受けた一族の長老であった。また楊堅は李渾を、尉遲迥の亂鎭壓の指揮官であった韋孝寬のもとに派遣し、幷州を預かる李穆の思いを傳えさせている。このあたりの消息によって、「山東」・山西の動向が如何に楊堅にとって重大事であったかが知られる。その他、李賢の孫・李詢と李崇もまた程度の差はあるものの韋孝寬の指揮下に入り、亂平定に功績をあげ、李崇は周隋革命の前後に徐州總管を授けられ、開皇三年（五八三）には幽州總管に着任している。

次に王誼は、北周武帝の弟で、新占領地益州の總管となった宇文儉を補佐し、また北齊討伐後は、武帝の今一人の弟、相州總管宇文盛のもとに相州刺史となっている。宣帝時代には遠ざけられて襄州（湖北・襄陽）の總管となっていたが、大象二年（五八〇）の宣帝歿後、丞相楊堅により鄭州（河南・開封）總管に轉じた（『隋書』巻四〇、『北史』巻六一・王盟傳附）。また司馬消難を陳に逃亡させ巴の諸蠻の反亂を平定している。

ところでこの時、尉遲迥の亂を平定し、「關東悉く平らぐ」に當たって最も大功があった者は韋孝寬である（『周書』巻三一、『北史』巻六四）。彼はその年の十月、長安に凱旋したものの、翌十一月に七十二歲で歿した。孝寬はこの當時、京兆・杜陵の名族である韋氏一門を代表するが、一門からは他にも參陣して、山西や「山東」の統治に活躍した者がいる。韋孝寛の兄・夐は弟と違い、當時の人々に居士あるいは逍遙公と呼ばれ、北周武帝の時に、儒・佛・道三教の一致を説く「三教序」を著した人物であるが、その子の世康は尉遲迥の亂の時、丞相楊堅に見込まれて山西の絳州刺史となり、亂の餘波を受けて動搖を生じやすい舊北齊の軍事上の要地の緩撫をまかされている。韋世康の從父弟の韋操は、亂平定の後、その功を以て靑州・荆州（湖北・江陵）二州の總管となっている。世康の兄の世穆も叔父孝寛に從い、この兄弟はその後隋代に入ると、世穆は江陵や安州（ともに湖北）の總管から陳平定後は江州（江西・九江）總管となり、世康は信州（四川・奉節）・安州の總管から荆州總管となった。この頃、荆・幷・揚・益各州には大總管が置かれて四大總管と呼ばれ、韋世康が赴任した荆州總管以外は皆親王が就く重任であったため、「時論此を以て美となす」と言う（『隋書』卷四七、『北史』卷六四・韋孝寛傳附）。[4] このように世穆・世康兄弟は尉遲迥に連なる動きを示した舊南朝梁の長江中流域の統治を行っているが、彼らの弟である世文も從軍し、隋が建てられると、齊州（山東・歷城）刺史となっており、今一人の弟の世沖は隋建國前後に山西の汾州刺史や石州刺史となっている。また同族の韋師は北周武帝による北齊平定の後、「山東」を安撫する使命が與えられ、隋朝創業後にも、詔を奉じて「山東・河南十八州安撫大使」となっていることが注意される（『隋書』卷四六、『北史』卷六四・韋瑱傳附）。

こうして危機を脫した楊堅であるが、起兵後の尉遲迥が支配領域を治めるのに、「また齊人を用いること多し」（『北史』卷六二）であったと傳えられた狀況は、亂平定後の楊堅にとっては、何としても解消されておかねばならず、それは鄴城の焚棄という徹底策の實施となって實現に向った。『周書』卷八・靜帝紀大象二年（五八〇）八月條に、

韋孝寬、尉遲迥を鄴城に破り、迥自殺す。相州平ぐ。相州を安陽に移し、其の鄴城及び邑居は皆之を毀廢す。(5)

と傳え、このことに關して『舊唐書』巻三九・地理志二・相州・鄴の項には、次のように記されている。

周の大象二年、隋文輔政す。相州刺史尉遲迥擧兵して順わず。楊堅、韋孝寛に令して迥を討たしめ、これを平ぐ。乃ち鄴城を焚燒し、其の居人を、南に遷ること四十五里に徙す。安陽城を以て相州の理所となし、仍て鄴縣となす。煬帝の初め、鄴の故都の大慈寺において鄴縣を置く。(6)

これらの記事は、隋建國直前の相州の狀況を知らせてくれる。北周に代わる新しい支配者として君臨すべき楊堅にとって、相州及び青州の地域は、あくまで統制下に置かれるべき對象であったのである。その意味では、特に山東・青州の地方は次に述べる南朝陳との關わりにおいて、常に注視の的であった。

三　南朝陳討滅と「山東」

『顏氏家訓』の著者として名高い顏之推は、荊州（湖北・江陵）を都とする南朝梁の元帝政權のもとにあったが、西魏によってそれが覆滅すると長安に連行され、次いで北齊に逃れたものの北周によって再び亡國の悲劇に見舞われた。『北齊書』巻四五・『北史』巻八三の文苑傳の彼の傳によれば、北周武帝の軍が晉陽（山西・太原）を陷落させると、彼は「呉士」千餘人を募って青州、徐州を經由して南朝の陳を目指すべく、宦官を通じて後主に獻言したと言う。これに對し丞相高阿那肱は「呉士」、すなわち南朝系の人間を信用せず、財寶とともに青州を據點に戰國齊の領域を守ろうとし、それがかなわなければ海に出て南に向かうとした。結果は顏之推の策は納れられず、北齊は滅亡する。この時に顏之推が獻策した江南へのルートや、また高阿那肱の「海に浮かんで南に度る」考えは、後の開皇九年（五八九）に行われた南朝陳に對する總攻擊の際に用いられた。例えば燕榮（『隋書』卷七四、『北史』卷八七・酷吏傳）は、隋朝創業の後、晉州刺史、次いで靑州總管となり、嚴酷の姿勢で臨み、「姦盜迹を屛け、境內肅然たり」と言う。陳への出擊には、彼は行軍總管として水軍を率い、東萊郡（山東・掖）から海に出て太湖に入り呉郡（江蘇・蘇州）を占領した。これを『資治通鑑』卷一七六・禎明二年十月條では、靑州總管として支配下の軍を率い東海郡（江蘇・連雲港）から進發したとする。いずれも大軍を海上輸送し、江南に上陸するものである。

これら正史類の記述に對し、『續高僧傳』では北周武帝による北齊の滅亡と廢佛を避けて南朝陳に向かう事例が數多く記録されており、例えば卷一〇の靖嵩傳では、同學の僧侶三百餘人と江南に向かっており、同じく卷一一の志念傳では海岸地帶に逃げこんだと記す。山間部に隱れた僧の場合、往々にして山名が明記されているのに比し、江南への避難經路は明確には記されないものの、顏之推が知っていたような靑州、徐州を通って海路または陸路を經て、江南にたどり着く所謂「北僧」（『續高僧傳』卷一二・善胄傳等）は多かったものと思われる。隋朝が成立すると、これらの僧はこぞって北に歸ったが、そうした交通路が戰時下にあって嚴重に取り締まられたであろうことは、想像に難くない。少し時代は下がるが、煬帝の高句麗遠征の際の酷吏王文同の次の記録（『隋書』卷七四、『北史』卷八七・酷吏傳）は、その間の實態のいくばくかを示唆するものである。

帝、遼東を征するに及び、文同に令して河北の諸郡を巡察せしむ。文同、沙門の齋戒菜食するものを見れば、以て妖妄となし、皆獄に收繫す。……沙門の相聚まりて講論し、長老とともに佛會をなす者數百人を求め、文同以て聚結して衆を惑わすとなし、盡く之を斬る。(7)

王文同に「河北の諸郡を巡察せしめ」たのには、高句麗遠征軍の途次に當たる地域に、豫防的檢察を實施させる目的があったことは明らかであろう。右文は講會などの人の集まり、あるいはそれらを企てる者がその對象になり易かったことを示している。

四　「山東」地域と佛僧の動向

第二節に述べた「山東」に事跡のあるものには、『隋書』『北史』などの正史によれば、もう二人がいる。まず宇文忻（『隋書』巻四〇、『北史』巻六〇・宇文貴傳附）は韋孝寛にその驍勇を認められて、東魏・西魏時代の山西を巡っての激戰地・玉壁（山西・稷山）に派遣されて以來次々と功績をあげ、尉遲迥の亂の時には行軍總管として韋孝寛の幕下にあって相州に進軍し、北齊の都・鄴を落とした功勞者である。その軍功を稱えた楊堅の言葉の中に「尉遲迥、山東の衆を傾け、百萬の師を連ぬ」とあるように、尉遲迥は舊北齊領域の中樞を押さえた一大勢力となっていた。一時は周邊地域からの呼應もあった尉遲迥の亂は舊北齊が領した太行山脈以東の富裕な人口と文化を背景としていたのである。それだけに楊堅は、亂平定後も決して統制の網を緩めることはなかった。宇文忻の弟・愷が後に萊州（山東・掖）刺史となっている（『北史』巻六〇）のも、重要據點に親信の者を配置する新占領地統治策の一例であろう。

そのことを示すもう一つの例に、竇熾（『周書』巻三〇、『北史』巻六一）がいる。竇熾は尉遲迥の亂の時、七十歳を越えた老年ながら洛陽城を固守し、楊堅の長姉を妻としていたその甥・榮定が反亂平定後の洛陽總管となったのは、「朝廷頗る山東を以て意となす」（『北史』巻六一）とあるように、信頼の置ける親戚を置き、再度の反亂の兆しを未然に防ごうとしたためである。また同様の任務は甥の毅にも與えられ、隋朝成立後に定州（河北・定）總管となっている（『周書』、『北史』同右）のも、同じ理由であったと思われる。

北周宣帝時代に青州刺史を經驗し、隋・文帝の卽位後には二度に亘り相州刺史を歷任した梁彥光の傳（『隋書』卷七三、『北史』卷八六・循吏傳）に、相州一體の人々の狡猾で一筋縄では立ち行かぬ狀況が記され、敎化のために「山東の大儒」を招聘して鄉ごとに學校を建て、儒敎による敎化を圖っていることも注意される。『續高僧傳』等には、尉遲迥の亂の舞臺となった地域に地緣をもつ僧は數多いが、梁彥光のように、北周末隋初、あるいは陳朝討伐前後の、總管や刺史に關わる具體的な記述は少ない。僅かに靖嵩（『續高僧傳』卷一〇）と關わって隋初の徐州總管乞伏令和（『隋書』卷五九等）があり、また靈裕（『續高僧傳』卷九）に關して相州刺史樊叔略（『隋書』卷七三等）や同じく相州刺史薛冑がある程度である。但し靈裕傳では、隋の創業間もない開皇三年（五八三）に、相州刺史樊叔略が「創めて講會を弘め、諸僧を延請す」（大正五〇・四九六ａ）とある。これは『隋書』の樊叔略傳に、尉遲迥の亂の後、交通の要衝・大梁（河南・開封）を守り、次いで隋建國を挾んで汴州刺史となって後、相州刺史に任ぜられ、相州刺史時代の「政は、當時第一たり」であったとあることと符節を合していると言ってよい。諸僧を招請して講會を行うことが、人心收攬の一環たり得たのである。

以上、史料的制約があるものの、ここまで北周末隋初の「山東」の狀況のあらましを檢討してきた。次節では、僧安道壹（二）集團による刻經事業の繼續の跡が隋代において見られないことについて、その原因と背景を假說としてのべてみたい。

五　北周末・隋代の佛教界統制策

文帝楊堅は「山東」地方に對し常に警戒の視線を注ぐ一方、名儒名僧を招致している。文帝時代の傑僧曇遷は北周・武帝の廢佛を避けて建康にいたが、隋の開皇七年（五八七）、徐州に滞在していた曇遷のもとに、文帝からの招請の詔敕が下った。それは同時に洛陽の慧遠、魏郡（河北・大名）の慧藏、清河（河北・清河）の僧休、濟陰（山東・曹）の寶鎭、汲郡（河北・汲）の洪遵の五大德にも下り、曇遷を併せて六大德は、長安の大興善寺に集められた（『續高僧傳』卷一八・曇遷傳、同卷九・慧藏傳）。本貫で言えば、專傳がなく不明の僧休と寶鎭を除けば、曇遷は博陵（河北・定）、慧遠は上黨（山西・長治）、慧藏は趙國平棘（河北・趙）、洪遵は相州（河南・安陽）の出身であり、慧遠以外はいずれも「山東」に地緣のある人々である。一方、これより先、開皇五年に、山東の儒者六名が長安に召し出されている（『隋書』卷一・高祖紀上、同卷七五・儒林・馬光傳）。馬光傳によれば、「山東義學之士」である馬光の他、張仲讓、孔籠、竇士榮、張黑奴、劉祖仁を、當時六儒と呼んだと言う。(8) 天下統一へ向けて、江南への大規模な軍事行動を準備しているこの時期におけるこのような招請には、多分に人心收攬策としての色合いがあろう。また『廣弘明集』卷二八・啓福篇に載せる「隋高祖於相州戰場立寺詔」によれば、開皇元年（五八一）八月に發布され、「昔歳、周道既に衰え、群兇鼎沸す。鄴城の地は、寔に禍の始めたり」（大正五二・三二八b）で始まるこの詔敕は、開皇元年の即位の翌月から矢繼ぎ早に出された寺院建立を指示する一連の詔敕に連なるものであり、(9) これもまた人心収攬策の一環である。

彼らが招かれた新都大興城は、隋の中央集權化の象徴である。それは大興善寺と玄都觀の造營によって宗教權威の中央集權化をも包攝していたが、その大興善寺にしつらえられた最新知識の集積の場が、佛典にとどまらず外典をも含む譯經組織であり、北齊佛教再生の端的な一例がそこにある。そうした權威の集中の觀點に立てば、仁壽年間に數次にわたって全國一齊に實施された舍利塔の建立も、佛教界統制策の一面を持つ。更に思想統制の手段として讖緯書・僞經典の焚棄政策があり、その前段として大興善寺に集められた翻經衆、すなわち翻經大德や翻經學士による經典目錄中の入藏目錄や僞經目錄の編纂がある。これらの事業は皆、隋朝初期の文教政策の一環として行われたものであって、そこには明確な統制への意志が存在する(10)。

こうした北周末隋初の新事態の對極にあったものが、僧安道壹（一）の集團であった。彼らが正式な受戒出家僧であるか私度僧であるかは問わないとしても、それは一種の遊行僧の集團、專門技能を持つ集團であり、巨大な人目に付く刻經を造營し續ける特異な集團である。その存在は、これまで若干の檢討を加えてきた文帝楊堅の統制への意志とは相いれないものである。彼らの活動は嚴禁され、次第に據點を失い、消滅して行ったものと思われる。猜疑心に滿ちた文帝とは遠く離れた、大らかで闊達な精神にもとづいて、佛陀への憧憬を具現化する人々による刻經事業は、こうして歷史上にその姿を消すに至る。他方、國家事業としての價値を有する經典翻譯の事業の中に、北齊佛教の再生はなされて行く。その端緒は、恰も隋朝の創業に符節を合せたかのような、舊北齊僧寶暹等によって實現した建國間もない開皇元年（五八一）十二月における梵經二六〇部の中國將來であった(11)。

註

（1）山崎宏『支那中世佛教の展開』（法藏館　一九七一年）第二部第三章・隋代における教界の統制を參照。他に竺沙雅章「內律と俗法―中國佛教法制史の一考察―」（『中國近世の法制と社會』京都大學人文科學研究所　一九九三年　所收）、諸戶立雄『中國佛教制度史の研究』（平河出版社　一九九〇年）も參照。

（2）例えば桐谷征一「北齊大沙門安道壹の刻經事跡」（『大崎學報』一五八　二〇〇二年）等の一連の研究、及び『北朝摩崖刻經研究』〔正篇〕（中國書法家協會山東分會・山東石刻藝術博物館編　齊魯書社　一九九一年）、〔續篇〕（山東省石刻藝術博物館編　天馬圖書有限公司　二〇〇三年）、〔三篇〕（山東省石刻藝術博物館・河北省邯鄲市文物局編　內蒙古人民出版社　二〇〇六年）等。また石刻經典については、本篇第六章　中國における石刻經典の發生と展開　にまとめている。

(3) 本篇第三章　北朝末隋初における襄陽と佛教　參照。
(4) 山崎宏「隋代總管考」(『史潮』六四・六五合併號　大塚史學會〈東京教育大學〉一九五八年) 參照。
(5) 韋孝寬破尉遲迥於鄴城、迥自殺。相州平。移相州於安陽、其鄴城及邑居皆毀廢之。
(6) 周大象二年、隋文輔政。相州刺史尉遲迥擧兵不順。楊堅令韋孝寬討迥、平之。乃焚燒鄴城、徙其居人、南遷四十五里。以安陽城爲相州理所、仍爲鄴縣　煬帝初、於鄴故都大慈寺置鄴縣。
ここに言う大慈寺について、『續高僧傳』ではその卷二九・僧明傳に、「今」、すなわち唐の貞觀十九年の時點で東晉以來の由緒ある太子思惟瑞像がこの大慈寺に存在することを傳えるのみであるが、隋の靈裕ゆかりの寶山靈泉寺摩崖塔龕群に現存する塔銘の中にも現れている。本篇第八章　隋唐時代の寶山靈泉寺―寶山靈泉寺石窟塔銘の研究―　參照。
(7) 及帝征遼東、令文同巡察河北諸郡。文同見沙門齋戒菜食者、以爲妖妄、皆收繫獄。……求沙門相聚講論、及長老共爲佛會者數百人、文同以爲聚結惑衆、盡斬之。
(8) 五大德については山崎前掲書第二部第三章の二を、文帝の對儒教政策については同氏著『隋唐佛教史の研究』(法藏館　一九六七年) 第一章　隋朝の文教政策、及び『中國佛教・文化史の研究』(法藏館　一九八一年) 第八章　隋代の學界　參照。なお六儒と六大德については今西智久「隋文帝の佛教政策に關する一考察―釋曇遷の事蹟を手がかりに―」(『大谷大學大學院研究紀要』二六　二〇〇九年) 參照。
(9) 『歷代三寶紀』卷一二・大隋錄・衆經法式の條にも收錄されている。
(10) 本書第一篇第一章及び第三章等を參照。
(11) 本書第一篇第三章第二節(二)　參照。

第八章　隋唐時代の寶山靈泉寺—寶山靈泉寺石窟塔銘の研究—

一　はじめに

河南省の寶山靈泉寺石窟については、常盤大定によって一九二一年（大正十）に行われた調査・研究を嚆矢として、以後、隋・靈裕の遺跡或いは三階敎のそれとして注目されて來た。(1)しかし牧田諦亮「寶山寺靈裕傳」(2)を最後として寶山靈泉寺石窟塔銘（以下、寶山塔銘と略）を用いた專論は見られない。またこの論文には「河南寶山石刻目錄」が附錄として載せられている。一方、中國では一九八〇年代になって『文物』誌上等に數次にわたり報告と研究が發表されたが、(3)一九九一年に河南省古代建築保護研究所より『寶山靈泉寺』が刊行された。一九八三年以來の調査研究の集大成とも呼び得る内容を持ち、これによって常盤大定以後初めて學術的調査に基づく報告が我々に提供されることとなった。

ところで河南省古代建築保護研究所の『寶山靈泉寺』にはすべての塔銘が釋文化され收載されている。それらを、描き起こされた灰身塔圖や寫眞と對應させることによって有益な情報を得ることが出來る。しかし殘念なことにその釋文には誤讀が目立つ。また京都大學人文科學研究所には寶山靈泉寺の石刻拓本が重複して所藏されている（石刻第九輯六一函、中國金石拓本第四三・四四函）。牧田論文附錄の「河南寶山石刻目錄」はその內の石刻第九輯六一函についてのものであり、その順序は研究所登錄番號によっているが、そこに見られる石刻拓本の分類にもいくつか修正すべき點がある。

寶山塔銘には、既に牧田論文に指摘があるように、唐代の度僧制、とくに恩度に關する資料を含むが、それと共に唐代僧尼の寺院所屬の問題について、相州という一地域に限定された好個の資料を提供してくれる。これまで寶山塔銘を利用した研究が少なかった理由として、一つにはその現狀の全體像が不明確であったことと、石刻資料の紹介が斷片的であったこと等が擧げられる。現狀については常盤大定以來の長年月を閒において次第に明らかになりつつある。本章では、以上のような狀況を踏まえ、隋唐代に屬する比較的長文の銘文を持つ塔銘を利用して、寶山靈泉寺とそれをめぐる相州の寺院について述べてみたい。

二　寶山靈泉寺石窟の地理的概況

主に河南省古代建築保護研究所の『寶山靈泉寺』によって寶山石窟の地理的概況を述べてみる。靈泉寺は河南省安陽市西南三〇キロメートル、太行山脈の支脈に連なる西方は寶山・懸壁山、北方は馬鞍山・礦窟山、東方は嵐峰山・鷄冠山、南方は虎頭山・覆釜山の八山に圍まれた峽谷盆地に位置しており、これらの中の懸壁山については、今回釋文を附した長安三年（七〇三）の「大周相州安陽靈泉寺故寺主大德智法師像塔之銘幷序」（釋文九）に「本寺□懸壁山の陽において、塔を起て供養す」と言い、また開元五年（七一七）の「大唐相州安陽縣大雲寺故大德靈慧法師影塔之銘幷序」（釋文一〇）にも「零《ママ》泉寺の西南、懸壁山西南の陽において、敬んで靈儀を想い……」と出ている。この靈泉寺を基點にして、西側の寶山（圖1）、東側の嵐峰山（圖2）、東北側の馬鞍山に、現在、編號が附さ

圖１　寶山塔林

圖３　僧順散身塔銘　嵐峰山塔林

圖２　嵐峰山塔林

れた大小二〇九の石窟・佛龕・塔龕が存し、この中、石窟としては大住聖窟・大留聖窟二つがある。

大住聖窟は靈泉寺西方五〇〇メートルの寶山南麓の斷崖に存し、隋の開皇九年（五八九）、靈裕によって開鑿された。塔龕群はその西方また五〇〇メートルの寶山東南麓の東から西にかけ、上中下三層に排列されて、隋・唐・北宋時代にわたる各種石龕一二〇が存在する。

大留聖窟は靈泉寺の東方五〇〇メートルの嵐峰山東側に存し、東魏の武定四年（五四六）、道憑によって開鑿された。塔龕群はその東方更に五〇〇メートルの嵐峰山西麓に上中下三層に排列され、東魏の大留聖窟を除く外は、皆唐代のもの八八が存在する（但し、靈泉寺東北方の馬鞍山南麓の塔龕四を含む）。ここには北宋紹聖元年（一〇九四）の德殊の敍幷びに題額、師慶の書による「有隋相州天喜鎭寶山靈泉寺傳法高僧靈裕法師傳幷序」がある。

なお、『寶山靈泉寺』(4)では、靈泉寺東南方五キロメートルの善應村龜蓋山（古くは善應山）南麓に存する小南海石窟（善應石窟）も併せて紹介している。これは北齊の天保年間（五五〇〜五五九）に方法師と僧稠によって開鑿されたもので、西窟・中窟・東窟の三窟に分かれ、中窟に乾明元年（五六〇）の「方法師鏤石班經記」（釋文一四）や僧稠の題記（「比丘僧稠供養」）がある。しかし、ここは靈泉寺とは離れた獨立の石窟と考えられ、また、「慈潤寺故大靈琛禪師灰身塔銘文」（釋文十五）についても、『安陽縣金石錄』が「善應山に在り」と記し、寶山の塔銘と一連のものとして扱っていることに對し、顧燮光の『河朔訪古新錄』（卷二）では、寶山に列入しているのは誤っているとして、この銘文がある善應山と寶山とを區別している。この兩石窟の關係は、造營の時期、或いはそれらの位置が他の周緣石窟と比べてとくに近接していることからも極めて密接なものがあると考えられるが、この小論では靈泉寺石窟とは區別して考えておきたい。

三　東魏北齊・隋・唐時代の相州と靈泉寺—歴史地理的概況—

寶山石窟の中、大留聖窟が東魏、善應石窟が北齊の、そして大住聖窟が隋の開窟であることは前述したが、前二者と後者との間において、行政史上、相州一帶には非常に大きな變動が現れている。

東魏の初め、都が洛陽から鄴（河北・臨漳縣西）に遷され、以來、この一帶は東魏北齊の中心地域として西北方のもう一つの都晉陽（太原）と竝んで發展を遂げ、また首都機能の移轉と共に洛陽から鄴へは大量の佛教に關わる人員資材も移された[5]。佛教都市鄴の出現である。北齊時代になると、官寺と呼ばれる大莊嚴寺（文宣帝時代）、大總持寺（武成帝時代）、大興聖寺（同上）等が建立され、また東魏に建てられた定國寺も官寺と稱されていた。中でも大興聖寺は、曹魏以來の鄴城の象徵とでも言うべき三臺宮全てが寺とされた（武成帝河清二年—五六三）もので[6]、鄴城西北隅に聳えたっていたであろう。このような鄴城內における佛寺建立の盛行と相俟って、その周邊には今に殘る鼓山（滏山）の南北響堂山石窟、水浴寺石窟、或いは林縣峡谷千佛洞等の石窟寺院が次々に造營されて行き[7]、寶山石窟もそれらと時代を同じくして開鑿された。これらの石窟に共通するものとして、摩崖石經の存在が擧げられるが、その一類のものとして、近年涉縣中皇山の摩崖石經が報告されている[8]。そしてこれらの石窟には歴史地理的位置に關して共通する點がある。それはいずれも當時の政治的機能のもう一つの中心であった太原との交通線上にあることである[9]。上記の鼓山（滏山）の石窟は、太行八陘と呼ばれる太行山脈を東西に横切る交通路の內、東魏北齊時代にとりわけ重要度が高かった滏口陘の入り口に當たり、都城西北の滏口（河北・邯鄲市西南、磁縣西北）から西へ涉縣（河北・涉縣）、壺關を經て太行山脈を越え西北行して襄垣（山西・襄垣縣）へ、或いは西南行して上黨

（山西・長治市）へ出て、太原に通ずる。また寶山靈泉寺石窟、峡谷寺石窟は、鄴城南方の司州（相州、河南・安陽）から林縣（河南）、壺關縣（山西・壺關縣）を經て上黨に至る所謂穴陘道の路線上に位置しており、この上黨にも北魏の淸化寺石窟、唐の寶應寺石窟、千佛溝石窟等が現存している。(10)

北魏末六鎭の亂以降の政局の立役者である爾朱榮、高歡は本據地晉陽から太行山脈以東に派兵する時、しばしば滏口壺關道やその北方の壽陽（山西・壽陽縣）から井陘關を經て井陘（河北・井陘縣）に至る所謂井陘道を利用し、高歡の政權樹立後は東魏北齊代を通じて、高歡や北齊の皇帝達によって晉陽—鄴間の往來が頻繁に行われ、(11)勢い佛教僧の活動も太行山脈を挾んで盛んになって行ったのである。その活動は、北周武帝による晉陽攻略に續く鄴の陷落（建德六年—五七七正月）後間もなく三臺の大興聖寺が廢毀されたことに象徴されるように、(12)舊北齊領全域に施行された廢佛令によって停滯を餘儀なくされ、また政治機能の中心も間もなく洛陽に移された。楊堅による周隋革命の際、復佛が行われ、隋建國後、佛教の大々的な復興が圖られたことは周知のところであるが、その前夜、鄴城は北周靜帝の大象二年（五八〇）の相州總管尉遲迥の亂を契機に焚燒され、以後、南方の安陽に相州の治所が移されて、鄴城は相州の一縣に過ぎなくなって行く。尉遲迥の亂は六月に起こり同年十月には韋孝寬によって平定されたが、この反亂は翌七月の鄖州（湖北・安陸）總管司馬消難の擧兵を惹起して楊堅の父楊忠以來緣故の深い地域を危險な狀態に陷らせ、また八月には益州總管王謙の擧兵を生む等、反楊堅派による廣範圍な反亂に發展したもので、楊堅にとって周隋革命を遂行する上で最も容易ならぬ事件であった。(13)東魏北齊以來の繁華を誇った鄴が焚毀されたのには、將來の楊氏政權にとっての禍根を絶つ意味があったものと考えられる。『舊唐書』巻三九・地理志二によれば、煬帝の初め、鄴の故城にあった大慈寺を鄴縣の政廳とし、漸く唐の貞觀八年（六八四）になって治所として小城を築いたとあり、(14)鄴城焚毀の徹底振りが窺われる。このように北周末以來、相州の行政の中心は鄴から安陽に移ったものの、佛教僧の活動は、東魏北齊以來の『地論』『攝論』に代表される教學の傳統や、後述するように律學、禪定を重んずる風土の中で、例えば末法思想と連動しつつ次代の佛教を擔う人々をも輩出して行った。隋唐代の新佛教たる信行の三階教はこの相州の地において、曇鸞以來の淨土教は太行山脈を西に越えた汾水の流域において育まれて行ったのである。寶山靈泉寺の擴充と發展には隋の靈裕による大住聖窟の造營と文帝の靈泉寺題額の下賜と經營の援助があったこと、及び今日見ることの出來る多數の灰身塔群の背景に靈裕の活動があったこと等は前記諸論文に指摘されている。

四　寶山塔銘に見られる唐代相州の寺院—靈泉寺及び大慈寺、慈潤寺、雲門寺—

(一)　寶山塔銘の概況

寶山に殘されている摩崖に彫られた多數の塔群には、灰身塔の他、枝(支)提塔、散身塔、碎身塔、靈塔、影塔、像塔等の名稱がある。これら多數の灰身塔には比較的長文の銘文をもつものもあるが、殆どは歿年と起塔の年次を記すのみか、或いはそれすらないものも多い。これらの灰身塔がこのように多數現存するについては、既に常盤大定が「寶山は、附近諸寺の共同墓地たりしが如き觀」があり、「是の如き灰身塔が、獨り寶山にのみ見られるのは、恐らくは、靈裕の創意に出で、他は悉く其の轍を襲へるものであらう」と言い、『寶山靈泉寺』では「寶山塔林」とも呼びうることを言っている。(15) 塔龕題記に見られる寺名(造立者所屬の寺名を含む)は多い順に記せば、聖道寺(二〇例)、慈潤寺(一二例)、光天寺(八例)、靈泉寺(四例)、報應寺(二例)、大雲寺(二例)、光嚴寺、大慈寺、願力寺、清行寺(以上各一例)、この内、聖道寺、光天寺、清行寺は常盤大定が指摘するように尼寺である。寶山塔銘に特徴的なものに尼僧數の多さがあるが、これについては後述する。なお「石刻目錄」（原掲論文附載）に明らかなように、塔銘には起塔の月日に四月八日、或いは二月八日と記すものが多い。釋迦佛誕生の日に合わせて起塔供養した様子が窺える資料である。但し死亡から起塔までの期間は一定しておらず、最長で六年半、最短のものは九ヵ月、一年から一年半までのものが比較的多い。この點についての檢討はまだなされていない。

寶山石窟に見られる紀年銘を持つ灰身塔群には、隋の開皇・仁壽のもの六例、唐の貞觀二五例、永徽一五例、顯慶一一例、龍朔～長安一六例、開元・天寶七例、大曆一例、咸通四例がある。卽ち貞觀から顯慶まで、六二七年から六六〇年までの凡そ三十年間が頂點を形成し、次の龍朔から長安まで、六六一年から七〇四年までの凡そ四十年間がなだらかな低い山を示し、以降は急激に減少していることがわかる。それは比較的長文の銘文を持つ僧尼についても同様である。次に貞觀時代以降に歿した靈琛以下の生歿年と示寂の寺名とを歿年順に記してみる。

僧名	生年	歿年	西暦	年齢	卒所
靈琛	北齊天保五年	貞觀　二年	五五四～六二八	七十五	慈潤寺
僧順	北齊天保六年	貞觀十三年	五五五～六三九	八十五	光天寺
慧靜	北齊武平四年	貞觀十五年	五七三～六四一	六十九	「寺所」
普相	北齊天統二年	貞觀十七年	五六六～六四三	七十八	光天寺
海運	北齊天統元年？	貞觀十九年	五六五？～六四五	八十一？	報應寺
靜感	北齊太寧元年	貞觀二十年	五六一～六四六	八十六	聖道寺
孫佰悅	？	貞觀二十年	？～六四六	？	
慧休	東魏武定六年	貞觀二十年	五四八～六四六	九十九	慈潤寺？

神贍	唐	貞觀十八年	垂拱　二年	六四四　～六八六	四十三	願力寺
智法師	唐	貞觀　九年	長安　二年	六三五　～七〇二	六十八	靈泉寺
靈慧	唐	總章　元年	開元　四年	六六八　～七一六	四十九	福聚寺
玄方	唐	垂拱　二年	開元　十年	六八六　～七二二	三十七	大慈寺？
玄林	唐	顯慶　元年？	天寶　五年	六五六？～七四六	九十一？	主德里

この最末端に位置する玄林の神道碑（「唐故靈泉寺玄林禪師神道碑并序」―釋文一二）を見ると、玄林の功績を言う中において「今、山上、十を數うるの處に窣堵波有り」と記されている。これなど、既にこの頃に靈場としての寶山の姿が確立されていたことを物語っているものであろう。

右の中、『續高僧傳』に傳がある者は慧休（卷一五）のみで、神贍以下も『宋高僧傳』には著錄されていない。ところでこれらには鄴や安陽を初めとして相州に地縁を持つ者が非常に多い。普相（尼）、靜感（尼）は父祖遠祖の代より相州の人、玄林や在家信者の孫佰悅は相州堯城（安陽東方）の人、智法師、靈慧、玄方は鄴の人として生まれ、神贍は安陽の人である。この他僧順（尼）は韓州涉縣（河北涉縣）、慧休は河北平舒[16]（河北大城）とある等、これらも地緣性を指摘してよいであろう。また慧靜は河東聞喜（山西聞喜）の裴氏、且つ三階教を通して相州に關わる可能性のある者として既に塚本論文に述べられている。[17]

(二)　靈泉寺

靈泉寺名が灰身塔に明記されているのは長安二年（七〇二）の「大周相州安陽靈泉寺故寺主大德智法師像塔之銘并序」（釋文九）の外は、貞觀二十一年（六四七）七月八日の紀年を持つ「靈泉寺故大修行禪師灰身塔記」と天寶六載（七四七）の「靈泉寺元藏灰身塔記」及び天寶八載（七四九）の「唐故靈泉寺玄林禪師神道碑幷序」（釋文一二）の四例のみであって、寶山石窟の灰身塔群の中では少ない方に屬する。それにも拘わらず靈泉寺の寺域は、附近の諸寺に所屬する僧尼の墓塔の所という性格を持っていた。その理由として、東魏北齊の道憑・僧稠・方法師、隋の靈裕以來の傳統を受け繼いだ寺としての名聲があったことが考えられているが、(18) それには、殊に靈裕の弟子であり、且つ北周の廢佛以來荒廢していた寺域を師と共に修復した慧休（『續高僧傳』卷一五）や、貞觀六年（六三二）に「唐　靈裕法師灰身塔大法師行記」（釋文一三）を撰文した海雲、或いは六十年にわたり靈泉寺の維持に盡くした玄林等の、とりわけ長命を保った僧の果たした役割が大きかったであろう。

　次に右に記した僧尼の塔銘の中から、長安三年（七〇三）建立の智法師塔銘について見てみる。この塔銘は壁面が摩滅して判讀し難い部分が多いが、それでも以下のことが判明する。彼は七歳で大慈寺の寺主起法師のもとに童行となり、貞觀二十年（六四六）十二歳の時、恩度により剃髪して沙彌となり本寺（靈泉寺）の曇源律師に律藏を學んで、恐らくここで受具し大僧となった。また慈潤寺の寺主智神論師に三經二論を學び、一方、易や老莊・素問等にも通じたという。靈泉寺主として長安二年に歿し、その後、起塔供養した門弟に大雲寺玄果、靈泉寺の玄暉等いずれも玄を頭にいただく四名がいる。

　以上は一例に過ぎないが、靈泉寺名を刻む塔銘が少ないとは言うものの、例えば玄林の神道碑に「東は雲門に帶《つら》なり、西は硔《ママ》谷に連なる」と言っているように、安陽の寺々や雲門寺、或いは峀谷寺と靈泉寺との複雜な關わりをこれらの塔銘の中から窺うことが出來る。次にこれら塔銘に現れる注目すべき寺院について、以下簡單に紹介してみる。

㈢　大慈寺

智法師塔銘に言う大慈寺は、東晉以來の太子思惟像を安置していた鄴縣の大慈寺であろう。その太子思惟像はもと徐州にあり、後に北魏孝文帝によって都の平城へ齎され、北齊後主の時に鄴に迎えられ、唐代には鄴縣の大慈寺にあったと傳えられている。(19) 寶山塔銘の中では「無紀年銘」の一例だけであるが、先述したように貞觀八年（六三四）に鄴縣の小城が築かれるまではその廳舍として利用されており、開元十五年（七二七）建立の「唐故方律師像塔之銘」（釋文一一）によると、鄴縣の人である玄方はこの大慈寺において十三歳で出家し、中宗の神龍元年（七〇五）二十歳の時に、恩度により剃髪して龍興寺に配せられ受具しており、その後、開元十年（七二二）に三十七歳で歿するまでの十餘年間を律師として僧衆を統理している。大慈寺は鄴縣城内でも代表的な寺院であったと思われる。

㈣　慈潤寺

次に慈潤寺は、寶山石窟の塔銘中、僧寺として最も遺存例が多いものの、『續高僧傳』では僅かに先に述べた靈裕の直弟子である慧休の傳に見えるのみである。そこで開元五年（七一七）の「大唐相州安陽縣大雲寺故大德靈慧法師影塔之銘幷序」（釋文一〇）によって今少し詳しく見ておきたい。

靈慧塔銘によると、彼は十歳で慈潤寺の方禪師のもとに童行となり、弘道元年（六八三）十六歳の時、智法師と同樣、恩度によって剃髪し沙彌となり、安陽縣の大通寺に配せられた後、洛陽佛授記寺の翻經大德感法師の下に行き、また敕によって同寺に留まり感法師の侍者に充てられた。その後、本州（相州）安陽縣大雲寺の律師教授に充てる旨の牒を受けて故鄕に歸り、睿宗の景雲年間に再び徵召されて都（長安?）に行き、大德として六年間滯在した。後、許されて大雲寺に戻る途次であろう、汾州平遙縣（山西・平遙）の福聚寺に歿した。靈慧の一族である慈潤寺僧玄晞が平遙に赴き荼毘收骨して歸鄕、同じく一族の慈潤寺僧玄□・圓滿等が靈泉寺西南の懸壁山の陽において、今も現存する影塔を造ったのである。

このように靈慧は慈潤寺において出家し、先述の智法師も十二歳（貞觀二十年―六四六）の時、その寺主智神論師のもとで佛教の經・論ばかりでなく老莊や醫書をも學んでいる。また「大唐願力寺故贍法師影塔之銘幷序」（釋文八）卽ち神贍塔銘によると、彼もまた二十一歳（麟德元年―六六四）の頃、寺主であり毘曇（論）師であった智神に學んでいる。智神は智法師に教授した時、既に寺主として記されているから、慧休歿（貞觀二十年）後、直ちに慈潤寺主を繼いだ者であろう。ところで智法師塔銘について見てみれば、彼は慈潤寺に行く前に靈泉寺において律を學んでいた。慈潤寺は教學の道場として、また靈泉寺はとりわけ律學のそれとしての重要施設であったのではなかろうか。他方、唐代玄宗朝までの師弟關係の上で考えれば、これらの寺はいずれも靈裕を起點とし、且つ律に關わりある寺院として理解してよいと思われる。

『續高僧傳』の著者道宣は、貞觀九年に沁州綿上縣（山西・沁源縣北方）を出發して鄴縣西南にある僧稠（『續高僧傳』巻一六）ゆかりの雲門寺址や鄴縣西北の鼓山石窟、また鄴縣日光寺に住む律學の碩學法礪（同巻二二）を訪ねる旅に出ており、更にその往復いずれかの途次、太行山脈を挾んで西の潞州（山西・長治市）法住寺に住む靈裕の弟子曇榮（同巻二〇）や律僧道瓚（同巻二二・慧進傳附）に會い、或いは林慮山洪《ママ》谷寺に行き四分律の先達である僧達（同巻一六）の遺址に禮謁している。[20] 道宣が相州一帶への旅を行ったについては、「相州律師」と呼び「一方の名器にして……山東に獨歩す」（『量處輕重儀』後批及び序）[21] と稱えた法礪を尋ね、積年の疑問を質すことに重要な理由の一つがあった。法礪も靈裕の弟子である。その傳には、彼が貞觀九年（六三五）十月、六十七歳をもって鄴縣の日光寺で卒したことを記す直前に、法礪の『四分律』研究に關連させて慧休の律學における功績を述べており、慧休の本傳にも法礪の講律の席上での兩人の問答を插入してその清愼の姿勢を傳え、また、明律篇論（卷二二）にも慧休論士としてその名を留めている。しかし慧休に對する高い評價がなされているのは『攝大乘論』を初めとする義學の面においてであって、『續高僧傳』の道傑傳（卷一三）にはそのことが記され、また義解篇論（卷一五）の最後には靈裕の學統を繼承した者として慧休の名が擧げられている。[22]そもそも慧休の本傳そのものが、歿年の直前の貞觀十九年を現在として書かれた長文のもので、註（16）にも述べたように美辭麗句を連ねた塔銘とは違い具體性に富んでいる。傳の末尾に「余、以て親しく徽音を展べ、茲の景行を奉ず」としながら、そのおおよそを表すのみであることを恨みとすると言っているのは、[23]彼の眞情であろう。興味深いのは、續いて慧休の弟子曇元を行乞高潔の僧として紹介するところに「今、林慮・寶山に託靜す」（同上）と言っていることである。道宣が慈潤寺に行ったという明文はないが、潞州から林慮山を經て鄴縣や相州安陽に至る往還の途次に、慧休が長年止住し、また維持經營に努めた慈潤寺や靈泉寺を訪ねて行った可能性は高いと思われる。また慈潤寺は、信行の弟子である靈琛が貞觀二年（六二八）に歿するまで止住していたように、三階教に關わりある所でもあった。[24]

㈤　雲門寺―光嚴寺

前述のように道宣は僧稠の遺址である雲門寺を訪ねていたが、ここは貞觀の頃、光嚴寺と呼ばれていた。そのことは僧稠傳の他、隋代に靈裕に隨って入關した智首の傳（卷二二）にも言われている。[25]僧稠傳によれば雲門寺は北齊の天保三年（五五二）、鄴城西南の龍山の陽に造立され、「方法師鏤石班經記」（釋文一四）に雲門帝寺とあるように文宣帝敕建の大寺であったが、周武廢佛の時に臣下に下賜され、僧稠傳に「隋初興復し、奄ち初構に同じ」とは言うものの、煬帝の頃には「凋喪」の狀態であったらしい。しかも隋末唐初の竇建德或いはそれに續く劉黒闥の亂によって一部の房宇を殘し、他は皆燒け落ちてしまったのである。(26) 寶山の塔銘中では、僅かに永徽五年（六五四）の紀年を持つ「光嚴寺故大上坐《ママ》慧登法師灰身塔記」の一例のみであり、また慈潤寺、靈泉寺のように他の銘文中に度々現れるのでもないことから、雲門寺の跡に立つ一寺院にすぎなくなっていたものであろうか。しかし一方、「唐故靈泉寺玄林禪師神道碑幷序」（釋文一二）の末尾に「連崗萬古にして、雲門・靈泉、飛塔歸然たり」とあるように、開元・天寶の頃までの相州一圓において象徴的位置を占めていたのである。(27)

五　寶山靈泉寺と林慮山峡谷寺、及び翻經事業

ここに例として用いる塔銘は先述した神贍塔銘と靈慧塔銘である。鄴縣に生まれた神贍が慈潤寺主智神のもとに出家して『中論』や小乘を學んだのは二十一歳の時であったが、それまでの間は、『老子』はもとより經史、諸子、陰陽圖（緯）の學業に打ち込んでいたために出家が遲れた人物である。慈潤寺の項で述べたように同門の先輩に靈泉寺の智法師がいた。智法師はそのまま慈潤寺に留まって勉學を續けたらしく、後に靈泉寺の寺主となったが、神贍は乾封元年（六六六）二十三歳で得度の後は、𢓊《ママ》谷寺の操禪師のもとに行き、『四分律』を初めとして大小乘の三藏に通じた學僧となった。「浮（佛）圖澄法師碑文」等を作ってもおり、文筆の才に惠まれていたらしいが、垂拱二年（六八六）四十三歳で早世し、その五年後の天授二年、寶山の別谷において遺骨を荼毘に附し起塔供養されている。その塔銘に記す願力寺についてては寶山石刻中にこの一例を見るのみで、銘文にも何等述べるところがない。この神贍とほぼ同時期の林慮山峡谷寺の學問僧を傳える記録に『林縣志』卷一四・金石上に收載する「述二大德

道行記」がある。開元十九年（七三一）、弟子蔡景の撰である。[28] 二大德とは鄴城出身の義紘とその同郡の乾壽を言う。二人共に生歿年不詳であるが、いずれも武周朝に剃髮している。

義紘は睿宗の文明初歲（六八四）、落髮して⿰言共《ママ》谷寺に入り内典外典を學んだ後、悉曇に通じていたところから、長安洛陽の義淨の譯場に「詮辯證義、筆授《ママ》綴文」の役割を擔って參加している。[29] 次いで長安の大薦福寺や慈悲寺に入り、內道場において轉經行道を行い、また年次は明らかでないが前後四年をかけて乾陀羅國に至り鄔帝弟婆（烏帝提婆）三藏を伴い眞容の畫像や舍利、梵本を齎している。烏帝提婆は『開元釋敎錄』卷九によれば、睿宗の景雲二年（七一一）、大薦福寺翻經院における義淨の譯經に關わって「讀梵文」者として名を留めている（大正五五・五六九a）が、義紘の名は經典目錄類にはない。こうして十三年にわたる在京の後、歸鄉を奏請して⿰山共谷寺主となっている。

乾壽は二十歲の時に出家して『法華』『唯識』『俱舍』・因明等の經論を學んだ後、則天武后の證聖の歲（六九五）に剃落して⿰言共《ママ》谷寺に屬した。次いで「道行記」に「別敕を奉じて、當寺の敎授法師に補充せらる」とあり、「又、都維那に補せられ、衆事を綱紀す」「山に依りて宇を構え、備く堂儀を設け、石を鑿ち□を疎《ひら》き、洞室を宏開す」ともあるように、義紘と異なり、終生⿰山共谷寺にあってその維持に努めた僧である。

⿰山共谷寺の由來は北齊の文宣帝が僧達（天保七年―五五六歿）のために建立したことに始まる。前にも述べた道宣の訪問はその芳躅を慕うところにあったが、『續高僧傳』によると、⿰山共谷寺のある林慮山は特に北齊代以降、鄴都西方の山谷として都會の喧噪を嫌う僧侶にとって修行の適地であったらしく、隋の曇遷や淨影慧遠は若い頃にここに入り、また信行に出會う以前の僧邕も僧稠に學んだ禪法を實踐している。⿰山共谷寺は僧達以來の戒學の傳統の他、林慮山一帯が持つ禪定修行の地としての風氣に加え、唐代に至っても翻經僧を出すような經・論を學ぶ學問寺としての性格を備えていたものと思われる。

義紭の翻經僧としての活動は武周時代であったが、それに續く中宗・睿宗時代の長安・洛陽と相州との關係を示すものが、開元五年（七一七）建立の靈慧塔銘（釋文一〇）と天寶八載（七四九）の玄林神道碑（釋文一二）である。靈慧塔銘について先にも述べたように、靈慧は相州の慈潤寺・大通寺を經て河南府佛授記寺の翻經大德感法師、卽ち洛陽佛授記寺の德感の下に行き『解深密』『法華』『仁王』『轉女身』『梵網』等の經典、『成唯識』『倶舍』等の論を學び、塔銘に記すように「敕を奉じて」佛授記寺留住が實現し德感の侍者になった。ここに言う「翻經大德感法師」は則天武后の革命を佛敎側から畫策用意した薛懷義の一派として『舊唐書』（卷一八三・外戚、薛懷義傳）に名が殘り、或いは革命を翼贊した『寶雨經』の譯場列位（長壽二年―六九三）に「佛授記寺都維那昌平縣開國公沙門德感筆受」[30]とある德感に相違なく、從って靈慧は華々しい武周時代の翻經事業のただ中に身を置いていたのである。その後、彼は相州大雲寺の律師敎授に任ずる旨の牒を受けて故鄕に歸っていたが、睿宗の景雲年閒（七一〇～七一二）に再び都に呼び出され、故鄕の大雲寺に歸ることが許されるまでの六年閒を過ごしている。塔銘にはその頃のことを「聖善初めて成り……其の大德に充てらる」と言うのみで、具體的なことは述べられていない[31]。

一方、玄林碑には龍興寺に出家して律を學んだ後、「依年受具」し靈泉寺の所屬となったことを記している。これを二十歲の時の事と考えれば、それは上元二年（六七五）の頃のこととなる。次いで碑には中宗の景龍三年（七〇九）、玄散（靈泉寺の僧か）と共に敕命を受けて翻譯大德となったことを傳えている。但し都での活動については何等書かれておらず、靈泉寺歸還を願い出て許されたことを記すだけであるが、靈泉寺止住を凡そ六十年と言っていること、僧臘七十一とあることから、五十四歲の頃から十年程の滯在であったろう。

以上の塔銘・碑文によって、則天武后の時代から中宗・睿宗時代にかけて、長安・洛陽と相州とが主に翻譯事業を媒介に結び付いていたことが明らかになった。峡谷寺・靈泉寺はこれらの事からも律學を背景にした學場の性格を持っていたものと思われる。ところで當時の中央佛教界との關わりを考える上において重要なものに相州大雲寺の存在がある。大雲寺が則天武后によって載初元年（六九〇）七月、諸州に各々設置され、その際、舊來の寺院を改稱する措置を取ったことはよく知られているが(32)、靈慧塔銘に言う大雲寺の前身については分からない。しかし周の長安二年（七〇二）に靈泉寺主智法師が歿した翌年、師のために塔銘を刻んだ門弟の中に靈泉寺の僧と共に大雲寺の僧二人がいたこと、また靈慧が都から歸還後その「律師教授」に就き、義紭も同様に歸鄉して峡谷寺主となった後、大雲寺の「法師教授」に任ぜられたと思われること(33)等、大雲寺が靈泉寺、峡谷寺と密接な關係にあったことを知ることが出來る。「律師教授」「法師教授」が當時の寺院運營の組織上どのような位置にあったものかは全く分からないが、律師・論師等の專門分野を示す名稱を帶びて、出家者教育の衝に當たっていたものであろうか。もしそのような想定が許されるならば、全國に設置され、武周朝を翼贊する官立寺院としての大雲寺の性格に一致する任務を帶びていたであろう。則天武后の死後、唐朝復活を天下に示す意味をこめて、中宗の神龍元年（七〇五）に大唐中興寺設置の制が發布され、次いで同三年、それは龍興寺に改められた。この龍興寺の名も寶山石刻中に見ることが出來る。先に述べた「唐故方律師像塔之銘」と刻まれた玄方の塔銘によれば、そこに「年二十、元年、恩敕もて落髮し、龍興寺に配住せらる」とある。「元年」とはその歿年から逆算して神龍元年となり、あたかも中興寺設置の年に當たる。正確に言えば、配せられたのは中興寺でなければならないが、開元十五年（七二七）の起塔の時點で誤ったものであろうか。ところで先に述べた靈慧塔銘は同じく開元（五年）の起塔であるが、そこには明瞭に「大雲寺故大德」と刻まれている。從って大雲寺は、神龍三年の龍興寺設置以後も、相州安陽において併存していたと考えられる(34)。

六　寶山塔銘における尼寺、尼僧、優婆夷

寶山石窟塔銘に見える特徴の一つとしてあげられるものに、尼僧名の多さがある。近年の尼僧研究にも寶山石刻が利用されているように(35)、唐代における纏まった尼僧例として貴重なものである。寶山石刻に見える尼寺は初めに述べたように光天、聖道、淸行の三寺であり、『寶山靈泉寺』によれば皆嵐峰山に屬している。これらに對し靈泉、慈潤、報應、光嚴、願力、大雲、大慈の各寺は皆僧寺である。また大慈寺が不明の他は皆寶山に屬している。次に尼寺ごとにそこに見られる尼僧名（括弧内は造立者である弟子名）と、『寶山靈泉寺』において嵐峰山の編號がつけられた優婆夷（括弧内は造立者を示す）を列擧してみる。

○光天寺（嵐峰山）貞觀：僧順・普相（弟子普潤・善昂・愛道）
　永徽：大智（弟子妙因）・海德
　顯慶：妙德（弟子妙意・寶素）・正信（弟子圓行）・智守（弟子僧慶）
　（無紀年銘）：深□
○聖道寺（嵐峰山）貞觀：靜感・善行・那延・圓藏（弟子遠行）・智海
　永徽：明行・大信・大善・不詳（弟子開性）
　顯慶：慧澄（弟子德義）・僧愍（弟子法義）・妙信（弟子普明）・修行（弟子修惠・法力）
　龍朔：不詳（弟子法□）・道藏（弟子善英）
　乾封：善意（弟子法潤・知慧・法勝・善靜・法神）・善勝（弟子尙解・戎・善威・靜行・善道）

總章：法忍（弟子法周）
上元：本行
○清行寺（嵐峰山）（無紀年銘）：大苾芻尼智習
貞觀：故清信女大申優婆夷（三女）・故清信女張優婆夷（出家女）
故清信女佛弟子范優婆夷（出家女）・張優婆夷姉妹
永徽：故清信佛子玉（男女等）・故粟優婆夷
顯慶：故大張優婆夷（出家女□□丘尼）
○優婆夷

以上のように、靈泉寺を起點にして、西側の寶山と東側の嵐峰山とに男女の區分けがなされて、灰身塔が造られていたことが判然とする。但し、貞觀十五年（六四一）の「唐故慧靜法師靈塔之銘」（嵐峰山25號・釋文二）や貞觀二十一年（六四七）の慧休の塔銘（嵐峰山26號・釋文七）のように嵐峰山の區域に造られているものもあり、僧に關しては尼僧・優婆夷のような嚴然とした規則はなかったものとも考えられるが、この二例を除けば、他は皆寶山の區域にあるのであるから、上記のように結論してよいであろう。(36) 嵐峰山にはこのように多數の塔銘が現存するにも拘わらず、比較的長い銘文を持つ者は尼僧では今回釋文を附した「光天寺故大比丘尼僧順禪師散身塔」（釋文一・圖3）・「光天寺故大比丘尼普相法師灰身塔」（釋文三・圖4・5）・「聖道寺故大比丘尼靜感禪師灰身塔」（釋文五）の三例に過ぎない。しかもこれらの銘文には、これまでに見て來た僧のそれに比べ、出家や受戒、或いは受學、遊學の師の名が記されていないという共通點がある。また塔銘の造立者に弟子、眷屬等と記される場合が傾向としてあるように思われる。單純な數字上の比較は愼まねばならないが、寶山の塔銘の中でも上記の三例を讀む限り、尼僧の尼寺における生活は、僧寺における僧の活動に比べ地域的な廣がりに缺け、従って人的な繫がりもより狹く薄い

圖５　普相法師灰身塔題記　嵐峰山塔林

圖４　普相法師灰身塔　嵐峰山塔林

圖７　孫佰悅灰身塔銘　寶山塔林

圖６　孫佰悅灰身塔　寶山塔林

ものになり易かったのではなかろうか。既に塚本善隆氏によって指摘されているように、靈琛（五五四～六二八）、僧順（五五五～六三九）という三階敎僧が止住した慈潤寺や光天寺には、他にも同様の僧尼がいた可能性がある。しかしここでは、ほぼ同年齡の相州の僧寺尼寺にいた二人でありながら、靈琛の塔銘には「後、禪師信行に遇い、更に當機の佛法を學ぶ」と記すに對し、僧順のそれでは五十歳前後になっての三階敎への轉回を「忽かに當根の佛法に遇う」と言うように、同じく「遇」字を用いながら具體的には記さないことを注意するに止めたい。

寶山の塔銘中、僧のものでは靈慧のように一族に出家者を持つ例が見受けられるが、尼僧にもこの例が見られる。例えば「聖道寺故大比丘尼靜感禪師灰身塔」（釋文五）に言う「姪女靜端・靜因」は同寺に住む出家者と思われ、優婆塞孫佰悅の灰身塔（釋文六・圖6・7）には、彼に智覺という聖道寺に住む尼僧がおり、彼女が在家信者の亡父のために寶山に起塔した旨が刻まれている。他にも貞觀二十二年（六四八）の「故淸信女佛弟子張優婆夷灰身塔」や「故淸信女佛弟子范優婆夷灰身塔」、顯慶三年（六五八）の「故大張優婆夷灰身塔」には出家した娘が亡母のために造ったことを記す塔記が殘っている。

この優婆夷の活動に關しては、時代が下るものの、『安陽縣金石錄』卷五に著錄されている北宋初期咸平四年（一〇〇一）の三種の造像記（「高動妻造像」「李密妻張氏造像記」「光嚴村造像記」）がある[37]。これらによれば、いずれも在俗の複數の女性信者によって造像活動が行われ、且つそれらは寶山の區域にあった。北宋初期においても、寶山石窟は、付近の村々の女性たちにとって、造像の功德を求める興福活動の場所でありつづけたと思われるが、男女の區分けの意識は或いはなくなっていたのかもしれない。

註

（1）常盤大定・關野貞『中國文化史蹟』第五册（法藏館　一九七五年）、同『解說』上册。
常盤大定「隋の靈裕と三階教の七階佛名」「支那佛教文化の種々相—石佛・石經について」（『支那佛教の研究』第一册　春秋社　一九四一年　所收）。

塚本善隆「三階教資料雜記」（『塚本善隆著作集』第三卷　大東出版社　一九七五年　所收）。

（2）牧田諦亮「寶山寺靈裕傳」（『中國佛教史研究』第一　大東出版社　一九八一年　所收、原揭『東方學報　京都』三六　一九六四年）。

（3）楊寶順・孫德萱・衞本峰「河南安陽寶山寺北齊雙石塔」（『文物』一九八四—九）、河南省古代建築保護研究所「河南安陽靈泉寺唐代雙石塔」（『文物』一九八六—三）、楊寶順「安陽寶山寺考古收穫」（『中原文物』一九八七—四）、同「河南安陽靈泉寺石窟及小南海石窟」、丁明夷「北朝佛教史的重要補正—析安陽三處石窟的造像題材」（『文物』一九八八—四）。

（4）小南海石窟についての近年の研究成果に、稻本泰生「小南海中窟と僧稠禪師」（荒牧典俊編『北朝隋唐中國佛教思想史』法藏館　二〇〇〇年　所收）、同「小南海中窟と滅罪の思想—僧稠周邊における實踐行と『涅槃經』『觀無量壽經』の解釋を中心に」（『鹿園雜集』四　二〇〇二年）がある。

（5）例えば『洛陽伽藍記』序には、
暨永熙多難、皇輿遷鄴、諸寺僧尼、亦與時徙。

とあり、『同』卷五末にも次のように言う。

寺有一千三百六十七所、天平元年遷都鄴城、洛陽餘寺四百二十一所。

塚本善隆『魏書釋老志の研究』第二　譯註篇・六二　東魏の佛教　註二（佛教文化研究所出版部　一九六三年、『塚本善隆著作集』第一卷　大東出版社　一九七四年、また東洋文庫五一　一九九〇年）參照。

なお東西魏・北齊北周の兩都制については、谷川道雄「兩魏齊周時代の霸府と王都」（唐代史研究會編『中國都市の歷史的研究』刀水書房　一九八八年　所收）參照。

（6）村田治郎『中國の帝都』（綜藝舍　一九八一年）第二章　鄴都考略、諏訪義純『中國中世佛教史研究』（大東出版

社　一九八八年）第二章　東魏北齊佛教の研究　參照。

（7）南北響堂山石窟については曾布川寛「響堂山石窟考」（『東方學報　京都』六二　一九九〇年、後に『中國美術の圖像と樣式』中央公論美術出版　二〇〇六年　に所收）參照。

林縣峖谷千佛洞については曹桂岑・郭友范「林縣洪谷寺唐塔調査」（『中原文物』一九七八―三）、張增午「林縣峖谷千佛洞造像調査記」（『中原文物』一九八三―四）參照。なお峖谷は洪谷・峖峪・硔谷等と記されるが、以下本文中では峖を、資料から引用する際には資料のままの表記を用いる。

（8）馬忠理・張沅・程躍峰・江漢卿「渉縣中皇山北齊佛教摩崖刻經調査」（『文物』一九九五―五）。また響堂山石窟の石經については、張林堂主編『響堂山石窟碑刻題記總錄』（外文出版社　二〇〇七年）が刊行された。

（9）以下については嚴耕望『唐代交通圖考』第五卷　河東河北區（中央研究院歴史語言研究所專刊之八三　中央研究院歴史語言研究所　一九八六年）篇四〇　太行白陘道與穴陘道、篇四一　太行滏口壺關道　參照。

（10）山西省晉東南專員公署『上黨古建築』（一九六二年）參照。

（11）前掲註（5）谷川論文、註（9）嚴耕望著書　一四二三～一四二四頁　參照。

（12）大興聖寺については、前掲註（6）諏訪義純『中國中世佛教史研究』第二章第四節　鄴都佛寺考　參照。

（13）谷川道雄『隋唐帝國形成史論』（筑摩書房　一九七一年）第Ⅲ編　第4章　周末・隋初の政界と新舊貴族　參照。この亂については、本篇第四章及び第七章にも述べている。

（14）周平齊、復爲相州。周大象二年、隋文輔政、相州刺史尉遲迥擧兵不順。楊堅令韋孝寬討迥、平之。乃焚焼鄴城、徙其居人、南遷四十五里。以安陽城爲相州理所、仍爲鄴縣。煬帝初、於鄴故都大慈寺置鄴縣。貞觀八年、始築今治所小城。

（15）前掲註（1）常盤大定・關野貞『解説』上　第五冊　九一頁、『寶山靈泉寺』二三頁。なお、前掲註（3）「安陽寶山寺考古收穫」でも、寶山寺が安陽一帶の名刹高僧の〝死後の墓地〟であると述べている。

（16）『續高僧傳』の慧休傳では、慧休の出自を「姓樂氏、瀛州人也。世居海濱、以蠶漁爲業。」（大正五〇・五四四b）と記し、塔銘に記すところと甚だしく異なっている。後にも述べるように、道宣の記述には明らかに具體性があり、信憑性が高い。
(17) 前掲註（1）塚本論文　二三八〜二四〇頁。
(18) 前掲註（1）常盤・關野『解說』上、註（2）牧田論文參照。
(19) 『集神州三寶感通錄』卷中・東晉徐州太子思惟像緣第一三では「今在相州大慈寺」（大正五二・四一七b）とするが、『續高僧傳』卷二九・僧明傳では「今在相州鄴縣大慈寺也」（大正五〇・六九二b）と記している。なお『續高僧傳』において大慈寺に止住した僧として記錄されている者は、卷二五・感通上に開皇十四年（五九四）の年次が記されている洪獻のみである。
(20) 道宣が相州方面にしるした足跡については、藤善眞澄『道宣傳の研究』第四章　中年期の道宣─遊方と二・三の著作─（京都大學學術出版會　二〇〇二年、原「道宣の遊方と二・三の著作について」『三藏』一八九：『國譯一切經』和漢撰述部史傳部第六卷月報）參照。なお曇榮（五五五〜六三九）傳には彼が上黨・潞城・黎城（山西・黎城）の諸山を巡り、また韓州（山西・襄垣）にも足跡をのばしていたことを記しているが、これらはいずれも前述した滏口陘の太行山脈西側の地域に當たる。
(21) 『量處輕重儀』序「有魏郡礪律師者、卽亦一方名器、撰述文疏、獨步山東。因往從之、請詢疑滯。」（大正四五・八四〇a）
『同』後批「獨有相州律師、制輕重相。言雖綸綜、還類古蹤。」（大正四五・八五四a）
(22) 道傑傳「開皇十九年、自衞適鄴、聽休法師攝論。又於洪律師所聽四分。」（大正五〇・五二九b）
義解篇論「世有慧休、師承裕緒。……人法斯具、慧解通微。章疏所行、誦爲珠璧。」（同右・五四九c）
(23) 「余以親展徽音、奉茲景行、猶恨標其大抵、事略文繁、以爲輕約耳。」（大正五〇・五四五b）
(24) 寶山と三階教との、特に靈裕の大住聖窟に見られる大集經月藏分・五五百年說、七階佛名、傳法二十四祖等、教理面での共通點を最初に指摘したのは常盤であるが、塚本は前掲註（1）論文において「慈潤寺故大靈琛禪師灰身塔銘」「光天寺比丘尼僧順禪師散身塔記」を邦文の論文として初めて紹介し、慈潤寺と三階教との關わりに注意している。
但し、僧順塔銘については、『河朔金石目』によって、

僧順禪師舍利塔銘

僧順禪師散身塔記

を示し、前者は拓本を實見し、後者は「未だ拓本を見ず、またその文の錄しているものを知らぬ」（二三〇頁）と言う。そのためか「光天寺を冠した唐の僧尼の墓塔」（同頁）と言い、僧順を「彼」と稱している（二二八〜二二九頁）ように、光天寺・僧順が尼寺・尼僧であることが確認されていない。

（25）僧稠傳「天保三年、下敕、於鄴城西南八十里龍山之陽、爲構精舍、名雲門寺、請以居之。兼爲石窟大寺主、兩任綱位。……今名光嚴寺是也。」（大正五〇・五五四b〜五五五a）

智首傳「大業之始、又追住大禪定道場。……供事轉厚、彌所遺削。顧以道穆帝里、化移關表、舊土凋喪、流神靡依、乃抽撤什物百有餘段於相州雲門故墟。今名光嚴山寺。於出家受戒二所、雙建兩塔。」（大正五〇・六一四c）

（26）僧稠傳「隨初興復、奄同初構。……大業之末、賊所盤營、房宇孑遺、餘皆焚蕩。」（大正五〇・五五五b）

（27）矢吹慶輝『三階教之研究』（岩波書店　一九二七年）第一部　教史及び教籍史の「三階教史」に、

開皇三年……相州光嚴寺僧信行……

という紀年を持つ信行遺文を紹介している（一一頁・一三頁）。ここに言う光嚴寺と、唐代の光嚴寺とどのような關係にあるのかはっきりしない。

（28）前揭註（7）の調查報告によれば、蔡景には、他に「三尊眞容象支提龕銘」（開皇十九年）がある。

（29）「述二大德道行記」には、『金光明經』『薩婆多律』『掌珍論』等三百餘卷を譯したと記す。前二者は義淨の譯であるが、『掌珍論』は玄奘の譯である。これは『掌中論』の誤りであろう。『金光明最勝王經』と『掌中論』は長安三年（七〇三）長安西明寺にて、『根本薩婆多部律攝』は久視元年（七〇〇）洛陽大福先寺において譯されている（『開元錄』卷九、大正五五・五六七a〜五六八a）。

（30）矢吹慶輝『三階教之研究』第三部附篇　二　大雲經と武周革命（七四九頁）參照。なお、『大周刊定衆經目錄』卷一五末には「翻經大德佛授記寺主昌平縣開國公德感」とある（大正五五・四七五c）。本書第一篇第七章　參照。

（31）ここに言う聖善が、中宗・睿宗朝に威を振るった慧範に關わる聖善寺であれば、「其の大德」とは聖善寺大德とも考えられるが、時期的に合わない。或いは翻經大德かも知れず、この文面では定かにならない。

(32) 塚本善隆「國分寺と隋唐の佛教政策竝びに官寺」(『塚本善隆著作集』第六巻　一九七四年)參照。
(33) 『林縣志』では「補充□雲寺法師教授」となっている。ここでは假に大雲寺と解しておく。
(34) 但し、玄林碑にも、龍興寺の名が見える。玄林の歿年から逆算して上元二年(六七五)の頃と思われるので、諸州に設置された龍興寺とは異なることが明らかである。
(35) 李玉珍『唐代的比丘尼』(臺灣學生書局　一九八九年)にも寶山石刻の一部が用いられている。
(36) 優婆塞については數こそ少ないが、その明確なもの六例を次にあげてみる。これも大體は寶山に屬している。

貞觀：孫佰悅・張交達・張希冲
永徽：故居士蕭儉・故優婆塞張客子
顯慶：故淸信士呂小士
麟德：相州鄴縣萬春鄕綏德里住段王村劉才戡□才□父灰身塔記
乾封：相州安陽縣尉劉貴寶(これのみ『寶山靈泉寺』になし)

右の中、特に麟德のものは、『涅槃』『法華』『維摩』『金剛』等の經論の書寫讀誦を行った篤心の優婆塞であった亡父の爲に、靈泉寺西南一里に起塔する旨がその甥によって記されているものである。
(37) 『安陽縣金石錄』ではこれらの造像記は萬佛溝に在ると言っており、この萬佛溝については、『河朔訪古新錄』卷二にも、

在西山者曰大住聖窟、隋開皇九年所造。窟外摩崖遍於山寺、麓西爲萬佛溝。灰身塔記至數十百種、皆隋唐人刻也。

とあるように、寶山の塔龕群を指している。しかし常盤大定は『續古賢の跡へ』(『支那佛教史蹟踏査記』支那佛教史蹟踏査記刊行會　一九三八年　所收　三五五～三五六頁)で、葉昌熾の『語石』に由來するとしてこの名稱を否定している。

※本章に用いている寶山靈泉寺石窟に屬する灰身塔群の寫眞は、初出誌の時と同樣、京都大學名譽教授曾布川寛先生の撮影になるものである。今回も先生のお許しの下、こうして掲載できた。厚く感謝を申し上げたい。なお、本章

に附載した塔銘拓影のうち、三　普相塔銘は京都大學人文科學研究所所藏の、一四　方法師鏤石班經記は大谷大學博物館所藏の拓本による。兩機關關係各位にお世話いただいた。御禮申し上げる次第である。

附　寶山靈泉寺石窟塔銘——釋文・訓讀・拓影——

〈釋文について〉

一　塔銘・碑文の釋文は、初出「寶山靈泉寺石窟塔銘の研究―隋唐時代の寶山靈泉寺」（『東方學報　京都』第六九册　一九九七年）では、京都大學人文科學研究所に所藏する拓本にもとづいて作成したが、今回、本書に收載するに際し、新收の拓本によって檢討を加えた。順序は沒年に從っている。

二　靈琛塔銘の拓本は人文科學研究所にもなく、新收の拓本としても入手できていない。しかし、既に塚本善隆氏の先述した論文中に收錄されており、寶山石刻に關係あるものとして參考のためここに附錄した。

三　釋文の中で、□は缺字を、△は當初からあった空格（例えば摩崖面に本來あった龜裂等のための空格）を、?は判讀不能を示す。

一　光天寺故大比丘尼僧順禪師散身塔　題記・塔銘

【釋文】

光天寺故大比丘尼僧順禪師散身塔／
大唐貞觀十四季五月廿三日敬造／

僧順禪師者。韓州渉縣人也。俗姓張／氏。七歳出家。隨師聽學。遍求諸法卌／餘年。忽遇當根佛法。認惡推善。乞食／頭陀。道場觀佛。精懃盡命。嗚呼哀哉。／春秋八十有五。以貞觀十三年二月／十八日。卒於光天寺。門徒巨痛。五内／崩摧。有縁悲慕。無不感切。廿二日。送／柩於屍陀林所。弟子等謹依林葬之／法。收取舍利。建塔於名山。仍刋石圖／形。傳之於歷代。乃爲銘曰。／心存認惡。普敬爲宗。息縁觀佛。不攔／秋冬。頭陀苦行。積德銷容。捨身林葬。／鐫石紀功。／

【訓讀】

僧順禪師は韓州渉縣の人なり。俗姓は張氏。七歳にして出家し、師に隨いて聽學す。遍えに諸法を求むること四十餘年、忽かに當根佛法に遇い、惡を認め善を推し、乞食頭陀し、道場に觀佛し、精懃にして命を盡《おわ》る。嗚呼哀しいかな。春秋八十有五、貞觀十三年二月十八日を以て光天寺に卒す。門徒巨痛し、五内崩摧し、有縁のもの悲慕して、感切せざるはなし。二十二日、柩を屍陀林所に送り、弟子等謹しんで林葬の法に依り、舍利を收取し、塔を名山に

建て、仍て石に刋《きざ》み形《すがた》を圖《えが》き、之を歷代に傳う。乃ち銘を爲りて曰く、
心、認惡に存し、普敬を宗と爲し、息緣觀佛、秋冬を捫《とど》めず。頭陀苦行、德を積みて容を銷し、捨身林葬、石に鐫り功を紀す。

二　唐故慧靜法師靈塔　題記・塔銘

【釋文】

唐故慧靜法師靈塔之銘／

法師諱慧靜。河東聞喜人也。俗姓裴氏。晉吏部／郎楷之裔胄。師幼懷穎悟。器寓澄明。信冠蓋如／浮雲。棄簪纓猶脫屣。年十有四。發志出家。望大／道而孤征。趣菩提而一息。至於三藏奧典。精思／幽求。十二△博文。討窮漁獵。於是鈎深致遠之／照。恬悅性靈。符幽洞玄之鑒。惔焉自逸。法師雖／復群經遍學。而十地偏工。伏膺有年。談麾方擧。／但以屬逢隋季僞敎陵遲。紺髮金言。櫛風沐雨。／感斯流慟。悽斷惕心。遂輟聞思。盛修功德。經凡／一切。像集數軀。特造一堂。莊嚴供養爾。其雕檫／△△畫栱。粉壁朱墀。像則鏨以丹靑。經則闕／文纘寫。豊△△功粗畢。景業且周。師寢疾弥留。／漸衰不愈。春秋△△△△△△六十有九。／以大△唐貞觀十五季四△△△△△△△／月廿△三日。卆於寺所。弟子△△△法演。早／蒙訓誘。幸得立身。陟岵銜恩。展申△誠孝。闍維／碎骨。遷奉靈灰。鑿鏤山楹。圖形起塔。銘諸景行。／寄此雕鐫。盛德徽猷。庶傳不朽。△其銘曰。

奕葉冠蓋。蟬聯世襲。有覺煩籠。簪纓羈縶。四生難寄。三／寶易依。通人憬悟。落髮爰歸。戒定慧[?]。聞思克勵。彼岸／未窮。奄辭人古。孝誠追感。圖形畫像。顗覿神儀。時中敬／[?]。山虛谷靜。松勁風[?]。勒諸巖岫。永播鴻名。

＊塚本善隆「三階教資料雜記」では、惕心を傷心に、僞教を像敎に作る。

【訓讀】

唐故慧靜法師靈塔の銘

法師、諱は慧靜、河東聞喜の人なり。俗姓は裴氏。晉の吏部郎楷の裔胄なり。師、幼くして穎悟を懷き、器寓澄明、冠蓋に信《よ》ることは浮き雲の如く、簪纓を棄つること猶お屣を脫ぐがごとし。年十有四にして志を發して出家し、大道を望んでは孤り征き、菩提に趣いては一たび息む。三藏の奥典に至りては、精思幽求し、十二の博文は、討窮漁獵す。是において鈎深致遠の照、恬として性靈を悅び、符幽洞玄の鑒、惔焉として自逸す。法師、群經遍く學ぶと雖復《いえど》も、しかれども十地偏えに工みにして、伏膺すること年あり、談麾方に擧がる。但、たまたま隋季に、僞教陵遲するに逢うを以て、紺髮金言、櫛風沐雨、斯れに感じて流慟し、悽斷惕心たり。遂に聞思を輟め、盛んに功德を修む。經は一切を凡《す》べ、像は數軀を集め、特《こと》に一堂を造り、莊嚴供養するのみ。其れ棵に雕み栱に畫き、粉壁朱墀、像は則ち鏨《かざ》るに丹青を以てし、經は則ち闕文あれば續ぎ寫す。豐功、粗々畢り、景業、且に周《おわ》らんとし、師、疾に寢ねて彌留し、漸く衰えて愈えず。春秋六十有九なり。大唐貞觀十五年四月二十三日を以て、寺所に卒す。弟子法演、早に訓誘を蒙り、幸いに立身を得たり。岵《やま》に陟《のぼ》り恩を銜み、誠孝を展申す。闍維し碎骨し、遷して靈灰を奉じ、山楹に鑿ち鏤り、形《すがた》を圖《えが》きて塔を起て、諸々の景行を銘《しる》し、此の雕鐫に寄せ、盛德と徽猷と、庶くは不朽に傳えん。其の銘に曰く、奕葉の冠蓋、蟬聯世襲するも、煩籠を覺るあり、簪纓は羈縶なりと。四生寄り難く、三寶依り易し。通人憬悟し、落髪して爰に歸す。戒定慧?、聞思して克勵するも、彼岸未だ窮まらざるに、たちまち人世を辭す。孝誠追感し、形《すがた》を圖《えが》き像を畫《えが》き、顗《つつし》んで神儀に覲え、時に敬?を申ぶ。山虛しく谷靜かにして、松勁風?。これを巖岫に勒《きざ》み、永く鴻名を播かん。

三　光天寺故大比丘尼普相法師灰身塔　題記・塔銘

【釋文】

光天寺故大比丘尼普相法師灰身塔／

法師俗姓崔。博陵人也。祖父苗裔。本出定州。因仕分居。遂△／留相部。年十有二。落髪玄門。一入僧徒。志操安△靜。處於衆／侶。卓爾不群。年滿進戒。學律聽經。精勤△△未久。律文通利。／講宣十地維摩兩部妙典。法師△意欲啓△般若之門。開無／爲之路。運乘火宅。舟△△航愛河。遂△使道俗慕欽。衆徒歸／仰。但滅△△本不滅。生亦不生。□無爲心。示有爲法。春秋七／△十有八。大唐貞觀十七年八月四日。遷神於光天寺所。弟／子等哀慧日之潛暉。痛慈燈之永滅。乃依經上葬。收其舍利。／粤以貞觀十八年歲次甲辰十一月十五日。於此名山。鐫高／崖而起塔。寫神儀於龕內。錄行德於廂側。覬劫盡山灰。形名／久嗣。乃爲銘曰。　湯彼遙津。萬古紛綸。會燃智炬。乃滅煩薪。／捨恩棄俗。入道求眞。持律通經。開悟無聞。松生常翠。竹挺恆／青。如何法匠忽爾將傾。近雕素石。遠署嘉聲。千秋萬古。留此／芳名。

弟子普閏善昂愛道及諸同學等。爲亡師敬造。／

【訓讀】

光天寺故大比丘尼普相法師灰身塔

法師、俗姓は崔、博陵の人なり。祖父苗裔は、本、定州に出で、仕うるに因りて分居し、遂に相部に留まる。年十有二にして玄門に落髪し、一たび僧徒に入るや、志操安靜、衆侶に處りて、卓爾として群せず。年、進戒に滿ち、律を學び經を聽く。精勤未だ久しからずして、律文に通利し、十地維摩兩部の妙典を講宣す。法師、般若の門を啓き、無爲の路を開き、運、火宅に乘り、舟、愛河を航《わた》らんと意欲す。遂に道俗をして慕い欽び、衆徒をして歸仰せしむ。但、滅は本より不滅、生も亦不生、無爲の心を（以て）、有爲の法を示す。春秋七十有八にして、大唐貞觀十七年八月四日、光天寺所に遷神す。弟子等慧日の暉きを潛むるを哀しみ、慈燈の永えに滅《き》ゆるを痛み、乃ち經に依り上葬して、其の舍利を收む。粵に貞觀十八年歲次甲辰十一月十五日を以て、此の名山において、高崖を鐫ちて塔を起て、神儀を龕內に寫し、行德を廟側に錄す。顗《ねが》わくば、劫、山灰に盡き、形名久しく嗣がれんことを。乃ち銘を爲りて曰く、彼の遙津を逿《とおざか》り、萬古紛綸たり。會《とき》に智《さとり》の炬を燃やし、乃ち煩《まどい》の薪を滅す。恩を捨て俗を棄てて、道に入り眞を求む。律を持し經に通じ、無聞に開悟す。松は生えて常に翠く、竹は挺《そび》えて恆に靑し。法匠忽爾として將て傾くを如何せん。近くは素石に雕り、遠《はる》かに嘉聲を署し、千秋萬古に此の芳名を留めん。弟子普閏・善昂・愛道、及び諸々の同學等、亡師の爲に敬んで造る。

四　報應寺故大海雲法師灰身塔　題記・塔銘

【釋文】

報應寺故大海雲法師灰身塔
大唐貞觀廿季四月八日敬造

□□上元□□二爲初分□氣流形。五才創立。性靈百品。可略而言。大雲法師。俗姓王氏。／河南東郡白馬人也。枝分洛浦。葉散鎬京。得姓表名。興於中古。法師以形同泡沫。身若電／□。慮苦海而難超。□□山之叵越。年登二九。因得法師。遂釋髮緇門。高參法侶。可謂志烈／□□□□□□心始□石□□□□洞□幽□□□因果。故□崖岸峻遠。壅百川而不溢／□□里□。□□端而莫窮。□□□□□□□□□上□化來□□法。受具受業。爲師／爲範。護戒□甚浮囊。墓□□□□□博□□□偏練□結□□玄□。則僧徒霧集。扒□／理窟□□□□奔。是智凡□□□悟□□□□□□□古無□□□□沈溺設此津梁／之刺□元□□彼岸不明□□□□□□□光□俗□□□□□□從使控鵠□鸞之洛／□□□□□□□□□□□□□□□□□十有□。六十三臘。於大唐△貞／觀十九□□□□□十二□□□□□□□□□□□□□□□□□灰身闍維起△塔。／

【訓讀】

□□上元□□二爲初分□氣流形、五才創めて立ち、性靈百品、略にして言うべし。大雲法師、俗姓は王氏、河南東郡白馬の人なり。枝は洛浦に分かれ、葉は鎬京に散《わ》かれ、性を得、名を表し、中古に興る。法師以えらく、形は泡沫に同《ひと》しく、身は雷□の若く、苦海の超え難きを慮い、□山の越え叵きを□。年二九に登り、因りて法師を得、遂に髮を緇門に釋き、高く法侶に參わる。謂うべし、志烈□□□□□□心始□石□□□□洞□幽□□□因果。故に□崖岸峻遠、百川を壅ぐも溢れず、□□里□、□□端而莫窮、□□□□□□□□□上□化來□□法、受具し業を受け、師と爲し、範と爲す。護戒□甚浮嚢、墓□□□□博□□□偏練□結□□□玄□、則ち僧徒霧集し、扒□理窟□□□奔、是智凡□□□悟□□□□□□□古無□□□沈溺設此津梁之刺□元□□彼岸不明□□□□□□□光□俗□□□□□從使控鵠□鸞之洛□□□□□□□□□□□□□□□□□□□□□十有□、六十三臘。大唐貞觀十九□□□□□十二□□□□□□□□□□□□□□□灰身闍維し起塔す。

五　聖道寺故大比丘尼靜感禪師灰身塔　題記・塔銘

【釋文】

聖道寺故大比丘尼靜感禪師灰身塔／

禪師諱靜感。□□△△△□氏。隴西燉煌人也。遠祖從官魏國。因㠯家焉。若△△乃崇基極／天。長源[容]日。[?]傳△△世。襲縉紳譜。孝敬之基。詎待覼縷。禪師風△神秀朗。容範△△端莊。／殖德本於常季。積△△妙因於前△業。齠亂之歲。已高蹈玄門。童稚之辰。遂栖心覺路。△卽／誦維摩經无量壽△經勝鬘經。轉一切經一遍。夕晨無暇。誦習如流。季登廿。進受具足。遂聽／律五。周僧祇四分△之説。制事斷疑。無不合理。至世捨散善之不修。求第一妙宗。庇身禪衆。／高參勝侶。學月殿△雲經實躬之業。三空五淨。並得禪名。潔行精微。志成懇惻。糞掃爲服。聊／以外御風霜。麻麦為飡。纔充飢渴。形同槁木。心若死灰。見之者去殃。聞之者遣障。可謂釋門／之龍象。法侶之鴛△鴻者也。禪師負杖逍遙。息焉親疾。梵響悲深。鐘聲哀急。遷神從化。八十／有六。六十五夏。貞△觀廿季三月廿一日。終於聖道寺。可謂釋種福盡。再唱空虛。悲威德者。／涕流沾衿。[憎]善△人者。僻身員木。姪△女靜端靜因及門徒等。祥收舍利。嗚／咽血言。鏤山爲塔。刊石為文。冀通万古。庶不朽焉。／

【訓讀】

聖道寺故大比丘尼靜感禪師灰身塔

禪師、諱は靜感、□□□氏。隴西燉煌の人なり。遠祖、官に魏國に從い、因て以て家す。乃ち基いを極天に崇くし、源を[谷]日に長しくするが若きは、[?]傳世、縉紳の譜を襲ぐ。孝敬の基、詎ぞ覼縷を待たんや。禪師、風神秀朗、容範端莊、德本を常年に殖え、妙因を前業に積み、齠齔の歳、已に高く玄門を蹈み、童稚の辰、遂に心を覺路に栖まわしむ。卽ち維摩經、無量壽經、勝鬘經を誦え、一切經を轉ずること一遍。夕晨にも暇なく、誦習流るるが如し。年、二十に登り、進んで具足を受け、遂に律を聽くこと五たび、僧祇・四分の說に周し。事を制《さだ》め疑いを斷ちて理に合わざるはなし。三十に至り、散善の不修を捨て、第一妙宗を求め、身を禪衆に庇《たよ》り、高く勝侶に參ず。學月殿雲經實躬之業（不詳）、三空五淨、竝に禪名を得、潔行は精微にして、志は懇惻を成す。糞掃を服と爲し、聊か以て外は風霜を御し、麻麥を餐と爲し、纔かに飢渴に充つるのみ。形は槁木に同《ひと》しく、心は死灰の若し。之を見る者は殃いを去り、之を聞く者は障りを遣る。釋門の龍象、法侶の鴛鴻と謂うべき者なり。禪師、杖を負いて逍遙し、息焉として疾に親しみ、梵響の悲しみ深く、鐘聲の哀しみ急にして、遷神、化に從う。八十有六、六十五夏なり。貞觀二十年三月二十一日、聖道寺に終る。釋種の福盡き、再び空虛に唱うるものと謂うべし。威德を悲しむ者、涕流衿を沾し、善き人を惜《いた》む者、身を員木に僻く。姪女靜端・靜因、及び門徒等、祥いに舍利を收む。嗚咽血言し、山に鏤《ほ》りて塔を爲《つく》り、石に刋《きざ》みて文を爲る。冀わくは萬古に通じ、庶わくは不朽ならんことを。

六　故大優婆塞晉州洪洞縣令孫佰悅灰身塔　題記・塔銘

【釋文】

故大優婆塞晉州洪洞縣令孫佰悅灰身塔銘／
優婆塞姓孫。字佰悅。相州堯城人也。世衣纓苗裔無／墜。身居薄官。情達苦空。每厭塵勞。心希彼岸。雖處居／家。不願三界。見有妻子。常忻梵行。悅去隋朝身故。未／經大殯。悅有出家女尼。字智覺。住聖道寺。念父生育／之恩。又憶出家解脫之路。不重俗家遷窆。意慕大聖／泥洹。今以大唐貞觀廿年十月十五日。起塔於寶山／之谷。冀居婆塞之類。同沾釋氏之流。今故勒石。當使／劫盡年終。表心無墜。善哉善哉。乃爲銘曰。／
哲人厭世。不貴俗榮。苦空非有。隨緣受生。身世磨滅。／未簡雄英。高墳曠壟。唯矚荒荆。且乖俗類。同彼如行。／倶知不善。唯願明明。／

【訓讀】

故大優婆塞晉州洪洞縣令孫佰悅灰身塔銘

優婆塞、姓は孫、字は佰悅、相州堯城の人なり。世々衣纓にして苗裔墜ちるなし。身は薄官に居るも、情は苦空を達《さと》り、毎に塵勞を厭い、心は彼岸を希う。居家に處るといえども、三界を願わず。見《いま》妻子あるも、常に梵行を忻ぶ。悅、去る隋朝に身故せり。未だ大殯を經《いとな》まず。悅に出家の女尼あり。字は智覺。聖道寺に住す。父の生育の恩を念い、又、出家解脱の路を憶い、俗家の遷窆を重んぜず、大聖の泥洹を意《おも》い慕う。今、大唐貞觀二十年十月十五日を以て、塔を寶山の谷に起て、(優)婆塞の類に居り、同に釋氏の流に沾《うるお》わんことを冀う。今、故に石に勒み、當に劫盡き年終るまで、心を表して墜ちることなからしめんことを。善き哉、善き哉。乃ち銘を爲りて曰く、
哲人世を厭い、俗榮を貴ばず。苦空非有、縁に隨いて生を受く。身世磨滅するも、未だ雄英を簡ばず。墳を高くし壟を曠くするも、唯、荒荊を矚るのみ。且らく俗類に乖《はな》れ、かれと同《とも》に如《ゆ》き行かん。倶に不善を知り、唯、明明なるを願うのみ。

七　慈潤寺故大慧休法師灰身塔　題記・塔頌・刻石記德文

【釋文】

慈潤寺故／大慧休法／師灰身塔／
貞觀廿一／季四月八／
塔頌／
佛日潛暉。明人應世。是曰法師。照除昏蔽。始涉緇門。方爲師導。聽覽忘疲。／精窮內奧。眞如顯悟。三乘指掌。
頁帙雲奔。諮承渴仰。匠益既周。玄談且歇。／置亭几個。形隨盡月。羅漢灰身。那含寂定。今乃闍毗。宗承先聖。
建茲靈塔。／記德留名。覬超劫火。此石常貞。門徒攀躄。道俗嗟哀。不勝戀慕。捫淚俳《ママ》徊。／

慈潤寺故大論師慧休法師刻石△記德文　法師諱慧休。河間平舒人也。俗姓樂氏。晉大夫樂王鮒之後／焉。僕射之剛正抗直。恥素餐於漢朝。吏部之△淸白貞淳。飛英聲於晉室。衣纓髦彥。可略而不言。法師夙樹／勝因。早膺妙果。

文學讓梨之歲。志在出塵。△陸績懷橘之年。便欣入道。及天仙接髮之日。卽事靈裕法師。爲／息慈弟子。□聽明慧。
勤於藝業。每披覽經。論不俟研。求一經於心。莫不怡然理順。雖仲任之閲市默記。正平／之背碑闇寫。方之上人。
彼所多媿。始受業於僧樹律師。習毗尼五△部。星紀未周。卽洞曉玄妙。遂廼馳騖三／藏。邀遊十門。修多蠹露之文。
龍樹△馬鳴之說。莫不剖析豪氂。窮盡隩祕。於是勝幢斯建。法輪遂轉。懷經負／笈者。靡□△勞於[?]舍。△△△△
請益質疑者。不憚勤於千里。於△是門徒濟濟。學侶跣跣。同萬流之歸渤／澥。類衆[?]△之環滅△△極。法師所製。
十地地持義記。成實論義章及疏。毗婆沙論。迦旃延經。雜阿毗曇等／疏。小乘[?]。△△攝△大乘論義疏。又續遠法
師華嚴疏。又著大乘義章。凡卌八卷。竝皆探賾玄宗。敷通幽捷。／暢十誦之△□典。演五時之精義。其辭□而旨微。
其文華而理奧。誠先達之領袖。寔後賢之冠冕。及開講解／釋。辯若懸△河。聽之者忘△△疲。餐之者心醉。于時天
下寧宴。佛日載明。龍象問望。風塵相接。各樹勝幡。俱／鳴△△法鼓。法師儼然高△△視。擅名當世。雖弘論未交。
則望塵而旗靡。辭鋒纔接。亦灌然而轍亂。於是昇／其△堂者。如承慧解之談。入△其室者。似稽傅《ママ》鐙之說。由是茂
實嘉名。騰芬於函夏。貞觀八秊。奉　　　／詔。召入京都。法師秊將九十。志性沈靜。深憚諠譁。乃辭以老病。
得停遠涉。慈潤僧坊。屢有災火。每將發之際。／卽有善神。來告法師。令爲火防。如此數四。以有備獲免。靈泉道
場。自齊亡之後。堂閣朽壞。水泉枯竭。荆棘荒／蕪。累經歲稔。至開皇三秊。始加脩復。法師躬自開剪。招引僧徒。
乃歎曰。伽藍雖建。山寺無水。經行法侶。豈得／安居。於是思惟深念。不過信次。飛泉奔涌。災火不焚。無假欒巴
之術。枯泉自溢。豈藉耿恭之拜。此固法師業／行所致。精誠所感。法師每至啓蟄之後。墐戶之前齋供。乃絕於蔬菜。
欲有所之。手執長箒。掃地方行。惟恐食／踐有生。損傷物命。大慈大悲。念念相續。爰始髫齔。終乎耆壽。德素△
之美。徽猷日新。雖十業之心已淨。未出／生死之流。百秊之期斯盡。遂見花萎之相。貞觀廿秊歲次敦牂季春旬有五
日。法師藻嗽訖。因右脅而臥。又／□□念。色貌如常。出息難保。奄然遷化。春秋九十有九。夏臈《ママ》七十有七。卽以

其月廿日。遷窆於安陽縣西之／[?][靈]泉山。法師[?]金剛之性堅固不染。戒行圓滿。明淨無瑕。博綜群典。詠玄窮妙。覩怨親惟一相。達生滅之／□□□□□□□閒。湛然而已。使持節揚州都督相州刺史越王。以開士乃佛法之棟梁。衆生之津濟。奄損／□□言歸□□□□命詞人。式昭景行。乃爲文曰。／□□□界之輪廻。念四生之沈溺。沒愛河而不懼。玩火宅而無惕。識莫窘於眞假。智常昏於動寂。何大覺之／□□。□大法於大千。示三車之快樂。寔六趣之福田。雖慧日之蹔隱。乃慧炬而猶傳。彼上人之應跡。暢微／。□□言之遺旨。開不二之法門。闡會三之妙理。整威儀與器度。信卓然而高視。惟諸行之無常究竟／□□□[?]寂滅。痛哲人之云逝。刋玄石而記烈。雖陵遷而海變。恕徽音之無絕。／□□□□越王府文學宋寶奉　教撰。／

【訓讀】

慈潤寺故大慧休法師灰身塔

貞觀二十一年四月八（日）

塔頌

佛日暉きを潛め、明人世に應ず、是を法師と曰い、昏蔽を照除す。始めて緇門に渉り、方めて師導を爲し、聽覽疲るるを忘れ、內奧を精窮す。眞如は顯かに悟り、三乘は掌を指すがごとし。帙を負うもの雲奔し、諮承渴仰す。匠益既に周ねく、玄談且つ歇《や》む。置亭几個、形は盡月に隨う。羅漢の灰身、那含の寂定なり。今、乃ち闍毗し、先聖を宗承す。茲の靈塔を建て、德を記し名を留む。覬《ねが》わくは劫火を超えて、此の石常に貞しからんことを。門徒攀甓し、道俗嗟哀して、戀慕に勝えず、涙を抆《おさ》えて徘徊す。

慈潤寺故大論師慧休法師刻石記德文　法師、諱は慧休、河閒平舒の人なり。俗姓は樂氏。晉の大夫樂王鮒の後なり。

僕射の剛正抗直は、素餐を漢朝に恥じ、吏部の淸白貞淳は、英聲を晉室に飛ばす。衣纓髦彦、略して言わざるべし。法師、夙に勝因を樹て、早に妙果を膺け、文學讓梨の歳に、志は出塵に在り、陸績懷橘の年に、便ち入道を欣ぶ。天仙接髮の日に及んで、卽ち靈裕法師に事えて、息慈の弟子と爲る。□聽明慧、藝業に勤む。經を披覽する毎に、論は研めるを俟たず、一經を心に求めて、怡然として理順ならざるはなし。仲任の市に閲《み》て默記し、正平の碑を背《そらん》じて闇寫すと雖も、之を上人に方《くら》ぶるに、彼は多く媿る所なり。始めて業を僧樹律師に受け、毗尼の五部を習う。星紀未だ周《めぐ》らざるに、卽ち玄妙に洞曉し、遂に迺ち三藏に馳騖し、十門に遨遊し、修多蠹露の文、龍樹・馬鳴の說は、豪釐を剖析し隩祕を窮盡せざるはなし。是において勝幢斯れ建ち、法輪遂に轉じ、經を懷ろにし笈を負う者は、靡□勞於⍰舍、請益して疑いを質す者は、千里に勤むるを憚らず。是において門徒濟濟、學侶詵詵たること、萬流の渤澥に歸するに同《ひと》しく、衆⍰の滅極を環るに類す。法師の製る所は、十地・地持の義記、成實論義章及び疏、毗婆沙論・迦旃延經・雜阿毗曇等の疏、小乘⍰、攝大乘論義疏、又續遠法師華嚴疏にして、又大乘義章（の疏）を著わす。凡そ四十八卷なり。竝に皆玄宗を探賾し、幽捷に敷通し、十誦の□典を暢べ、五時の精義を演ぶ。其の辭、□にして旨は微《ふか》く、其の文、華にして理は奧《ふか》し。誠に先達の領袖、寔に後賢の冠冕なり。開講し解釋するに及べば、辯は懸河の若く、之を聽く者疲るるを忘れ、之を餐う者心醉す。時に天下寧宴、佛日載《すなわ》ち明かにして、龍象問望し、風塵相接ぎ、各々勝幡を樹て、俱に法鼓を鳴らす。法師、儼然として高視し、名を當世に擅にす。弘論未だ交らずと雖も、則ち塵を望んで旗靡き、辭鋒纔かに接して、亦漼然として轍亂る。是において其の堂に昇る者は、慧解の談を承くるが如く、其の室に入る者は、傳鐙の說を寤《さと》るが似し。是れに由って茂實嘉名、函夏に騰芬す。貞觀八年、詔を奉じ、京都に召入せらるるも、法師、年將に九十ならんとし、志性沈靜、深く諠譁を憚る。乃ち辭するに老病を以てし、遠く涉るを停《や》むを得たり。慈潤の僧坊、屢々災火有り。毎に將に發《おこ》らんとするの際、卽ち善神有り、來りて法師に告げ、火防を爲さしむ。此くの如きこと數四、以て備え有りて免るるを獲たり。靈泉道場は、齊亡びてよりの後、堂閣朽壞し、水泉枯竭し、荆棘荒蕪、歲稔を累經す。開皇三年に至り、始めて脩復を加え、法師躬自ら開剪し、僧徒を招引す。乃ち歎じて曰く、伽藍は建つと雖も、山寺に水無し。經行の法侶、豈に安居を得んやと。是において思惟深念し、信次を過ぎざるに、飛泉奔涌す。災火に焚けざるは、欒巴の術に假る無く、枯泉自のずから溢るるは、豈に耿恭の拜に藉らんや。此れ固り法師の業行の致す所、精誠の感ずる所なり。法師、啓蟄の後、墐戸の前に至る每に齋供す。乃ち蔬菜を絕ち、之く所有らんと欲すれば、手に長箒を執り、地を掃きて方めて行く。惟、有生を食らい踐み、物命を損傷せんことを恐るるのみにして、大慈大悲、念念相續ぐ。爰に髫齔より始まり、耆壽に終わるまで、德素の美は、徽猷日に新たなり。十業の心已に淨しと雖も、未だ生死の流より出でず。百年の期斯に盡き、遂に花萎むの相を見わす。貞觀二十年歲次敦牂季春旬有五日、法師、藻嗽し訖り、右脅に因りて臥し、叉□□念、色貌常の如し。出息保ち難く、奄然として遷化す。春秋九十有九、夏臘七十有七なり。卽ち其の月二十日を以て、遷して安陽縣西の?靈泉山に窆むる。法師、?金剛の性堅固にして染まらず、戒行圓滿、明淨にして瑕《けがれ》なし。群典を博綜し、玄を詠み妙を窮め、怨親を視るに惟一相、達生滅之□□□□□□□間、湛然たるのみ。使持節・揚州都督・相州刺史越王、開士は乃ち佛法の棟梁、衆生の津濟なるを以て、奄損□□言歸□□□、詞人に命じて、式《もつ》て景行を昭らかにせしむ。乃ち文を爲りて曰く、

□□界の輪廻を□、四生の沈溺するを念う。愛河に沒して懼れず、火宅を玩んで愓《おそ》るなし。識は眞假を寤《さと》るなく、智は常に動寂に昏《くら》し。何大覺之□□、□大法於大千、三車の快樂をしめすは、寔に六趣の福田なり。慧日の暫らく隱ると雖も、乃ち慧炬の猶お傳わるがごとし。彼の上人の應跡は微を暢べ、□□言之遺旨、不二の法門を開き、會三の妙理を闡かにす。威儀と器度とを整え、信に卓然として高視し、惟諸行之無常究竟□□□□《?》寂滅。哲人の云《ここ》に

逝くを痛み、玄石に刊《きざ》みて烈《いさお》しを記す。陵遷りて海變ずと雖も、徽音の絶ゆるなきを恕されんことを。□□□□越王府文學宋寶　教を奉じて撰す。

八　大唐願力寺故贍法師影塔　題記・塔銘

【釋文】

大唐願力寺故贍法師影塔之銘幷序／
夫大士遊心。必歸先覺之境。高人建德。要開後覺之門。所以攝倒海而就安波。湛圓空而收動界。其有出生五滓。駕
御□□。□□□之◯●／辰。作世間之□燭者。其唯我上人乎。　上人諱神贍。俗姓邵氏。相州安陽人也。其先有周太
保北燕伯邵公奭之後。上□□□□□代爲／冠族。厥宅不移。碑表列於墳塋。譜牒傳於家國。今此不復詳談矣。曾祖
●㉠碑。齊任司州刺史使持節行軍捴管諸軍□□□□□。隨任／平州盧龍縣令兼檢校盧龍鎮將。　父琰。唐任晉州神山
縣尉。●㉠諷萬言。三業相承。聲馳宇內。惟文與武併在一門。□□□□□□群。誕／靈賢族。金精玉骨。卓絶常倫。
●㉠誦五千言。工屬文善談吐。●秊廿一。遍閱九經。備開三史。泛覽諸子。涉獵羣書。陰陽圖□□□。□□□術之／説。
莫不咸陳掌上。捴納胸中。以爲竝是糟粕之餘詞。羶腥之陋業。不足以揚眉闊步。畢志息心。解纓絡於寰中。縦解□
□□□□意營／道。迴向釋門。投毗曇論師智神。寺主作一邊依止。於是●稟聽中論。且學小乘。入理致卽。鏡寫精
微。演法相??流名□□□□。乾封元／秊●。覃東山之慶。爰啓度門。刺史許平恩。妙體一乘。先通三論。傾風見
悅。高預染衣。於是更就砿谷操禪師。鍊磨戒品。自此律行彌嚴。溫《ママ》尋／轉富。講四分律竝羯磨維摩法華金剛般若勝
●爪王般若護國仁王般若。及中論毗曇。馳騾兩乘。包羅三藏。横五竪五之義。三車九轍之／途。不思議之奧宗。無住

相之深旨。花貫泉涌。雨澍雷驚。法澤所加。枯悴者莫不霑潤。心燈所耀。黑暗者咸悉承光。廿季閒爲佛法將。紹隆／饒益。胡可勝談。又以講誦□□。□□之暇。撰缶像住持同異論一卷。浮圖澄法師碑文一首。修定琬寺主碑文一首。更有諸餘雜文數首。／竝事在光揚。不之繁目□。□□□□。□終告化。春秋卌三。以大唐垂拱二季四㊄十二乙⃝端拱蛻生。夏凡廿。烏呼哀哉。雖靈心湛然。去留／無在。而世閒攀戀有慟。□□□□□□□十人等。追慕教緣。以大周爪穐二季四㊄八乙⃝。於相州城西五十里寶山別谷。敬焚靈骨。起塔／供養。式圖影像。遂勒銘□。／伊大人之處世兮。寔在□□□□。□□□之開心兮。亦横舟而俯度。架三界之爪梁兮。杜四生之險路。作眞諦之耿光兮。爲末法之弘護／其一。我族姓之尊者兮。稟?□□□□。?三有之危界兮。陋萬卷之浮言。超埃塵而遐騁兮。建勝義之高幡。宣法王之缶教兮。洗濁世之／諠煩。其二。彼利益之云周兮。就後代而長住。玄構落而疇依兮。法乙⃝墜而安仰。疏絕崿以閟塔兮。因崇巖而鏤像。留銘頌於山阿兮。庶芳／風之勝躅。其三。／

＊京都大學人文科學研究所藏石刻第9輯61函―62―ABの中、Aは各行末六～十字を缺き、Bは各行末一字を缺く。缺字の部分は『寶山靈泉寺』及び新收拓本（圖八）によって補った。

【訓讀】

大唐願力寺故贍法師影塔の銘幷びに序

夫れ大士心を遊ばせ、必ず先覺の境に歸し、高人德を建て、要ず後覺の門を開くは、倒海を攝めて安波と就《な》し、圓空を湛えて動界を収むる所以なり。其の五滓に出生し、□□に駕御し、□□之星辰に□し、世間の□燭を作す者あるは、其れ唯我が上人なるか。上人、諱は神贍、俗姓は邵氏。相州安陽の人なり。其の先は有周の太保・北燕伯邵公奭の後なり。上□□□□□代々冠族たりて、厥の宅移らず。碑表は墳塋に列ねられ、譜牒は家國に傳えらる。今此に復た詳談せず。曾祖日磾、齊のとき司州刺史・使持節・行軍總管諸軍□□□□に任じ、隨《ママ》のとき平州盧龍縣令・兼檢校盧龍鎭將に任ず。父琰、唐のとき晉州神山縣尉に任ず。日々萬言を諷し、三業相承け、聲は宇内に馳せ、惟れ文と武と併せて一門に在り。□□□□□群、誕靈賢族、金精玉骨、常倫に卓絶す。日々五千言を誦し、工に文を屬《つづ》り、談吐を善くす。年二十一にして、遍く九經を閲《よ》み、備《ことごと》く三史を開き、諸子を泛覽し、羣書を涉獵す。陰陽圖□□□、□□□術の說は、咸く掌上に陳べ、總て胸中に納れざるはなし。以爲えらく、竝びに是れ糟粕の餘詞、羶腥の陋業にして、以て眉を揚げて闊步し、志を畢《と》げて心を息《やす》ましむるに足らずと。纓絡を寰中に解き、縱解□□□□□意營道、釋門に迴向し、毗曇論師智神、寺主として一邊を作す、に投じて依止す。是において載《すなわ》ち中論を聽き、且つ小乘を學び、入理致郎、精微を鏡寫し、演法相□□□□□□□□、乾封元年、東山の慶を覃《およ》ぼし、爰に度門を啓く。刺史許平恩、妙く一乘を體し、先に三論に通じ、風を傾け悅びを見わし、高く染衣に預る。是において更に硔谷の操禪師に就いて、戒品を鍊磨す。此れより律行彌々嚴にして、溫尋轉た富めり。四分律竝びに羯磨・維摩・法華・金剛般若・勝天王般若・護國仁王般若、及び中論・毗曇を講じ、兩乘に馳騄し、三藏を包羅す。横五竪五の義、三車九轍の途、不思議の奧宗、無住相の深旨は、花貫き泉涌き、雨澍ぎ雷驚かし、法澤の加わる所に、枯悴の者霑潤せざるはなく、心燈の耀く所に、黑暗の者咸悉く光を承く。二十年閒、佛法の將たりて、饒益を紹隆す。胡ぞ談るに勝うべけんや。又講誦□□、□□の暇を以て、正像住持同異論一卷・浮圖澄法師碑文一首・修定琬寺主碑文一首を撰す。更に諸餘の雜文數首あり。竝に事は光揚に在り、不之繁目□、□□□、□終に化を告ぐ。春秋四十三。大唐垂拱二年四月十二日を以て端拱蛻生す。夏は凡そ二十なり。烏呼哀しいかな。靈心湛然として、去留在るなしと雖も、世閒攀戀して慟くあり。□□□□□□□十人等、敎緣を追慕し、大周天授二年四月八日を以て、相州城西五十里の寶山の別谷において、敬しんで靈骨を焚き、塔を起てて供養し、式しんで影像を圖《えが》き、遂に銘を勒みて□、

伊れ大人の世に處するや、寔に在□□□□、□□□之開心兮、亦横舟にして俯度す。三界の天梁を架け、四生の險路を杜ぎ、眞諦の耿光を作し、末法の弘護を爲す。其の一。我族姓の尊者、禀[?]□□□、[?]三有之危界、萬卷の浮言を陋しとす。埃塵を超えて遐かに騁せ、勝義の高幡を建て、法王の正教を宣べて、濁世の諠煩を洗う。其の二。彼の利益の云に周くして、後代に就きて長く住《とど》まるも、玄構落ちては疇《たれ》にか依り、法日墜ちては安くにか仰がん。絶嶨を疏《ひら》きて以て塔を閟、崇巖に因りて像を鏤み、銘頌を山阿に留めて、芳風を勝躅に庶う。其の三。

九　大周相州安陽靈泉寺故寺主大德智法師像塔　題記・塔銘

【釋文】

大周相州安〔陽〕〔靈〕泉寺故〔寺〕主大德智〔法〕〔師〕〔像〕塔／之銘并序／
法師諱朗。字□智。俗姓王氏。其先周□□□□□／後。●鄴城●生也。□祖惟称。芬馥栴檀。師生禀神□。早／[?]塵濁。
●季七歲。投大慈寺主大德起法師。〔為〕?□□／誦維經□□。至●季十二。屬／大唐太〔宗〕文武●聖皇帝。廣闢度門。便蒙剃
〔落〕。建[?]／[?][?]□□戒□。依本寺曇源律師習毗尼〔業〕。業成／之後。又□慈閏《ママ》寺主大德智神論師。學阿毗曇〔藏〕?／□□
□般〔摩〕?金剛般若。幷中觀等。三經二論。□〔盡〕?／□流□□□揚。或研精默識。加以統之眼一分[?]／□於□易〔象〕?玄文。
方同三絕。老莊素問。博泛〔羣〕?流。／[?]?五□□□金剛般若及尊勝咒等。各二□遍。〔又〕?／梵音□□首□緇[?]。〔春〕秋六
十有八。夏臘□□□／□。訖於長安二●季六●臣五〔一〕。[?]遷識。嗚呼。大□□□□／□悲傷。門□大雲寺僧玄[?]玄果。

零《ママ》泉寺僧玄[?]玄暉／□。攀慕□慈誨。思報莫由。遂於州西南二十餘里本寺／□懸壁山之陽。起塔供養。粵以三秊七●
●匝廿五㊀。□□／永畢。塔內便造[以]?彌勒像二鋪圖形。奉侍一□□□□／以跡宣。敬託彫刻。乃爲銘曰。／
子晉之後。命氏爲王。●亹流遠派。爰宅[?]漳。父□□德。令／門令望。降生才子。玉質金箱。●匝□水白。●爪花□黃。

稻衣／夙被。檀[?]早芳。經泉[折]?玉。戒海浮香。迦[㴞][妙]?教。羅[?][?]／莊。嚴[?]佛頂。捨筏金剛。于講于誦。無怠無荒。

精誠□□。／[?]心[?]強。中宗懸解。外法通方。歌唄特妙。唱導尤長。以／□□□□用此弘揚。[胚]胎有裕。利樂無□。

[?]符屛[?]。□／□□□。□輪[?][?]。月《ママ》殿摧梁。粵有子尙□師[?]披山建／□石開堂。敬□[?]●鐫勒曆于傍身命有[?]供侍
無[忘]。□／□既畢。銘頌攸彰。禆同遵於大道。庶[悲]?□□[常]。／

【訓讀】

大周相州安陽靈泉寺故寺主大德智法師像塔の銘幷びに序。

法師、諱は朗、字□智、俗姓は王氏。其の先は周□□□□の後、鄴城の人なり。□祖惟れ稱えられ、栴檀より芬馥たり。師、生れながらに神□を稟け、早に塵濁を[?]、年七歳にして大慈寺主大德起法師に投じ、[爲]?□□誦維經□□、年十二に至りて、大唐太[宗]文武聖皇帝、廣く度門を闢くに屬《あた》り、便ち剃落を蒙り、建[?][?][?]□□戒□、本寺の曇源律師に依りて毗尼の[業]を習い、業成りての後、又、□慈閏《ママ》寺主大德智神論師、阿毗曇[藏]?□□□般[摩]?・金剛般若、幷びに中觀等の三經二論を學び、□[盡]?□流□□□揚、或いは默識を研精す。加以統之眼一分[?]□於□易[象]?玄文、方に三絕に同《ひと》しく、老・莊・素問、[羣]?流に博泛たり。[?]五□□□金剛般若及び尊勝咒等、各々二□遍、[又]?梵音□□首□緇[?]。春秋六十有八、夏は□□□□を踰ゆ。長安二年六月五日に訖び、[?]遷識。嗚呼。大□□□□□悲傷。門□大雲寺の僧玄[?]・玄果、零《ママ》泉寺の僧玄[?]・玄暉□、攀慕□慈誨、報いんと思うも由るなし。遂に州の西南二十餘里

の本寺□懸壁山の陽において、塔を起て供養す。粤に三年七月二十五日を以て、□□永えに畢る。塔內に便ち造るに彌勒像、二鋪の圖形を以?てし、奉侍一□□□□以跡宣、敬しんで彫刻に託す。乃ち銘を爲りて曰く、

子晉之後、命氏爲王、載流遠派、爰宅[?]漳。父□□德、令門令望、降生才子、玉質金箱。月□水白、天花□黃、稲衣夙被、檀[?]早芳。經泉折?玉、戒海浮香、迦[?]妙?教、羅[?][?]莊。嚴[?]佛頂、捨筏金剛、于講于誦、無怠無荒。精誠□□、[?]心[?]強、中宗懸解、外法通方。歌唄特妙、唱導尤長、以□□□用此弘揚。胚胎有裕、利樂無□、[?]符屛[?]、□□□□。□輪[?][?]、月殿摧梁、粤有子尙□師[?]披山建□石開堂、敬□[?]聖勒曆于傍身命有[?]供侍無忘、□□旣畢、銘頌攸彰、裨同遵於大道、庶悪?□□□常。

十　大唐相州安陽縣大雲寺故大德靈慧法師影塔　題記・塔銘

【釋文】

大唐相州安陽縣大雲寺故大德靈慧法師影塔之銘并序／

法師諱嘉運。字靈慧。俗姓劉氏。其先帝王。漢高祖之苗裔。／彭城人也。遠祖因任?。遂此居興。子孫派流。於茲不絕。遂爲／魏郡人焉。　法師宿植勝因。生而奇狀。早懷慕道。棄俗歸／眞。年十歲。遂投慈潤寺方大禪師。出家習業。至年十六。逢／廣啓度門。便蒙剃染。配本縣大通寺。恆以頭陀爲務。六時／禮懺。一食資身。知自行之不弘。了利他之情廣。更策心訪道。／朝夕孜孜。遂投河南府佛授記寺翻經大德感法師。親承左／右。學解深密法花仁王轉女身梵網等經。成唯識俱舍等論。／三性一乘之妙旨。半滿達磨之深宗。莫不究盡根源。窮其祕／奧。從茲溫古。道業□新。遂得譽播三川。聲聞八水。奉／　／敕。便留住佛授記寺。補充翻經感法師侍者。後蒙本州大雲／寺牒。

充律師教授。至景雲年中。屬　國家大弘佛事。廣闢僧／方。以聖善初成。□招碩德。以法師／道齊林遠。業紹□安。
遂蒙徵召赴／都。充其大德。歸□者若霧。渴仰者／如雲。三二年閒。傳燈無替。後爲情／深色養。請牒□鄉住大雲
寺。雖解／行周贍。常懷[無]足之心。更投汾州／宗哲法師諮承異見。曲／提奬偏授□途。經／論章門。莫不備曉。／
[既]而輕身重法。不憚／劬勞。其所稟承。無非龍象方異。住／持饒益。闡法□□。何圖淨行已圓。／捨茲穢刹。嗚呼
哀□。哲人云亡。孰／不凄感。春秋卌有九。夏凡二十有／七。以開元四年六月廿六日。於汾／州平遙縣福聚寺。端
拱厭生。奄然／遷識。有姪男慈潤寺僧玄晞。斯乃遊子心重。骨肉情深。／不憚艱辛。遂涉山途。由哀展孝。闍毗事
畢。收骨歸鄉。門徒與／姪同寺僧圓滿等。師資義重。攀慕弥殷。思出世之因深。想／入道之緣厚。傍求良匠。遠訪
丹青。遂於州西南五十里零《ママ》／泉寺西南懸壁山南西之陽。敬想靈儀。雕□□□□□。開／元五年歳次丁巳三月辛丑朔
廿三日癸□。□□□以／事莊嚴。然理因教發。事假頌陳。利之金□□□□□□爲／[銘]曰。
粵有良匠。寔亦難倫。幼而捨□。□□□□□。可／寶[?]廣。堪珍尋師。委[?][訪]《?》[?]。[?]身□□。□□□□□／[?]。
[?]物處謂遷神。其一。[?]□□才□□□□□□□□　／[唯]《?》[可]《?》則[此]《?》賢利物善知□□□□□□□□□□□□／□道其[宜]《?》不
惑。其二。粵有□□□□□□□□□□□□盡／雕鐫。上依奇岫。下瞰零□。□□□□□□□□□千齡／□《?》有美希萬
代兮無[後]《?》□□□□□□□□□撰。

＊初出拙稿では、京都大學人文科學研究所藏石刻第9輯61凾—22を用いたが、「如雲三二年閒」より「何圖淨行已圓」までと、「不憚艱辛」以降の行の十六字目以下等を缺くので、主に『寶山靈泉寺』を參照した。今回、新收の拓本（圖十）により、再検討を加えた。

【訓讀】

大唐相州安陽縣大雲寺故大德靈慧法師影塔の銘幷びに序

法師、諱は嘉運、字は靈慧、俗姓は劉氏。其の先は帝王、漢の高祖の苗裔、彭城の人なり。遠祖因任?、遂に此に居興し、子孫派流して、茲において絶えず、遂に魏郡の人となる。法師、宿《つと》に勝因を植え、生れながらにして奇狀あり、早に懷いて道を慕い、俗を棄てて、眞に歸す。年十歲にして、遂に慈潤寺の方大禪師に投じ、出家して業を習う。年十六に至り、廣く度門を啓くに逢い、便ち剃染を蒙り、本縣の大通寺に配せられ、恆に頭陀を以て務めと爲し、六時に禮懺し、一食もて身を資くるのみ。自行の弘からざるを知り、利他の情廣きを了《さと》り、更に心を策め道を訪い、朝夕に孜孜たり。遂に河南府佛授記寺の翻經大德感法師に投じ、親しく左右に承く。解深密・法花・仁王・轉女身・梵網等の經、成唯識・俱舍等の論を學び、三性一乘の妙旨、半滿達磨の深宗は、根源を究盡し、其の祕奧を窮めざるはなし。茲れより古を溫ね、道業□新たにして、遂に譽は三川に播き、聲は八水に聞こゆるを得たり。勅を奉じて便ち佛授記寺に留住し、翻經感法師の侍者に補充せらる。後、本州大雲寺の牒を蒙り、律師教授に充てらる。景雲年中に至り、屬《とき》に國家大いに佛事を弘め、廣く僧方を闡き、以て聖善初めて成り、碩德を□招す。法師、道は林・遠に齊しく、業は□・安を紹ぐを以て、遂に徵召せられて都に赴き、其の大德に充てらるるを蒙る。歸□する者霧わくが若く、渇仰する者雲あつまるが如し。三二年の閒、燈を傳えて替《おこた》るなし。後、情《おもい》の色養を深くするところとなり、牒を□鄉に請い、大雲寺に住す。解行周贍なりと雖も、常に足るなきの心《おもい》を懷き、更に汾州の宗抵法師に投じて異見を諮承す。曲さに提奬し偏えに□途を授けられ、經論章門は備さに曉かにせざるはなし。既にして身を輕んじて法を重んじ、劬勞を憚らず。其の稟承する所は龍象の異《すぐ》れたるを方《なら》べ、饒益を住持して、法を闡らかにし□□するにあらざるはなし。何ぞ圖らん、淨行已に圓なるに、茲の穢刹を捨つるとは。嗚呼哀しいかな□。

哲人云に亡《みまか》り、孰か凄感あらざらん。春秋四十有九、夏は凡そ二十有七。開元四年六月二十六日を以て、汾州平遙縣の福聚寺において、端拱して厭生し、奄然として遷識す。姪男なる慈潤寺の僧玄晞あり。斯に乃ち遊子の心重くして、骨肉の情深く、艱辛を憚らずして、遂に山途を渉る。哀しみに由り孝を展べ、闍毗の事畢り、骨を収めて鄉に歸る。門徒は姪なる同寺の僧圓滿等と師資の義重く、攀慕彌々殷し。出世の因深きを思い、入道の縁厚きを想い、傍《ちか》きは良匠を求め、遠きは丹青を訪ね、遂に州の西南五十里、零《ママ》泉寺の西南、懸壁山南西の陽において、敬んで靈儀を想い、雕□□□□。開元五年歲次丁巳三月辛丑朔二十三日癸□、□□事を以て莊嚴す。然れども理は敎に因りて發り、事は頌に假りて陳べらる。利之金□□□□□[銘]を爲りて曰く、

粵に良匠あり、寔に亦倫《なら》び難し。幼にして捨□、□□□□□、可寶[?]廣、堪珍尋師、委[?][訪]?[?]、[?]身□□、□□□□□□[?]、[?]物處謂遷神。其一。[?]□□才□□□□□□□□　[唯]?[可]?則[此]賢利物善知□□□□□□□□□□□道其[宜]不惑。其二。粵有□□□□□□□□□□□盡雕鐫、上は奇岫に依り、下は零□を瞰る、□□□□□□□□□□千齡[?]有美希萬代兮無[後]?□□□□□□□□□撰

十一　唐故方律師像塔　題記・塔銘

【釋文】

唐故方律師像塔之銘／

律師諱寶手。字玄方。俗姓王□□□、[太]／原人也。後代因官鄴京。遂宅□□□□／鄴下人焉。　師道性天稟。[法]?□

□□、□／十三。就當縣大慈寺[?]大德□□□□／和上。誦法花維摩等經。年廿　□□□。／元年。恩敕落髮。配住

龍興寺。依止大德／恪律師。進受戒品。五夏未周。備閑持犯。／於是衆所知識。允屬光隆。法侶傾心。屈／住當寺。
律師十餘年閒□□。統理忘?疲。／身心蓋靜。春秋三十有七。夏凡一十／有五。以開元十年三月一日。蛻形遷識。
嗚／呼大士云逝。孰不悲傷。門徒玄超玄秀玄／英等。攀慕慈誨。遂於靈泉寺懸壁山陽。起／塔供養。粤以開元十五
年三月一日安厝。／言因事顯。頌以迹宣。乃爲銘曰。／
大士攝生。不貪代榮。竪法幢兮。諷詠業典。／玄章要闡。蹟邪教兮。增善法戒。累鄣腐敗。／摧苦輪兮。生必歸滅。
悲哉傷哲。懷哀戀兮。／建塔山陽。刋石傳芳。□□□兮。／

＊圖十一の拓本右側下部は、舊拓に比べ三字から五字の剝落が生じており、これらの缺字については、初出拙稿に用いた京都大學人文科學研究所藏の拓影によって補った。

【訓讀】

唐故方律師像塔の銘

律師、諱は寶手、字は玄方、俗姓は王□□□、因原の人なり。後代、鄴京に官《つか》うるに因りて、遂に□□□に宅《す》まい、鄴下の人と□。師、道性天稟、法?□□□十三にして當縣の大慈寺[?]大德□□□和上に就いて、法花・維摩等の經を誦す。年二十、□(神龍)元年、恩赦もて落髮し、龍興寺に配住せられ、大德恪律師に依止して、戒品を進受す。五夏未だ周ねからずして、備さに持犯に閑う。是において衆に知識とせられ、允屬光隆し、法侶心を傾け、屈して當寺に住まわしむ。律師、十餘年閒□□、統理して疲れを忘?れ、身心蓋し靜かなり。春秋三十有七、夏は凡そ一十有五、開元十年三月一日を以て蛻形し遷識す。嗚呼、大士云《ここ》に逝く、孰か悲傷せざらんや。門徒玄超・玄秀・玄英

等、慈誨を攀慕し、遂に靈泉寺懸壁山の陽において塔を起て供養す。粤に開元十五年三月一日を以て安厝す。言は事に因りて顯われ、頌えるには迹を以て宣ぶ。乃ち銘を爲りて曰く、

大士生を攝め、代榮を貪らずして、法幢を竪つ。業典を諷詠し、玄章らかに要闡らかにして、邪教を隳《やぶ》る。善を增し戒に法りて、腐敗を累鄗し、苦輪を摧く。生は必ず滅に歸す、悲しいかな傷哲、哀戀を懷く。塔を山陽に建て、石に刊《きざ》み芳を傳え、□□□□兮。

十二　唐故靈泉寺玄林禪師神道碑幷序

【釋文】

唐故靈泉寺玄林禪師神道碑幷序　　監察御史陸長源撰／

法本無生之謂眞。心因不染之謂寂。執有求眞之謂着。體眞歸寂之謂如。非夫善發／惠源。深窮定窟。何足以大明觀行。獨秉禪宗。使定惠兼脩。空有俱遣。道流東夏。聖齊／北山哉。禪師諱玄林。堯城人也。俗姓路氏。黃帝之後。封于路國。因而爲氏。捕虜將軍／端見爲後燕錄。豫州刺史永出晉中興書。邁種于人。嗣有明德。禪師襟靈爽岸。神氣／儁遠。生而克岐。弱不好弄。初遊神書府。精意儒術。覩百氏之奧。窮九流之源。平叔之／疑義兩存。康成之未詳多闕。莫不窮賾至妙。剖拆玄理。渙若氷釋。朗然雲開。至如枝／拒蹶張步騎彈射。人則曠劫。藝皆絕倫。後讀阿毗曇藏。遂發心入道。依龍興寺解律／師學業。依年受具。隷居靈泉佛寺。摳衣之歲。惠遠郎風雅書生。落髮之年。道融乃聰／明釋子。以戒爲行本。經是佛緣。雅閑持犯。克傳祕密。學者號爲律虎。時人因爲義龍。／推步渾儀。昭明歷象。天竺跋陁之妙。沙門法願之能。道契生知。理符神授。既習空觀。／遂得眞如。身常出塵。心則離念。將在

此以超波。不自利以利他。不來相而來。不見相／而見。焚天香以崇發弘願。鳴法鼓以召集有緣。聲振兩河。敎被千里。樹林水鳥竹葦／稻麻。願結道緣。爭味禪悅。雖先生槐市。夫子杏壇。攝齋之徒。未足爲喩。於是廣度羣／有。大庇庶情。應悟攝心。隨分獲益。大雲含潤。草木無幽而不芳。明鏡懸空。姸蚩有形／而各兆。甞至城邑。因過蒼肆。屠說停刀。酒趙釋爵。擁路作禮。望塵瞻頑。師必款曲以／情。悅可其意。捨資財以攝其利。言力役以勤其生。漸去客塵。令入佛智。有苛吏敗俗。／蠹改虐人。伏以剛強。示之簡易。見方便力。去貢高心。破其重昏。歸以實相。夫學偏者／量褊。道廣者業弘。禪師智括有情。德通無礙。體含虛韻。性有異能。妙窮音律。雅好圖／畫。季長公瑾別有新聲。凱之僧瑤皆德眞跡。以是好事君子。翕然向風。擅爲施心。居／無長物。有流離道路。羇旅風霜。鄉隔山川。親無強近。飢者推之以食。寒者解之以衣。／人中之急難。法中之慈濟也。景龍三年　　勅追與僧玄散同爲翻譯大德。累表／懇請。　　詔許還山。禪師自居此寺凡六十年。或宴坐林中。累日忘返。或經行巖／下。踰月不還。跡異人閒。行標物表。每遊峯選勝。建塔崇功。鷲若飛來。鷹如踊出。官窯／杖標之所。得自神人。破塢移燈之處。傳諸耆老。今山上數十處有窣堵波者。卽其事／也。自金人入夢。白馬員來。譯音議於天竺。布文字於震旦。是爲敎本。寔曰道因。禪師／遍寫藏經。以導學者。德實無量。行非有涯。不惟物持辯才禪定智惠而已。故騰聲洛／下。濁步鄴中。齊達叡之大名。繼稠融之遐躅。噫。日月大地。咸歸有盡之源。河海高山。／不出無常之境。天寶五載十二月十日。因閱僧務。詣主德里。迴首西方。端座如定。不／疾而化。春秋九十餘。僧臘七十一。日黑震驚。車徒奔集。雷慟雨泣。隘谷塡《ママ》山。粤以其／月十七日。遷靈坐于本寺。禪師眞身。忽然流汗。是知因生有滅。乃現眞空。示聖出凡。／獨摽靈相。以八載二月十五日。卽身塔於寺之西北隅。以安神也。其夜霜霰霑凝。山／川草木。皓然如素。東帶雲門。西連硔谷。一佛二佛。前身後身。接林嶺之風烟。成鄴衞／之松柏。禪師洞合神契。妙通法源。義則解空。智能藏往。先是寺中新植衆菓。弱未成／林。悉令沙彌扶之以杖。其夜大雪。折樹摧枝。唯時小枝不動如故。師之冥感多此類／也。門人等味道通經。連州跨境。歸宗雖倍。入法益稀。三千門徒。皆傳經於闕里。四百／弟子空問道於襄陽。弟子大通。親奉音塵。常陪庭院。承宮之歲。初執勞以求師。智稱／之年。載弃俗而從道。調九侯以除五疾。明六度以伏四魔。感自舊恩。錄憑故事。龕塔／山古。霜露歲深。虎溪爲陵。高蹤不亡於別傳。龍山若礪。盛德長存乎此詞。其銘曰。／

執有非有。覩相非相。日離諸妄。得法捨法。悟空非空。是出羣蒙。日景常朗。雲藏其耀。／無雲自照。佛性常在。欲生其塵。無欲爲眞。無相捨有。出空離法。大師弘業。覩日除雲。／無欲歸佛。大師祕密。茫茫羣有。溺于中流。濟之以舟。冉冉八苦。沒于五濁。導之以覺。／因心發惠。惠契于定。道澄其性。憑緣有生。生歸於無。理不存軀。恆沙一劫。藏舟閱水。／眞身去矣。連崗萬古。雲門靈泉。飛塔巋然。／

【訓讀】

唐故靈泉寺玄林禪師神道碑幷びに序　監察御史陸長源撰す。

法本は無生なるを之れ眞と謂い、心因染まらざるを之れ寂と謂う。有に執われて眞を求めるを之れ着と謂い、眞を體して寂に歸するを之れ如と謂う。夫の善く惠源に發し、深く定窟を窮むるに非んば、何ぞ以て大いに觀行を明らかにして、獨り禪宗を秉り、定惠をして兼ね脩め、空有をして倶に遣らしめ、道、東夏に流《およ》び、聖、北山に齊しきに足らんや。禪師、諱は玄林、堯城の人なり。俗姓は路氏。黄帝の後なり。路國に封ぜられ、因りて氏と爲す。捕虜將軍端見は後燕錄を爲る。豫州刺史永は晉中興書に出でしひとにして、邁《つと》めて人に種《し》き、嗣に明德有り。禪師、襟靈爽岸、神氣儁遠、生まれながらにして克岐、弱《おさな》きときは弄ぶを好まず。初め、神を書府に遊ばせ、意を儒術に精《もつぱ》らにし、百氏の奥を覩、九流の源を窮む。平叔の疑義は兩存し、康成の未詳は多く闕くも、蹟を至妙に窮め、玄理を剖折せざるはなし。渙若として氷釋し、朗然として雲開す。枝拒・蹶張・歩騎・彈射の如きに至りては、人としては則ち曠劫、藝は、皆、倫に絶《こ》ゆ。後、阿毗曇藏を讀んで、遂に發心入道し、龍興寺の解律師に依りて業を學ぶ。年に依り受具して、靈泉佛寺に隸居す。摳衣の歲、惠遠は卽ち風雅の書生、落髪の年、道融は乃ち聰明の釋子なり。戒を以て行の本と爲し、經は是れ佛緣とす。雅り持犯に閑い、克く祕密を傳う。學者、號して律虎と爲し、時人、因りて義龍と爲す。渾儀を推步し、歷象を昭明し、天竺跋陀の妙、沙門法願の能は、道、生知に契い、理、神授に符う。既にして空觀に習い、遂に眞如を得たり。身は常に塵より出でて、心は則ち念を離れ、將に此に在りて以て波を超えんとし、自ら利せずして以て他を利す。不來の相にして來り、不見の相にして見、天香を焚きて以て崇く弘願を發し、法鼓を鳴らして以て有緣を召集す。聲は兩河に振るい、敎は千里に被び、樹林・水鳥・竹葦・稻麻、道緣を結ばんことを願い、爭いて禪悅を味《さと》る。先生の槐市、夫子の杏壇と雖も、攝齋の徒は、未だ喩と爲すに足らず。是において、廣く群有を度し、大いに庶情を庇《まも》る。悟りに應じて心を攝め、分に隨いて益を獲、大雲、潤いを含めば、草木、幽《ひそ》みて芳らざるはなく、明鏡、空に懸かれば、姸蚩、形《あら》われて各々兆すあり。甞て城邑に至り、因りて蒼肆を過《よ》ぎるに、屠は說《よろこ》びて刀を停《や》め、酒は趙《よろこ》びて爵を釋《お》き、路を擁いで禮を作し、塵を望んで瞻頑す。師は必ず款曲するに情を以てして、悅んで其の意を可し、資財を捨して以て其の利を攝め、力役を言いて以て其の生に勸め、漸く客塵を去りて、佛智に入れしむ。苛吏の俗を敗り、蠹改して人を虐げることあれば、伏するに剛強を以てして之に簡易を示し、方便力を見《あら》わして。貢高の心を去り、其の重昏を破り、歸するに實相を以てす。夫れ學の偏なる者は量褊《せま》く、道の廣き者は業弘し。禪師、智は有情を括り、德、無礙に通じ、體は虛韻を含み、性は異能有りて、妙く音律を窮め、雅に圖畫を好む。季長公瑾、別に新聲有り、凱之僧瑤、皆德《さいわ》いに眞跡あり。是を以て事を好むの君子、翕然として風に向い、擅に施心を爲し、居に長物なし。道路に流離し、風霜に羇旅する有れば、郷は山川を隔て、親に強近無し。飢えし者には之を推して以て食らわせ、寒《こご》えし者には之を解きて以て衣せしむ。人中の急難、法中の慈濟なり。景龍三年、敕して追て僧玄散と同に翻譯大德と爲せしむ。累表して懇請す。詔ありて山に還るを許さる。禪師、此の寺に居りてより、凡そ六十年、或いは林中に宴坐し、累日返るを忘れ、或いは巖下に經行し、月を踰えても還らず。跡は人間に異なり、行は物表に標わる。毎に峯に遊びて勝れしところを選び、塔を建てて功を崇くす。鷲の飛び來るが若く、鷹の踊り出づるが如し。官窯杖標の所は、神人より得、塢を破り燈を移すの處は、諸《これ》を耆老に傳う。今、山上、十を數うるの處に窣堵波有るは、卽ち其の事なり。金人夢に入り、白馬員《ここ》に來りてより、音議を天竺に譯し、文字を震旦に布く。是れを教の本と爲し、寔《こ》れを道の因と曰う。禪師、遍く藏經を寫し、以て學者を導き、德は實に量るなく、行は涯《かぎ》り有るに非ず。惟に惣持・辯才・禪定・智惠ならざるのみ。故に聲《ほまれ》を洛下に騰げ、鄴中に獨歩す。達・叡の大名に齊しくし、稠・融の遐躅を繼ぐ。噫、日月大地、咸く有盡の源に歸し、河海高山、無常の境より出でざるなり。天寶五載十二月十日、僧務を閲するに因りて主德里に詣り、首を西方に迴らして、端座すること定の如し。疾まずして化す。春秋九十餘、僧臘七十一。日黑《くら》く震驚し、車徒奔集し、雷慟き雨泣き、谷を隘ぎ山を塡む。粤に其の月十七日を以て靈坐を本寺に遷す。禪師の眞身、忽然として流汗す。是に知る、生に因りて滅有り、乃ち眞の空を現わし、聖の凡より出づるを示すは、ただ靈相に摽わるのみなるを。八載二月十五日を以て、身塔を寺の西北隅に卽《お》き、以て神を安んず。其の夜、霜霰霑凝し、山川草木、皓然として素《しろ》きが如し。東は雲門に帶《つら》なり、西は硔谷に連なり、一佛二佛、前身後身、林嶺の風烟に接いて、鄴衞の松柏を成す。禪師、神契に洞合し、法源に妙通す。義は則ち空を解《さと》り、智は能く往を藏す。是より先、寺中に新たに衆菓を植ゆ。弱くして未だ林を成さず。悉く沙彌をして之を扶けるに杖を以てせしむ。其の夜大雪ありて樹を折り枝を摧くも、唯、時に小枝の動かざること故《もと》の如きのみ。師の冥感、多くは此の類なり。門人等、道を味《さと》り經に通じ、州に連なり境に跨ぐ。宗に歸すものは倍すと雖も、法に入るものは益々稀《すくな》し。三千の門徒は、皆、經を闕里に傳え、四百の弟子は、空として道を襄陽に問う。弟子大通、親しく音塵を奉じ、常に庭院に陪す。承宮の歳、初めて勞を執りて以て師を求め、智稱の年、載《ここ》に俗を棄てて道に従う。九候を調えて以て五疾を除き、六度を明らかにして以て四魔を伏す。感ずるに舊恩よりし、錄するに故事に憑れり。龕塔、山古く、霜露、歳深し。虎溪、陵と爲るとも、高蹤、別傳に亡びず、龍山若し礪《けず》れるも、盛德長く此の詞に存せん。其の銘に曰く、

有に執して有を非とし、相と非相とを觀、日々諸妄より離る。法を得て法を捨て、空と非空とを悟り、是に羣蒙より出づ。日景常に朗らかにして、雲其の耀きを藏《かく》すも、雲なければ自のずから照すがごとく、佛性は常に在り。欲は其の塵を生じ、無欲を眞と爲す。無相にして有を捨て、空に出でて法を離るるは、大師の弘業なり。日を覩て雲を除き、無欲にして佛に歸すは大師の祕密なり。茫茫たるかな群有、中流に溺れ、之を濟うに舟を以てす。冉冉たるかな八苦、五濁に沒《しず》み、之を導くに覺りを以てす。心に因りて惠《さと》りを發し、惠《さと》りは定に契い、道は其の性を澄《きよ》らかにす。緣に憑って生有り、生は無に歸し、理は軀に存せず。恆沙一劫、舟を藏し水を閼《あつ》め、眞身去れり。連崗萬古にして、雲門・靈泉、飛塔歸然たり。

十三　唐　靈裕法師灰身塔　題記・大法師行記

【釋文】

大唐貞觀六年歳次壬辰八月壬午朔廿日辛丑。建大法師行記。弟子海雲集。／

夫　聖生西域。影示現於東川。教被當□。流波蓋於萬代。故如來滅後千年之中。廿有四聖□。法師□傳法也。千年

之後。次有／凡夫。法師亦傳法也。曁大魏太和廿二年。□天竺優迦城有大法師。名勒那摩提。□云寶意。兼□□乘。
備照五明。求道精勤。聖／賢未簡。而悲矜苦海。志存傳化。遂從彼中天。持十地論。振斯東夏。授此土沙。□□光
禪師。其□□□。□□教授。如瓶寫／水。不失一滴。其光律師。俗姓楊。盧奴□□□□。弟子名振齊魏十有餘人。
謂□□□□□詢□□□□□師。此等十德皆有別傳。若大／乘筌旨。深會取捨之方。祕教隨機。洞照卷□□□。有其
唯道憑法師之一人也。□□□□□□□□□人也。□成弟子廿餘人。／若十地祕論。固本垂綱而傳燈□□。□□□□
□法師之一人也。蓋明法師□□□□□□□□□□□中□。當千年之後之／上首也。又是光律師之孫。憑法師之□□
□□□□□□矣。法師道諱靈□。□□□□□□□□□□□八。秋中涉學。學／且散矣。薄言從宅。巡衢野望。繁霜
滿□。□□□□。怖□□猛。倚樹歎息。□□□□□□□□□□□□□命也。忠情既發。留者／誰乎。不計危亡。專
投隱覺。於臘月□□□□□□□□□此日。而受出家。□□□□□□□□□□□□穀歲已向周。有人言／曰。此非佛
法矣。求仙之念。從是□□□□□□□□□□□而兼餌誦□□□□□□□□□□□□□念□。吾當學問於閻／浮提中
作最大法師。若□不爾。□□□□□□□□□□□伴難逢踟□□□□□□□□□□□□□□到已□奉大法師。／聽十
地地持。其法師也。道諱道□。□□□□□□□□□□□年在從□□□□□□□□□□□□□□之威。巍巍自住。薄
／有四王之德。師於夏日。報患目□。□□□□□□□□□□□□□□□□□□□□□□□□□□□□還向定州。而
受／具戒。受已遨翩復返上原。年廿□□□□□□□□□□□□□□□□□□□□□□□□□□□亦訖。年廿六。從
隱律師。／學於四分。其律師也。業想清□□□□□□□□□□□□□□□□□□□□□□□□□□□□□年廿九。
向彼白鹿。李／潛下寺。首尾一周。時造十地疏。□□□□□□□□□□□□□□□□□□□□□□□□□□□□冬。
還鄴。更訪名醫。／又患求師。栖勤之苦。遂披□九口□□□□□□□□□□□□□□□□□□□□□□□□□□□
□□一首。大／法師記德碑文一首。年丗一□□□□□□□□□□□□□□□□□□□□□□□□□□□□□□兩卷。

集勝鬘疏／一卷。集菩薩戒本一卷。□集□□□□□□□□□□□□□□□□□□□□□□□□□□□□□□□論師。
聽雜阿毗曇／四有餘遍。兩遍既周。私□□□□□□□□□□□□□□□□□□□□□□□□□□□□□□□年卅四。
齊天保元／年冬。在鄴京。講十地論。□□□□□□□□□□□□□□□□□□□□□□□□□□□□□□□□□一
卷。合十三卷矣。／年卅三。聊講華嚴。時有□□□□□□□□□□□□□□□□□□□□□□□□□□□□□□□
一□康覆牀而已。於／此康下隨力撰制。謂集□□□□□□□□□□□□□□□□□□□□□□□□□□□□□□□
集央掘魔羅疏一卷。／集无量壽經疏一卷。集□□□□□□□□□□□□□□□□□□□□□□□□□□□□□□□
集溫室疏一卷。集遺／教論疏一卷。集衆經宗□□□□□□□□□□□□□□□□□□□□□□□□□□□□□□信
三寶論一卷。集食穀／鷄卵成殺有罪論一卷。□□□□□□□□□□□□□□□□□□□□□□□□□□□□□□成
林矣。年卅七。赴請范／陽。隨宜闡說。三智□□□□□□□□□□□□□□□□□□□□□□□□□□□□□□。
齊祚麻頽。聖駕在運。三寶頓／壞。殘僧鶩竄。逃趣無於時。有俗弟子將太清□□□□□□□□□□□□□□□□□
□□□□□想。作十怨頌十首。作十／志頌十首。作齊亡消日頌□□□□□□□□□□□□□□□□□□□□□□□
□□□□集滅法記一卷。集□綱一卷。／集莊紀一卷。集五兆書一□□□□□□□□□□□□□□□□□□□□□□
□□□記一卷。集中情書一卷。年六十／四。赴請定州。遂歷燕趙。□□□□□□□□□□□□□□□□□□□□□
□□□□□□□奉得舍利世尊一粒。年六十／六。返迹洛州。於俗弟子□□□□□□□□□□□□□□□□□□□□
□□□□□□□□集四分戒本疏一卷。集金剛／般若論疏一卷。集破寺□□□□□□世□□□□□□□□□□□□□
□□□□□□□□□雅?頌一卷。年七十四。爲／文皇帝。命入咸陽。策杖□□□□□□□後還相州。□□□□□□□
□□□□□□□□□□□佛法東行譯經法師記一卷。／集上首御衆法一卷。集□□□□□□卷。□□陵山□□□□□
□□□□□□□□□□□□□□□一日。終於安陽演空／寺。哀哉。慧日此時歿矣。□□□□□□□□□□□□□□

□□□□□□□□□□□□□□□□而不倦。勤講勤說。死而／方止。講經講論。護法爲□。□□□□□□□□□□
□□□□□□□□□□□□□□□□□□唯上補衣麁食。事盡一生。／婦女及尼。交遊迹絕。骨□□□□□□□□□
□□□□□□□□□□□□□□□□□□□□□俗愛道。本非學得。志在／事省。不求繁務。雖居邑□□□□□□□
□□□□□□□□□□□□□□□□□□□□□□□□□講□聲氣雄亮。初／綏而終急。華嚴經講九□□□□□□□
□□□□百□□□□□□□□□□□□□□□□□□□□□□□講七遍。涅／槃經講三遍。母經講一□□□□□□□
□□□□□旨□□□□□□□□□□□□□□□□□□□□□□其若竪義。／夜別一人僧次差長極□□□□□□□□
□□□□唯使大僧□□□□□□□□□□□□□□□□□□□□□門求／
受菩薩戒後。弘化大隋。□□□□□□□□□□□高餘於□《?》□《?》□《?》□《?》上而短下。細而《?》不《?》□。□□／閻浮一所。聖賢不憚
□□□□□□□□□□□□□東土傳化。起於漢明。摩騰迦葉。來此於□。／中天之地。城名優迦法□□□□□□□
□□□□□□風內鼓。遊茲洛邑。專弘大乘。精成難□。／龍象遞出。法輪相繼。□□□□□□□□□□□□□□□
時十八。出家求學。造此結門□□／二十有一。南遊鄴京。大□□□□□□□□□□□□□十有四。講說住持。如
龍處雲。雨《?》□□□／其閒譔結。內外俱駕。八□□□□□□□□□□□□□□□哉。法雨此時。雲滅來世。蒼生傳名。
／

十方佛名／

南无東方善德如來一□□□。南无東南方无憂德如來□□□□。南无南方栴檀德如來一□諸佛。南无西南方寶施如來
一□諸佛。南无西方无量明如來一切諸佛。南无西北方華德如來一切諸佛。南无北方相德如來一切諸佛。南无東北方
三乘行如來一切諸佛。南无上方廣衆德如來一切諸佛。南无下方明德如來一切諸佛。

（十二部總名）

□□□□羅詎。此稱本經。二名祇夜詎。此稱頌上揭。三名和伽□□。□□□□□。□□伽陁詎。／□□□□上揭。五名憂陁那詎。此稱无問自說經。六名尼陁那□。□□因緣經。七□□陁那／□。□□□喩經。八名伊帝曰多伽詎。此稱本事經。九名闍陁伽詎。此稱本生經。十□□□／□□□□有經。十一名阿浮陁達摩詎。此稱方廣經。十二名憂波提舍詎。此稱論□□□□□。／

七地諸菩薩僧。一種性地一切諸菩薩。二解行地一切諸菩薩。三淨心地一□□□□。□□／跡地一切諸菩薩。五決定地一切諸菩薩。六決定行地一切諸菩薩。七畢竟地□□□□□□。／

攝大乘論中諸菩薩緣佛法身七念偈。隨屬如來心。圓德常无失。无功用能□□□□。／衆生大法樂。遍行无有礙。平等利多人。一切一切佛。智人緣此念。

又諸佛法身自／利依止五喜偈。諸佛如來受五喜。皆由證得自界故。二乘无喜由不證。求喜要須證佛界。／由能无量作事立。由法美味欲德成。得喜最勝无有失。諸佛恆見四无盡。／

十四　方法師鏤石班經記（小南海石窟）

【釋文】

大齊天保元年。靈／山寺僧方法師。故／雲陽公子林等。率／諸邑人。刋此巖窟／髣像眞容。至六季／中。國師大德稠禪／師。重瑩脩成。相好／斯備。方欲刋記金／言。光流末季。但運／感將移。曁乾明元／年歳次庚辰。於雲／門帝寺。奄從遷化。／衆等仰惟。先師依／准觀法。遂鏤石班／經。傳之不朽。／（以下—華嚴經偈讃、大般涅槃經聖行品—略）

【訓讀】

大齊天保元年、靈山寺の僧・方法師、故雲陽公子林等、諸邑人を率いて此の巖窟に髣像の眞容を刋む。六年中に至り、國師大德稠禪師、重瑩脩成し、相好斯に備わる。方に刋んで金言を記し、末季に光流せしめんと欲す。但、運感將に移らんとし、乾明元年歳次庚辰に曁び、雲門帝寺において奄として遷化に從う。衆等仰ぎ惟えらく、先師、觀法に依准すと。遂に石に鏤み經を班ちて、之を不朽に傳う。

十五　慈潤寺故大靈琛禪師灰身塔銘文

【釋文】

禪師俗姓周。道諱靈琛。初／以弱冠出家。卽味大品經／論。後遇禪師信行。更學當／機佛法。其性也慈而剛。其／行也和而潔。但世間福盡。／大闇時來。年七十有五。歲／在元枵三月六日。於慈潤／寺所。結跏端儼。泯然遷化。／禪師亡日。自足冷先頂黶／後歇。經云有此相者。尅□／生勝處。又康存遺囑。依經／□林血肉施生。求无上道。／□合成（城）皂白。祏教弗違。含／悲傷失。送茲山所。肌膏纔／□。闍維鏤塔。冀海竭山灰。／芳音永嗣。乃爲銘曰。／逖聽玄風。高惟遠量。三學／莫捨。一乘獨暢。始震法雷。／□淪道藏。示諸滅體。效茲／奇相。器敗身中。黶餘頂上。／結跏不改。神域云喪。慧日／既虧。羣迷失望。非生淨土。／彈指何向。塔頌一首。／崖高帶淥水。鐫塔寫神儀。／形名留萬古。劫盡乃應虧。／大唐貞觀三季四月十五日造

＊『安陽縣金石錄』巻三に依拠し、『八瓊室金石補正』巻二九を參照した。

1　光天寺故大比丘尼僧順禪師散身塔
（縱：210.0、横：130.0）

1　題記

1　塔銘

2　唐故慧靜法師靈塔題記・塔銘
（縦：100.0、横：108.0）

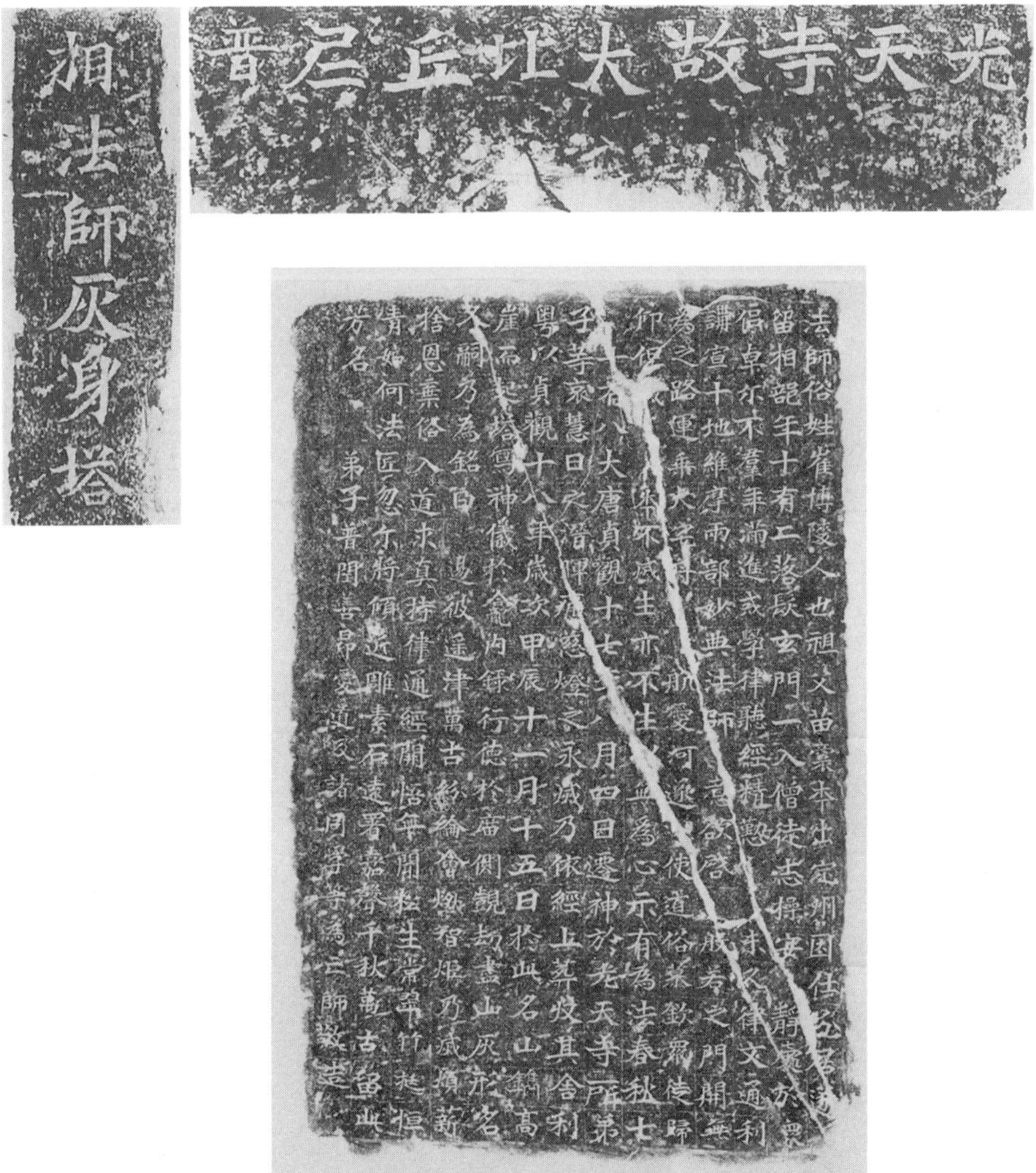

3　光天寺故大比丘尼普相法師灰身塔　題記・塔銘
(縦：66.7、横：43.5)

4　報應寺故大海雲法師灰身塔
（縦：180.0、横：110.0）

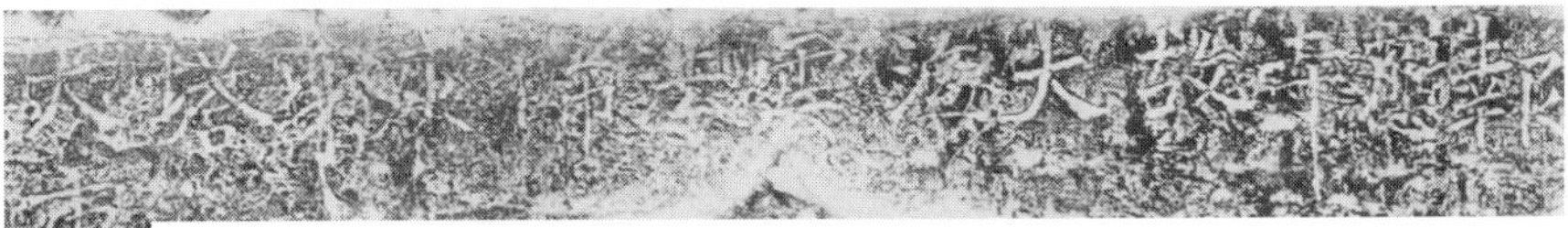

4 題記

4 塔銘

5　聖道寺故大比丘尼靜感禪師灰身塔
（縦：156.0、横：85.0）

5　灰身塔（部分）

5　題記

5　塔銘
（縦：123.0、横：47.0）

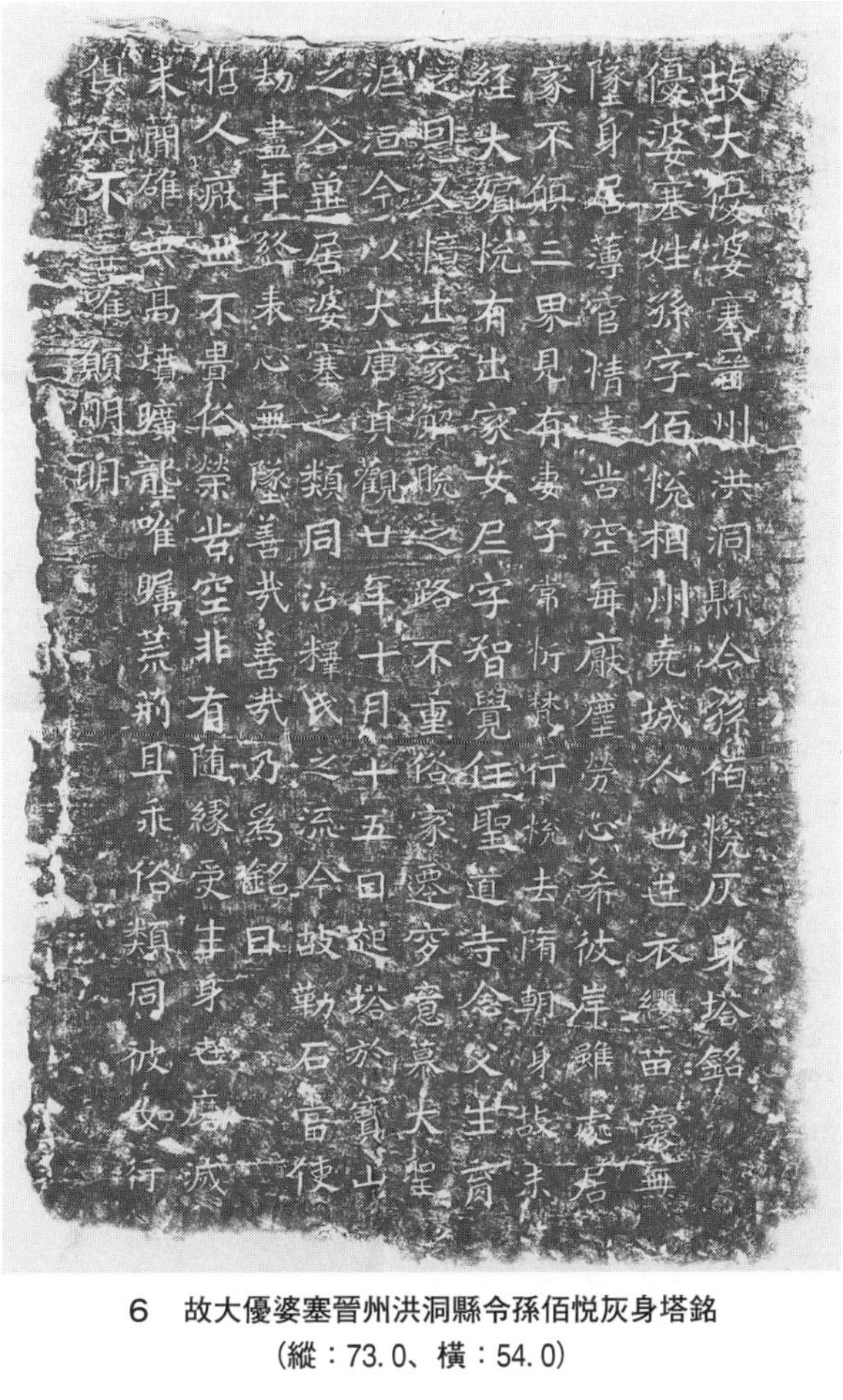

6　故大優婆塞晉州洪洞縣令孫佰悦灰身塔銘
（縦：73.0、横：54.0）

7　慈潤寺故大慧休法師灰身塔　刻石記德文
（縱：200.0、橫：111.0）

7　塔頌
（縱：110.0
橫：26.5）

7　題記（縱：34.0、橫67.0）

8　大唐願力寺故贍法師影塔
（縦：152.0、横：148.0）

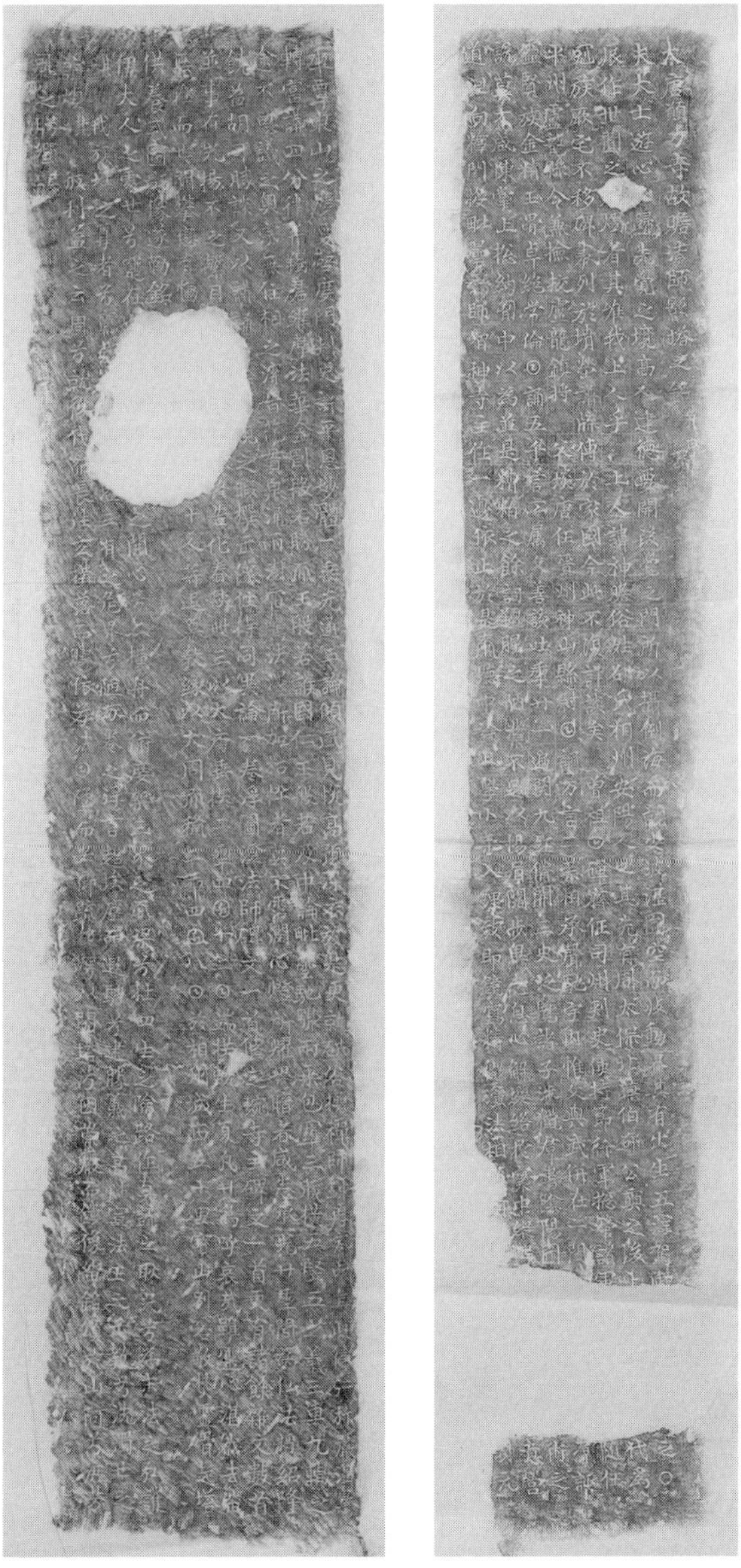

8　塔銘

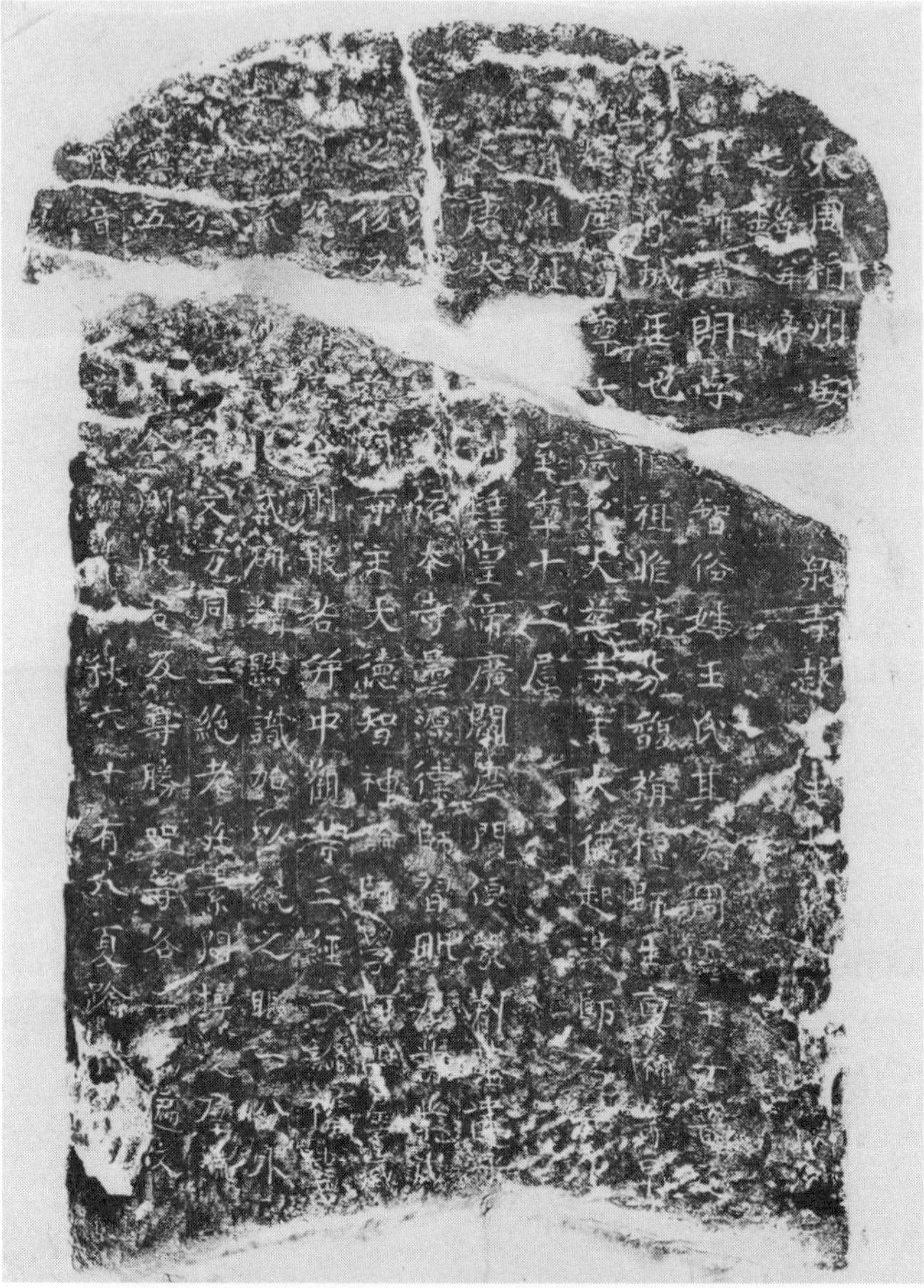

9－1　大周相州安陽靈泉寺故寺主大德智法師像塔
（縱：53.5、橫：53.0）

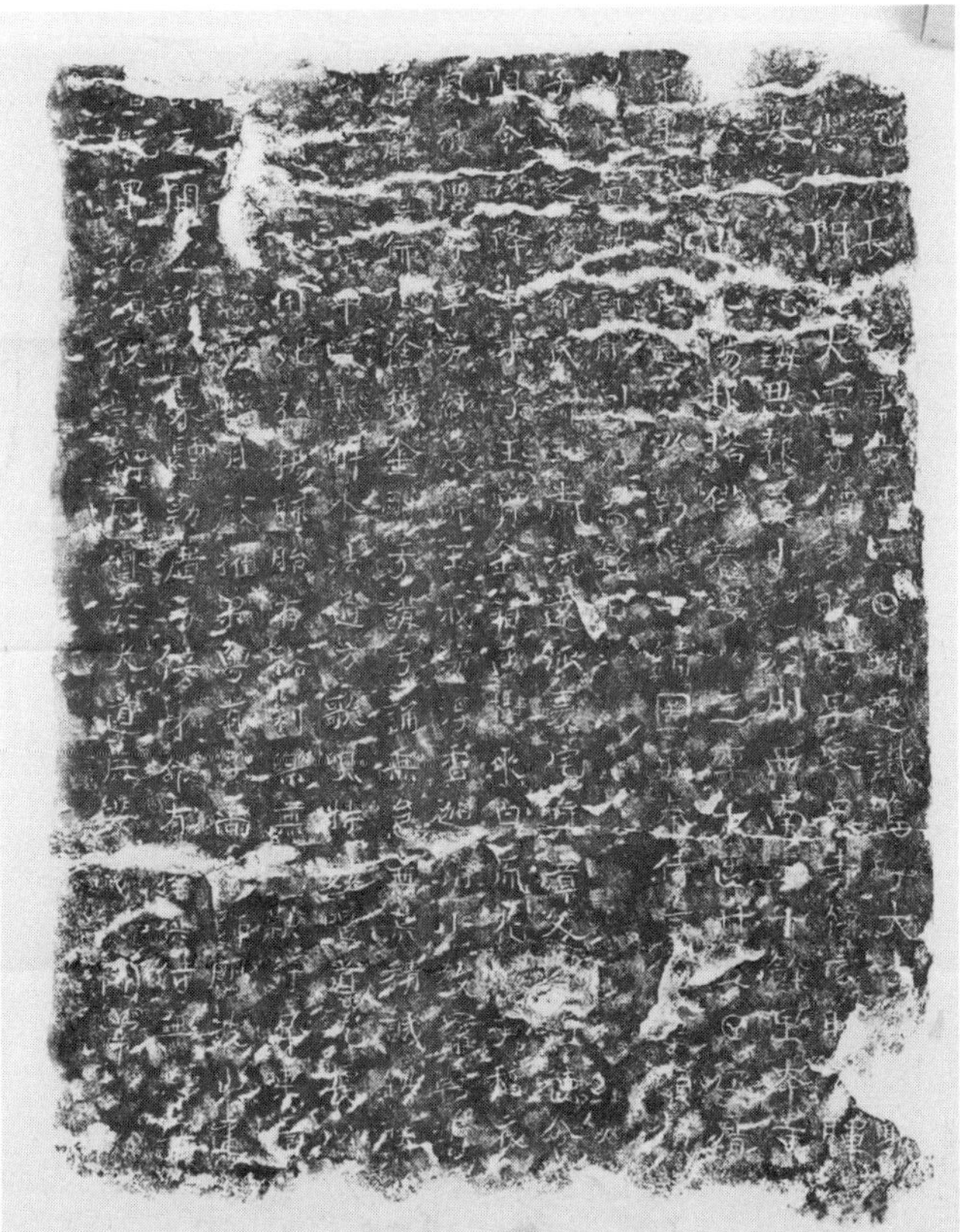

9-2　大周相州安陽靈泉寺故寺主大德智法師像塔
（縱：56.5、横：51.0）

10　大唐相州安陽縣大雲寺故大德靈慧法師影塔
（縦：172.0、横：123.5）

10　塔銘

11　唐故方律師像塔
（縦：85.0、横：116.0）

11　塔銘右側

11　塔銘左側

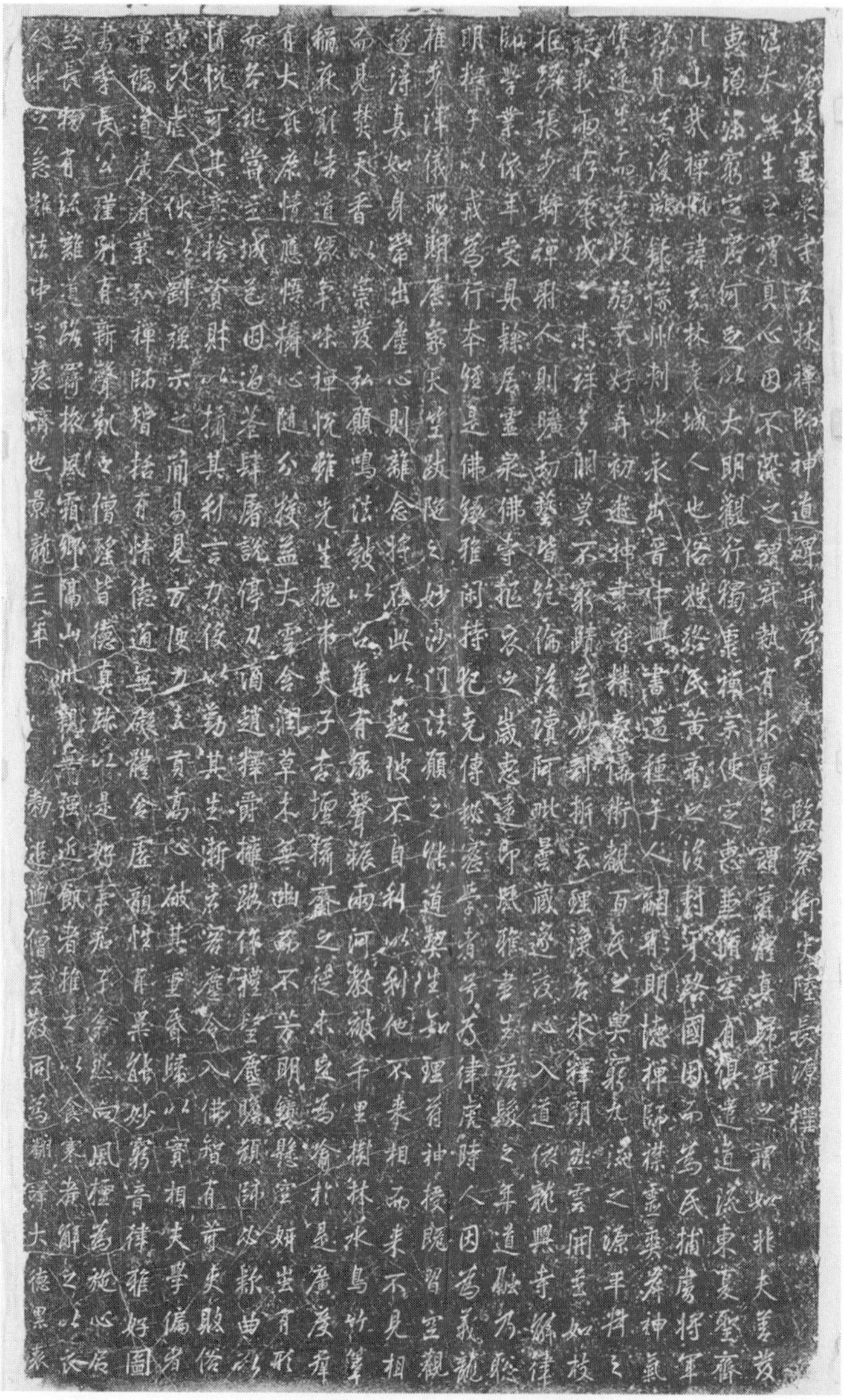

12-1　唐故靈泉寺玄林禪師神道碑并序
（縱：176.0、橫：97.0）

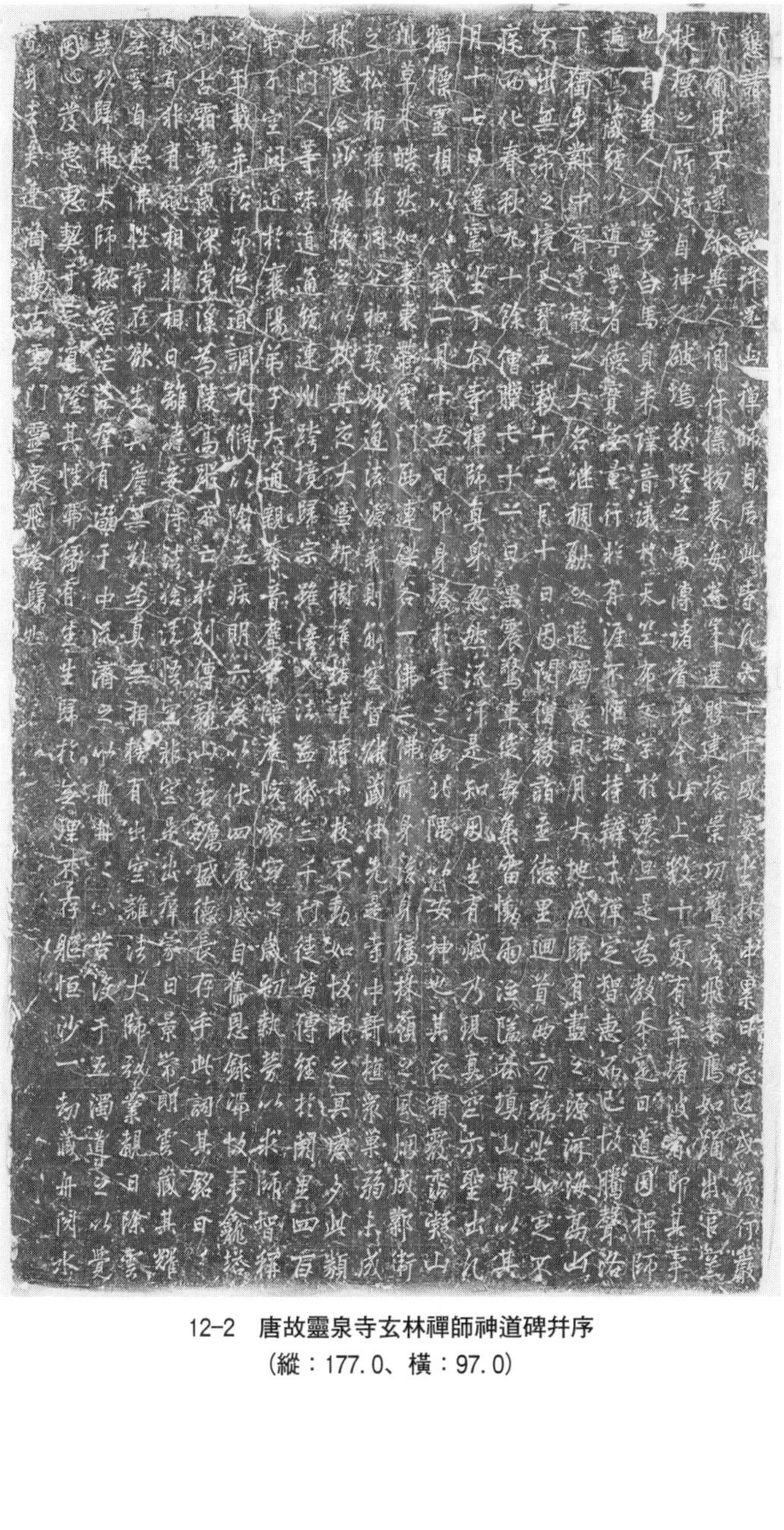

12-2　唐故靈泉寺玄林禪師神道碑并序
(縱：177.0、橫：97.0)

13-1　唐　靈裕法師灰身塔大法師行記
（縦：180.5、横：96.0）

13-2　唐　靈裕法師灰身塔大法師行記
（縱：179.5、橫：102.0）

14　方法師鏤石班經記（小南海石窟）
（縱：184.5、橫：290.0）

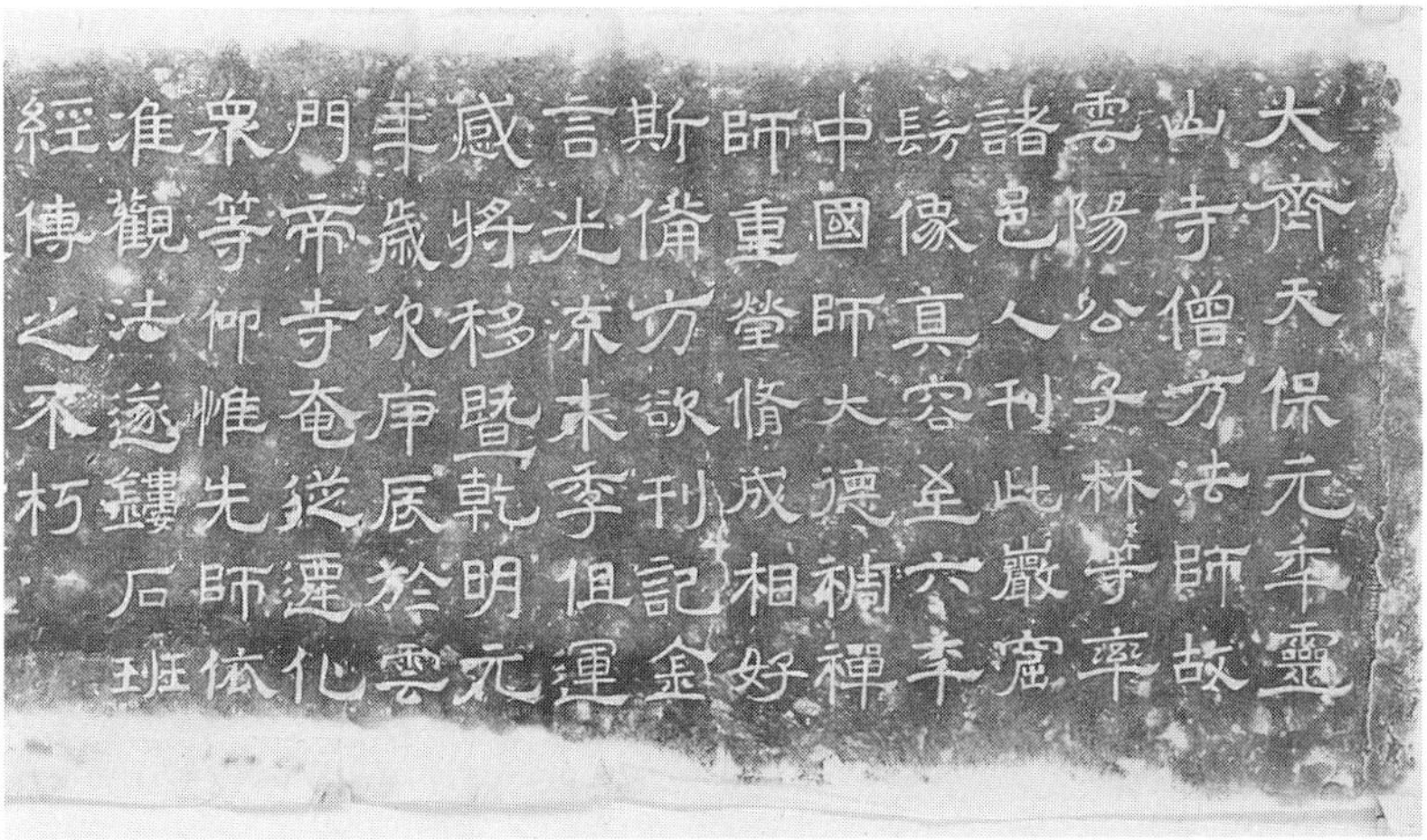
大齊天保元年靈
山寺僧方法師故
雲陽公子林等率
諸邑人刊此巖窟
髣像真容至六年
中國師大德稠禪
師重瑩脩成相好
斯備方欲刊記金
言光凉末季但運
感將移暨乾明元
年歲次庚辰於雲
門帝寺奄從遷化
衆等仰惟先師依
准觀法遂鏤石班
經傳之不朽

14　釋文

初出一覧

第一篇 『歷代三寶紀』の研究―中國中世佛教史における史學史的展開過程―

序　章 「經錄と史書―魏晉南北朝隋唐期における佛教史編纂の試み―」(『大谷大學史學論究』一六　二〇一一年)
第一章 「中國撰述佛典と讖緯―典籍聚散の歷史を契機として―」(『日本佛教學會年報』六二　一九九七年)
第二章 「梁代佛教類聚書と經律異相」(『東方宗教』五〇　一九七七年)
第三章 「歷代三寶紀の一研究」(『佛教史學研究』二五―二　一九八三年)
第四章 「歷代三寶紀帝年攷」(『大谷學報』六三―四　一九八四年)
第五章 「中國佛教における通史の意識―歷代三寶紀と帝王年代錄―」(『佛教史學研究』三三―二　一九九〇年)
第六章
第一節 「歷代三寶紀と續高僧傳―譯經者の傳記について―」(『印度學佛教學研究』二八―二　一九八〇年)
第二節 『大唐內典錄』と『歷代三寶紀』(新稿)
第七章 「『大周刊定衆經目錄』の成立と譯經組織―譯經從事者の所屬寺院を中心として―」(七寺古逸經典研究會編『七寺古逸經典研究叢書』六　大東出版社　一九九八年)

第二篇　中國中世佛教の地方的展開

序
第一章「梁代貴族佛教の一面」（『大谷學報』六〇―四　一九八〇年）
第二章「六～七世紀における荊州佛教の動向」（『大谷學報』六六―一　一九八六年）
第三章「北朝末隋初における襄陽と佛教」（『大谷大學眞宗總合研究所研究紀要』五　一九八八年）
第四章「六、七世紀における三論學傳播の一面―安州慧嵩を中心として―」（平井俊榮監修『三論教學の研究』春秋社　一九九〇年）
第五章「六～七世紀における四川佛教の動向―益州と綿州、及び震響寺―」（『大谷大學史學論究』二　一九八八年）
第六章「中國における石刻經典の發生と展開」（『佛教の歴史的・地域的展開―佛教史學會五十周年記念論集―』法藏館　二〇〇三年）
第七章「北齊佛教の一面―衰亡と再生―」（『相川鐵崖古稀記念　書學論文集』木耳社　二〇〇七年）
第八章「寶山靈泉寺石窟塔銘の研究―隋唐時代の寶山靈泉寺―」（『東方學報　京都』六九　一九九七年）

あとがき

本書の梗概

本書は、第一篇『歴代三寶紀』の研究―中國中世佛教史における史學史的展開過程―と、第二篇 中國中世佛教の地方的展開、の二篇によって構成している。以下に第一篇の序章とそれに續く全七章、第二篇全八章の内容を概括し、本書全體のまとめとしたい。

第一篇の冒頭に「序章―魏晉南北朝隋唐期における佛教史編纂の試み―」として經典目録（以下、經録と略稱）と史書との關わりを述べる中で、前秦・道安の『綜理衆經目録』、僧祐の『出三藏記集』を始めとして、唐代の諸經録に至るまで、それらが史書的性格を內包し、またその間に隋の『歴代三寶紀』を介在させ展開して來たにも拘わらず、結果としては目録としての經録にその性格が傾き、編年史としての史書的性格は未發達のままに終わったことの意味を述べた。これは續く第一章において、「中國撰述佛典と讖緯」と題し、經録の構成要素の中、入藏目録と僞經目録の編纂が、中國において王朝創業のたびに行われる書籍の收集と禁斷の政策とに連動したものであったことを述べる結論部分と軌を一にする。端的に言えば、近世―北宋代以降になって、漸く出家佛教者による總合的佛教通史が出現した背景には、中國固有の紀年法、すなわち甲子・元號による佛典漢譯史の記録の蓄積があり、それはとりもなおさず中國皇帝のもとにある佛教の表明に外ならず、中國における佛教史編纂の理念としての限界を示すものと指摘した。

以上を第一篇全體の導入部とし、第二章以下、第七章までが各論に當たる。そこではまた第三章の「『歴代三寶紀』の成立と費長房の歴史觀」から第四章「『歴代三寶紀』帝年攷」、第五章「中國佛教における通史の意識―『歴代三寶紀』と『帝王年代錄』―」までが中心となっており、他は隋代に前後する時代を取り上げて論じている。

第二章の「梁代佛教類書と『經律異相』」は南朝の盛期である梁代の佛教類書編纂事業を對象とし、第六章「『歴代三寶紀』と唐・道宣の著述―『續高僧傳』譯經篇第一と『大唐内典錄』―」、第七章「『大周刊定衆經目錄』の成立と譯經組織―譯經從事者の所屬寺院を中心として―」は、いずれも隋に續く唐代の『續高僧傳』『大唐内典錄』と『大周刊定衆經目錄』とを對象とした。

第二章に論じる『經律異相』五〇巻は、唐の『法苑珠林』『諸經要集』の先蹤となる現存最古の佛教類書である。同時に中國において編纂された類書の歴史の中で、現存する最古の例となる。これまで古逸經や失譯經の資料の寶庫としての利用に限られていた『經律異相』について、ここでは新たな書籍編集の形態としての類書の歴史に位置付け、先ず南朝宋・齊代から梁代に至る類書編纂の概要を述べる。『經律異相』の背景として抄經の盛行があり、その上で祖型となる『衆經要抄』があったこと、また同時に武帝その人および諸王による大部の『義林』『法寶聯璧』『内典博要』等の編纂も次々と實施され、三國魏の『皇覽』以來の類書編纂の盛期としての梁代があったことを指摘した。また『經律異相』の引用典籍にこれまで注目されることのなかった『諸經中要事』『集經抄』があり、また僧祐の『釋迦譜』等があることを述べ、以上を併せて、『經律異相』は、梁代までの佛典類聚の總決算とも言うべきものであると結論した。第三章以下は、隋・文帝の開皇一七年（五九七）、翻經學士費長房によって完成上進された『歴代三寶紀』一二巻について論じた。『歴代三寶紀』は帝年三巻、代錄九巻、入藏錄二巻、總目・表序一巻の四部によって構成された史書である。卷末に總目及び序を持つ體例は『史記』『漢書』以來の傳統に則っており、またそこに入藏錄が組み込まれている。

第三章では、既に早く陳垣の『中國佛教史籍概論』に指摘された獨特の紀年法、すなわち帝年や代錄において南北朝分裂の時代を記錄する際に、中國の正統が南朝齊・梁から北朝の西魏・北周へ、そして隋へと繼承されたとし、北朝の東魏・北齊及び南朝陳を斥ける獨特の朝代配列の方法について論じた。そのために著者費長房の履歴と『三寶紀』編纂の過程を檢討し、その成立と費長房の歴史意識を帝年と代錄の編成の上に考察し、中國の佛教史を國家の正統性の下に編成したところに『歴代三寶紀』の意義と歴史的價値があると結論した。

次いで第四章では、『歴代三寶紀』冒頭に位置する帝年―現存最古の佛教史年表について、中國史上に著名な事件に關する記事及び利用した典籍の檢證を行い、帝年の撰述意圖は、代錄、卽ち佛典翻譯を主體とする佛教編年史と對應させながら、王法と佛法とが相互補完の關係にあることを示すところにあり、また梁・陶弘景の『帝王年曆』、隋・姚恭の『年曆帝紀』等の先行する年曆類が帝年撰述の背景として考えられることを述べた。

第五章は、以上の論旨を發展させて、中國佛教における通史の意識の展開過程を、『歴代三寶紀』帝年と唐・玄暢の『帝王年代錄』（文宗・大和一四年―八三四―撰）とを主軸として論じた。先ず『歴代三寶紀』帝年に先行する史書・年曆類について述べ、皇甫謐の『帝王世紀』に代表される魏晉以來展開して來た新たな史書の形態、すなわち帝紀と年曆の二つを費長房は採用したとし、代錄は中國の佛教帝紀に、帝年が佛教年曆に相當するとの見解を述べ、『歴代三寶紀』とは佛教界の側から提出された佛教史著述の新しい試みであったとした。次に唐代における通史的著述としての年曆類が、例えば智昇によって『開元釋教錄』撰述の際に年代決定に利用されていたこと、更に圓照や神清に編年史編纂の跡が見出されることを論じた後に、玄暢の『帝王年代錄』を漢の部に利用して作成された日本・南北朝書寫の『佛法和漢年代曆』や、同じく玄暢の『三寶五運圖』を度々引用する北宋・贊寧の『大宋僧史略』等を參照し檢討した。その結果、玄暢の時代に至り、出家僧からの年曆編纂が明確な姿を示し始め、それはまた武宗の會昌の廢佛の折りとは言え、帝紀と共にある歷史として佛教史を敍述する史書の在り方が、漸く佛教界にも公然化して來たことを意味すると結論した。

第六章は、道宣の著述である『續高僧傳』の譯經篇第一と『大唐內典錄』が『歷代三寶紀』を所依として作成されており、譯經篇第一は南朝梁・陳及び北朝の譯經史を通觀する意圖をもって再編されたものであり、『大唐內典錄』の代錄に當たる歷代衆經傳譯所從錄は、その朝代ごとの小序の大部分を、『歷代三寶紀』各代錄の小序を文章の表現もそのままに轉載し利用する事を論證する。また『內典錄』には全文の轉載や道宣その人による增廣がなされる他に、注目すべきものとして避諱の例があり、敕造になる西明寺とその經藏に對する經典目錄を編成する際に、私撰である『內典錄』であるにも拘わらず避諱を行っていた所に、皇帝とその政府を強く意識せざるを得なかった道宣の心理が窺われることを指摘した。

第七章は、『大周刊定衆經目錄』いわゆる『武周錄』の卷末に付される編纂者列名に記される僧の所屬寺院の檢討を軸として、その編纂が、敕撰としてその當時最高の人材を擁し多數の寺院經藏錄を收集し參考にして行われたこと、更に欽定入藏目錄を備え、また別に禁書目錄としての僞經目錄をも併せ持つ、武后の絕大な政治力を背景にする極めて影響力の強い經典目錄であり、玄宗朝にもよく權威を保ち、續く『開元釋敎錄』に大きな影響を與えたことを指摘し、『武周錄』に對する從來の否定的評價に對し、その政治性にこそその經典目錄としての價值があると述べた。

第二篇　中國中世佛教の地方的展開　では、南北朝後半の梁の成立から唐の高宗・則天武后時代が終わるまでのおよそ六～七世紀の期間を對象として、表題に示す課題を論じ、全體は第一章から第五章までの前半と第六章以降第八章までの後半の二部に分けている。

第一章「梁代貴族佛教の一面」は第一篇第二章と內容的に對應する。梁の武帝の周圍に配された史上最も多數の家僧・門師が、たまたま起こった口誦による新經典の流布の事態を裁いた宗教裁判の構成員とほぼ合致することに注目し、例えば梁の三大法師として教學史上に著名な智藏・僧旻・法雲それぞれの人物像を示した。また僧官として皇帝の側近に仕える慧約や慧超、或いは武帝との間に主從または師弟の關係にあったとも取り得る明哲など、佛教者としての聖性を稱えられながら、その對極にあるこれら名僧の實態の一面、卽ち俗權との現實的對處の實態を檢討し、以下の各章の導入部とした。

第二章「六～七世紀における荊州佛教の動向」では、梁末より唐初に及ぶ間、荊州に存續した後梁を中心とする蕭氏一族と佛教を論じ、第三章「北朝末隋初における襄陽と佛教」では北朝・隋による襄陽支配と總管制、隋・啓法寺碑を用いての襄陽における北周・武帝の廢佛の實態を述べた。

さらに、第四章「六～七世紀における三論學傳播の一面」では、安州出身の慧暠を中心として、新佛教教學の布教の實態と各地における地域性との衝突を論じ、第五章「六～七世紀における四川佛教の動向」では、四川の益州及びその西北方の綿州と震響寺にゆかりのある出家僧の動向を論じ、以上併せて、東晉以來、ほぼ一貫して漢族國家の領土として經緯して來た荊州、襄陽、安州等の湖北一帶、及び益州、綿州等の四川地域が、南朝梁の衰亡に伴い西魏、北周、隋の北朝國家の支配下に置かれる事態を迎えた際に、佛教史上、どのような動態が見られるか、どのような地域性が見られるかを檢證した。

次いで後半の第六章「中國における石刻經典の發生と展開」では、南北朝後半の北齊時代より隋唐時代にかけ、地域的偏在を特徴とし、摩崖、石壁、碑形などの形態をもって盛行した一群の石刻經典について、近年の研究動向を整理しつつ、時代を追って跡づけ、更に『孛經』と『佛垂般涅槃略説教誡經』（『遺教經』）の石刻が佛教教團と俗權との關わりを示し、或いは佛教者への自律の要請を意味するものであることを論じ、四川・安岳の臥佛院の石經や南宋の大足石窟に存在する經典目録の石刻を取り上げて、石刻經典の內實の變容について述べた。

第七章「北齊佛教衰亡の一面」では、北齊領域に盛行した石經刻造事業が、隋代に入り全く姿を消したことの政治史上の背景を述べ、本篇前半に對し、同時期の河北・河南・山東の舊北齊地域の佛教史上の動向を補うものとして檢討を加えた。

第八章「隋唐時代の寶山靈泉寺—寶山靈泉寺石窟塔銘の研究」では、隋・靈裕ゆかりの靈泉寺を中心として、西に寶山、東に嵐峰山等の崖面に現存する、隋・唐代合わせて二百を超える灰身塔の中、比較的に長文の銘を持つ拓本（舊拓…京都大學人文科學研究所所藏、新拓…大谷大學博物館所藏、塔銘を含む灰身塔全體の新拓本…筆者藏）の解讀を通して、記載寺院別の整理、則天武后時代の洛陽における經典翻譯事業との關係、また尼寺・尼僧・優婆夷に關しては特に地域的にまとまった貴重な史料群であることを述べた。この塔銘群に見られる殆どの僧・尼、優婆塞・優婆夷が相州或いは安陽（河南）に地縁を持ち、それらが、またそれぞれの地域において生涯を終えた僧・尼であることは、第五章までの行論中に現れてきた在地の僧・尼と同樣に、佛教の普及と地方的性格を知る好例であることを述べ、以上併せて、舊北齊領域及び湖北・四川地域における佛教の展開の跡を檢證した。

謝辞

本書は、大谷大學に提出した學位請求論文に基づく。先ずはなにを措いても以上に述べた拙い論文を通讀し審査の勞を敢えてお取り下さった礪波護、藤善眞澄、木村宣彰の三先生に深甚の謝辭を申し述べねばならない。礪波先生には思いもかけず主査の任をおつとめいただき、木村先生には當時學長職の激務のさなかに居られたにもかかわらず副査として多くの教えを賜り、まことに有難い學恩とご縁をいただいた。しかし、同じく副査としてお出ましいただいた藤善先生には本書が形をなせば眞っ先に獻呈すべきところを、先生のご逝去により叶わぬことを痛恨事とする。第二篇第一章とした「梁代貴族佛教の一面」は、先生の御自宅で『續高僧傳』の本讀みをしていただいた折に作成した、内容はともかくとして、本書所收の拙論の中では最も初期に屬する想い出深いものである。このころ先生も若くていらっしゃったが、例えようもないほどの時間を割いて中國佛教史研究とはどういうものであるかを教えてくださった。本書の序文は先生にお書きいただくべくお願いしていたにも拘わらず、筆者の怠心に由る遷延が災いし、巻頭に先生のお言葉を載せ得なかったことを先生にお詫びせねばならない。

一昨年八月に牧田諦亮先生が、昨年二月には藤善眞澄先生が去って逝かれた。中國佛教史研究の畫期をなす時代が知らずしらずの內に現實のものになりつつあることを思わされる。しかしながらまた、藤善先生の中國佛教史研究の精華たる論文十八編が閒もなく有緣の方たちの努力によって上梓され、牧田先生の著作集も刊行が始まると聞く。お二人の先達はもうおられない。しかし學問の師たる先生は、これからも學恩を與えつづけてくださるであろう。

本書をここに公刊するにあたり、殊にお世話いただいた方々のお名前を記し、お禮申し上げる。今西智久、藤井政彦、松岡智美、河邊啓法の諸氏には多大の助力をいただいた。特に今西氏（現大谷大學任期制助教）には索引作成を含め全面的に煩雜な作業に携わり、先の三氏と共に支えてくださった。厚く感謝申し上げる。また京都大學名譽教授曾布川寛先生には、寶山靈泉寺灰身塔の寫眞の借用を、前回同樣にお許しいただき、京都大學人文科學研究所、及び大谷大學博物館當局からは、所藏拓本の掲載許可をいただいた。まことに感謝にたえぬ次第である。また本書を刊行する計畫段階からお世話をいただいてきた法藏館編集部の戸城三千代編集長と大山靖子、秋月俊也の兩氏に對してお禮申し上げる。さらに今般の本書の刊行に當り、出版助成の決定を賜った大谷大學當局に對し、深く謝意を申し上げたい。

最後に私事ながら今は亡き兩親と今も支え續けてくれている妻に、この書を示し捧げたいと思う。

二〇一三年三月

大內文雄識す

大内文雄（おおうち　ふみお）

1947年長崎縣生まれ。1970年大谷大學史學科卒業。1975年同大學院博士後期課程佛教文化專攻修了。博士（文學）。現在大谷大學文學部教授。佛教史學會會長。主要論文に「安樂集に引用された所謂疑僞經典について—特に惟無三昧經・淨度菩薩經を中心として—」（『大谷學報』53-2、1973年）、「『淨度三昧經』解題」（『七寺古逸經典研究叢書』第二卷・中國撰述經典〈其之二〉大東出版社、1996年）。他に共著、論文多數。

南北朝隋唐期佛教史研究

二〇一三年三月三一日　初版第一刷発行

著　者　大内文雄

発行者　西村明高

発行所　株式会社法藏館

京都市下京区正面通烏丸東入

郵便番号　六〇〇－八一五三

電話　〇七五－三四三－〇〇三〇（編集）

〇七五－三四三－五六五六（営業）

印刷・製本　亜細亜印刷株式会社

ISBN 978-4-8318-7284-5 C3022

索　引

一、本索引の項目は、人名（僧名・人名・邦人名）、書名（佛書・〈佛書を除く〉書名）、地名（山名を含む）、寺名（石窟名を含む）とした。

一、語句の音韻については、漢音・呉音の別があるが、各項目について基本的に以下のように統一した。尙、慣用的に訓みならわされている語句については、適宜そちらに變更した。

書名：佛書のみ呉音

地名：漢音

寺名：呉音

一、各章の章題・節題・項題に使用される語句については、該當頁數のみを示し、頁數末に「＊」を附した。

Ⅰ　人名（僧名）

あ行――

阿儞眞那 ……198, 200, 204, 206
印公 ……316, 343
鄔帝弟婆（烏帝提婆） ……411
惠寬 ……336, 337
惠儼 ……198, 204
惠成 ……304
惠明 ……259
會闍梨 ……337
慧意 ……250
慧因 ……259
慧遠（隋）……76, 394, 411
慧基 ……372
慧熙 ……317
慧休……405～407
慧詡 ……235
慧光 ……301, 302, 372
慧皎 ……7
慧曠 ……251, 287
慧暠 ……254, 296＊
慧思 ……304, 316
慧持 ……330
慧主 ……343
慧次……38, 228, 230, 231
慧集 ……225
慧紹 ……330
慧靜 ……405
慧韶 ……338
慧震……41, 313
慧銓 ……257
慧璿 ……254
慧善 ……245
慧藏 ……394
慧眺 ……253
慧澄 ……204
慧超（南澗寺，僧正）……31, 226＊
慧超（靈根寺） ……226
慧通 ……228
慧哲 ……251, 253, 299, 302, 315
慧布 ……296
慧寶 ……158
慧約 ……226＊
慧勇 ……296
慧耀 ……249
慧稜……254, 302, 313～316
慧令 ……224
榮智 ……317
圓光 ……257
圓照 ……4, 158
圓測 ……198, 204
圓珍 ……153, 155
圓滿 ……408

か行――

賈逸 ……305
海雲 ……406
開禪師 ……340
鎧庵呉克己 ……136
感法師　→德感
起法師 ……406
義紘 ……411, 412, 413

義淨 ……………………198, 200, 202, 204, 411
義楚…………………………………………35
鍳法師 ……………………………………209
警韶 ………………………………247, 251
鏡庵景遷 …………………………………137
拘那羅陀 →真諦
鳩摩羅什…………………94, 208, 296, 371
瞿曇般若流支 ……………………………178
弘宗 ………………………………………230
乾壽 ………………………………………411
玄果 ………………………………………406
玄嶷 ………………………………………204
玄暉 ………………………………………406
玄散 ………………………………………412
玄奘 ………………203, 310, 314, 317, 346, 366
玄暢…………140, 149, 153, 154, 159～161, 163
玄範 ………………………………………206
玄奉 ………………………………204, 206
玄方 ………………………………405, 413
玄林 ………………………………405, 406, 412
彥悰 ………………………………326, 346
彥琮 ………………26, 82, 83, 85, 100, 174, 175
洪遵………………………………………76, 394
康僧會 ……………………………………184

さ行——

三慧 ………………………………………334
贊寧 ……………………16, 158～160, 163, 365
支謙 ………………………………………371
志昭 ………………………………………137
志磐………………………3, 13, 14, 86, 134, 366
志念 ………………………………………391
思言 ………………………………………206
師慶 ………………………………………400
地婆訶羅 ……………………………200, 202
實叉難陀 …………………………………200
闍那崛多 ……………73～78, 84, 101, 174, 330
闍那耶舍……………………………………73, 176
宗鑑……………………………………3, 13, 137
承辦 ………………………………………206
靜因 ………………………………………417
靜琬 ………………………………361, 370, 372
靜感(尼) …………………………………405, 417
靜泰 ………………………………179, 369
靜端 ………………………………………417
植相 ………………………………………338
信行 ……………………210, 362, 403, 409, 411
眞諦…………………94, 155, 174, 178, 247, 251
神英 ………………………………198, 204
神淸 ………………………………158, 159
神贍 ………………………………405, 408, 410
崇業 ………………………………………204
世瑜 ………………………………316, 339, 343
靖嵩 ………………………………366, 391, 393
靖邁…………………………………………89
善慧 ………………………………………257
祖琇 ………………………………………136
曹毘 ………………………………………175
僧安道壹(一) ……………………360, 386, 395
僧瑋 ………………………………299, 300, 302
僧淵 ………………………………………332
僧遠 ………………………………………408
僧崖 ………………………………73, 78, 344
僧伽婆羅 …………………………174, 177, 225
僧休 ………………………………………394
僧璩…………………………………………36
僧景 ………………………………………346
僧晃………………………………………40, 340
僧豪…………………………………………48
僧粲…………………………………………97
僧實 ………………………………331, 340
僧宗 ………………………………………228
僧周 ………………………………………234
僧柔 ………………………………228, 230, 231
僧柔…………………………………………38
僧順 ………………………………209, 257
僧順(尼) …………………………………405, 417
僧紹…………………………………………24
僧整 ………………………………………237
僧詮 ………………………………296, 300
僧遷 ………………………234＊, 245, 246
僧達 ………………………………………411
僧智…………………………………………40
僧稠 ……………………371, 400, 406, 408, 411
僧曇………………………………………76, 101
僧旻…………………………40, 48, 49, 230＊
僧祐 ……3, 6, 7, 24, 31, 38, 51, 53, 63, 96, 124, 225＊
僧邕 ………………………………………411
僧朗 ………………………………………296
操禪師 ……………………………………410

た行——

大明法師 ……………254, 297, 298, 300, 304

提雲般若 ……200, 205
達摩笈多……76, 78, 84, 174
達摩般若……76
端甫 ……209
智越 ……247
智遠 ……246, 247
智果……26
智覺 ……417
智顗……251〜253, 287
智曠 ……259
智勣 ……306, 308, 313
智首 ……409
智周……84
智閏 ……299, 301
智昇……4, 71, 125, 134, 141, 157, 205, 206
智神 ……406, 408, 410
智藏(開善寺) ……41, 49, 230＊
智脫 ……346
智通 ……342
智拔 ……253
智辨 ……296, 302
智方 ……328
智法師……405〜408, 410, 413
智滿 ……312
智文 ……372
智激 ……198
超度……37
長捷 ……310, 317, 346
道安(前秦) ……5, 6, 24, 97, 143, 208, 282, 291
道安(北周) ……105
道因 ……365, 369
道會 ……314, 344
道悅 ……255
道基 ……317, 346
道夐 ……204, 206
道傑 ……409
道儼……36
道瓚 ……408
道邃……76, 101
道世 ……203
道宣 …3, 26, 27, 30, 39, 43, 71, 78, 89, 98, 134, 141, 146, 157, 173＊, 203, 222, 230, 258, 301, 306, 330, 337, 339, 344, 363, 408, 411
道胄 ……342
道超 ……237
道憑 ……400, 406
德感 ……198, 204, 212, 407, 412
德殊 ……400
德修 ……136
曇懿 ……206
曇榮 ……408
曇延……76
曇瑗 ……299, 300
曇顯 ……176
曇元 ……409
曇源 ……406
曇准 ……225＊
曇遵 ……301
曇選 ……312
曇遷……76, 100, 393, 411
曇相 ……340
曇斌 ……234
曇摩 ……121
曇無最 ……146, 149, 150, 161
曇曜 ……174, 177, 364
曇鸞 ……403

な行――

那連提(黎)耶舍 …76, 77, 79, 84, 94, 101, 174, 178

は行――

波崙 ……204
毘尼多流支 ……76, 84
普相(尼) ……405
復禮 ……204
福慶 ……206
佛陀扇多 ……178
佛陀波利 ……200, 364
佛圖澄 ……187
保恭 ……296
菩提流支……174, 176〜178, 362
菩提流志 ……198, 200, 202, 205
方禪師 ……407
方法師 ……400, 406
法愛道人 ……338
法安 ……253, 299, 302, 303
法雲 ……230＊, 328
法運 ……256, 259
法永 ……250, 251
法穎……36
法願 ……37, 38
法喜 ……257
法京 ……245, 246

法鏡 ……229
法經 ……10, 25, 76, 80～82, 96, 98
法行 ……258
法建 ……328
法獻 ……230
法亘 ……284
法生……48
法上 ……25, 96, 149, 150, 161
法深 ……229
法進 ……333
法施 ……256
法聰 ……246, 250
法藏 ……210
法泰 ……174, 178
法沖 ……305
法長 ……315
法超 ……239
法寵 ……234＊
法度 ……296
法忍 ……249
法明 ……198, 205
法琳 ……27, 124, 125, 145, 148, 149, 162, 163, 249, 257, 345
法礪 ……408
法朗 ……251, 296, 302
法論 ……249
鳳禪師 ……299, 300
寶海 ……328, 331
寶巖……43
寶貴……85
寶瓊 ……251, 303, 336, 337
寶思惟　→阿儞眞那
寶唱……6, 7, 24, 48, 96, 174, 177, 239
寶暹 ……75, 78, 84, 85, 346, 395
寶彖 ……338
寶鎭 ……394
寶亮 ……231, 235
亡名 ……344

ま行――

妙光……31, 229
明槩 ……346
明曉 ……203
明佺 ……195, 204, 206
明誕 ……287
明徹 ……234＊
明穆 ……76, 82
文才 ……204

や行――

耶舍崛多……73

ら行――

羅雲 ……253, 256, 299, 303
良渚宗鑑 ……137
倫法師 ……339, 343
靈慧 ……212, 405, 407, 408, 412, 413, 417
靈睿 ……306, 313, 316, 336, 343
靈貴 ……154
靈琛 ……404, 409, 417
靈裕……362, 363, 370, 372, 393, 400, 403, 406, 408

II　人名

あ行――

アントニーノ・フォルテ ……211, 214
安旗 ……380
韋旭 ……285
韋夐 ……279, 285, 389
韋孝寬 ……278, 360, 387, 388, 402
韋師 ……389
韋昭 ……138, 151
韋世康……277～279, 284, 285, 287, 290, 389
韋世沖 ……389
韋世文 ……389
韋世穆 ……389
韋悰 ……162
韋操 ……389
韋福嗣 ……285
韋福奬 ……285
郁九閭長卿 ……333
尹思貞 ……156
尹德毅 ……269
尹婁穆 ……273, 274
于謹……91, 245, 269, 271, 279, 329
宇文愷 ……392
宇文忻 ……392
宇文慶 ……387
宇文儉 ……73, 74, 275, 330, 388
宇文護 ……268, 269, 272, 273
宇文盛 ……275, 387

宇文泰……73, 111, 266, 268, 271, 298, 328, 386
宇文達 ……274
宇文直 ……248, 250, 266, 272
宇文邕 →武帝(北周)
禹王 ……119
尉遲勤 ……387
尉遲迥 …91, 275, 276, 278, 281, 329, 330, 336, 339, 360, 386, 392, 402
榮國夫人楊氏 ……204
衛元嵩 ……344
衛颯 ……138
衛本峰 ……418
袁宏 ……122
燕榮 ……391
王家祐 ……351
王起 ……151
王規 ……43, 44
王誼 ……275, 387, 388
王儉……24, 139, 227
王謙 ……333, 387, 402
王弘烈 ……256, 313
王士良 ……271
王濬 ……117
王劭 ……25, 81, 101
王象……46
王世充 ……254, 256, 308, 313
王世績 ……253
王宗 ……37, 38
王道珪 ……156, 157
王文同 ……391
王秉 ……250, 268, 270, 274, 282
王莽 ……116
王雄 ……328
王琳 ……280
翁方綱 ……290
歐陽通 ……365
歐陽棐 ……287, 288

か行——

何尚之 ……182
何承天……46
何妥 ……126, 145
何點 ……225
華皎 ……248, 272, 274, 289
郝相貴 ……314
郭祖深 ……243
郭友范 ……380, 419
桓玄……114〜116
韓朗 ……342
簡文帝(梁) ……42, 43, 246
闞澤 ……164, 184
顏娟英 ……379
顏之推 ……390
魏收 ……7
乞伏國仁 ……187, 188
乞伏令和 ……393
牛弘……25, 81, 92
許紹 ……313, 314
許善心 ……25, 81
魚豢 ……126
姜斌 ……146, 149
虞孝敬 ……45, 46
邢巒 ……335
敬帝(梁)……93
權景宣 ……268, 272, 286
元顥 ……136
元脩 →孝武帝(西魏)
元善見 →孝武帝(東魏)
元帝(梁) ……42, 43, 45, 90, 92, 111, 157, 233, 245, 250, 266, 268, 280, 298, 329
元帝(東晉) ……181
玄宗 ……219, 366
阮孝緒 ……23, 24, 46, 47, 139
源子恭 ……279
嚴耕望 ……348, 350, 357, 379, 382, 419
胡三省 ……115
胡昭曦 ……384
胡文和 ……369, 374, 383
顧燮光 ……400
呉明徹 ……248, 272, 274
後主(北齊) ……390
孔子……16, 113
孔籠 ……394
江漢卿 ……379, 419
孝靜帝(東魏) ……111
孝閔帝(北周) ……268
孝武帝(西魏) ……111
孝文帝(北魏)……22, 355
孝明帝(北周)……73
侯景 ……186, 266, 298
侯白 ……176
皇甫謐 ……125, 127, 138, 148, 151
皇甫無逸 ……309, 312
高阿那肱 ……390

高歡 ……………………………111, 402
高熲 ……………………………209
高峻 ……………………………153
高祖(隋) →文帝(隋)
高祖(唐)……146, 219, 243, 307～309, 314, 345
高宗(唐) ……………………………219
高琳 ……………………………274
黄休復 ……………………………366
黄儒林 ……………………………342
黄彰健 ……………………………167
黄征 ……………………………382

さ行——

崔慰祖……………………………47
崔元穆 ……………………………387
崔彦穆 ……………………………275, 276
崔弘昇 ……………………………289
崔弘度……………………277～279, 281, 288, 289
蔡景 ……………………………411
司馬懿 ……………………………181
司馬元顯 ……………………………114, 115
司馬光(司馬公) ……13, 14, 135, 151, 154, 155
司馬消難 ………………275, 276, 289, 387, 402
司馬遷 ……………………………11, 14, 135
司馬貞 ……………………………138, 151
史寧 ……………………………271
始皇帝……………………………25, 114, 120, 181
爾朱榮 ……………………………402
謝暇……………………………44
朱粲 ……………………………252＊, 307, 308, 313
周顒 ……………………………227
周捨 ……………………………229
周祖謨 ……………………………189
周長生 ……………………………138
周彪 ……………………………281
周搖 ……………………………280, 289
荀悦 ……………………………120, 122, 138
荀朂……………………………23
徐整 ……………………………138, 148, 151
徐摛 ……………………………43, 44
徐同卿 ……………………………176
徐勉 ……………………………243
昭襄王 ……………………………116, 119
章衡 ……………………………151
葉昌熾 ……………………………353, 364, 380, 422
蔣清翊……………………………33
蔣綸 ……………………………284, 291
蕭懿 ……………………………234
蕭瑀 ……………………209, 244, 257, 258, 260
蕭映 ……………………………225
蕭穎冑 ……………………………232
蕭繹 →元帝(梁)
蕭衍 →武帝(梁)
蕭淵明……………………………92
蕭巖 ……………………………248, 255, 278
蕭紀………90, 93, 266, 271, 280, 328～330, 338
蕭撝……………………………91, 329, 336, 339
蕭巋 →明帝(後梁)
蕭瓛 ……………………………248, 255, 278
蕭后 ……………………………250
蕭晃 ……………………………225
蕭綱 →簡文帝(梁)
蕭詧 →宣帝(後梁)
蕭子顯 ……………………………250
蕭子良……………………………6, 32, 38, 63
蕭循 ……………………………329
蕭秀……………………………47
蕭岑 ……………………………278
蕭銑 ……………………………252＊, 307, 313, 314
蕭琮 ……………………243, 244, 248, 252, 278
蕭瑒 ……………………………248
蕭琛……………………………46
蕭統……………………………42, 231, 244
蕭範……………………………44
蕭方 →敬帝(梁)
蕭綸 ……………………………247
譙周 ……………………………138
鄭玄 →てい
饒宗頤 ……………………………107
申徽 ……………………………268, 269
岑仲勉 ……………………………291
沈約 ……………………………227, 228
甄鸞(北周) ……………………………146, 152
甄鸞(唐) ……………………………156, 157
靜帝(北周)……………………75, 275, 359, 385
石虎……………………………22, 187
薛懷義 ……………………198, 203, 210, 412
薛冑 ……………………………393
薛道衡 ……………………………281, 289
宣帝(後梁)…91, 93, 157, 244＊, 266, 268, 280, 290, 298
宣帝(北周) ……………………275, 359, 385
宣武帝(北魏) ……………………………335
宋富盛 ……………………………382

曹桂岑 ……380, 419
曹胡逵 ……270
曹丕　→文帝(魏)
曾鞏 ……270, 287
則天武后 ……202, 219
孫權 ……184
孫皓 ……184
孫德萱 ……418
孫佰悅 ……405, 417

た行――

太史公　→司馬遷
太宗(唐) ……186, 219, 243, 309, 372
太武帝(北魏) ……22, 282
達奚武 ……328
赧王 ……114, 119
郗恢 ……282
褚淵 ……227
長孫儉 ……268, 270～272, 298
長孫哲 ……283
張溫 ……138
張沅 ……379, 419
張彥遠 ……249
張鏗 ……284, 291
張黑奴 ……394
張纘 ……44
張增午 ……380, 419
張僧繇 ……249
張仲炘 ……286
張胄玄 ……146
張仲讓 ……394
張賓 ……146, 147
張林堂 ……379, 419
趙翼 ……385
趙智鳳 ……375
趙祐 ……286
陳垣 ……72, 86, 89, 95, 104, 141, 214, 349
陳慧紀 ……278
陳習剛 ……375, 384
陳登原 ……33
陳覇先 ……92, 94, 156
丁道護 ……281, 287
丁明夷 ……383, 418
程躍峰 ……379, 419
鄭偉 ……268, 270
鄭玄 ……23
鄭樵 ……14, 136, 151
鄭貞 ……338
田弘 ……250, 272, 274
田瓚 ……308
田式 ……275～277
吐萬緒 ……275, 276
杜光庭 ……336, 342
杜佑 ……269
杜預 ……15, 148, 151, 152
豆盧褒 ……313, 314
東昏侯 ……230, 232, 234
東登 ……384
到溉 ……44
唐瑾 ……269, 270
陶隱居　→陶弘景
陶弘景 ……124, 126, 127, 148, 151, 152
陶翊 ……124
湯用彤 ……39, 319
竇榮定 ……392
竇軌 ……309, 312, 314, 317
竇毅 ……392
竇建德 ……410
竇士榮 ……394
竇熾 ……392
竇璡 ……309, 312
獨孤永業 ……276
獨孤信 ……279

は行――

馬元規 ……307
馬光 ……394
馬衡 ……380
馬摠 ……151
馬忠理 ……379, 419
裴寬 ……272
裴希仁 ……345
裴鴻 ……273, 274
裴政 ……280, 289
班固 ……23, 122
范曄 ……122
樊叔略 ……393
萬天懿 ……178
費長房 …3, 26, 35, 36, 71＊, 110, 134, 140, 149, 150, 152, 155～157, 162, 173, 332
繆卜 ……46
武后　→則天武后
武宗(唐) ……160
武帝(前漢) ……11

武帝(西晉)……22
武帝(梁)……7, 31, 40, 47, 48, 148, 153, 177, 219, 222＊, 244, 250, 266, 282, 338
武帝(北周)……110, 120, 146, 269, 273, 275, 285, 359, 385, 402
傅奕……146, 147, 345
傅仁均……126, 146
苻堅……22
文宣帝(北齊)……93, 409, 411
文帝(魏)……46, 116
文帝(西魏)……266
文帝(隋)……22, 25, 75, 101, 110, 121, 128, 147, 187, 189, 191, 243, 258, 266, 275, 276, 278, 281, 284, 287, 298, 333, 360, 363, 385, 395, 402
蒲童……342
慕容哲……282
方廣錩……193
彭家勝……374, 383

ま行——

明僧紹……296
明帝(後漢)……144
明帝(劉宋)……6
明帝(後梁)……248, 272, 276, 278, 284, 289
明帝(北周)……268, 269, 285
毛鳳枝……364
毛明素……162

や行——

庾頡……37, 38
庾肩吾……43
庾儉……146
庾信……270
庾仲容……44
姚恭……126, 127, 145～148, 150, 151, 162
姚康復……153
姚振宗……46, 47
姚長謙 →姚恭
姚名達……33, 67, 141, 166
楊瑋……336
楊恭仁……204
楊堅 →文帝(隋)
楊乾運……335
楊玄感……287
楊衒之……176, 299
楊広 →煬帝
楊士政……286
楊士林……308
楊秀……333, 341
楊俊……277～279, 281, 284
楊詢……286, 287
楊昭……281
楊震……269
楊素……278, 287
楊忠……276, 288, 298, 402
楊眺……338
楊侗……307
楊道生……255
楊文紀……287
楊寶順……418
楊勇……280
煬帝……146, 243, 248, 249, 252, 253, 281

ら行——

蘭洛州……387
蘭陵公主……248
李惲……315, 316
李延壽……153
李廓……24, 96
李官智……374, 383
李玉昆……364
李玉珍……422
李賢……387
李儼……365
李弘……202, 203
李孝恭……243, 256
李渾……388
李士榮……388
李之純……366
李充……23
李詢……277, 388
李仁實……151
李崇……388
李正心……384
李仲卿……345
李德林……287
李昞……314
李望……311, 342
李穆……277, 388
李無諂……200
李裕群……357, 362, 381
李禮成……275, 277
陸景……148

陸杲……43
陸襄……44
陸澄……6, 182
陸罩……42
柳止戈……288
柳文金……380
劉繪……225
劉虬……253
劉向……23, 139
劉勰……24, 40, 41
劉歆……23, 139
劉景龍……364
劉建華……362, 379, 381
劉權……153
劉孝威……43
劉孝儀……43
劉孝標……46, 47
劉黒闥……410
劉焯……146
劉遵……43
劉恕……151
劉之遴……44
劉進喜……345
劉祖仁……394
劉珍……122
劉道原……163
劉德威……162, 316
劉憑……83, 99, 176
劉文陀……155
劉裕……115
劉杳……152
呂子臧……307
梁睿……387
梁彦光……393
梁方仲……321
令狐德棻……162

Ⅲ　邦人名

あ行――

會谷佳光……193
池田秀三……33
池田魯參……264
石田德行……262, 318, 324, 330, 333, 348, 349
一色順心……213
稲葉一郎……170
稲本泰生……379, 380, 418
今西智久……396
上野隆三……370, 382
撫尾正信……240
宇都宮清吉……351
浦井公敏……264
榎本正明……33
横超慧日……240, 265
大川富士夫……344
小川貫弌……165, 169
尾崎康……18, 137, 138, 153, 165, 167
愛宕元……257, 258, 261, 265
落合俊典……33
小野勝年……204, 205, 209, 214, 215

か行――

勝村哲也……109, 166, 168, 169
金井之忠……108
鎌田茂雄……318
川合康三……108, 166
川勝義雄……319
川口義照……18, 66
神田喜一郎……194
木村清孝……243
京戸慈光……264
桐谷征一……359～361, 380, 381, 384, 386, 395
久保田量遠……351
氣賀澤保規……321, 322, 361, 381
興膳宏……108, 166, 240

さ行――

齋藤隆信……33, 34
重澤俊郎……166
滋野井恬……384
鈴木啓造……241
鈴木俊……321, 322
鈴木中正……322
砂山稔……34, 223, 239
諏訪義純……324, 348, 418, 419
關野貞……353, 361, 379, 380, 418, 419, 420
曾布川寛……379, 384, 419, 422

た行――

高雄義堅……19, 165
高崎直道……243
田熊信之……380

谷川道雄 ……………………………418, 419
竺沙雅章 ……………………………395
塚本善隆……27, 31, 33, 34, 166, 167, 172, 206, 264, 361, 381, 383, 405, 417, 418, 420, 422
戸川芳郎 ……………………………137, 138, 165
常盤大定…35, 96, 102, 169, 351, 353, 359, 361, 363, 379, 380, 381, 383, 384, 397, 398, 403, 418〜420, 422
礪波護 ……………………………351, 384

な行——

中嶋隆藏……………………………34
長廣敏雄 ……………………………379
中村璋八 ……………………………167
西山蕗子 ……………………………351
布目潮渢 ……………………………321
野上俊靜 ……………………………192

は行——

林屋友次郎 ……35, 82, 102, 105, 106, 180, 215
平井俊榮 ………………318, 319, 320, 323, 351
平岡武夫 ……………………………108
平川彰 ……………………………102, 105
福田眞 ……………………………383
藤井清 ……………………………324, 337, 348
藤善眞澄 …18, 33, 34, 100, 101, 167, 192, 240, 322, 349, 351, 420
船山徹……………………………34

ま行——

牧田諦亮 …21, 27, 34, 153, 159, 161, 165, 170, 171, 363, 397, 398, 418, 420
松本文三郎 ……………………………361, 380
丸山宏 ……………322, 324, 337, 341, 348, 351
水野清一 ……………………………379
道端良秀 ……………………………359, 380
宮川尙志 ……………………………351
村田治郎 ……………………………418
望月信亨………………21, 27, 35, 141, 169, 242
森野繁夫……………………………67
森三樹三郎 ……………………………241
諸戸立雄 ……………………………320, 395

や行——

安居香山……………………………33, 167
柳田聖山 ……………………………265
藪內清 ……………………………168, 172
矢吹慶輝……103, 198, 206, 209, 210, 211, 214, 215, 421
山內洋一郎……………………………66
山崎宏 …98, 102, 106, 107, 153, 159, 160, 171, 223, 239, 242, 261〜264, 291, 294, 295, 318, 319, 325, 349, 352, 395, 396
吉川忠夫……108, 166, 240, 261, 291, 292, 296, 318, 319

Ⅳ 佛書

あ行——

阿育王經 ……………………………226
阿毘曇心論 ……………………………317
阿彌陀經 ……………………………364, 368, 374
王宗錄 ……………………………208

か行——

科六帖名義圖 ……………………………159
華林佛殿衆經目錄……………………………6, 24
戒果莊嚴經……………………………37
開元釋教錄 …4, 9, 11, 12, 71, 87, 94, 133, 157, 162, 173, 195, 200, 207, 375, 411
開元錄 →開元釈教錄
開皇三寶錄 →歷代三寶紀
關中創立戒壇圖經 ……………………259, 260
灌頂經 ……………………………369
灌頂隨願往生十方淨土經 …………………368
灌頂普廣隨願往生十方淨土經 ……………369
觀佛三昧海經……………………………65
觀無量壽經 ……………………………359
義善寺錄 ……………………………208
義林 ……………………………36, 41, 49, 62
經律異相 ……………………………7, 27, 35＊
行事鈔 →四分律刪繁補闕行事鈔
倶舍論 ……………………………411, 412
倶舍論頌疏論本 ……………………………206
舊雜譬喩經……………………………51
弘明集 ……………………………6, 182
化度寺錄 ……………………………208
華嚴經 ……………………244, 301, 330, 369
解深密經 ……………………………412
啓法寺碑 ……………………………281＊
決定毘尼經 ……………………………362
顯正記 ……………………………159

顯正論 ……………………………………345
玄法寺錄 …………………………………208
彥琮錄 →衆經目錄(隋・仁壽錄)
現在賢劫千佛名經 ………………………362
古今譯經圖紀……………………………87, 208
五十三佛名經 ……………………………362
高僧傳(梁・慧皎) ………6, 121, 122, 177, 208
高僧傳(梁・虞孝敬)…………………………46
廣弘明集 ………………………184, 346, 394
興國寺碑 ……………………………287, 290
合部金光明經…………………………………85
業報差別經……………………………………84
國師草堂寺智者約法師碑 …………………227
國淸百錄 …………………………………253
金剛般若經 ……………………359, 364, 368, 374
金剛般若波羅蜜經 →金剛般若經
金光明經……………………77, 189, 244, 368
根本薩婆多部律攝 ………………………212

さ行――

薩婆若陀眷屬莊嚴經………………31, 223, 229
三教法王存歿年代本記 ……………………158
三寶紀 →歷代三寶紀
三寶五運圖 ……………………154, 159, 163
三法度論………………………………………65
四分律……………………………30, 301, 409, 410
四分律刪繁補闕行事鈔 ……………26～30, 32
始興錄 ……………………………………208
地獄經 ……………………………………337
慈恩傳 →大唐大慈恩寺三藏法師傳
地論 →十地經論
七階佛名 …………………………………362
實相般若波羅蜜經 ………………………205
釋迦氏譜 ………………………………3, 133
釋迦譜 ………………3, 51, 53, 58, 62, 133
釋迦譜歷代宗承圖 ………………………137
釋氏通紀 …………………………………136
釋氏年志 ……………………………158, 159
釋氏要覽 …………………………………163
釋氏六帖………………………………………35
釋門正統(呉克己) …………………………136
釋門正統(宗鑑)……………3, 7, 13, 15, 16, 137
衆經別錄 ………………………………24, 96
衆經法式 …………………………………176
衆經目錄(梁・寶唱錄) …………6, 24, 96, 208
衆經目錄(北齊・法上錄) ………………25, 96
衆經目錄(隋・法經錄) ……10, 11, 25, 32, 38,
80～82, 96, 143, 180, 191, 203, 208
衆經目錄(隋・仁壽錄) ………9, 11, 26, 83, 99
衆經目錄(隋・智果錄)…………………………26
衆經目錄(唐・靜泰錄) …………203, 369, 374
衆經要抄……………………7, 35, 40, 49, 53, 62
衆經錄目 ………………………………24, 96
諸經義樞 …………………………………156
諸經中要事 ……………………………49, 50
諸經要集 ……………………27, 35, 50, 53
諸佛下生大法王經……………………………29
十異九迷篇 ………………………………345
十誦律 ……………………299, 300, 340, 372
十二因緣經 ………………………………353
十種大乘論……………………………………97
十地經論 ………………………………301, 402
周衆經要………………………………………53
宗源錄 ……………………………………137
集經抄…………………………………49, 51, 53
集神州三寶感通錄………………………43, 250
出三藏記集……5, 11, 24, 27, 31, 36, 38, 39, 53,
58, 94, 96, 97, 143, 173, 180, 182, 208, 223,
371
抄爲法捨身經…………………………………39
抄成實論………………………………………38
笑道論 ……………………………………146
攝大乘論 …………251, 317, 347, 366, 403, 409
莊嚴寺僧旻法師碑 ………………………233
成實論 ……………………………303, 338, 343
成唯識論 …………………………………412
定林寺藏經錄…………………………………24
長阿含經 ………………………………53, 65
常樂寺浮圖碑 …………………………270, 290
淨行優婆塞經…………………………………32
淨度三昧經…………………………………27＊
靜泰錄 →衆經目錄(唐・靜泰錄)
眞言要集………………………………………53
眞寂寺錄 …………………………………208
仁壽錄 →衆經目錄(隋・仁壽錄)
世界記 …………………………………53, 62
占察經 ……………………………………176
禪祕要法經 ………………………………368
禪法略出 …………………………………368
僧史略 →大宋僧史略
宋高僧傳 ………………154, 159, 206, 207, 365
宗源錄 ……………………………………137
僧祇律…………………………………………30
綜理衆經目錄…………………………5, 24, 143

象頭精舍經……84
像正記……161
雜譬喩經……51
續古今譯經圖紀……200
續集古今佛道論衡……125

た行——

陀羅尼經……374
太子瑞應本起經……150
大雲經……205
大集經……359, 363, 369
大周刊定衆經目錄……8, 195＊, 375
大聖慈寺畫記……366
大小乘幽微……244
大乘大集地藏十輪經……368
大正大藏經……35, 118, 371
大宋僧史略……16, 159, 163
大智度論……52
大唐故翻經大德益州多寶寺道因法師碑…365
大唐大慈恩寺三藏法師傳……310, 317, 346
大唐東京大敬愛寺一切經錄目序 →衆經目錄（唐・靜泰錄）
大唐內典錄…4, 7, 9, 11, 12, 26, 29, 30, 32, 39, 71, 87, 94, 133, 157, 173＊, 208
大般若經……369
大寶積經……369
大方等大集經 →大集經
大方等日藏經……76, 77, 79, 84
大方便佛報恩經……368
提謂經……27, 32
中論……410
貞元新定釋教目錄……4, 158
貞元續開元釋教錄……158
天台宗元錄……136
轉女身經……412
東域傳燈目錄……206
唐護法沙門法琳別傳……326, 342
道安錄 →綜理衆經目錄
道宣律師感通錄……261
德護長者經……76

な行——

內典博要……36, 42, 45, 46, 62
內典錄 →大唐內典錄
入楞伽經……359
仁王般若經……27, 32, 412
涅槃經……251, 301, 317, 328, 368, 369, 374
涅槃經本有今無偈論……155

は行——

破邪論……124, 125, 148, 345
孛經（抄）……371
般若經……244
般若心經……364, 368
譬喩經……51
不空羂索陀羅尼經……203
付法藏因緣傳……364
武周錄 →大周刊定衆經目錄
普曜經……150
福林寺錄……208
佛性海藏智慧解脫破心相經……368
佛所制名數經……37, 38
佛垂般涅槃略說教誡經 →遺教經
佛祖統紀……13＊, 86, 135＊, 366
佛頂尊勝陀羅尼經……364, 368, 374
佛法有六義第一應知經……37
佛法和漢年代曆……153, 154, 161
佛本行經……150
佛本行集經……77
佛名經……362, 368
編年通載……151
辯正論…27, 124, 144, 146～148, 152, 161, 248, 257, 333, 345
菩薩瓔珞本業經……27
法苑經……39, 62
法苑集 →法苑雜緣原始集
法苑珠林……27, 35, 43, 50, 63, 161～163, 282
法苑雜緣原始集……53, 55, 62
法經錄 →衆經目錄（隋・法經錄）
法集總目錄……6, 53
法上錄 →衆經目錄（北齊・法上錄）
法寶聯璧……35, 42, 62
法論……6
法華經…244, 246, 253, 328, 362, 368, 411, 412
法華玄義……252
法顯傳……12
報父母恩重經……368
寶雨經……198, 412
寶唱錄 →衆經目錄（梁・寶唱錄）
北山錄……158
梵網經……27, 32

ま行——

磨鬱多羅錄……208

摩訶止觀 ……252
摩訶般若波羅蜜經 ……374
摩訶摩耶經 ……363
彌勒成佛經 ……362
妙法蓮華經　→法華經
無上依經 ……155
名僧傳 ……6
文殊師利寶藏陀羅尼經 ……369
文殊般若經 ……359
問地獄(事)經……65

や行——

維摩經 ……359, 368
遺教經 ……362, 371, 372, 374
唯識論 ……251, 411
浴像功德經 ……205

ら行——

洛陽伽藍記……176〜178, 182, 188, 299
力莊嚴三昧經……77
立誓願文 ……316
律相感通錄　→道宣律師感通錄
律例……37
隆興佛教編年通論 ……136
楞嚴經 ……369
類苑 ……46, 47
歷代三寶紀…3, 5, 7〜10, 16, 24, 26, 32, 35, 36, 38, 39, 45, 71＊, 110＊, 133＊, 173＊, 208, 332
蓮華面經……84
樓炭經……53
六通無礙六根淨業義門經……37
六門陀羅尼經 ……364

V　書名

あ行——

安陽縣金石錄 ……400, 417
異譯經類の研究……35
運歷圖 ……151
益州名畫錄 ……366
王氏五位圖 ……151

か行——

河朔訪古新錄 ……400
華陽隱居先生本起緣 ……124
華陽國志 ……335
華林遍略 ……7, 42, 47, 139, 148
外紀目錄 ……151
外國傳 ……123
外內傍通比校數法……83
漢紀 ……5, 120, 122, 138, 151
漢書 ……5, 13, 23, 122, 135, 137, 148
漢武帝內傳 ……123
漢法本內傳 ……149, 150, 183
關中金石文字存逸考 ……364
顏氏家訓 ……390
魏書 ……3, 7, 123, 140, 143, 144, 150, 154
魏略……46
疑經研究……21
汲冢書 ……151
金樓子……45
舊唐書 …112, 146, 203, 307, 309, 390, 402, 412
郡齋讀書志……46
荊州府志 ……260
元和郡縣志 ……335
元豐題跋 ……270, 287
玄都一切經目 ……146
古史考 ……138
湖北通志 ……286
五運紀年志 ……151
五運甲子編年曆 ……151
五運曆 ……151
五運錄 ……151, 154
呉書 ……184
後漢紀 ……122
後漢書 ……117
後漢より宋齊に至る譯經總錄……35
語石 ……364, 369
江表傳 ……181, 184
皇覽……46
廣五運圖 ……151, 154

さ行——

册府元龜……87
三階教之研究 ……198
三國志 ……184
三五曆紀 ……138, 148, 151
三史略 ……138
支那中世佛教の展開 ……325
支那佛教遺物 ……361
支那佛教史蹟踏查記 ……361

史記……5, 11, 16, 113, 114, 119, 122, 126, 135, 148
史要 ……………………………………………138
四川歷代碑刻 ………………………………369
四部書目錄 ……………………………25, 81
四部目錄…………………………………………25
志林 ……………………………………………148
詩經 ……………………………………………189
資治通鑑……13, 15, 72, 86, 115, 119, 137, 151, 164, 205, 230, 391
資治通鑑外紀 …………………………151, 164
七志……………………………………………24, 139
七略……………………………………………23, 139
七林 …………………………………………25, 81
七錄 ……………………23, 24, 46, 47, 139, 148
周恭帝日曆 ……………………………………151
周書 ………………244, 273, 275, 283, 329, 389
周書異記 ………………………………149, 150
修文殿御覽 …………………………139, 148
重修彭縣志 ……………………………………370
春秋………………………………………………5, 16
春秋長曆 ………………………………148, 152
春秋公羊傳 ……………………………………113
春秋經傳集解…………………15, 148, 150, 152
春秋左氏傳……………………………15, 145, 150
書目 ……………………………………………25, 81
小史 ……………………………………………153
承聖降錄 ………………………………………280
淨土教の起源及發達……………………………27
晉元帝書目………………………………………23
晉書……………………………………………23, 115
晉陽秋 …………………………………………117
新唐書 ……………………………112, 154, 179
隋書……16, 22, 24, 25, 112, 140, 154, 277, 280, 307, 309, 392, 393
隋書經籍志考證…………………………………46
正御書目錄………………………………………25
正閏位曆 ………………………………………151
齊書述佛志 ……………………………………101
石刻題跋索引 …………………………………364
前漢紀 →漢紀
續史記 …………………………………………156

た行——

太平御覽……………………86, 138, 139, 148
大足石刻研究 …………………………………375
大足石刻銘文錄 ………………………………375
大唐創業起居注 ………………………………309
竹書紀年 ………………………………125, 138
中經新簿…………………………………………23
中國隋唐長安・寺院史料集成 ………………204
中國佛教史籍概論 …………72, 86, 94, 95, 141
中國佛教石經の研究 …………………………361
中國文化史蹟 ……………………353, 361, 363
中國目錄學史……………………………97, 141
長曆 ……………………………………151, 152
通史 ……………………………7, 139, 148, 153
通志…………………………14, 136, 151, 154
通曆 ……………………………………………151
通典 ……………………………………………269
帝王世紀…………125～127, 138, 145, 148, 151
帝王世錄 ………………………………146, 152
帝王年代曆 ……………………………………154
帝王年代錄 ……………………………………133＊
帝王年曆 …124～127, 140, 143, 144, 147, 148, 151, 152
典略(魚豢) ……………………………………126
典略(陸景、典語) ……………………………148
洞紀 ……………………………………138, 151
洞史 ……………………………………………153
洞曆 ……………………………………………138
唐會要 ……………………153, 203, 205, 206
唐代交通圖考 …………………………………357
唐兩京城坊攷 …………………………………206
統史 ……………………………………………153
道教靈驗記 ……………………………………336
讀史方輿紀要 …………………………………259

な行——

南史 ……………………………………153, 222
廿二史箚記 ……………………………………385
日本國見在書目錄 ……………………………154
年曆 ……………………………………………151
年曆帝紀……126, 127, 143～149, 151, 152, 162

は行——

佛教經典成立史論………………………………27
佛教大年表 ……………………………………141
佛書解說大辭典…………………………82, 180
文心雕龍…………………………………………40
文德殿正御書目錄 ……………………23, 24
文德殿目錄 →文德殿正御書目錄
別錄 ……………………………………23, 139,
寶山靈泉寺 …………397, 398, 400, 403, 414

房山雲居寺石經 ……………………………361
房山石經題記彙編 …………………………361
北史 ………………118, 153, 244, 388, 390, 392
北齊書 ………………………………………390
穆天子別傳 …………………………………150

や行――

酉陽雜俎 ……………………………………325

ら行――

洛陽伽藍記校釋 ……………………………189
六藝論…………………………………………23
龍門石窟碑刻題記彙編 ……………………364
兩京新記 ……………………………………210
梁書 …………………………………………222
林縣志 ………………………………212, 410
曆年圖 ………………………………………154
歷代會要志……………………………14, 136
歷代帝王正閏五運圖 ………………………151
歷代帝王錄 …………………………………159
歷代名畫記 …………………………………249
老子 …………………………………………410
錄異記 ………………………………………342
論語 ……………………………………………6

Ⅵ　地名

あ行――

安漢……………………………………………338,
安州…220, 250, 269, 271, 272, 279, 296＊, 343, 389
安陽 …………………………212, 358, 360, 390
安陸 ……………………………………254, 298
夷陵 …………………………………………314
鄖州 ……………………………275, 387, 402
郢州……………………………31, 223, 251
穎川 ……………………………………249, 343
益州 ……73, 220, 271, 280, 299, 306, 309, 316, 324＊, 360, 387

か行――

河東 ……………………………………280, 405
河北 …………………………………………405
開州 …………………………………………313
會稽 ……………………………………232, 247
岳州 ……………………………………255, 307
葛山 …………………………………………359
甘州……………………………………………74
冠軍 …………………………………………254
漢川 …………………………………………346
漢中 ……………………………310, 328, 335
韓州 …………………………………………405
紀山 …………………………………………260
紀南 …………………………………………272
基州 ……………………………………244, 274
魏郡 …………………………………………394
魏興 …………………………………………328
菊潭 …………………………………………308
汲郡 …………………………………………394
韭山 …………………………………………248
牛頭山 ………………………………………342
莒州 …………………………………………387
邛峽山 ………………………………………334
竟陵 ……………………………254, 298, 307
響應山 …………………………………341, 343
堯城 …………………………………………405
鄴 ……………………355, 359, 361, 387, 401, 407
玉壁 …………………………………………392
金陵山 ………………………………………181
京兆 …………………………………………389
荊州 …47, 110, 157, 220, 243＊, 266, 269, 271, 272, 276, 278, 287, 297, 299, 329, 360, 389, 390
鷄冠山 ………………………………………398
建康(建業)………………80, 184, 223, 245, 299
犍爲 …………………………………………344
劍閣 …………………………………………335
懸壁山 …………………………………398, 408
顯州 …………………………………………308
江州 …………………………………………389
江陵……111, 245, 250, 254, 255, 266, 268, 269, 272, 302
虎頭山 ………………………………………398
光州 …………………………………………387
壺關 ……………………………357, 358, 401, 402
鼓山 …………………………………………401
洪頂山 ………………………………………386
呉郡 ……………………………………245, 391
崗山 …………………………………………359
硤州 …………………………………………313
絳州 ……………………………………279, 389
膠州 …………………………………………387

廣漢 ……328, 332

さ行——

濟陰 ……394
三時原 ……277
司州 ……402
四望山 ……257
始興 ……247
始州 ……343
枝江 ……253, 302
鄖縣 ……332
梓州 ……158, 306, 342
梓潼 ……335, 338
資中 ……328
鄀州 ……244, 274, 278
壽陽 ……402
什邡 ……336
汝南 ……299
徐州 ……388, 390, 407
昌明 ……158
昌隆 ……311, 338, 342
松滋 ……253, 302
相州…220, 360, 361, 363, 386, 392～394, 401＊
涉縣 ……357, 401, 405
湘州 ……251
鍾山……44, 231
攝山 ……296, 300
上虞 ……247
上津 ……328
上黨 ……357, 394, 401, 402
襄垣 ……357, 401
襄州 ……250, 271, 276
襄陽 ……220, 245, 254, 266, 297, 302, 333
信州 ……287, 389
沁州 ……408
晉陽 ……357, 358, 372, 390, 401
新繁 ……333
新野 ……246
遂州 ……316
隨郡 ……298
隨州 ……275, 300
井陘 ……402
成紀 ……387
成都 ……74, 110, 266, 306, 310, 314, 317, 329, 333, 366
青州 ……387, 389, 390
青城山 ……338, 339, 369
清河 ……394
清溪山 ……248, 257
齊州 ……387, 389
靜林山 ……339
石州 ……389
尖山 ……359
善應山 ……400
徂徠山 ……359

た行——

大梁 ……393
太原 ……212, 246, 388
泰山 ……359, 366
中皇山 ……371, 401
長安 ……111
長白山 ……254
趙國 ……394
陳留……97
通州 ……313
定州 ……392
鄭州 ……388
狄道 ……277
鐵山 ……359, 370
杜陵 ……389
豆圖山 ……342
東海 ……391
東都　→洛陽
東萊 ……391
鄧州 ……254, 307, 308

な行——

南鄭 ……328
南陽 ……246

は行——

巴郡 ……329
巴西 ……328, 338
馬鞍山 ……398
白崖山 ……341
博陵 ……394
郫縣 ……317, 342
涪城 ……329, 338, 340
滏口 ……357, 401
武當 ……256
武陽 ……344
覆船山 ……248, 249
覆釜山 ……398

汾州 ……389, 408
聞喜 ……280, 405
平棘 ……394
平州 ……244, 274
平舒 ……405
平城 ……183, 407
平輿 ……299, 300
平遙 ……408
并州 ……312, 388
汴州 ……393
沔州 ……272, 307
沔陽 ……254, 307
蒲州 ……271
法華山 ……230, 232
彭城 ……366
寶山 ……220, 397＊
寶頂山 ……375
房山 ……361, 370, 371, 372
茅山 ……298＊
望楚山 ……303
濮陽 ……366

ま行——

秣陵 ……181, 184, 233
綿州 ……158, 220, 306, 311, 316, 324＊
綿上 ……408
綿竹 ……336, 342

や行——

幽州 ……388
豫州 ……276
豫章 ……247
揚州 ……121
揚都……36
雍州……42

ら行——

羅縣 ……255, 256
莱州 ……392
洛陽……98, 183, 355, 366, 392, 394, 401
雒縣 ……328
嵐峰山 ……220, 398, 400, 414
利州 ……343
驪山 ……257
龍山 ……248, 409
林縣 ……212, 358, 402
林慮山 ……410＊
礦窟山 ……398
靈岩山 ……368, 369
潞州 ……408
閬中 ……328
隴西 ……277, 387
鹿溪山 ……248

わ行——

淮源 ……308

Ⅶ　寺名

あ行——

雲門寺 ……403＊, 409＊
慧義寺 ……158
慧日寺 ……365, 366
慧日道場 ……249, 302, 317, 334, 347
永寧寺 ……175

か行——

臥佛院 ……368, 374, 376
開元寺 ……158
開皇寺 ……251
開聖寺 ……257
開善寺……41, 224, 230
願力寺 ……403, 410
義興寺 ……312
義善寺 ……209
敬愛寺 ……202
響堂山石窟 …357, 370, 371, 372, 386, 401, 408
玉泉寺 ……200, 252, 253, 254
弘福寺 ……201
空慧寺（龍淵寺） ……317, 346
化度寺 ……209
啓法寺 ……282
景空寺 ……251
建初寺 ……224
玄法寺 ……209
鼓山石窟　→響堂山石窟
光化寺 ……366, 369
光興寺 ……339
光嚴寺 ……409
光宅寺 ……225, 233
光天寺 ……403, 414, 417
峡谷寺 ……410

峡谷寺石窟 ……358, 401, 402
康興寺 ……332
興皇寺……48, 296
興國寺 ……291, 308, 312
興善寺 →大興善寺
廣濟寺……76
金像寺 ……282

さ行――

西明寺 ……179, 191, 201, 203
齊隆寺 ……229
四層寺 ……260
四望寺 ……249
慈潤寺 ……403＊, 407＊
慈悲寺 ……411
謝鎮寺 ……332
壽山寺 ……300
小南海石窟 ……357, 358, 370, 400
正觀寺 ……224
招提寺 ……224
莊嚴寺……40, 48, 49, 224
清化寺石窟 ……402
清禪寺 ……201
清行寺 ……403, 414
清溪山寺 ……257
聖道寺 ……403, 414, 417
湘宮寺 ……224, 225
上鳳林寺 ……288
定國寺 ……401
定林寺 ……40, 41, 231
淨慧寺 ……337
常樂寺 ……270, 283
靜林寺 ……251
津梁寺 ……209, 257
眞寂寺 ……209
新安寺……48
震響寺 ……316, 324＊
水浴寺石窟 ……357, 401
崇先寺 ……200
西魏國寺 ……204
西崇福寺 ……201, 204
西太原寺 ……201, 204
棲霞寺 ……296, 299, 300
千福寺 ……209
千佛溝石窟 ……402
宣武寺 ……224
禪慧寺 ……304
善應石窟 →小南海石窟
宗熙寺……44
草堂寺 ……225

た行――

多寶寺 ……366
太平寺 ……206＊
大愛敬寺 ……175
大雲寺 ……206, 212, 403, 413
大興聖寺 ……401, 402
大興善寺……75, 76, 80, 82, 98, 110, 121
大慈恩寺……89, 200
大慈寺 ……403＊, 407＊
大住聖窟 ……362, 363, 400, 403
大周西寺 ……204
大周東寺 ……204
大莊嚴寺 ……401
大聖慈寺 ……366
大施寺 ……343
大薦福寺 ……201, 206, 411
大總持寺 ……401
大足石窟 ……368, 374, 376
大智度寺 ……175
大通寺 ……407
大唐中興寺……36, 413
大內佛光寺 ……201
大內遍空寺 ……201
大白馬寺 ……202＊
大福先寺 ……204＊
大寶精舍 ……225
大奉先寺 ……200
大明寺 ……249, 260
大留聖窟 ……400
中皇山石窟 ……357, 372, 386
中興寺 →大唐中興寺
中大雲寺 ……206＊
陟屺寺 ……249
長干寺……36, 121, 302
長沙寺 ……246, 260
長壽寺 ……206＊
天宮寺 ……206＊
天皇寺 ……249
天寶寺 ……299, 300
天龍山石窟 ……362
東魏國寺 ……204
東太原寺 ……202, 205
等界寺 ……253, 304

同泰寺 ……………………………………222

な行——

南澗寺 ……………………………224, 228
日嚴寺……………………………………82
日光寺 ……………………………………408

は行——

八會寺 ………………………362, 371, 372
普弘寺 ……………………………………223
福聚寺 ……………………………………408
福成寺 ……………………………………317
福林寺 ……………………………………209
佛授記寺 ……………………………202＊, 407
方等寺 ……………………………………315
法聚寺 ……………………………………343
法住寺 ……………………………………408
報應寺 ……………………………………403
彭門山寺 …………………………………366
寶應寺石窟 ………………………………402
寶光寺 ……………………………249, 251
寶山石窟 …………………358, 370, 397＊
翻經館……………………………………98
梵雲寺 ……………………………300, 315

や行——

揚化寺……………………………………82

ら行——

隆寂寺 ……………………………316, 343
龍淵寺(空慧寺)………………73, 330, 334, 338
龍懷寺 ……………………………………337
龍歸精舍 …………………………………256
龍光寺 ……………………………………237
龍興寺 ……………………………407, 412, 413
龍泉寺……………………………251～253, 303
龍門石窟 ………………………355, 365, 372, 374
靈根寺 ……………………………224, 225
靈泉寺 ……………………………220, 251, 397＊
靈泉寺石窟　→寶山石窟